교육의
정치적
중립성

교육의
정치적
중립성

초판 1쇄 인쇄 2025년 11월 14일
초판 1쇄 발행 2025년 11월 22일

지은이 김용, 강구섭, 고지마 유키, 권순정, 김민조, 김범주
　　　 김용일, 모영민, 이인수, 정설미, 최상훈, 하동엽
펴낸이 김승희
펴낸곳 도서출판 살림터

기획 정광일
편집 송승호·조현주·이희연
북디자인 꼬리별

인쇄·제본 (주)신화프린팅
종이 (주)명동지류

주소 서울시 양천구 목동동로 293, 2215-1호
전화 02-3141-6553
팩스 02-3141-6555
출판등록 2008년 3월 18일 제313-1990-12호
이메일 gwang80@hanmail.net
블로그 http://blog.naver.com/dkffk1020
한국교육연구네트워크 http://www.kednetwork.or.kr

ISBN 979-11-5930-339-5 93370

• 가격은 뒤표지에 있습니다.
• 잘못된 책은 바꾸어 드립니다.
• 이 책은 저작권법에 따라 보호를 받는 저작물이므로 무단 전재와 복제를 금합니다.

교육의 정치적 중립성

김 용
강구섭
고지마 유키
권순정
김민조
김범주
김용일
모영민
이인수
정설미
최상훈
하동엽

차례

서론
___ 다시 생각해야 하는 교육의 정치적 중립성 김용 7

제1장
___ 한국 사회에서 교육의 정치적 중립성은
어떻게 이해되어왔는가? 최상훈 27

제2장
___ 교육의 정치적 중립성의 헌법 편입과 제도화 과정 김용일 71

제3장
___ 교원의 정치적 중립성에 관한 판례와 결정 하동엽 107

제4장
___ 교육내용·교육행정의
정치적 중립성에 관한 판례와 결정 김범주 143

제5장
___ 독일 교사의 정치적 중립성 논쟁 고찰 강구섭 211

제6장
___ 일본의 18세 선거권과 '교육의 정치적 중립성' 고지마 유키 237

제7장
___ 교사의 정치적 기본권: 국제 비교 김민조 257

제8장
___ 교육의 정치적 중립은 어떻게 이해되는가?
: 비판적 담론 분석을 통해 본 교육의 정치적 중립성의 의미 권순정 291

제9장
___ 학생 정당 가입, 선거연령 하향 이후
학교의 정치교육 이인수 319

제10장
___ 교육의 정치적 중립성에 관한
초·중등교원의 인식 및 실천 연구 정설미, 모영민 365

필자 소개 408

서론

다시 생각해야 하는 교육의 정치적 중립성

김용

I. 들어가며

교육의 정치적 중립성은 한국 교육제도의 근간을 이루는 헌법적 원칙이자 우리 사회가 도달해야 할 규범적 이상으로 오랫동안 강조되어 왔다. 교육의 정치적 중립성 보장을 위한 제도적 장치는 튼튼하게 방비되어 있고 법원은 이 원칙에 따라 여러 가지 논란이 되는 사건을 처리해오고 있다. 얼핏 보면, 교육의 정치적 중립성 원칙을 중심에 두고 여러 가지 일들이 유기적으로 연결되어 작동하는 것 같다.

그런데, 교육의 정치적 중립성 원칙에 대한 의문이 깊어지고 있다. 교육의 정치적 중립성 원칙이 사실상 교육과 정치의 관계를 단절시키고, 학생들을 사회적 진공 상태에서 기르며, 결과적으로 민주주의 의식과 사회 참여를 약화시킨다는 문제 제기가 이어지고 있다. '교육의 비정치 신화'의 핵심에 정치적 중립성 원칙이 존재한다는 지적은 이미 오래되었다. 이와 함께, 교육의 정치적 중립성 원칙이 현실적으로 강력한 힘을 발휘한 것이 지방교육자치제도다. 많은 사람이 헌법상 교육의 정치적 중립성 원칙에 근거해 지방교육자치제도가 운영되며, 지방교육자치제도로 교육의 중립성을 보장할 수 있다고 생각한다. 그런데, 원칙은 별론으로 하더라도, 현실적으로 여러 가지 이유에서 현행 지방교육자치제도의 지속가능성에 대한 회의가 깊어지고 있다. 현실 변화와 함께 원칙을 재검토하는 과제가 제기된다.

근래 일어난 변화는 이 의문을 한층 심화시킨다. 공직선거 연령과 정당 가입 연령이 낮아지면서, 학생 유권자와 학생 정당원이 등장했다. 학생들 사이에 정치 사안에 대한 이야기가 자유로워지고 있다. 또, 학생과 청소년들이 온라인 공간에서 보내는 시간이 길어지고, 온라인 공간에서의 활동이 청소년 변화에 끼치는 영향이 크게 확대되고 있다. 청소년들 중 유튜브나 특정 사이버 공간에서 정치 사회화되는 경우가 적지 않다. 그런데, 사이버 공간이 편향된 의식을 강화하고 차별과 혐오를 부추기는 방향으로 작용한다는 보고가 이어지고 있다. 근래 사회적 쟁점이 되고 있는 청년들 사이의 혐오와 보수화 등에도 인터넷 공간에서의 경험이 중요하게 작용했을 가능성이 상당하다.

이처럼 학생들의 성장 환경이 달라지고 있음에도 학교 운영, 교사들의 수업과 생활지도는 여전히 과거의 틀을 벗어나지 않는다. 교육의 정치적 중립성 원칙은 이런 지속성과 긴밀히 관련되어 있다. 변화하는 학생과 변화할 수 없는 교사, 바뀐 환경과 바뀔 수 없는 학교가 현실이다. 학생들은 비상계엄을 궁금하게 여기고 질문하지만, 다수의 교사들이 어떤 말도 하지 않아야 한다고 생각하는 것이 오늘날 학교의 모습이다. 학생들 사이에는 차별과 혐오의 언어가 넘쳐나지만, 교사는 보지 않은 체하고, 결과적으로 그 차별과 혐오가 학교 안에서 더 성장하도록 방치하는 것이 오늘날 우리 학교의 모습이다. 이런 모순의 한가운데에 교육의 정치적 중립성 원칙이 존재한다.

이 책은 교육의 정치적 중립성 원칙을 재검토하기 위해 기획되었다. 역사적으로 검토하고, 다른 사례와 비교하며, 현실의 다양한 양상에 주목하는 것은 어떤 사안을 재검토하는 일에서도 필수적이다. 이 책은 한국

사회에서 교육의 정치적 중립성 원칙이 제기되고 전개되어 온 역사적 과정을 검토하고, 독일과 일본의 근래 사례와 세계 여러 국가의 교원의 정치적 중립성 제도를 비교한다. 또, 법원 판례와 미디어 보도, 교사들의 인식을 분석하면서 교육의 정치적 중립성의 현상을 진단한다.

II. 각 장의 주요 내용

제1장 「한국 사회에서 교육의 정치적 중립성은 어떻게 이해되어 왔는가」는 한국 사회에서 교육의 정치적 중립성 논의와 관계가 깊은 역사적 사건을 돌아보면서 교육의 정치적 중립성 담론의 변화를 분석한다. 최상훈은 교육의 정치적 중립성이 헌법에 명시된 1963년부터 1987년 민주화 이전까지, 1987년 민주화 이후부터 노무현 정부 시기까지, 그리고 이명박 정부 이후 문재인 정부 시기까지를 구분하고, 시기별 사건과 담론의 변화에 주목한다.

헌법에 교육의 정치적 중립성이 규정된 때, 이 개념은 교육계 주류가 지방교육자치제도의 실시를 정부에 요구하는 근거로 활용되었다. 그러나, 1964년 군사정권이 학원보호법을 제정하려던 시기에 이 개념은 학생이나 교원의 민주적 참여와 정치적 의사표현을 가로막는 장치로 돌변한다.

최상훈은 민주화 이후 노태우에서 김대중, 노무현 정부에 이르는 시기를 민주화 이후 제도적 민주주의와 실질적 민주주의가 심화하는 시기로 규정한다. 1989년 전교조는 노동권을 중심으로 교원의 정치적 권리를 보장받고자 하고, 정부는 전교조 설립 시도를 저지하려는 과정에서 교육의 정치적 중립성을 부쩍 강조한다. 이 무렵 전교조가 교육의 정치적 중립성을 해친다는 식의 부정적 여론도 확산하기 시작했다. 1991년 지방교육자치제 제도화, 1995년 교육개혁의 성격을 신자유주의 개혁으로 규정하고 이에 반대하는 움직임, 노무현 정부 들어 활발해진 민주시민교육 관련 논의도 교육의 정치적 중립성 개념과 관련된 의미 있는 사건이다.

이 글은 이명박, 박근혜, 문재인 정부를 하나의 시기로 묶어서 논의한다. 이명박 정부 시기에는 교육감 주민직선제가 전국화했고, 박근혜 정부 시기에는 역사교과서 논쟁과 세월호 참사가 일어났다. 역사교과서 논쟁 과정에서는 찬성과 반대 입장에 선 모든 주체들이 교육의 정치적 중립성 개념을 자신들의 주장을 뒷받침하는 원칙으로 내세우는 점이 이채롭다. 찬성론자들은 "국정교과서를 만들어서 교사들이 특정 이념을 주입하지 않도록 하는 것이 교육의 정치적 중립성을 지키는 것"이라고 주장한 반면, 반대론자들은 "교육은 정치권력으로부터 독립적이어야 하기 때문에, 국정교과서에 반대한다"라는 주장으로 정치적 중립성을 옹호하고자 했다.

이 글을 보면, 한국 사회에서 교육의 정치적 중립성은 각자 자기 입장 또는 이해관계에 따라 여러 가지 의미로 활용할 수 있는 개념처럼 생각된다. 시간이 흐르면서 이 개념을 활용하는 주체들이 확장되었고, 그만큼 이 개념의 내포도 변화하고 확장한 것으로 해석할 수 있다. 이 개념은 누구에게 어떤 의미인가라는 질문을 제기할 수 있다. 아울러, 이 논문은 교육의 정치적 중립성 개념의 변화를 기준으로 한국 현대사를 세 시기로 구분한다. 역사 연구에서 시기 구분은 매우 중요한 의미를 지니며, 이 논문과 다른 방식으로 시기를 구분할 수 있는지를 검토할 필요도 있다.

제2장 「교육의 정치적 중립성의 헌법 편입과 제도화 과정」은 교육의 정치적 중립성이 헌법에 편입된 경위와 그것의 제도적·실천적 의미를 분석한다. 김용일은 군사 쿠데타로 집권한, 정통성이 취약한 군사정권이 지지 저변을 확장하려는 의도와 교원노조의 도전에 직면하고 내무행정 관료들의 지방교육자치 폐지 움직임을 저지하고자 했던 교육(학)계 보수세력의 동맹 또는 공모의 산물로 헌법 편입을 해석한다.

김용일은 헌법에 규정된 교육의 정치적 중립성의 제도적 의미를 교원의 정치적 기본권을 제약하고 지방교육자치를 탈정치화한 규범이었다고 설명한다. 실천적으로는 교사를 배제한 교육거버넌스 시스템을 구축하고 국가와 교육전문가의 정책독점을 실현함으로써 궁극적으로 교육(학)계 보수세력의 교육 지배를 공고화했다고 본다. 그는 헌법에서 교육의 정치적 중립성 조항을 삭제하는 방안을 대안으로 제안한다.

교육의 정치적 중립성의 헌법 편입 과정에 대한 김용일의 분석을 읽어보면, 이 문제를 더 정확하게 규명하기 위해 분석의 범위를 확장할 필요를 자각하게 된다. 우선, 1961년 군사 쿠데타를 전후해 교육의 장을 넘어서 한국 사회의 전반적인 변화를 살필 필요가 있다. 김용일은 군사정권이 지지 기반 확장을 위해 교육계 보수세력의 요구를 수용했다고 설명하는데, 군사정권이 교육계 외에 다른 부문에서도 이와 같은 타협 전략을 구사했는지 확인할 필요가 있다. 만약, 다른 부문에서도 정권과 해당 부문 보수세력 간 타협이 있었다면 김용일의 설명은 타당성을 높일 수 있다.

다른 한편으로, 시간적 면에서 분석 범위를 확장할 필요가 있다. 교육의 정치적 중립성이 헌법에 편입된 것은 1963년이지만, 1949년 교육법에 정치적, 파당적, 개인적 편견의 선전을 위한 방편으로 교육을 이용하지 않을 것이 규정되고, 1953년 교육공무원법에 교원이 정치운동에 참여할 수 없도록 규정되었다. 궁금한 점은 1963년 헌법 개정 이전까지 1949년 교육법과 1953년 교육공무원법의 교육의 정치적 중립성 관련 조문이 한국 사회와 교육에서 어떤 의미를 지녔으며, 현실에서 어떻게 활용되었는가 하는 문제다. 이 시기 해당 조문이 거의 사문화되어 있었다면, 1963년 헌법 개정의 의의가 분명히 드러나겠지만, 1963년 이전 교육의 정치적 중립성 법제가 모종의 현실적 의미를 확보하고 있었다면, 1963년 헌법 개정의 의의는 상대적으로 경감할 필요가 있을 것이다. 1949년 교육법 제정에서 1963년 헌법 개정 이전 시기까지의 관련 담론과 사건을 찾고 분석해야 한다.

김용일은 교원의 정치적 기본권 제약과 지방교육자치제도의 탈정치화를 교육의 정치적 중립성의 두 가지 제도화 양상으로 지적한다. 이 두 가지 외에 교실 안에서 민주시민교육과 정치교육의 질식에 가까운 현상이 교육의 정치적 중립성이라는 이름으로 강제되는 현상이 근래 두드러진다. 특히 선거연령과 정당 가입 연령 하향, 그리고 인터넷 공간에서 일어나는 학생들의 정치사회화와 무관하게 정치적 진공 상태에 놓인 교실에 주목할 필요가 있다.

제3장 「교원의 정치적 중립성에 관한 판결 분석」은 교원과 관련해 대법원과 헌법재판소에서 교육의 정치적 중립성을 어떻게 이해하고 있는지를 분석한다. 교사들이 시국선언에 참여한 것이 정치적 표현의 자유를 행사한 것인지, 정치적 중립 의무를 어긴 것인지에 관한 사건에서 대법관 다수는 교사의 시국선언 참여가 공무 외의 일을 위한 집단행위를 금지한 국가공무원법을 어긴 행위로 간주했으나, 다섯 명의 대법관은 정치적 기본권을 행사한 것일 뿐, 공무 외의 일을 위한 집단행위로 볼 수 없다는 입장을 보였다. 찬반 논리가 팽팽하게 대결하는 상황이다.

교사들의 정치적 기본권을 심각하게 제약하고 있다고 평가받는 현행 법률, 구체적으로 교사들의 정당 가입 금지, 선거운동 금지, 교원노동조합의 정치 활동 금지 조문의 위헌성을 다투는 헌법재판은 모두 현행 법률의 합헌성을 인정했다. 그러나, 모든 사안에 소수 의견이 존재하며, 경청할 만하다. 예를 들어, 정당 가입 금지 위헌 결정에서 소수 의견은 공직 수행 중 정치활동을 제한하는 것만으로 충분한데도, 정당 가입을 획일적이고 전면적으로 금지하는 것은 공무원의 기본권 주체로서의 지위를 부인하는 행위라고 말한다. 오히려 교사들의 정치활동을 폭넓게 금지하는 현행 법제에 대한 헌법재판소의 판단은 교육의 정치적 중립성 조항을 다소 느슨하게 해석하고 있는 느낌이 든다. 현행 헌법 하에서 교사들의 정당 가입과 선거운동을 허용하는 방향으로 법률이 개정되는 경우, 헌법재판소가 개정 법률의 위헌성/합헌성을 어떻게 판단할지 예단할 수는 없으나, 현재까지의 판례를 보면, 합헌으로 판단할 가능성도 없지 않다.

제4장 「교육내용, 교육행정의 정치적 중립성에 관한 주요 판례」는 교육내용과 지방교육자치제 관련 헌법재판과 법원 판결을 분석한다. 교육내용과 지방교육자치제는 교육의 정치적 중립성 논의에서 교원과 더불어 중요한 논쟁 대상이 되어오고 있다. 이 글은 교과용도서 국정제 헌법소원, 초등학교 1, 2학년 영어교육 배제 고시 위헌확인, 검정교과서 수정명령 취소소송에서 다투어진 논리와 소송 결과를 정리하고, 판결을 평석한다.

일본의 경우 1960년대 이른바 국가교육권설과 국민교육권설의 대립이 심각했는데, 이 대립의 핵심은 교육과정 결정권의 소재에 관한 것이었다. 우리나라의 국가 교육과정에 해당하는 학습지도요령을 국가가 결정할 수 있고, 학습지도요령의 법규성을 시인하는 사람들이 국가교육권설을 주장한 반면, 학부모를 대리해 학생을 가르치는, 진리의 대리자로 간주할 수 있는 교사가 교육과정을 결정해야 하며, 학습지도요령은 조언 자료일 뿐, 법규성은 부인된다고 주장하는 사람들은 국민교육권설을 지지했다. 사실 이 논쟁이야말로 교육내용의 정치적 중립성 논의의 핵심을 구성한다.

또, 영국에서 1988년 국가교육과정national curriculum을 제정하고자 할 때, 국가교육과정의 위헌성 논의가 일어난 사실도 상기할 필요가 있다. 국가교육과정은 교육과정에 대한 전문적 통제professional control를 정치적 통제political control로 전환하는 것인데, 교육과정에 대한 최고의 전문가는 교사라는 점을 상기할 때, 정책 전환을 옳지 않고, 국가가 결정하는 교육과정을 교화indoctrination적 수단으로 기능할 수 있다는 사실을 들어 위헌성을 주장하는 의견이 있었다White, 1989. 그러나 국가교육과정이 학교 간 차이를 줄이고, 다양한 배경의 학생들에게 제공되는 교육과정을 불균등성 문제를 시정할 수 있고, 학교교육의 표준을 높이고, 학부모와 교사 간 의사소통을 개선할 수도 있다는 근거를 들어 국가교육과정의 정당성을 주장하는 경우도 있었다Moon, 1996.

우리나라는 교육내용의 정치적 중립성에 관해 본격적인 논쟁을 시작하지 않았다. 국가교육과정의 정당성은 의심된 일이 없고, 교사의 교육과정 결정권은 거의 존재하지 않았다. 다만, 아래로부터의 개혁 과정에서 교사들의 교육과정 편성과 운영에 관한 권한을 확대하고자 하는 움직임이 있고, 한국 사회의 다양성이 심화함에 따라 향후 교육내용의 중립성에 관한 논의가 활발해질 가능성이 열려있다.

김범주는 "교육행정"의 정치적 중립성 판례로 지방교육자치제도 운영 과정상의 법적 쟁점을 분석한다. 교육위원 선거의 선거운동 방식 제한에 대한 위헌소원, 교육위원 선거의 2분의 1까지 교육 경력자 우선 당선제 위헌확인, 교육감 입후보자의 정당의 당원 배제 요건에 대한 위헌확인, 교육감 입후보자의 교육 경력 요건에 대한 위헌확인, 교육감 입후보자의 과거 당원경력 표시 금지 규정에 대한 위헌확인 사건을 소개하고 쟁점과 결과를 요약한다.

제2장에서도 언급된 것처럼, 헌법상 교육의 정치적 중립성 조문은 현실적으로 지방교육자치제도를 정당화하는 근거로 활용되어오고 있다. 따라서, 이 책에서 소개하는 지방교육자치제 관련 헌법재판에서도 교육의 정치적 중립성 원칙에 따라 결정하고 있다. 그런데, 헌법재판소가 이 원칙에 대해 분명한, 단일한 입장이 있는지는 의문이다. 이런 문제의식으로 관련 결정을 읽을 필요가 있다.

한편, 헌법재판소가 지방교육자치제를 헌법상 제도로 인정하고 있는지는 의문이다. 오히려 입법재량의 문제로 보는 것은 아닌지 확인할 필요가 있다. 지방교육자치제의 향방에 관해 다양한 논의가 전개되는 상황에서 헌법 원칙과 지방교육자치제의 관계에 대해서는 재검토가 필요하다.

제5장 「독일 교사의 정치적 중립성 논쟁 고찰」은 교육의 정치적 중립성에 관한 근래 독일 사례를 고찰한다. 1990년대 이후, 특히 2000년대 들어 경제 위기가 심화하고 난민이 급증하는 상황에서 극우 정당이 지지를 넓혀간다. 극우 정당은 반이슬람, 반난민, 반유로를 내걸었고, 제3당의 지위에 오를 만큼 폭넓은 지지를 받게 된다. 독일 교육계에서는 극우 정당의 정책적 지향을 비판적으로 논의하는 수업을 전개하고, 극우 정당 활동을 비판한다.

그런데, 극우 정당은 자당에 대한 교사들의 수업 활동이 교육의 정치적 중립성을 해치는 것이라고 비판한다. 우리나라에도 널리 알려진 보이텔스바흐 협약, 즉 교사가 학생들에게 자신의 견해를 강요할 수 없다는 강압 금지 원칙을 근거로 교사들이 정치적 중립을 지키고 극우 정당에 비판적 수업을 하지 않도록 요구한다. 극우 정당에 대한 비판적 수업을 전개한 교사를 신고하는 포털 사이트를 구축해, 교사들을 위축시키려고 했다.

그런데, 독일 교육계는 극우 정당의 행위를 민주주의에 대한 공격으로 규정하고, 일부 주에서는 극우 정당이 신고 사이트 개설 운영을 불허하는 등 강력하게 대응한다. 또, 정치적 중립성을 이유로 교사들이 개입하지 않게 하는 것은 교사들에게 정치적 중립을 왜곡된 방식으로 요구하는 것이라고 비판한다.

독일 사례는 교육의 정치적 중립성이 누가 어떤 목적으로 요구하는가에 따라 사뭇 다른 결과를 초래할 수 있음을 잘 보여준다. 우리나라의 경우에도 이른바 뉴라이트 식민사관, 4·3항쟁, 5·16 군사쿠데타, 5·18 광주민주화운동 등 역사적 사건에 대한 평가를 둘러싸고 여전히 갈등이 존재한다. 최근에는 혐오와 차별이 학교 안으로 깊숙이 들어와 있다. 이런 상황에서 교사들이 적극적으로 개입하기보다는 소극적으로 방관하는 경우가 적지 않고, 교사들이 개입하려는 경우 학생들, 때로는 학부모들이 이를 가로막기도 하는데, 대개 교육의 정치적 중립성이 저마다의 요구를 정당화하는 방패로 활용된다. 이렇게 여러 주체가 서로 다른 이유로 교육의 정치적 중립성을 요구한 결과, 우리 교육과 사회가 어떤 모습이 되어가고 있는지 검토할 필요가 있다.

제6장 「일본의 18세 선거권과 교육의 정치적 중립성」은 공직선거 연령을 낮춘 이후 일본 사회에서 나타난 이슈를 고찰한다. 일본에서는 2015년 선거연령을 18세로 낮추었다. 이때를 전후해 일본 정치교육과 학생들의 정치활동 방침이 변화했다. 일본에서는 오랫동안 정치적 중립성이 비정치성으로 오해되고 학교교육에서는 정치 현안을 다루는 일 자체를 기피해오고 있다. 교사는 현안에 대해 자기 견해를 표명하지 않는 것이 공정하고 중립적인 입장을 유지하는 것으로 권장되어왔다. 학생들은 학교 내외를 불문하고, 수업 중이든 방과 후든 관계없이 정치 활동을 하지 않아야 하며, 이를 어기는 경우 징계 대상이 되어왔다.

18세 공직선거 하향 이후 문부과학성은 학교에서 정치적 교양교육을 적극적으로 실시하도록 권고한다. 그러나, 각 지역 교육위원회는 여전히 정치교육에 소극적이다. 교사들은 문부과학성의 권고를 액면 그대로 받아들이지 않는다. 이와 함께, 교사들에게는 여전히 자신의 견해나 입장을 드러내지 않도록 권고하고 있다. 문서 내용은 바뀌었지만, 현실은 변화가 없는 셈이다.

이와 함께, 일본의 학교 현장에서는 다양한 양상이 나타나고 있음을 알 수 있다. 주권자교육 역량을 갖춘 교사가 충분하지 않은 문제가 제기된다. 나아가 일부 교사들이 정부 정책을 지지하도록 학생을 유도하는 실태도 보고된다. 한편, 학생의 정치적 활동이 장려되는 한편, 일부 교육위원회에서는 학생 정치활동 신고제를 채택함에 따라 사실상 학생들이 상당히 위축되는 현상도 나타난다.

우리나라에서는 2020년 4월 치러진 제21대 국회의원 총선거부터 만18세 고교생 또는 청소년이 유권자가 되었다. 일본의 경우, 선거연령 하향 이후, 비록 말뿐이라고는 해도 '정치교육' 강화 방침을 표명했지만, 우리나라는 '선거교육'으로 교육의 범위를 매우 좁혀두고 있다. 선거교육과 관련해서, 학생들에게 선거의 의의와 선거 과정을 소개한 후, 선거운동 범위를 교육하는데, 대개 금지되는 선거 운동을 교육한다중앙선거관리위원회, 선거연수원, 2020a.

교사들에 대한 선거교육 연수 교재는 선거교육에서 정치적 중립성 준수를 강력하게 요구한다. "선거교육에서 가장 우려되는 점은 정치적 중립성을 훼손하는 것 ⋯ 유권자가 올바르게 투표권을 행사할 수 있도록 객관적인 정보를 제공하는 데 충실해야 합니다"중앙선거관리위원회, 선거연수원, 2020b: 15. 이 언급은 교사들의 교육 범위를 선거 과정 안내를 최소화하도록 요구하는 것이다. 학교에서 선거교육이 어떻게 이루어지고 있는지는 중요한 연구 과제가 된다.

한편, 유권자 연령 하향 이후 학생들 사이에는 자신들의 정치적 입장을 드러내는 일이 자연스러워지고 있다. 교사에게 정치적 입장을 묻는 경우도 있는데, 대개 교사들은 묵묵부답이다. 교육의 정치적 중립성 조항 때문이다. 자신의 정치적 입장을 적극적으로 드러내는 청소년들과 정치적으로 무색무취한 척해야 하는 교사들이 공존하는 것이 오늘의 교실 풍경이다. 이 현상의 사회적 의미를 물어야 한다.

제7장 「교사의 정치적 기본권: 국제 비교」는 한국과 일본, 미국, 독일, 프랑스 교사의 정치적 기본권을 비교한다. 김민조는 정치적 기본권을 정치적 자유권(정치적 표현의 자유/정치적 집회·시위의 자유/정치적 결사의

자유), 참정권(선거권/공무담임권/국민투표권), 정치적 활동권(정당 설립 가입 및 활동권/선거운동권)으로 분류하고, 다섯 국가의 실태를 보고한다.

김민조에 따르면, 한국과 일본의 교사들은 정치적 기본권을 전인격적으로 제한당하고 있다. 반면, 미국 교사들은 수업시간 또는 근무시간 중 정파적, 선동적, 정치적 활동이 제약당할 뿐이다. 독일 교사들은 국민으로서의 정치적 자유를 원칙적으로 모두 보장받지만, 교육이라는 직무와 관련되는 경우 기본권 일부가 제한된다. 프랑스의 경우는 교사에게 정치적 기본권을 원칙적으로 보장하되, 공무원으로서의 품위유지 의무가 기본권을 제한하는 근거로 활용된다.

이 글을 읽으면 한국 교사들의 정치적 기본권이 얼마나 극심하게 제약되어 있는지 알 수 있다. 다만, 교사의 정치적 자유와 권리에 관한 국제 비교의 범위를 더 확장하면 한국의 논의를 심화하는 데 도움이 될 것 같다. 예를 들어, 교사의 공직 선거 출마와 관련해, 공무담임권을 보장하는 국가의 실태를 확인할 필요가 있다. 독일의 경우 지방의원 중 상당수가 교사 출신이라는데, 이들이 지방의회에서 어떤 역할을 하는지, 이들의 활동이 학교교육에 어떤 영향을 끼치는지 조사 분석하는 일이 필요하다. 또, 학교 밖, 근무시간 외 교사의 정치적 표현의 자유가 허용되는 국가에서 교사들의 표현 활동이 근무하는 학교, 더 나아가 근무하는 지역의 교육에 어떤 영향을 미치는지에 관한 사례를 폭넓게 수집해 분석할 필요가 있다. 이런 분석이 추가되면 한국 교사들의 정치적 기본권 확대 논의를 더 타당성 있게 진행할 수 있을 것이다.

제8장 「교육의 정치적 중립성은 어떻게 이해되고 있는가: 비판적 담론 분석을 통해 본 교육의 정치적 중립성의 의미」는 한국 사회에서 교육의 정치적 중립성과 관련해 논란의 대상이 된 사건들, 예를 들어 인헌고 사건과 선거 연령 하향 등에 관한 언론 보도내용을 분석해 교육의 정치

적 중립성이 어떻게 이해되고 있는지를 보여준다. 권순정은 우리 사회에서 학생들은 쉽게 선동될 수 있는 대상으로 간주되고, 따라서 교사들이 자신의 견해를 적극적으로 내세우지 않고 주어진 것을 잘 전달하는 것이 정치적 중립을 지키는 것이라는 견해가 널리 존재함을 확인한다.

그동안 교육의 정치적 중립성은 규범적 논의의 대상이 되어왔다. 헌법 조문을 문리해석하는 논의가 많았고, 이것의 당부당當不當을 따져 묻는 글이 많았다. 그런데, 교육의 정치적 중립성은 한 사회를 구성하는 시민들의 인식 속에 존재하고, 그것이 사회적 의미를 형성한다. 권순정은 오늘날 한국 사회에서 교육의 정치적 중립성 개념이 사실상 주체성을 기르고자 하는 방향으로 교육이 나아가는 것을 가로막고 있음을 보여준다.

한편, 교육의 정치적 중립성을 여러 집단이 동일하게 인식하지는 않을 것이라는 사실에 주목할 필요가 있다. 이 글은 현 시점에서 주류 기성 세대 집단의 인식을 보여준다. 정당에 가입할 수도 있고 선거에 참여한 일이 있는 청소년들이 이 개념을 어떻게 생각하는지를 확인하는 연구가 필요하다.

제9장 「학생 정당 가입, 선거 연령 하향 이후 학교의 정치교육」은 근래 청소년의 정치 관련 변화를 살펴보고 유관한 해외 사례를 소개한다. 선거 연령과 정당 가입 연령을 낮춘 것은 청소년이 다양한 사회 문제에 대해 자신의 의견을 주체적으로 형성할 기회를 확대하고 정치 참여 문화를 확산해 궁극적으로 민주주의를 공고하게 하는 의의를 지닌다.

그런데, 이와 같은 목적이 달성되고 있는지는 의문이다. 이 글에서 본격적으로 조사하지는 못했지만, 청소년들은 특정 앱이나 유튜브를 통해 정치적 이슈를 접한다. 알고리즘에 의해 편향된 인식을 하게 되는 경우도 적지 않다. 이런 상황이라면 자유로운 토론을 통해 다양한 생각을 접하고 자신의 의견을 형성하며 정치에 참여한다는 식의 발상이 현실에서는 거의 무력할 수 있다. 이인수는 이 글에서 청소년들의 미디어 문화를 소개하는데, 이것과 선거연령 하향이 결합해 전개되는 현실에 주목할 필요가 있다.

아울러, 이 글에서는 청소년 정치 참여에 관한 해외 사례를 소개한다. 독일의 경우 정당에 가입한 청소년들이 다양한 청소년 조직에서 활동하고, 그 과정에서 정치인으로 성장한다. 정당 가입 연령을 낮춘 후 우리나라의 정당이 어떤 움직임을 보이는지도 연구 대상에 포함할 필요가 있다.

제10장 「교육의 정치적 중립성에 관한 초·중등교원의 인식 및 실천 연구」는 한국 교사들이 교원과 교육과정의 정치적 중립성을 어떻게 인식하고 실천하는지를 분석한 글이다. 많은 교사들은 교사들이 정권에 편승해 교육활동을 전개할 때 발생할 수 있는 부패와 비능률을 방지하기 위해 교육의 정치적 중립성이 필요하다고 생각하며, 특정 정당의 이념이나 성향에 치우치지 않고 교직의 전문성에 기반해 활동하는 것을 교원의 정치적 중립성이라고 생각한다.

설문에 응답한 교사 중 절반이 조금 넘는 사람들은 서명운동, 집회 참가, 시국선언 참여, 온라인 투표 참여, 게시물에 댓글 달기 등 방식으로 정치적 자유권을 행사한 일이 있다고 답했다. 그런데, 이 설문이 이루어진 시기가 서이초 사건 이후라는 점을 염두에 두면, 실제 이상으로 많은 교사가 정치활동 경험이 있다고 답했을 가능성이 있다. 반면, 절반이 조금 되지 않는 교사들은 정치적 활동을 전혀 하지 않는데, 그들은 징계받을 수 있다는 두려움과 연가나 병가를 사용해 집단행동에 참여하는 경우 학교 교육활동이 어려워지고 학생의 학습권을 침해할 수 있다는 걱정을 하는 것으로 나타났다.

교사들은 정치·사회적 쟁점을 교육과정에 통합해 수업하는 일이 필요하다고 생각하지만, 교사의 정치적 표현의 자유를 제약하는 각종 법률이 장애가 된다. 정설미와 모영민의 조사 결과에 따르면, 정치 사회 이슈에 대해 학생 간 토론을 하고 교사 자신의 견해도 표현하는 경우는 3%를 조금 넘을 뿐이다. 절반 가까운 교사들은 수업 중에 정치 사회 문제를 전혀 다루지 않거나 교사가 선별한 내용을 요약해 전달한다. 이들은 학부모들의 민원과 고소 고발 등 법적 조치를 두려워한다.

이 조사 결과를 보면 한국 교사들의 다양한 마음이 드러난다. 우선, '교육자적 심성'이 드러나는 것 같다. 어떻게 학생들에게 좋은 교육을 할 것지 고민하고, 정치 관련 교육이 학생들에게 이로울 것 같지 않기 때문에 자제한다. 반면, 개인으로서의 교사는 정치 활동에 참가하고 싶어하지만, 소극적 행위에 그치는 경우가 많다. 학생들과 정치 사회 이슈를 함께 이야기하는 것이 좋다고 생각하지만, 실제로 이런 실천은 거의 일어나지 않는다. 교육의 정치적 중립성은 교사의 교육의 자유를 촉진하기보다 교사를 위축시키는 두려움의 원천이 된다.

학생들이 교육의 정치적 중립성을 어떻게 인식하고 있는지 조사 분석할 필요도 있다. 교실 안팎에서 매우 다른 경험을 하는 학생들이 적지 않다. 교실 내의 비정치와 온라인 공간에서의 정치의 이상한 동거를 학생들은 어떻게 생각하는지를 확인하는 일이 필요하다.

Ⅲ. 과제

교육의 정치적 중립성 원칙을 재검토해야 한다는 목소리가 강해질 것이다. 공직선거 연령과 정당가입 연령 하향 이후 청소년들의 정치 활동과 학교에서의 정치교육을 둘러싼 여러 가지 문제가 제기될 것이다. 개헌 논의가 심심치 않게 제기된다. 사실 문재인 정부 당시 진행된 개헌 논의에서는 교육의 정치적 중립성 조문에 대한 심각한 논의는 없었다. 그러나 향후 진행될 수 있는 개헌 논의 과정에서는 이 원칙에 대해 깊이 검토할 필요가 있다. 더 직접적으로는, 지방교육자치제도의 변화에 관한 검토를 요청하는 흐름이 거세지고 있다. 교육의 정치적 중립성과 지방교육자치제도의 관계를 새롭게 검토하게 될 것이다. 바야흐로 교육의 정치적 중립성 재검토의 시점이 이미 다가와 있다.

교육의 정치적 중립성 원칙은 한국 사회에서 중요한 갈등 소재 가운데 하나다. 갈등을 줄이는 방향으로 논의하려면 두루 알고 깊이 생각해야 한다. 이 책은 교육의 정치적 중립성에 관한 여러 가지 관점의 주장과 연구 결과를 모은 것이다. 각 장은 고유한 주장을 담고 있지만, 읽다 보면 새로운 문제가 생긴다. 또, 지금까지 다루지 못한 내용을 확인하고 분석할 필요가 제기된다. 앞 절에서 제기한 다양한 질문을 포함해 미처 다루지 못한 다양한 사실 관계에 대한 이해가 깊어지면 갈등을 해소하는 논의가 가능해질 수 있다.

참고문헌

중앙선거관리위원회 선거연수원(2020a). 대한민국 유권자가 되다(청소년용).
중앙선거관리위원회 선거연수원(2020b). 만 18세, 대한민국 유권자가 되다(교사용 교재).
Moon, B.(1996). *A guide to the national curriculum(3rd ed.)*. Oxford: Oxford University Press.
White, J.(1989). An unconstitutional national curriculum. Lawton, D. and Chitty, C.(eds.). *The national curriculum*. London: Bedford Way Papers. 113-122.

제1장

한국 사회에서 교육의 정치적 중립성은 어떻게 이해되어왔는가?

최상훈

I. 서론

교육의 정치적 중립성은 한국 교육제도의 근간을 이루는 헌법적 원칙이자 우리 사회가 도달해야 할 규범적 이상으로 오랫동안 강조되어 왔다. 이에 따라 헌법 제31조 제4항은 "교육의 자주성·전문성·정치적 중립성 및 대학의 자율성은 법률이 정하는 바에 의해 보장된다"고 명시하며, 이런 헌법적 규정은 1963년 제5차 헌법 개정 당시 처음 도입되어 이후 한국 교육의 토대를 구성하는 원칙이자 규범으로 자리잡고 있다.

그러나 교육의 정치적 중립성은 시대에 따라 한국 사회의 사회적·정치적 맥락에서 다양하게 해석되고 변용되어 온 역동적 개념이다. 시대 변화에 따라 교육의 정치적 중립성을 어떻게 해석하고 적용할지에 대한 문제는 법적 해석 영역에만 머물러 있을 수 없다. 교육과 정치, 사회와의 복잡한 상호작용에서 국가권력과 교육의 변증법적 갈등 관계, 사회·정치적 변화에 따른 교육개혁과 교육자치의 방향성 설정 문제, 첨예한 이념적 대립 속 정치적 기본권에 대한 문제, 교육내용과 교육과정에 대한 문제 등 교육을 둘러싼 다양한 사회·정치적 갈등요소와 맞물려 교육의 정치적 중립성은 복잡한 의미 변화의 과정을 거치기 때문이다.

교육의 정치적 중립성 개념의 중요성을 방증하듯 기원과 실질적인 내용에 대한 연구는 상당부분 축적되어 왔다. 그러나 교육의 정치적 중립성이 정치적·사회적 변화 속에서 의미와 기능이 시대에 따라 달라져 왔다면, 그 흐름을 거시적 맥락에서 조망하고 향후 교육의 정치적 중립성의 개념을 어떻게 정립해 나갈 것인가 하는 논의의 단초를 마련할 필요가 있다. 이에 본 연구는 해방 이후부터 현재에 이르는 동안 다양한 시대적 맥락에서 나타난 교육의 정치적 중립성에 관한 담론과 정책을 통합적으로 분석함으로써, 개별 연구들이 분절적으로 다룬 내용을 한데 묶어 종합적 관점을 제시해보고자 한다. 즉 본 연구의 목적은 1963년 헌법 개정 이후부터 현재까지, 한국 사회의 주요 사회·정치적 변화 시기에 따라 교육의 정치적 중립성 개념이 어떻게 해석되고 활용되어 왔는지를 체계적으로 분석하는 것이다.

본 연구의 목적 달성을 위해서는 교육의 정치적 중립성 개념에 영향을 준 사회·정치적 시기 구분에 대한 논의가 선행되어야 한다. 전술한 바와 같이 본 연구는 교육의 정치적 중립성 개념의 변화와 주요 사회·정치적 변화가 서로 맞물려 영향을 주고받는 변증법적 관계에 있다는 점을 전제한다. 학문적으로 정교한 시기 구분을 위해서는 한국 현대사와 교육사를 통합적으로 바라보는 별도의 정밀한 연구가 필요할 것이다. 다만 이는 본 연구의 목적과 범위를 다소 벗어나기에 한국사의 주요 사건들과 정치적 정권을 중심으로 시기적 구분을 하고자 한다.

본 논문은 다음의 시기별로 한국 사회에서 '교육의 정치적 중립성' 개념이 어떻게 해석되고 활용되었는지를 고찰한다. 먼저 헌법에 교육의 정치적 중립성 개념이 명문화된 1963년부터 1987년 민주화 이전 권위주의 정권하에서의 교육의 정치적 중립성 개념을 살펴본다. 1987년 민주화 이행을 기점으로 삼은 이유는, 민주화를 기점으로 권위주의적 체제 아래서 이데올로기적으로는 국가 통제 아래 있었고 내부적인 통치방식에서는 교육 관료와 교육전문가 집단에 맡겨져 있던 교육적 구체제가 민주화를 기점으로 크게 변화했기 때문이다.^{김종엽, 2009} 다음으로 1987년 민주화 이후부터 문민정부와 국민의 정부, 참여정부까지 시기를 조명한다. 이 시기는 민주화 운동 확산과 더불어 교육의 정치적 중립성 개념에 대한 해석 역시 교육의 자율성과 정치적 표현에 대한 자유를 요구하는 방식으로 확장된다. 그러나 여전히 교육의 정치적 중립성 개념을 둘러싼 제도적 보수성 잔존에 따른 실질적 민주주의의 확립에 대한 요구가 병존하던 시기이기도 하다. 특히 이 시기에는 진보 정권의 집권으로 교육의 정치적 중립성 개념이 교육개혁 과정에서의 참여 민주주의 확대라는 맥락에서 재구성되었다. 그러나 전교조 합법화 등의 정책으로 교육의 정치적 중립성 논쟁이 확대되었으며, IMF 사태 이후 신자유주의적 교육개혁의 단초가 마련되면서 교육 공공성 확보를 위한 방향성 설정 과정에서 교육의 정치적 중립성 개념은 시민사회와 정치 이념 간 갈등의 중심에 놓이게 된다.

다음은 2008년부터 2017년까지 이명박·박근혜 정부 시기를 다루며, 보수 정권하에서 정치적 중립성이 국가주의에 기반한 통제와 단속의 언어로 회귀하는 과정을 검토한다. 특히 역사 교과서 국정화 논란은 정치와 교육의 경계를 둘러싼 사회적 갈등을 심화시켰다. 마지막으로 2017년 문재인 정부 이후 현재까지를 다루며, 정치적 중립성 개념이 교육 민주주의, 다양성 존중, 공적 가치 교육과 긴장 관계를 형성하며 다층적인 담론 속에 재해석되고 있음을 분석한다. 각 장은 해당 시기의 사회·정치적 배경, 주요 논쟁 사례, 담론 주체와 정책 반영 양상을 입체적으로 다룬다.

이처럼 본 연구는 교육의 정치적 중립성 개념에 영향을 미친 주요 사건과 논쟁은 무엇인가에 대한 분석과 더불어 각 시기별 교육의 정치적 중립성은 주로 어떤 방식으로 활용되었는지를 살펴보고자 한다.

II. 1961년~1988년:
형식적 중립 체계 공고화 및 통치 도구로서 전략화된 담론으로서의 교육의 정치적 중립성

1963년 제5차 헌법 개정은 한국 교육사에서 중요한 전환점을 마련했다. 이 개정을 통해 '교육의 자주성·전문성·정치적 중립성'이라는 개념이 헌법에 최초로 명문화되었기 때문이다. 제5차 헌법 제27조 제4항에 '교육의 자주성·전문성·정치적 중립성 및 대학의 자율성은 법률이 정하는 바에 의해 보장된다'라는 조항이 신설됨으로써 교육의 정치적 중립성은 헌법적 가치로 격상되었다. 이런 조항의 도입은 표면적으로는 교육을 정치권력으로부터 보호하고, 교육의 자율성과 전문성을 보장하기 위한 것으로 해석될 수 있다. 다만 교육의 정치적 중립성은 역사적 맥락에 따라 정치적으로 전략화되는 담론으로 이해되어야 한다. '교육의 정치적 중립성'이라는 개념이 정치적·사회적 맥락, 특히 교육에 대한 국가 통제가 5·16 군사 쿠데타 직후부터 나타난다는 점에서 김종엽, 2009, 당시 박정희 권위주의 정권 차원에서 어떻게 해석되고 활용되었는지에 대해서는 좀 더 면밀히 살펴볼 필요가 있다.

1961년 1월 6일자 경향신문은 1월 4일 문교부가 국회에 제안 중이던 교육위원 임시조치법이 통과되기 전에는 교육감 선거를 보류해야 한다는 기존 입장을 번복해 전국 126개 교육구에 교육감을 선출하라고 지시를 내림에 따라 "거의 자유당 당원으로 구성되어 있는 현 교육위원들에 의해 새 공화국 교육감이 선출되게 되었다"면서, "교육자치제 강화와 민주교육 개혁에 착수한 문교 당국이 다시 이승만 독재정권의 전제교육 상태로 돌아간 느낌"이라고 비판하는 기사를 내보낸다 경향신문, 1961. 1. 4.. 경향신문은 이어 전국 1,995명의 교육위원 중 자유당 당원이던 위원이 90%에 달하며, 이들은 자유당 시대에 거의 100% 자유당에 가담해 교육의 정치적 중립성이 짓밟힐 수밖에 없었다고 비판했다.

1961년 1월 8일 동아일보 사설에서도 교육법에서 "교육이 정치적·파당적 기타 개인적 편견의 선전을 위한 방편으로 이용되어서는 아니 된다"라고 규정하고 있음에도 자유당 시절 교육감과 교육위원을 중심으로 교육이 이승만, 이기붕 등 집권자 및 집권당의 선전과 집권연장 수단으로 이용되어왔다는 점을 지적한다^{동아일보, 1961. 1. 8.}. 이처럼 당시 언론들을 살펴보면 4·19 혁명 이후 자유당 정권하에서 교육의 정치적 중립성이 훼손된 가장 큰 원인은 당시의 불완전한 교육자치제에 원인이 있다는 인식을 엿볼 수 있다. 경향신문은 전국 167개 교육구의 교육위원 선출을 정당원으로 구성된 각 시·읍·면의회에서 간선으로 선출함에 따라 교육위원의 정치적 중립성을 담보하기 어렵다고 비판하기도 한다^{경향신문, 1960. 12. 27.}.

이에 문교부는 1960년 11월 30일 제4차 교육자치제도심의위원회를 통해 내무행정에서 문교행정을 분리하고, 시·군 교육구를 통합해 중교육구제를 도입하면서 기존 초등학교만 관장하던 사무 범위도 중등으로 확대하는 교육법 개정을 결의했다^{경향신문, 1960. 12. 1.}. 그러나 1961년 5·16 쿠데타라는 정변을 맞아 1962년 1월 6일 개정된 「교육법」에서 종전의 교육구 및 시교육위원회를 폐지하고 서울특별시장·시장 또는 군수로 해금 지방의 교육·학예에 관한 사무를 담당하게 하도록 하면서 교육자치제는 법적으로 폐지되게 되었다.

이후 교련 중심의 주류 교육계는 교육의 정치적 중립성 확보를 위한 핵심적인 기제로 교육자치제를 지목해 이를 관철시키기 위한 노력을 이어갔다. '교육의 자주성과 중립성을 보장하기 위해서는 교육행정 독립이 가장 시급한 과제임을 천명해 사회여론을 환기시키는 데 최선을 다했다'^{대한교육연합회, 1973: 188}. 가령 1963년 1월 신년사에서 대한교련 회장 유진오는 지난해 군사정권에 의해 시행된 문교정책에 감명하며 교육정책을 높이 평가하는 반면, 다시금 교육자치제의 실시가 금년 안에 이루어지기를 당국에 요청했다.유진오, 1963.

군부정권 하에서 5차 헌법 개정을 통해 헌법에 교육의 정치적 중립성이 명문화된 것은 당시의 사회·정치적 배경과 더불어 교육계의 이런 노력이 크게 작용했다고 평가할 수 있다. 그리고 앞서 살펴보았듯이 당시 교육의 정치적 중립성 개념은 군부 권위주의 정치세력으로부터 교육 '행정'의 중립성과 자율성을 보장받는 것에 주안점이 있었다고 할 수 있다. 그런데 한편으로는 교육의 정치적 중립성이 학생들의 시위를 막는 방패로 활용되기 시작한다. 대표적인 사례로 1964년 3월 한일회담 이후 학원 재개로 4·19 이래 최대의 학생 시위가 발발하고, 학원사찰 사건 등이 문제가 되면서 비상계엄까지 시행하는 상황으로 몰리자 당시 집권당이던 공화당은 '학원보호법' 제정을 시도하기까지 했다.

이른바 '안전판 법안'이라며 언론윤리위법과 함께 박정희 대통령의 강력한 의지를 받아 공화당이 단독제안한 이 법은 제1조에서부터 '교육법에 의해 설립된 학교에 대해 교육과 학원 생활의 자주성 및 정치적 중립성을 보장함을 목적으로 한다'고 시작한다. 그러나 법안 세부 내용을 보면 수사기관의 직원이 반공법, 국가보안법 등을 이유로 학내에 출입할 수 있는 권한을 주고, 교직원과 학생들이 특정 정당 및 정강정책을 지지하거나 반대하는 행위 및 정치적인 선전·선동, 학원 질서를 문란하게 하는 집단활동 등을 모두 금지하고 있다.동아일보, 1964. 7. 31. 물론 이 법은 1964년 8월 15일 여론에 밀려 공화당이 철회하면서 일단락되었으나, 8월 12일까지만 해도 박정희는 반드시 제정하겠다고 공식적으로 천명할 만큼 의지가 강력했다.조선일보, 1964. 8. 12.

교육의 정치적 중립성 개념을 둘러싸고 이를 보장하기 위해 개헌에 이를 명문화함과 동시에 이를 현실적으로 구현하기 위해 제도적으로 교육자치제를 재시행하고, 미완의 개혁이긴 했으나 교육감과 교육위원 선출방식 등 지방교육행정제도 개선이 이루어졌다. 그러나 이는 행정적인 제도에 국한된 것으로, 다른 한쪽으로는 학생과 교원의 민주적 참여나 정치적 시위를 막기 위한 법적인 시도가 동시에 진행된 것이다. 이런 상황을 이해하려면 박정희 대통령의 민주주의에 대한 생각과 이에 기인해 발생하는 모순을 살펴볼 필요가 있다.

1963년 12월 17일 박정희가 5대 대통령으로 취임하기 직전이던 1963년 9월 1일, 박정희는 『국가와 혁명과 나』라는 책을 출판한다. 이 책에서 박정희는 "혁명 기간에 지향하는 민주주의는 서구적인 민주주의가 아니라 우리의 사회적·정치적 현실에 맞는 민주주의를 해나가야 할 것인데, 그러한 민주주의는 다름 아닌 행정적 민주주의 administrative democracy"라고 주장한다. 이는 과도기 단계에선 민주주의를 정치적으로 달성할 것이 아니라 행정적으로 구현해야 한다는 주장이다.한용원, 1993: 275 서구적 민주주의가 한국에 그대로 적용되기 어렵다는 박정희의 생각은 집권기간 내내 지속되었다. 집권 마지막 해인 1979년 1월 19일 행한 〈연두기자회견〉에서도 '서구 민주주의도 대단히 훌륭하고 좋은 것은 틀림없지만, 이것을 받아들이는 나라가 그 나라의 소위 역사적인 배경과 사회적인 환경, 다시 말하면 기후 풍토를 고려하지 않고 거기에 알맞은 재배 방법을 실시하지 않을 것 같으면 결국 성공하지 못한다'라고 주장했다.

그럼 박정희가 생각한 행정적 민주주의라는 것은 무엇인지 살펴볼 필요가 있다. 박정희가 생각한 행정적 민주주의의 목표는 '무엇보다도 국민의 정치 능력 그리고 이를 위한 아래로부터의 자치능력을 향상시키는 것'이다.박정희, 1962: 232 물론 여기서 의미하는 '아래로부터의 자치능력'은 진정한 의미에서의 국민 자치를 의미하는 것이 아닌 정당정치의 배제 그리고 군부독재의 정당화를 의미한다. 박정희는 자유민주주의라는 규범적 현실의 압박을 인식하면서도, 한국적 상황은 그러한 자유민주주의의 온전한 실현을 가로막고 있다고 항변하면서 권위주의 체제의 불가피성을 옹호하려 했다. 그의 이런 입장은 5·16 군사쿠데타를 통해 집권한 군정기부터 제3공화국을 거쳐 유신체제에 이르기까지 일관되게 표출된다^{강정인, 2011}.

그럼에도 적어도 형식상으로 박정희는 자유민주주의와 행정적 민주주의의 관계에 대해 전자가 궁극적인 목표이며 후자는 혁명단계에서의 과도기적 민주주의라고 주장했다. 이는 다음과 같은 박정희의 글에서도 확인되는데, '비록 우리가 혁명단계에서 완전한 정치적인 자유민주주의를 향유할 수 없다 하더라도 최소한 행정적 '레벨'에서는 민주주의적인 원칙이 고수되고 민주주의적 원칙에 의해 국민의 의견과 권리가 존중되어야 한다'라는 것이다^{박정희, 1962: 232}.

강정인²⁰¹¹은 이를 권위주의와 민주주의라는 '이중적 정치질서의 중첩적 병존overlapping coexistence of dual political order'으로 개념화한다. 박정희는 반공(국가안보)과 경제발전(또는 근대화)을 명분으로 또는 한국의 독특한 역사적 배경과 문화적 전통을 이유로 사실상의 권위주의 정권의 불가피성을 역설했지만, 이를 명시적으로 '권위주의'라는 이름으로 정당화할 수는 없었으며, 따라서 민주적 정당성을 확보하기 위해 다양한 방법과 논리에 따라 그런 명분과 이유를 민주주의와 연결시키는 담론을 생산해내야 했던 것이다^{강정인, 2011}. 반면 박정희는 민주주의 자체를 부정하지 않으면서 민주주의에 여러 단서를 달아Conditional 편의에 맞게 활용했다고 보는 시각도 있다^{김지형, 2013}. 다만 민주주의 그 자체가 목표가 아니었기에 대안이 필요했으며 그 대안이 반공주의와 그 하위담론(경제발전, 안보, 자주국방, 민족주의 등)이었다는 것이다.

어느 쪽 시각에 기초하든 중요한 것은 이런 박정희의 민주주의에 대한 시각과 그 시각에 기초한 국정운영 방향은 교육의 정치적 중립성 개념이 사회·정치적으로 어떻게 받아들여질 것인가를 결정함에 지대한 영향을 줄 수밖에 없었다는 점이다. 1963년 5차 개헌 과정에서 '교육의 정치적 중립성'이 헌법에 명문화될 수 있었던 것도 제1공화국 시기의 정치와 교육의 밀착 관계에 대한 사회·정치적 비판이 박정희식의 이런 독특한 '행정적' 민주주의에 대한 관점이 있었기에 가능했던 것일지도 모른다.

즉, 서구식 민주주의의 개인의 자유와 인권에 대한 강조가 오히려 비능률적 요소를 담고 있으며 강한 권위주의적 국가관에 입각한 한국식 민주주의가 필요하다는 것이 박정희의 민주주의에 대한 인식이며[김석수, 2005], 이는 반공 이데올로기와 한국의 상황을 반영한 한국식 민주주의를 결합한 행정적 민주주의로 발현되었다. 사회적으로 과대하게 성장한 국가는 권력 유지를 위해 시민사회를 억압하고 이로부터 다양한 경제·사회적 가치들을 착취했다[김윤태, 1999]. '교육의 정치적 중립성' 개념을 둘러싸고 교육자치제를 중심으로 최소한의 민주주의적 형식을 갖추는 것은 허용했으나 교육의 정치적 중립성을 통해 지향하려 했던 교육 영역에서의 실질적 민주주의 차원에서는 반공 이데올로기를 중심으로 해 교육에 대한 강력한 국가 통제를 위한 기제로 활용될 수밖에 없었다.

그리고 이런 사회·정치적 현실은 민주화 운동의 시기 시민사회가 충분히 성숙하기 전 실질적인 시민사회의 역할을 하던 교사들에게도 지대한 영향을 주게 된다. 먼저 1980년 5월 광주민주항쟁 이후 신군부 정권의 억압은 더욱 강화되었고, 이는 1981년 7월 '아람회' 사건, '부림사건', '오송회' 사건 등 공안사건과 결부되어 교사들의 움직임을 더욱 강하게 규제했다[최상훈, 2023]. 이처럼 교육자치제가 정권에 의해 어느 정도 수용된 것과 달리 교원의 정치활동이나 정치적 기본권의 경우에는 반공주의에 기반한 교육의 정치적 중립성을 이유로 강력한 탄압을 받았다.

그리고 이런 탄압 속에 교사들은 1987년 6월, 4·13 개헌 유보조치 철회를 촉구하며 발표한 전국 YMCA 중등교육자협의회의 선언문에 나와 있듯이 '정치 민주화 없이 교육 민주화 없다'라는 인식을 공유하게 된다[전국교직원노동조합, 1991]. 여기에 1988년 3월 전교협을 비롯한 교육개혁 세력의 노력에도 불구하고 교사의 노동3권 보장, 교장의 선출 임기제, 교무회의 의결기구화, 사립학교 교원의 신분과 권리 보장, 국정교과서 제도 폐지 등

이른바 민주교육법 개정안이 국회에서 처리되지 못하면서 전교협이 지닌 영향력의 한계로 인식되며 본격적인 대중조직의 필요성을 절감하는 계기로 작용, 1989년 전국교직원노동조합 출범으로 이어지게 된다.최상훈, 2023.

1989년 5월 25일 여당인 민정당과 평민당, 민주당, 공화당 등 야 3당이 1990년 상반기 중 광역과 기초자치단체 의회를 구성하고, 1991년 상반기 중 시·도지사와 시장·군수·구청장 등 각급 자치단체장 선거를 모두 실시한다는 지방자치제 실시 일정에 합의했다.조선일보, 1989. 5. 26. 여기서 주목해야 할 점은, 민정당은 교직원 노조 결성 금지 방침에 따른 교원들의 내부적인 불만을 교육자치제를 통해 해소하려 했다는 점이다.

특히 교원노조 허용 문제에 걸려 교육법상 교육자치제 규정에 대한 개정 작업이 늦어질 경우 관련 조항만 분리해 교육자치법을 제정하는 방안을 추진했다. 지금까지 평민·민주당은 교육장과 교육위원의 주민직선제를 주장해왔으나 교직원 노조에 대한 민정당 쪽 양보를 얻어내기 위해 합의했다는 것이다.한겨레, 1989. 5. 31. 이 같은 사회·정치적 맥락에서 교육의 정치적 중립성은 적어도 제도권 및 교육계 주류에서는 교육자치제를 중심으로 주된 담론을 형성했으며, 교육의 정치적 참여 보장을 위한 교사를 중심으로 한 시민사회의 노력을 막는 탄압 명분으로 양면적 기능을 하게 되었다.

이상에서 보듯이 1960년부터 시작된 국가의 교육 통제는 1972년 유신헌법을 거치며 교육이 정권의 이데올로기 전파 도구로 활용되는 상황에 이르렀으며, 1980년대 초 전두환 정권의 '국민정신교육의 체계화' 교육지침에서 알 수 있듯이 민주화 이후에도 이전의 국가주의적 경향을 계승했다. 그리고 이는 이념교육을 통한 통치세력의 정당화를 도모함과 동시에 정치적 반대세력인 민주화 운동 세력의 민주화 이념을 차단하기 위한 통제 정책이기도 했다.

이처럼 민주화 이후에도 교육에 대한 국가 통제 강화와 교육행정 체제의 중앙집권화, 교육내용에 대한 국가의 배타적 지배 경향은 크게 바뀌지 않았다. 교육의 정치적 중립성 개념의 이런 역사적 배경은 교육의 정치적 중립성 개념의 사회·정치적 활용에서 미시적 교육주체들의 정치적 개입을 막고 거시적인 교육자치제 담론에 치우치는 결과를 가져오게 된다. 물론 거시적 차원에서 보면 교육제도의조직과 운영이 국가가 결정한 교육정책에 의해 이루어지므로, 중앙권력의 지방으로의 이전, 일반행정에서 교육행정의 독립, 교육감 및 교육위원의 선출방식과 같이 국민이 교육정책 결정 과정에 국가적 수준이나 지방교육자치단체 수준에서 직접 참여하거나 대표를 통해 간접적으로 참여할 수 있도록 참여기회를 개방하고 확대하는 제도적 장치를 마련하는 것김성열, 2007은 민주주의를 교육영역에 구현하기 위한 중요한 기제임은 부정할 수 없다.

그러나 교육자치는 민주주의 원리를 교육 영역에 구현하고자 하는 것으로, 결국 실질적인 의사결정구조를 모든 구성원의 참여를 허용하도록 재조직화하는 과정으로 정의될 수 있다양승실, 1999. 이를 고려하면 교육에 대한 강력한 국가 통제가 살아있는 상황에서 교육의 정치적 중립성 개념에 대한 이런 거시적 차원에 편중된 정부 주도의 접근이 시민사회의 실질적인 참여를 막는 방향으로 개념적 스펙트럼을 제한당하게 된 것은 당시 정치적 상황이 만들어 낸 일종의 역설적인 상황으로 볼 수 있다.

교육자치제는 국민의 감시와 통제기능이 보장됨으로써 일반행정으로부터 교육행정의 분리와 함께 학교 현장에서 교사, 학생의 주체성을 강화하면서 비민주성으로 말미암은 반국민적 폐해를 극복하는 데 기여하는 제도로 자리매김할 수 있어야 한다최상훈, 2023. 그럼에도 당시의 교육자치제 관련 논의는 전교협이 비판하듯이 실시지역, 교육위원회의 선출 및 자격과 인원수, 교육위원회 의장, 교육감(장)의 성격, 선임방법과 임기 등 '상급 교육행정만의 자치제'에 국한되어 있으며, 상급체계가 전문성과 자주성을 지니면 자연히 하급행정(학교 단위)까지도 전문성과 자율성이 보장될 것이라는 전제를 갖고 있다.민주교육추진 서울교사협의회, 1987. 그러나 민주화 운동 전까지 교육의 정치적 중립성은 상급행정에 대한 논의로 국한됨과 동시에 이른바 '하급행정' 단위의 민주화와 관련된 논의를 배제하기 위한 기제로 사용되었다.

그리고 이런 역설은 교육의 정치적 중립성의 구체적인 제도화 과정에서 교원의 정치적 기본권 제약과 지방교육자치의 탈정치화 규범 차원에서 두드러진 모습김용일, 2025을 보일 수밖에 없었던 근본적인 원인이 된다. 박정희, 전두환 정권하에서 반공교육, 국정교과서 체제, 국가발전 이데올로기가 지배적인 위치를 점유했고, 교육의 정치적 중립성은 곧 민주화 운동, 노동운동, 학생운동과 같은 정치적 현실 비판과 실천적 지향에 대한 배제·억압으로 작동했으며, 실제로는 '정권 옹호의 이념 주입'을 위한 제한적 중립성에 머무르게 되었기 때문이다.

그런데 민주화 운동 이후 초기에 집권한 노태우 정권이 유사 군사정권으로 민중운동에 여전히 억압적이었고, 온건한 시민운동에 허용적인 태도를 보이면서 민중운동과 시민운동에 대해 차별적인 대응을 했다. 보수 언론도 시민운동의 합리성과 사회적 적합성을 부각하면서 두 운동을 적극적으로 차별화하면서 교육의 정치적 중립성의 활용을 둘러싼 흐름은 새로운 국면으로 진입하게 된다정태석, 2013.

결론적으로 이 시기 교육의 정치적 중립성은 교육의 자율성과 전문성을 정치권력으로부터 보장받기 위한 헌법적 원칙으로 어느 정도 체계를 갖춘 시기임과 동시에, 특정 시대 정치권력의 통치 정당화를 위한 이념적 도구로 활용된 이중적 개념이다. 이 개념은 상급교육행정의 자치화와 제도적 독립을 지향하는 '형식적 중립성'으로 정당화되었지만, 교사·학생의 정치적 표현과 참여를 통제하고 억제하는 '통치 도구로서의 중립성'으로 기능했다. 결과적으로 이는 '제도적·절차적 민주주의 제도화와 실질적 민주주의의 괴리'를 드러냈다고 평가할 수 있다.

III. 1988년~2007년:
정치적 권리 보장과 교육 공공성 실현을 위한 실천적 개념으로서의 교육의 정치적 중립성

1987년 6·29 선언 이후 직선제 개헌으로 실시된 대통령 선거에서 당시 김대중과 김영삼의 분열로 인해 전두환 군부의 후보 노태우가 당선되었다. 그러나 이런 정치적 상황에도 불구하고 민주화 이후 한국 사회는 사회적·정치적 분화와 다원화가 점차 확산해 갔다. 민주화의 흐름 속에 정치적 기회 개방에 따른 시민사회의 활성화가 이루어져 시민사회 세력들이 정치적·이념적 노선이나 입장에 따라 분화되기 시작한 것이다[정태석, 2013]. 교육의 정치적 중립성 개념과 관련해 민주화 이후 교육 분야의 다원성을 상징하는 대표적인 사례가 1989년 전국교직원노동조합의 결성이다.

그러나 한국 민주화는 집권세력과 저항세력 간 타협에 의한 이행의 성격을 강하게 띠게 된 점에서 특수성이 있다는 점을 고려할 필요가 있다. 민주화 운동 진영에서 보면 시민사회의 저항을 통해 민주화를 이뤄냈다는 점에서 아래로부터의 민주화이지만, 집권 민정당과 제도권 야당인 신민당의 타협으로 개헌을 할 수 있었던 것에서도 알 수 있듯이 한국에서의 민주화 이행은 밑으로부터의 6월항쟁과 이를 수용한 위로부터의 6·29선언 그리고 여야합의에 의한 개헌과 대통령 선거 그리고 집권당 후보의 대통령 당선에 이르기까지 집권세력에 의한 수동혁명의 성격이 강했다[정일준, 2011]. 이에 따라 노태우 정권은 권위주의와 민주주의의 성격을 띠는 과도기적 정권의 모습을 지닐 수밖에 없었다. 민주화라는 시대적 과제를 실천해야 하는 외부적 압력과 군부를 비롯한 권위주의 세력의 특권을 지속시켜야 하는 내부적 모순이 병존했기 때문이다. 이런 정권의 특성을 반영하듯 반공주의·반反민중주의에 기반한 정치적 이념 및 가치 정향은 여전히 공고했고[김용철, 2012], 국가의 전략 역시 이념적·담론적 수단을 결합한 억압적 배제와 헤게모니적 고립을 조합^{노중기, 1994}해 진보적·급진적 노동운동을 시민사회로부터 분리·고립시키려는 방향으로 발전하게 된다.

결국 이는 이후 시민사회의 다원적 분화 과정에서 '교육의 정치적 중립성' 개념을 둘러싸고 민주화 이전 구체제의 반공주의 이데올로기가 여전히 그 영향력을 유지하게 되는 중요한 정치적 원인 중 하나가 된다. 한국 교원노조 운동은 사회의 변화와 밀접하게 연관되면서, 교원이 주체가 되어 교육의 민주화와 사회의 민주화에 기여하자는 사회개혁적 노동조합 운동으로 전개되어 왔다^{김현준, 1999}. 전교조 출현과 교원노조 합법화는 교직에 대한 관점을 전통적인 성직관과 전문직관에서 노동직관으로 확대함으로써 교직사회에 대한 다양한 관점이 공존하는 시대를 만들었다^{전제상, 2002}. 즉, 전교조 결성은 '교육의 정치적 중립성'에 갇힌 교사들의 정체성을 '노동자'로 확장하는 전환점이 되었다. 그러나 이는 민주주의 교육을 강고하게 통제했던 '반공주의' 헤게모니에 대한 투쟁력을 떨어뜨리는 한계로도 나타났다. 전교조가 교육노동 현장의 문제를 개선하는 데는 성과를 거둔 반면, '교육 민주화'로까지는 나아가지 못했기 때문이다^{이정원, 2019}.

1987년 7월의 이른바 '노동자 대투쟁' 정국을 거치면서 정치적인 민주화 이행은 어느 정도 이루어졌지만, 노동사회의 억압성이 온존했던 이른바 '1987년 노동체제'가 출범한 것 역시 이런 흐름에 영향을 주었다. 1987년 노동체제는 대통령 직선제로 당선된 노태우 정권이 정치적 민주화가 노동현장에 적용되는 것을 거부한 '노동 없는 민주화' 국가프로젝트를 의미한다^{노중기, 2012}. 7월 노동자대투쟁이 반북적, 반공주의적 안보 논리와 사회질서 파괴 논리를 앞세운 군사정권의 반격에 의해 중간층의 지지 철회로 이어졌고, 급진적인 노동운동에 대한 비판적 분위기가 확산했다^{정태석, 2007}. 이에 따라 정권과 대립적 위치에 있으면서 '민주 대 반민주' 구도에서 하나로 뭉쳐져 있던 시민사회가 사회주의 이념을 기반으로 한 급진적 민중운동과 경실련 등을 중심으로 한 온건한 시민운동으로 분화하게 되었고, 이런 사회·정치적 흐름은 노동운동과 강하게 결합한 전교조에도 영향을 줄 수밖에 없었다. 따라서 전교조 등 민중운동 세력에 대해 정권의 '교육의 정치적 중립성 개념'을 활용한 공격은 민주화 이후 오히려 거세지게 된다.

1989년 전교조 설립 이후 교육의 정치적 중립성과 관련해 논란이 된 것은 절차적 민주주의 차원에서 지방교육자치제도 부활과 실질적 민주주의 차원에서 전교조의 법적 지위 인정 문제였다. 전술한 바와 같이 교육의 정치적 중립성 문제와 관련해 민주화 이전 시기 교육자치제가 상급 교육행정에 대한 문제에 국한되어 논의가 편중되면서 교사, 학부모, 학생 등 교육 주체들의 정치 참여를 배제하는 형태로 이루어졌기에 민주화 이후에는 교육 민주화 달성 및 교육자치에서 민주적 참여 확대 문제가 교육자치제의 재구조화 문제와 결부될 수밖에 없었다.

1991년 2월, 교육자치 우선실시 지역을 광역단위로 하고, 교육위원회의 위상을 위임형 의결기구로 규정하며 교육감과 교육위원을 간선으로 뽑는 내용의 교육자치제 법안이 국회를 통과한다. 이는 평민당 등 야당과 전교조의 주장을 일부 수용한 것이기는 하지만 교육경력이 없는 비경력자가 교육위원이 될 수 있게 한 것과 대통령이 부교육감을 임명할 수 있도록 규정하는 등, 지방교육 전체가 특정 정파의 이해관계에 따라 움직이게 되어 교육의 정치적 중립성을 보장하기 어렵다는 비판이 제기되었다.^{한겨레, 1991. 2. 21.} 특히 지역주민의 직접 참여가 배제된 채 시·군·구 기초의회가 추천하고 시·도 광역의회가 선출하는, 주민 입장에서 보면 '간접의 간접' 방식이 크게 논란이 되었다.

그리고 이런 절차적 민주주의 문제를 넘어 1989년 5월 28일 전교조가 설립되면서 교육 영역의 실질적 민주주의 확대 움직임 역시 본격화되기 시작한다. 전교조는 결성선언문에서부터 "현재의 사회모순과 교육모순을 낳고 있는 반민족적·반민주적 독재정권과의 투쟁에 떨쳐 나선 노동자, 농민, 도시 빈민, 학생, 양심적 지식인 등 모든 민족·민주세력과 굳게 연대해 교육 민주화와 사회 민주화, 그리고 통일에의 그날까지 줄기찬 투쟁을 벌여나갈 것"이라고 선언전교조, 1989함으로써 정치투쟁을 통한 교육민주화 달성을 천명했다. 이처럼 전교조가 정권 및 보수세력과의 강경한 투쟁을 예고했기에 설립과 동시에 문교부는 전교조를 국가공무원법 및 교육법, 사립학교법에 위배되는 불법단체로 규정하고 강력히 규제하기 시작했다.

이런 정권의 성향에 발맞춰 당시 주류를 차지하던 교육계 역시 전교조와 관련된 교원들을 여러 가지 형태로 탄압하기 시작했다. 교원양성대학의 신입생 면접시험에서는 대부분의 질문이 전교조 활동에 대한 관점을 묻는 것이었고, 학교장 추천에서도 전교조 가입교사의 구명운동에 가담한 고교생이 제외되기도 했다. 더 나아가 국·사립 사범대 졸업생의 공개임용 고시제도에서 '국가관' 및 '보안심사'를 중요한 임용 결정 기준으로 삼기도 했다. 또한 교육부는 1993년부터 사실상의 '보안심사'를 기준으로 하는 '인성과 적성 및 지식'을 통해 교사의 자격을 심사하는 교사자격심사제도를 도입한다고 발표하기도 했다한겨레, 1991. 2. 27.

전교조에 대한 제도적 거부와 지방교육자치제의 제도적 한계가 더해져 교육의 정치적 중립성 논란은 전교조의 존재를 중심으로 거세지게 된다. 이 시기에는 특히 교육위원제와 관련해 입후보자들의 로비활동과 일부 지역에서 민자당 의원들의 교육위원 내정이 문제가 되었다. 전체 후보 등록자 중 36.7%가 비교육계 후보였으며, 이 중 특히 정당 개입 배제를 이유로 지구당을 탈당한 인사 또는 기초·광역선거에서 낙선한 정치지망생, 교육경력자 중에서도 전교조에 비판적인 여권 인사들이 대거 들어와 문제가 되기도 했다한겨레, 1991. 7. 23. 당시 지방교육자치에 관한 법률은 '교육위원은 당해 시·도의회에서 시·군 및 자치구의회가 추천한 자 중에서 무기명투표로 선출하되, 그 정수의 2분의 1 이상은 교육 또는 교육행정 경력이 있는 자여야 한다'라고 규정해 비교육계 인사들의 참여의 길을 열어

두었기 때문이다. 이에 따라 1991년 10월에는 전남도 교육위원회 의장이 지역 교육문제와 관련해 전교조 해직교사가 포함된 간담회를 열었다는 이유로 교육위원들로부터 불신임 결의를 당해 해임되는 사건이 발생하기도 했다. 여당 출신 교육위원들은 전교조 초청 행위가 '의장의 직책으로서는 있을 수 없는 범법행위'이며 '대표권을 남용한 불법행위'라고 규정하기도 했다.^{한겨레, 1991. 10. 24.}

1990년 3월, 13대 국회의원 총선거에서 집권 여당인 민정당이 과반수 의석 확보에 실패해 국정운영이 어려워지자 민정당과 김영삼의 통일민주당, 김종필의 신민주공화당의 3당 합당으로 민주자유당(민자당)이 출범하면서 노태우 정권 시기의 핵심적인 권력 구조의 변화가 일어난다. 이에 대해 야합이라는 비판도 많았지만 1992년 3월 제14대 국회의원 선거에서 민자당은 전체의석의 과반수에서 1석이 모자란 149석을 확보할 수 있었고, 당내 권력투쟁에서 승리한 김영삼은 1992년 5월 19일 전당대회에서 민자당 대선후보로 선출되었다.

그 후 시작된 대선에서 민자당은 일관되게 김대중의 사상문제를 주요 쟁점으로 삼고 이른바 '색깔논쟁'으로 민주당을 공격했다. 1992년 9월 간첩단 사건에서 김대중 후보의 비서와 부대변인이 구속되자 민주당의 '간첩단 연루설'이 증폭되었으며, 선거 막바지에는 민주당이 김일성 노선을 추종하는 전국연합과 손을 잡았고, 평양방송이 김영삼을 낙선시키라고 선동하고 있다고 노골적으로 김대중 후보를 공격했다^{오일환, 2000: 414}. 결국 1992년 12월 18일 실시된 대통령 선거에서 김영삼은 약 200만 표 차로 김대중을 누르고 대통령에 선출되었다.

이 같은 대선 전략에도 불구하고 김영삼 정권 초기, 군사정권이 끝나고 들어선 '문민정부'에 대한 진보진영의 기대는 상당한 것이었다. 교육 영역에서는 전교조 해직교사 복직 문제와 전교조 합법화 문제, 국가보안법 폐지 및 냉전 체제 유산 청산 등의 문제가 복잡하게 얽혀 있었으며, 문민정부 등장으로 군사정권과 달리 이런 문제들을 어느 정도 해결할 수 있으리라고 생각했기 때문이다. 실제로 김영삼 정권은 군부 내 사조직인 '하나회' 척결, 5공화국 청산을 위한 전직 대통령 구속수감, 공직자윤리법과 금융실명제 도입을 통한 법적·제도적 개혁 등 반부패 민주개혁을 추진해 일정한 성과를 이루기도 했다.정태석, 2013. 그리고 1994년 3월 전교조 해직교사들이 해임된 지 4년여 만에 교단으로 복귀하기도 했다.

그러나 1990년 3당 합당에 바탕한 문민정부 성립은 여·야 정권교체가 아니라 집권당 내부의 권력 이전에 가까웠으며, 이에 따라 김영삼 정권의 지지기반은 관료·언론·재벌집단을 중심으로 보수세력과 비호남지역의 교육받은 도시 중산층이었다. 이들 승자연합은 호남 배제, 냉전반공주의, 경제성장, 그리고 반군부 독재 민주화를 추구하는 보수세력으로, 탈군부권위주의와 자유민주주의적 개혁은 지지하지만 남북문제에 대한 급진적 좌경주의 및 노동개혁 같은 실질적 민주주의에 기초한 사회개혁에는 지극히 부정적이거나 저항적이었다.최장집, 1996: 245.

반면 전교조를 둘러싼 정세는 노동운동 성격을 강화하는 방향으로 전교조를 이끌고 있었다. 1994년 11월 13일 전국노동자대회에서 민주노총 건설을 결의하고 민주노총 준비위원회를 발족한다. 민주노총 준비위는 산하 업종회의와 지역노동자협의회, 대기업노조들을 산업별 연맹과 지역본부라는 두 축으로 재편해 1995년 11월 11일 마침내 '전국민주노조총연맹(민주노총)'을 창립했다. 민주노총 창립은 기업별 노동조합 체계를 극복하고, 산업별 노조 건설을 위한 구심체가 되었다. 한편 업종회의를 통해 민주노총 건설에 능동적으로 참여하던 전교조는 1995년 10월 31일 지부별 분할로 치러진 제14차 대의원대회에서 민주노총 가입을 결정해 민주노총 창립 때부터 가맹조직으로 활발하게 활동하게 된다.전국교직원노동조합, 2016.

그러던 중 1996년 12월 26일 노동관계법과 안기부법을 신한국당 단독으로 국회에서 통과시키면서 민주노총이 중심이 되어 1996~1997년 노동자 총파업 투쟁 국면으로 급격하게 전환하게 된다전국교직원노동조합, 2016. 이 과정에서 1997년 외환위기 직전까지의 노동운동은 독립적이며 민주적이고 비타협적인 성격을 특징으로 하는 '변혁적(전투적) 노조주의' 형태로 체계화된다. 변혁적 노조주의는 기업노조 및 그 연대체가 국가와 자본의 노동 탄압에 전투적 방식으로 저항하는 운동 양식을 의미한다노중기, 2018.

전교조 역시 교원의 자주적 단결권이 배제되었다는 이유로 '전교조 합법화 추진위원회' 결성 후 노동법 개정 저지를 위한 단식·철야 농성에 나서는 등 강경 대응으로 나서게 된다한겨레, 1996. 12. 10.. 그리고 1997년 2월 12일 비상총회를 열고, 정규 수업시간 중 학생들에게 개정 노동관계법의 부당성을 지적하고 총파업의 불가피성과 교원의 노동기본권 필요성을 알리는 수업지도안을 교사들에게 배포하고 수업을 진행하기로 결의하면서 사회적으로 큰 파장을 일으키게 된다경향신문, 1997. 2. 13.. 이는 교육부의 강력한 징계 방침과 사회적 파장으로 유보했으나, 전교조는 2월 19일 '교원의 노동기본권 보장을 촉구하고 학교 현장에서 공개적으로 교육개혁운동을 벌이기 위해' 조합원 명단을 공개하면서 다시 논란이 되기도 했다동아일보, 1997. 2. 20..

이처럼 전교조의 강경한 대 정부 투쟁을 중심으로 한 노동운동 중심의 활동은 1997년 초 김영삼 정권하에서 노동법 반대 투쟁을 성공으로 이끄는 데 일정 부분 기여했고, IMF 외환위기 이후 노사정위 대타협안에서 정리해고제와 근로자파견제 도입 등의 노동시장 유연화 입법을 전교조 합법화, 노조의 정치활동 허용 등과 연계해 일괄 타결하는 이른바 '노사정 대타협'을 통해 1999년 전교조 합법화를 이끌어냈다. 그러나 이런 노동운동 중심의 사회·정치적 참여 확대는 보수세력을 중심으로 교육의 정치적 중립성을 해친다는 이유로 전교조에 대한 부정적인 여론을 확산하는 논리를 구축하는 근거가 되기도 했다. 이른바 '교사들이 학생을 볼모로 정치나 이념투쟁의 일선에 나서는 사태가 오지 말란 법이 없다'라는 논리가 본격적으로 제기되기 시작한 것이다[동아일보, 1998. 2. 8.]. 그리고 이는 교육의 정치적 중립성 개념을 둘러싸고 사회적으로 새로운 담론의 흐름을 만들기 시작하는 사건이 된다.

물론 앞서 살펴보았듯이 과거 군부 권위주의 정권 시대에서도 교사와 대학생 중심의 민주화 투쟁을 탄압하기 위한 논리로 교육의 정치적 중립성 개념이 활용되어 온 것은 주지의 사실이다. 그러나 1996년 노동법 반대 투쟁과 1997년 외환위기 이후 전교조 합법화를 둘러싼 논란이 가져온 교육의 정치적 중립성 논란은 노동운동 중심의 전교조 활동을 통해 단체교섭권과 단체행동권 등 교사의 노동자성 인정 여부를 두고 발생했다는 점, 정권이 아닌 기성 교단 및 학부모와의 갈등 구조를 본격적으로 형성하기 시작했다는 점에서 질적인 궤를 달리한다고 볼 수 있다. 심지어 김대중 대통령 당선자조차 "교원노조는 1999년 7월부터 허용하기로 이번 노사정 협의에서 합의했으나 국민, 특히 학부모들의 반대가 크다. 교원노조가 급진적 인상을 씻도록 노력해야 한다"라고 지적할 정도였다[한겨레, 1998. 2. 10.].

그리고 이때부터 이른바 교육의 정치적 중립성의 해석과 활용에 대해 교원의 정치적 기본권 인정 문제가 본격적으로 사회적인 논란의 중심에 위치하게 된다. 물론 해방 이후 지속된 권위주의 독재 정권하에서 교육의 정치적 중립성은 교사나 학생들을 정치영역에서 배제함으로써 저항을 봉쇄하고, 권력의 공고한 유지를 위해 그들을 탄압하기 위한 논리로 사용되어왔음은 주지의 사실이다. 그러나 민주화 투쟁 시기를 거치면서 전교조에 대해 형성된 우호적인 여론에서 확인할 수 있듯이 사회적으로는 교육에 대한 정치적 불간섭(정치의 교육에 대한 중립성)을 확보해야 한다는 공감대가 형성되었다.

그러나 전교조를 중심으로 노동영역과 교육영역이 본격적으로 중첩되는 이 시기부터 교육의 정치적 중립성 개념을 둘러싸고 기존 보수세력은 물론 일부 시민사회, 학부모 등 사회 일반에서 교원의 정치에 대한 중립(교육의 정치에 대한 중립성)을 강조하는 방향으로 담론이 형성되기 시작한 것이다. 이는 신현석[2003]이 지적하듯이 1999년 교원노조의 합법화 조치로 교원노조 활동이 점차 조직적으로 노동운동화하는 경향에서 과거 합리적 수단에 의한 정책 기제의 작동이 더 이상 유효하지 않게 되었다는 점에서 기인하는 부분도 있다. 교원정책의 대부분 사안이 다양한 이해집단들의 첨예한 대립 속에 교원노조 그리고 한국교총과의 교섭대상이 되어 정치적인 합의를 통해 결정되고, 다음 해에 교원정책에 반영되는 정책 기제의 변화가 뚜렷이 나타나기에 이르러[신현석, 2003] 교원을 바라보는 사회 일반의 관점도 변화할 수밖에 없었다.

한편 이 시기에 주목해야 할 또 하나의 특징은 시민사회와 전교조 등 진보진영을 중심으로 교육의 정치적 중립성에 대한 사회적 개념이 확장되기 시작했다는 점이다. 먼저 IMF 외환위기 이후 신자유주의 이념이 급속도로 확산하면서 정치 권력으로부터 교육의 중립성을 확보한다는 소극적 개념에서 벗어나, 심화하는 사회경제적 불평등을 극복하기 위한 교육 영역의 적극적인 개입에 대한 정당성을 뒷받침하는 개념으로 확장되기 시작했다. 사실 1995년 김영삼 정부에서 5·31 교육개혁안이 발표되는 시점까지도 전교조는 이를 신자유주의와 같은 경제 이데올로기의 문제로 파악하기보다 교육민주화 및 민족·민주 이데올로기로 파악하고 대항 담론을 구성하고자 했다.

그러나 IMF 외환위기 이후 국민의 정부를 거치면서 신자유주의에 대한 경제이데올로기적 접근이 시도되고 더 나아가 2002년 12월 19일 제16대 대통령 선거에서 노무현 대통령이 당선되면서 전교조의 신자유주의에 대한 대항 담론 구성 전략에도 변화가 생기기 시작했다. 전교조는 노무현 정부 출범 이후 교육 분야의 신자유주의적 정책이 심화하고 있다고 인식하고 있었다[최상훈, 2023]. 노무현 정부는 국가경쟁력과 효율성을 강조하며 공공영역인 교육조차도 사적인 이윤을 추구할 수 있는 상품으로 만들어 가기 위해 교육구조를 바꾸는 데 물불을 가리지 않았으며, 가진 자와 못 가진 자의 교육 불평등은 더욱 깊어졌고, 노무현 정부는 학교 민주화가 아닌 교육 자율화를 선택해 결국 교육의 공공성보다는 교육 시장화를 바라는 자본의 입장을 대변하며 신자유주의 길로 걸어간 것이다전국교직원노동조합, 2011. 교육공공성 담론과 관련해 자율형사립고 담론은 당초 '교육민주화' 담론의 연장선상에서 민족주의 및 민주화와 관련해 전개되었던 전교조의 교육공공성 담론이 교육양극화 담론을 중심으로 경제적 담론으로 전환되어 대중에게 인식시키게 되는 계기로 작용했다최상훈, 2023. 즉, 이 시기부터 교육의 정치적 중립성 문제가 '민주 대 반민주'라는 정치영역을 넘어 경제 영역에까지 영향력을 미치기 시작하게 되었다.

또한 민주화 이후 시민사회가 질적·양적으로 성장하고 사회·정치적 세력들이 다변화함에 따라 교육 주체의 다원화 및 민주시민교육 확대를 통해 정치적 무관심이 곧 교육의 정치적 중립성을 확보하는 것이라는 전통적인 개념을 넘어서서 비판적 시민의식을 기르기 위한 민주시민교육의 토대를 마련하기 시작했다. 1987년 이후 초기 사회운동은 비판 여론을 형성하는 "문제제기형 운동" 즉 "투쟁적 소통능력"을 통해 대중적 지지기반을 획득할 수 있었지만, 민주주의가 제도적으로 안착되는 상황에서 시민단체들의 운동 전략은 "설득적 소통능력"으로 진화·발전할 필요가 있었기 때문이다조희연, 홍일표, 2004. 이는 민주노총이 주도하며 진보적 사회단체들을 포괄한 '전국민중연대'와 더불어 온건 중도적 사회단체를 포괄하는 '시민사회연대'가 함께 활동하는 등, 시민사회의 이념적·정책적 폭이 넓어진 것에도 영향이 있다.

1996년 10월 교육개혁위원회 내 각계 인사가 획일적인 주입식 이념교육에서 벗어나 민주주의 이념교육의 새로운 틀을 마련고자 '민주시민교육연구위원회'를 구성해 발족했고, 여기서 「민주시민교육개혁안」이 마련되기도 했다. 또한 시민단체로 구성된 한국시민단체협의회 중심의 '민주시민교육포럼'이 1997년 결성되어 민주시민교육 제도화 논의의 주체가 되기 시작했다[정하윤, 2014]. 그러나 민주시민교육은 정치교육의 하위개념이며, 이념적으로 중립인 정치교육은 존재하기 어렵다[권찬호, 2009]. 교육은 민주주의라는 특정한 이념, 제도, 실천을 강조하는 민주시민교육과 같이 한 사회가 어떤 '방향'으로 나아가야 하며 어떤 시민을 길러내야 하는지에 관한 '입장'을 담은 활동이기 때문이다. 그러므로 교육 활동은 어느 것이나 성격상 가치중립적인 것일 수 없다[이돈희, 2016]. 이 시기 이후 민주시민교육이 점차 발전하면서 민주시민교육의 주체, 내용, 범위, 대상 등을 둘러싸고 교육의 정치적 중립성 논의가 가속화하기 시작한다.

결론적으로 민주화 이후 한국 사회에서 교육의 정치적 중립성은 단순한 권력의 불개입 원칙을 넘어, 노동권 개념을 중심으로 한 교육 주체의 정치적 권리 보장과 신자유주의에 대항해 교육의 공공성 실현을 위한 실천적 가치로 재구성된 개념이다. 이는 권위주의 체제에서 이념적 통제의 정당화 논리였던 중립성 개념이 노동권·시민권·교육자치·민주시민교육의 쟁점과 결합되며, 단일한 규범이 아닌 복수의 가치와 실천이 교차하는 '정치적·경제적 장場'으로 진입했음을 보여준다.

IV. 2008년~2022년: 국가의 이념적 통제에 대한 저항과 민주시민교육의 재발견

2008년부터 2017년까지 이어진 이명박 및 박근혜 정부 시기는 대한민국 교육정책의 흐름에서 정치적 중립성 담론이 가장 복합적이고 다층적으로 전개된 시기라고 할 수 있다. 이 시기는 신자유주의 교육개혁의 심화, 국가 주도 정체성 교육 강화, 교육감 직선제로 전환과 지방교육자치의 제도화, 시민사회 네트워크의 정책 참여 확대, 보수-진보 진영 간 이념 경쟁 등 다양한 사회·정치적 동학이 얽히며, 교육의 정치적 중립성 개념이 과거의 단선적인 '비개입 원칙'을 넘어 실질적·구조적·담론적 수준에서 재정의되는 계기를 마련했다.

이명박 정부는 교육경쟁을 중시하는 신자유주의 교육개혁을 추진했다. 이를 위해 교육 부문 비전으로 '인재 대국'을 주요 전략으로 수요자 중심의 교육경쟁력 강화, 단위학교 자율성과 책무성 강화, 핵심인재 양성, 평생학습 생활화, 지방교육자치 내실화, 기초학력 바른인성 책임제 등을 제시했다 안선회, 2013. 이처럼 신자유주의 이념에 기반한 이른바 '실용주의' 노선의 연장선상에서 이명박 정부는 2008년 4월 15일 학교자율화 추진계획을 발표한다. 당시 교육과학기술부에서 발표한 자율화 과제의 주요 내용은 다음과 같다. 첫째, 학교 운영에 관한 사항은 학교가 결정한다. 둘째, 초·중등교육에 관한 교육감 권한과 책임을 강화한다. 셋째, 교과부는 국가 수준의 기준 설정과 합리적 보완 기능을 수행한다 교육과학기술부, 2008. 김용일 2008이 지적하듯이, 교육의 정치적 중립성 개념과 관련해 학교자율화는 '교육감'과 '교장'을 자율권의 향유 주체로 설정하고 있다. 그리고 이명박 정부의 이런 교육정책 기조는 교육감 직선제를 중심으로 교육의 정치적 중립성 차원에서 새로운 차원의 문제가 제기되는 원인이 된다. 이에 대한 문제를 검토하기 위해 먼저 교육감 직선제 도입 과정을 개괄적으로 살펴보자.

노무현 정부 시절인 2006년 12월, 기존 학교운영위원회 위원 전원의 간선제 형태로 실시되던 교육감 및 교육의원 선출방식을 주민직선제로 전환하고, 시·도의회와 분리된 교육위원회의 이중적 의사결정구조의 문제를 바로잡기 위해 교육위원회를 시·도의회 내 상임위원회로 전환하는 것을 골자로 하는 교육자치법이 개정되었다. 물론 통합형 교육위원회 제도 도입에 대해서는 교육계를 중심으로 강한 반발과 헌법소원이 제기되었으나, 교육감 직선제에 대해 여론은 대체로 수용적이었다^{고전, 2008}. 이는 2004년 제주도 교육청 인사 비리 파문과 제주도 교육감 후보 및 교원의 불법선거운동으로 교육감 직선제에 대한 사회적 요구가 높아진 상황이었기 때문이다. 여기에 2006년 12월 교육자치법 개정안에서 주민직선제로 전환되는 차기 교육감 선거를 2010년 실시되는 전국지방 동시선거와 통합해 실시할 수 있게 하고자 '교육감의 임기에 관한 경과조치 및 임기 및 선출에 관한 특례'를 마련함으로써 전국적인 주민 직선 교육감 시대의 도래는 필연적인 것이었다. 그리고 일반 주민이 중심이 되는 직선제 형태의 전면적인 도입은 교육의 정치적 중립성 개념이 기존 교육자치 및 교육행정 영역과 전혀 다른 국면의 정치적 문제를 불러올 것을 예고하는 것이기도 했다.

당시 교육감 선출방식을 직선제로 전환하는 것에 대한 높은 사회적 요구에서도 볼 수 있듯이 학교운영위원회 선거인단제에 따른 간선제 하에서도 소수 인사에 의해 교육감이 선출되는 구조에서 발생하는 주민 대표성 문제는 물론 선거인단과 후보자 간 결탁 등 부조리와 금권선거, 학연·지연 중심의 조직선거 등 많은 정치적 문제를 야기했다^{서현진, 2019}. 그럼에도 교육감 직선제 도입 초기 시점을 기준으로 보면 교원들이 모두 직선제 시행에 긍정적인 것은 아니었다. 직선제 전환 이후 최초로 치른 2007년 부산 교육감 선거에 대한 부산시 초·중등 교원의 인식을 조사한 연구 결과 교육감 선출방식 변화에 찬성하는 교원 비중은 18.1%에 불과한 반면, 반대하는 교원은 81.9%에 달한 것으로 나타났다^{성병창, 김달효, 2007}. 그리고 반대 이유로 '교육에 대해 잘 모르는 일반 시민이 교육감을 선출하기 때문에'가 50.5%로 절반이 넘었으며, '교육의 전문성이 결여된 후보자 및 정치성을 띤 후보자가 난립하기 때문에'가 25.9%로 두 번째로 높게 나타난 것에서 볼 수 있듯이 교육감 직선제가 교육의 전문성을 담보하지 못하고, 교육의 정치적 중립성을 해칠 수 있다는 인식이 깔려 있었던 것으로 해석할 수 있다.

그렇다면 이명박 정부는 왜 4·15 학교자율화 조치를 통해 교육감의 권한과 책임을 강화하려고 했는지 의문이 남는다. 이에 대한 본격적인 연구는 찾기 어렵지만, 당시 정치적 상황에서 어느 정도 유추해 볼 수 있다. 2007년 12월 19일 실시된 제17대 대통령 선거에서 한나라당 이명박 후보가 48.67%의 득표율로 당선되었다. 그 뒤로 대통합민주신당 정동영 후보가 26.14%, 무소속 이회창 후보가 15.07%의 득표율을 기록했는데, 이는 보수진영 득표율이 63.74%에 달해 진보 후보의 2배를 넘는 기록이다. 그리고 교육감 직선제는 교육이 지향하는 다양한 이념적 가치와 그 구체화로서의 교육정책에 대한 개방적 논의의 장으로 기능하기보다 보수 혹은 진보라는 단순화된 후보자의 정치 성향과 각 진영 내의 후보 단일화에 따라 당락이 갈리는 정치선거의 양상을 그대로 드러낸다^{조흥순, 2015}. 즉, 보수 정권 입장에서 정권에 대한 국민적 지지가 그 이후 교육감 선거에도 긍정적인 영향을 줄 거라고 계산했을 가능성이 높다. 실제로 17대 대선과 동시에 실시된 울산·충북·경남·제주의 4곳 교육감 선거에서 2곳은 보수 성향 교육감이 당선되었으며, 2008년 실시된 서울·충남·대전·전북의 교육감 선거에서는 전통적으로 진보 지지 성향이 높은 전북을 제외하면 4곳 중 3곳에서 보수 성향 교육감이 당선되었다.

그런데 이명박 정부의 신자유주의적 교육정책을 둘러싼 진보와 보수 간 이념 갈등이 심해지고 이념 갈등이 정치적 갈등으로 빠르게 확산하면서 교육감 직선제를 중심으로 한 교육의 정치적 중립성 개념을 수용하는 방식이 변화하기 시작한다. 이제 교육의 정치적 중립성은 교육의 정치에의 불간섭 또는 정치의 교육에의 불간섭을 의미하는 소극적·방어적 개념에 머무르지 않는다. 간선제에서 직선제로 권력 획득 구조가 변화하고, 특히 일반 주민이 투표권을 행사하는 직선제의 정치적 성격에 기인해 교육자치 영역을 중심으로 교육 영역에서 이념 또는 교육관의 차이에 기인해 '교육적 문제'가 발생한다고 인식하는 집단에서 문제의 적극적 개선을 위한 정치적 행위로서 교육자치 개념을 적극적으로 활용하기 시작했기 때문이다.

이런 맥락에서 4·15 학교자율화 조치에 중고등학생들이 항의하면서 촉발된 이른바 '촛불정국' 하에 치러진 2008년 7월 30일 서울시 교육감 선거는 수도 서울의 교육을 책임지는 것과 동시에 전국 각 시도 교육의 방향을 아우르는 상징성을 바탕으로 '이명박 교육정책 대 반이명박 교육정책'의 대리전으로 인식되기에 이른다.교육희망, 2008. 7. 5. 경쟁주의 교육정책에 반대하는 진보적 인사를 교육감으로 당선시키면, 서울교육의 흐름을 바꾸는 것은 물론 이명박 정부의 신자유주의적 교육정책에도 큰 타격을 줄 수 있었기 때문이다. 나아가 보수 성향 교육감의 장기집권으로 인한 서울의 관료주의적 교육행정과 학교문화에도 새로운 물꼬를 틀 수 있다는 기대도 있었다.전교조, 2016.

즉, 교육감 직선제가 지방의 주민 통제 원리에 기초한 교육자치 실현이라는 본래적 의미를 넘어 교육정책에 대한 정치적 의사를 표현하는 담론 투쟁의 장으로 인식되기 시작한 것이다. 이는 직선제로 치러질 향후 교육감 선거에서 전교조, 교총 등 교육 관련 시민단체들이 적극적인 역할을 계속할 것임을 예고한 것으로, 실제로 전교조는 2010년 6·2 동시 지방선거와 2014년, 2018년 지방선거 과정에서 진보교육감이 대거 당선되기 위한 정치적인 기초를 마련하게 된다. 그리고 이는 보수진영을 중심으로 교육감 직선제를 둘러싼 교육의 정치적 중립성 문제를 다시 제기하는 계기로 작용한다. 이후 교육감 선거는 상당 기간 '전교조 대 반 전교조' 구도를 중심으로 치러지게 되고, 보수진영의 교육감 직선제 폐지 및 교육감 러닝메이트 제도 주장까지 연결되게 된다.

이처럼 교육의 정치적 중립성 개념과 관련해 제도적으로는 교육감 직선제가 그 개념 정립과 활용에 영향을 주었다면, 정치적·이념적으로 교육의 정치적 중립성 개념을 뒤흔든 또 하나의 중요한 사건은 이명박-박근혜 정권에서 이어진 이른바 '역사논쟁'이다. 민주화를 계기로 교육의 정치적 중립성 개념은 교육에 대한 국가 권력의 직접적인 개입을 막는 방향으로 발전되어 왔지만, 이명박 정부와 박근혜 정부에서 본격화한 역사논쟁은 학생을 대상으로 한 교육내용이 정치적으로 편향되어 있다는 인식에서 출발했고, 이런 편향성이 교육의 정치적 중립성을 해치기에 이를 막아야 한다는 논리에서 출발한다. 즉, 교육이 본연의 기능을 벗어나 학생들에게 '좌편향된' 역사 교육을 제공하는 방식으로 정치영역에 개입하며, 대한민국의 정당성을 폄하하고 북한 체제를 미화해 교육 현장에서 대한민국의 정체성을 지키는 데 큰 위협이 된다는 것이다.

이 논쟁의 기원은 1994년까지 거슬러 올라간다. 문민정부에서 제6차 교육과정에 따른 '국사교육내용전개의 준거안'(이하 준거안)의 시안이 공개되었다. 문민정부 출현 이후 국사 교과서에서 5·16혁명, 12·12사태 등의 편수용어가 어떻게 바뀔지에 주목하던 보수언론과 정치권은 '위험한 민중사관'의 발로이자 '좌파적 발상'의 표현이라는 원색적인 용어로 현대사 부분의 내용이 좌파 쪽으로 편향되었다고 비판하기 시작했다[정재정, 1998: 47]. 결국 교육부가 이런 비판을 대폭 수용해 확정된 '준거안'은 근현대사에 대한 새로운 인식이나 연구 성과의 반영 없이 이전 것을 부분적으로 약간 손질하는 선에서 끝나고 말았다. 이는 1980년대 중반 이후 성장한 민중사학의 영향으로 불거진 근현대사 인식을 둘러싼 갈등이 1994년 '준거안' 파동으로 촉발된 것이다. 그 결과 문민정부 출범 이후 근현대사 교과서를 둘러싼 역사 인식 문제에 여론과 정치가 개입하는 선례를 남기게 되었다[구경남, 2014].

노무현 정부 시절 친일 진상 규명을 비롯한 과거사 청산, 국가보안법과 사립학교법 개폐 등이 정치 쟁점으로 부각된 2004년부터 근현대사 인식을 둘러싼 정치적 갈등이 본격화되었다.김육훈, 2009. 이는 2005년 1월 창립된 '교과서 포럼'을 중심으로 진행되었는데, 교과서 포럼은 대한민국 초·중·고 교과서가 좌파적 성격을 띤다고 주장하면서 진보진영의 역사관에 대한 공격을 주도했다. 이후 등장한 이명박 정부는 이런 맥락에서 2008년을 '건국 60주년'으로 명명하는 등 노골적으로 대한민국을 강조하고, 정권 차원에서 근현대사 인식의 변화를 주도해가기 시작했다.구경남, 2014.

이런 역사교육 문제는 당시 '과거사 내전'이라고 칭할 만큼 정치적 대립과 논쟁을 불러일으켰으며, 학교 밖을 넘어서는 중요한 정치 문제로까지 부각되었다.이명희, 2013. 이 시기 보수진영이 촉발한 대표적인 역사 전쟁 사례로 금성출판사 판 『한국근현대사』 교과서에 대한 공격을 들 수 있다. 2008년 6월 '교과서 포럼'은 국방부 및 전경련 등과 함께 해당 역사교과서의 좌편향 문제를 지적하며 수정을 요구했다. 이들은 특히 이승만, 박정희 등의 역사적 인물 평가, 남북관계 및 식민지 근대화론, 분단 서술 등에서 편향성 문제를 집중적으로 지적했다. 이후 2008년 7월 김도연 당시 교과부 장관이 편향된 역사교육으로 청소년들이 반미, 반시장적 성향을 보이고 있다고 발언하고, 9월에는 전국시·도교육감협의회에서 '이념적으로 편향된 한국근현대사 교과서를 채택하지 않겠다'고 선언하는 등, 세력 결집이 나타난다. 이에 이명박 정부는 '역사교과전문가협의회'를 구성해 수정 권고안을 발표하기에 이른다.

결국 금성출판사는 저자의 동의 없이 교과서를 수정·발행했고, 저자들은 2009년 2월 저자의 동의 없이 교과서를 수정 발행하도록 하는 것은 검정제도의 취지에 어긋난다며 교과서 수정 명령 취소 청구 소송을 제기했다. 저자들은 교과서의 임의 수정을 강요하는 것은 학문의 자유, 교육의 자주성·전문성·정치적 중립성, 저작권(특히 동일성 유지권)을 명백히 침해한다고 주장했다.민주사회를 위한 변호사모임, 2009. 2. 23. 이 과정에서 비록 형식요건 불비를 이유로 각하되긴 했으나 학생, 학부모, 교사들이 학생 및 학부모의 교육권을 침해했다는 이유로 헌법재판소에 헌법소원을 제기하기도 했다. 본 소송은 서울지방법원은 '위법', 서울고등법원은 '적법' 판결을 내리는 등, 법적·사회적 논란 속에 최종적으로 대법원이 2023년 2월 "절차를 무시한 교과부의 수정지시는 부당하다"며 확정판결을 내렸다.연합뉴스, 2013. 2. 15.

이런 대법원 판결은 이후 박근혜 정부에서의 역사 전쟁에도 영향을 미치게 된다. 2013년 8종의 역사교과서가 검정을 통과했는데, 각종 오류 논란이 있었던 '교학사'가 포함된 데 대해 진보진영이 문제를 제기했다. 이에 교육부는 교학사를 포함 역사교과서 8종 전체에 대해 오류·편향된 내용을 고치도록 수정 명령을 내렸는데, 교학사를 제외한 나머지 7종 교과서의 집필진은 표현의 자유 등을 이유로 '교육부 수정지시 불수용 및 법적 대응'으로 응수했다. 진보진영에서는 교학사 교과서에 대한 '고등학교 불채택 운동'을 광범위하게 전개했고, 그 결과 2014. 1. 9. 기준으로 전국 고교 1,794개 중 교학사 역사교과서를 채택한 학교는 0%로 나타났다.박근후, 박용성, 2024.

이는 박근혜 정부의 국정교과서 발행 움직임으로 연결되었다. 2014년 2월, 황우여 교육부총리 겸 교육부 장관은 대통령 업무보고에서 국정교과서 발행이 가능한 '역사교과서 발행체제 개편안'을 제시했고, 박근혜 대통령은 사실관계에 기반한 균형 잡힌 역사교과서 개발의 필요성을 강조했다. 보수 담론은 "국정교과서=사회적 통합"이라는 프레임을 설정하며, 교과서의 다양성이 사회적 갈등을 초래할 수 있다는 논리를 전개했다. 조선일보는 검정교과서가 학생들에게 혼란을 초래하고, 대한민국의 정당성을 훼손한다고 비판하며, 이를 바로잡기 위해 국정교과서를 도입해야 한다고 주장했다.조선일보, 2015. 8. 10.

이에 교육부가 2014년 2월에 제시한 '한국사 교과서 발행체제 개편안'은 국정화 정책의 시발점이 되었으며, 이는 즉각적인 학계의 반향을 불러일으켰다. 특히 진보 교육계를 중심으로 한 반대 움직임이 대두되었다. 역사학계와 교사 단체는 공동 성명을 통해 "역사를 국가가 독점적으로 서술하는 것은 비민주적이며 시대에 역행하는 조치"라고 주장했고, 전교조와 전국역사교사모임은 국정교과서 도입이 헌법이 규정한 교육의 자율성과 정치적 중립성을 위배한다고 주장하며, 국정화 정책에 강하게 반대했다.한겨레, 2014. 10. 2. 이처럼 진보진영은 국정교과서가 비민주적이며 교육의 자율성과 다양성을 침해한다고 주장했다. 이 주장은 국정교과서가 정권의 입맛에 맞는 역사 해석을 주입할 가능성이 있다는 근거를 통해 강화되었다.한겨레, 2013. 11. 12. 두 담론 간의 경쟁은 교육의 정치적 중립성을 둘러싼 쟁점에서 두드러졌다. 보수진영은 "교육의 정치에 대한 중립성"을 강조하며 국정교과서를 통해 교사가 특정 이념을 주입하지 않도록 해야 한다는 점을 주장했고, 진보진영은 "정치의 교육에 대한 중립성"을 강조하며 교육이 정치 권력으로부터 독립적이어야 한다고 역설했다. 이 상반된 해석은 국정화 논란이 단순한 교과서 정책을 넘어, 교육의 본질적 가치와 정치적 중립성의 개념에 대한 근본적인 논쟁임을 보여준다.

이처럼 박근혜 정부의 국정교과서 추진으로 교육의 정치적 중립성 논란이 사회적으로 심화되던 2014년 4월 16일, 한국 사회 전체를 뒤흔든 '세월호 참사'가 발생한다. 그리고 이는 교육의 정치적 중립성 개념을 둘러싸고 벌어진 보수진영과 진보진영 간 헤게모니 투쟁에서 일대 전환점이 만들어진 결정적 계기가 되었으며, 이는 2014년 6·4 지방선거에서 진보·민주 성향 교육감들을 대거 당선시킨 참여의 동력이 되었다.이정원, 2019. 참사를 생방송으로 지켜본 시민들은 한국의 주입·지시 교육을 상징하는 명제, "가만히 있으라"를 근본적으로 성찰했다. 그리고 "가만히 있으라"며 아이들을 통제·억압한 교육의 폭력적 구조를 해체하기 시작했다. 단원고 학생들뿐만 아니라 우리나라 교육을 받아온 거의 대부분의 한국 시민들은 공식적으로 설정된 공교육체계에서 어떤 권력이나 권위를 가진 있는 실존체가 내리는 '잘못된' 하명에 대해 '스스로 올바르게 판단'해 '자율적으로 그것을 교정하는 쪽으로 실천할 의지'를 교육받지 못했다는 반성과 함께 공교육과 평생교육의 관점에서 시민들에게 판단 능력을 향상시키는 교육은 정치교육 또는 민주시민교육 안에서 추구되는 정치적 판단 능력 및 정치적 행동 능력의 교육과 철학교육 안에서 집중적으로 이루어지는 비판적 사고 교육으로 이루어져야 한다는 비판이 제기되었다 홍윤기, 2015.

그러나 전교조를 중심으로 세월호 참사를 교실에서 직접 다루려는 시도가 나오면서 교육의 정치적 중립성을 둘러싼 논란이 불거지게 된다. 전교조는 '기억과 진실을 향한 4·16 교과서', 이른바 4·16 교과서를 만들어 계기수업을 진행하고자 했고, 교육부는 이를 정치적 중립성을 위반했다고 판단해 해당 교사들에 대한 징계와 계기교육 지침을 강화했다. 세월호 계기교육 논란은 보수와 진보 진영이 각각 '정치적 중립성'과 '사회적 책임 및 안전 교육'이라는 가치를 중심으로 대립하는 구도를 보였다. 보수진영은 교육이 정치적 중립성을 지키는 것이 필수적이라며, 계기교육이 정치적 선동으로 변질될 위험을 강조했다. 반면, 진보진영은 세월호 계기교육이 학생들에게 안전 의식과 시민적 책임감을 키워줄 중요한 기회라고 주장하며, 교육의 사회적 역할을 강조했다 최상훈, 2025.

2017년 문재인 정부 출범 이후 '교육의 정치적 중립성' 개념은 중앙정부 중심의 권위주의적 통제, 국가 주도 교과서 정책, 교원 정치활동 규제 등으로 대표되던 개념에서 민주적 거버넌스 확장, 교원 및 학생 권리의 헌법적 재조명, 시민사회 주체의 정책 참여 강화, 지방교육자치 심화, 그리고 국제 인권기준의 내재화 등을 중심으로 보다 복합적이고 실천적인 개념으로 재정의되었다. 이제 한국 사회에서 교육의 정치적 중립성은 '정파적 개입 배제'라는 소극적 기준을 넘어, 교육정책의 공공성, 다양한 의견의 균형 반영, 교원의 전문성 및 자율성 보장, 민주시민성 함양이라는 적극적 가치의 조율 기준으로 기능하기 시작한 것이다. 이 같은 변화는 교육 현장과 정책 설계의 원칙, 교과서 내용과 표현의 기준, 교원 및 학생의 시민적 권리, 교육감 선거 제도 및 지방자치 구조에 이르기까지 전방위적 영향을 미쳤다.

문재인 정부는 집권 초기부터 "국민 참여와 분권 강화"를 국정철학의 핵심으로 설정했으며, 이는 교육 영역에서도 구체화되었다. 교육부는 '국가교육회의' 설립을 통해 교육정책의 중장기 방향성을 사회적 합의에 기반해 설정하려 했으며, 국가교육위원회는 대학입시 개편, 고교학점제, 민주시민교육 등 다양한 이슈에 대해 숙의민주주의 방식의 의사결정을 시도했다. 이는 중앙정부 주도의 일방적 정책 결정 방식을 탈피하고 시민사회 및 현장 전문가의 의견을 제도적으로 수렴할 수 있는 기제로서 교육의 정치적 중립성을 공공성과 민주적 대표성의 관점에서 재구성한 사례로 평가된다.

특히 2019년 '국가교육위원회법' 제정은 정치권력의 변화에 따른 영향으로부터의 독립과 교육정책의 연속성을 보장하기 위한 구조적 장치로 도입되었다. 이는 교육정책의 안정성을 확보하고 정권교체에 따른 교육정책의 급격한 변화를 완화하며, 교육정책이 정치적 정파성에서 벗어나 공적 논의와 사회적 합의에 기반할 수 있는 제도적 기반을 마련하고자 하는 시도로 해석된다. 이런 제도화 과정은 교육의 정치적 중립성을 "정책 과정에서의 다원적 참여 보장과 사회적 대표성의 확보"라는 실천적 개념으로 전환시켰다는 점에서 중요한 전환점이다. 또한 문재인 정부는 민주시민교육에서도 새로운 전기를 마련했다. 2018년 12월 '민주시민교육 활성화를 위한 종합계획(2020~2024)'을 수립하고, 초·중·고 및 교원양성과정, 교원연수 과정에 민주시민교육을 체계적으로 도입하기 위한 정책을 추진했다. 이 계획은 학교 교육이 가치중립적인 정보 전달에 그치지 않고, 비판적 사고력, 공적 담론 참여 역량, 권리와 책임에 대한 인식 등 정치적 판단과 실천 능력을 배양하는 것을 목표로 한다.

결론적으로 이 시기 교육의 중립성 담론은 단일하고 고정된 개념으로 작동하지 않았으며, 정권 주도의 이념 통제 전략과 시민사회를 중심으로 한 교육 참여 요구가 충돌하는 가운데 새로운 의미를 띠어 갔다. 이명박 정부의 '학교자율화 조치' 및 박근혜 정부의 '역사교과서 국정화' 추진 등 일련의 정책은 국가권력이 교육 내용과 운영 전반에 대한 직접적 이념 개입을 시도한 대표적 사례로, 교육의 정치적 중립성 개념을 보수적 이념에 기반한 '교육의 정치에 대한 중립성'으로 축소하려는 움직임이다. 이와 동시에 교육감 직선제의 전면적 도입은 지역주민의 교육정책 결정 참여를 가능하게 하며, 교육자치의 정치화를 가속시켰다. 이 과정에서 교육의 정치적 중립성은 정치로부터의 분리를 의미하는 소극적·방어적 개념에서 벗어나, 다양한 정치적 이념과 교육관의 충돌이 허용되는 정치적 실천의 장場으로 이해되기 시작했다.

또한, 시민사회의 정책적 영향력 확대와 함께 교육 주체들—특히 교원, 학부모, 시민단체—은 정책 결정 과정에의 실질적 참여를 요구했으며, 이는 중립성 개념을 '비정치성'에서 '정치적 책임성과 판단능력 함양'으로 확장하는 계기가 되었다. 2014년 세월호 참사를 계기로 "가만히 있으라"로 상징되는 국가 중심의 주입식 교육과 명령 복종적 교육문화에 대한 근본적 반성이 제기되었으며, 이는 교육의 정치적 중립성이 곧 비판적 시민교육의 기반이 되어야 한다는 인식을 확산시켰다. 여기서 중립성은 더 이상 정치적 행위 배제를 의미하지 않고, 오히려 특정 정치 이념의 강제 없이 시민들이 자율적 정치 판단과 실천 역량을 기를 수 있게 하는 교육적 책임으로 재정립되었다. 결국 2008~2022년 시기 교육의 정치적 중립성은 단선적인 '비개입'의 원칙이 아니라, 교육 주체들이 정치적 해석과 참여를 통해 민주주의를 실현할 수 있는 담론적 투쟁의 장으로 전환되었다. 이는 중립성 개념이 더 이상 정치 부재나 탈정치화를 의미하지 않으며, 오히려 교육의 고유한 공적 기능과 민주적 시민 형성의 책무를 전제로 하는 확장된 정치성을 내포하게 되었음을 의미한다.

V. 결론: 교육의 정치적 중립성 개념의 현재와 미래

교육의 정치적 중립성은 해방 이후 한국 교육의 역사 속에서 시대적 맥락과 정치 권력, 시민사회, 교육 주체들의 상호작용 속에 다층적인 의미의 중첩, 변환과 개념 확장을 거듭해왔다. 본 연구는 1963년 헌법에 해당 개념이 명문화된 이후 시기별로 중립성의 해석과 실천이 어떠한 사회·정치적 배경 속에 형성되고 변형되었는지를 고찰함으로써 교육의 정치적 중립성을 단일하고 고정된 가치가 아닌 역사적이고 사회·정치적으로 구성되는 개념으로 파악하고자 했다. 1960년대부터 1980년대 후반까지의 권위주의 정권 시기, 교육의 정치적 중립성은 표면적으로는 교육의 자율성과 전문성 보장을 위한 헌법적 가치로 자리 잡았지만, 실제로는 국가권력의 이념통치를 정당화하는 통치 담론으로 활용되었다. 교육자치제의 형식적 보장 아래 교사와 학생의 정치적 표현은 억제되었으며, 반공 이데올로기 중심 교육과 국정교과서 체계는 이런 구조적 통제를 강화했다. 정치적 중립성은 이념 주입의 반대 개념이 아니라, 특정 정권 이념의 내면화 기제로 전락한 것이다.

1987년 민주화 이후 정치적 중립성은 새로운 전기를 맞이했다. 교원노조 결성과 지방교육자치제 재도입, 시민사회의 성장 속에 중립성은 교사들의 정치적 권리 보장과 교육의 공공성 실현을 위한 실천적 개념으로 재정의되었다. 이 시기 전교조의 등장과 노동운동과의 연계는 중립성을 교육현장의 민주화 투쟁이라는 맥락에서 재구성하게 했다. 동시에 교원노조 활동이 사회 전반의 정치적 대립구조와 맞물리면서, 보수세력을 중심으로 교육의 정치적 중립성 개념을 교원의 정치적 표현 억제 논리로 다시 활용하려는 움직임도 강화되었다.

2008년 이후 이명박·박근혜 정부 시기에는 정치적 중립성 개념의 또 다른 변형이 나타났다. 신자유주의 교육개혁과 국가 주도의 정체성 교육이 강화되며, 교육내용에 대한 국가의 직접 개입이 확대되었다. 특히 역사교과서 국정화 시도는 교육의 정치적 중립성을 명분 삼아 교육내용의 국가 통제를 강화하려는 시도로 해석된다. 이 과정에서 교육의 정치적 중립성 개념은 정치·이념 갈등의 핵심 쟁점으로 부상하며, 보수와 진보 진영 간 헤게모니 투쟁의 장으로 활용되었다. 동시에 교육감 직선제 도입과 지방교육자치의 제도화는 교육정책 결정의 정치화를 심화시켰고, 이는 교육의 정치적 중립성 개념을 단일한 가치에서 벗어나 다원적 정치실천의 장으로 확장하는 계기가 되었다.

2017년 문재인 정부 이후, 교육의 정치적 중립성은 다시 전환점을 맞이했다. 교육의 민주적 거버넌스 확대, 교원 및 학생 권리의 헌법적 보장, 시민사회의 정책 참여 강화, 그리고 국제 인권 기준 수용은 교육의 정치적 중립성을 단순한 정치 개입의 배제에서 벗어나, 다양한 이해관계자 간 가치 조율과 정책 협의의 기준으로 작동하게 했다. 국가교육위원회 출범, 민주시민교육의 제도화, 공론화를 통한 교육정책 수립 등은 대표적인 사례다. 교육의 정치적 중립성은 이제 더 이상 비정치적 상태가 아니라, 정치적 책무성과 다원적 공공성을 구현하는 실천적 기준으로 이해되어야 한다. 교육의 정치적 중립성 개념은 한국 현대사의 흐름에서 억압과 그에 대한 저항, 통제와 실천, 중앙집권과 자치분권의 양극단을 넘나들며 변화해왔다. 이제 우리는 이 개념의 재구조화를 위한 새로운 기준과 실천 전략을 마련해야 할 시점에 와 있다.

다음은 교육의 정치적 중립성을 민주주의와 공공성의 실천 규범으로 정착시키기 위한 핵심 과제다. 첫째, 중립성 개념의 법적 재구성을 위한 입법 개정이 필요하다. 현행 교육기본법, 지방교육자치법 등은 정치적 중립성 개념을 여전히 '정치 개입의 배제'라는 형식논리로 해석할 여지를 남긴다. 이를 다원성 보장, 절차적 공정성, 가치 조율 실천 등 현대적 민주주의의 관점에서 재정의할 수 있도록 법령 개정이 필요하다. 특히 교원의 정치적 권리 보장과 정치활동 제한의 경계를 명확히 하고, 학생과 학부모의 교육권·표현권 간 조율 원칙을 마련해야 한다. 또한 교육현장의 정치적 권리 보호와 갈등 중재 체계를 정비해야 한다. 교원의 정치적 표현과 시민적 권리를 보장하면서도, 교육현장에서 발생할 수 있는 정치적 충돌에 대한 예방적 기준과 분쟁 조정 절차를 마련해야 한다. 이를 위해 중립적 중재기구 구성, 교사와 학부모 간 조정 패널, 정치적 표현 가이드라인 등의 제도적 장치가 필요하다.

둘째, 민주시민교육의 전면적 재구조화가 필요하다. 교육의 정치적 중립성은 더 이상 정치적 침묵이 아니라, 정치적 판단과 실천을 위한 시민적 역량 배양의 기준이 되어야 한다. 이를 위해 교육과정 전반에 걸쳐 비판적 사고, 권리와 책임, 공적 담론 참여 능력 등을 중심으로 한 민주시민교육을 강화해야 한다. OECD의 '글로벌 역량', 유럽평의회의 '민주적 시민문화 역량' 등과 연계한 국제 기준 기반 민주시민교육 체계를 확립할 필요가 있다. 이를 통해 교육의 정치적 중립성 개념에 대한 사회적 합의와 공론화를 지속적으로 추진해야 한다. 중립성 개념은 시대와 맥락에 따라 변화하는 사회적 구성물이기에, 교육 주체 간의 지속적인 대화와 공적 논의가 필요하다. 특히 시민들이 교육정책의 방향성과 가치 기준에 대해 실질적으로 참여하고 논의할 수 있게 해야 한다.

셋째, 교육 거버넌스 관점의 확장과 교육자치와 중앙정부 간 정책 권한의 재조정이 요구된다. 교육감 직선제의 순기능과 역기능을 면밀히 분석하고, 중앙정부와 시도교육청 간 권한 배분 체계에 대한 제도적 보완이 필요하다. 특히 국가교육위원회가 명실상부한 교육정책의 조율기구로 자리 잡으려면 지방교육청과의 협의 구조, 시민사회의 공적 대표성 확보 장치를 제도화해야 한다.

교육의 정치적 중립성은 단순한 이념 배제나 정치로부터의 거리두기가 아니라, 교육이 정치적 공공성을 구현하는 영역이라는 점에서 오히려 정치적 책임성을 요구받는 개념이다. 과거 권위주의 정권하에서 정치적 중립성이 교육에 대한 통제를 정당화하는 논리로 기능했다면, 오늘날 민주주의 사회에서는 다양한 교육 주체들의 참여와 다원적 가치의 협의 속에 교육정책의 정당성을 확보하는 기준이 되어야 한다. 즉, 교육의 정치적 중립성은 교육이 민주주의를 구현하는 장으로 기능하기 위한 최소한의 규범이자, 다원 사회에서의 가치 조율을 위한 실천적 규율로 자리매김해야 한다. 우리는 교육의 정치적 중립성을 헌법 조항 속 문구로 남겨두는 것이 아니라, 실제 교육현장에서 민주주의를 실천할 수 있는 제도적·문화적 기반으로 재정립하는 과제에 직면해 있다. 그것은 곧 교육의 미래이며, 민주주의의 미래이기도 하다.

참고문헌

강정인(2011). 박정희 대통령의 민주주의 담론 분석: "행정적", "민족적", "한국적" 민주주의를 중심으로.『철학논집』, 27, 287-321.
고전(2008). 2007년 교육감 주민 직선 결과 및 쟁점 분석.『교육행정학연구』, 26(2), 133-152.
권찬호(2009). 정부 차원 민주시민교육의 제도화 추진에 관한 사례연구.『한국시민윤리학회보』, 22(2), 123-148.
김석수(2005).『국민교육헌장』의 사상적 배경과 철학자들의 역할.『역사문제연구』, 15, 97-127.
김성열(2007). 교육 민주화의 재음미.『교육사상연구』, 21(3), 41-63.
김용일(2008). 지금 한국 사회에서 교육과 노동자.『노동사회』, 136, 12-22.
김용일(2025). 교육의 정치적 중립성의 헌법 편입과 제도화 연구.『교육정치학연구』, 32(1), 35-62.
김윤태(1999). 발전국가의 기원과 성장.『사회와 역사』, 56, 145-177.
김육훈(2009). 근현대사 교과서 파동을 돌아본다.『작가세계』, 21, 125-145.
김지형(2013). 박정희 통치이념의 변용과 지속.『민주주의와 인권』, 13(2), 169-200.
김현준(1999). 교원노조의 역사성과 향후 활동방향.『대학교육』, 101, 96-99.
김종엽(2009). 교육에서의 87년 체제.『경제와 사회』, 84, 40-69.
노중기(1994). 1987년 이후 거시적 노자관계의 변동과 노동운동.『동향과 전망』, 21, 126-153.
노중기(2012). 87년 노동자대투쟁의 역사적 의의와 현재적 의미.『경제와 사회』, 96, 178-209.
박근후, 박용성(2024). 역사교과서 국정화 정책변동 실패 사례 연구.『한국행정사학지』, 61, 39-71.
박정희(1962). 우리 민족의 나갈 길(개정 5판). 서울: 동아출판사.
박정희(1963). 국가와 혁명과 나. 서울: 향문사.
서현진(2019). 2018년 교육감 선거 후보자의 이념성향과 정책 공약에 관한 연구.『한국과 국제정치』, 35(2), 75-111.
성병창, 김달효(2007). 교육감 주민직선제에 관한 교원들의 요구와 개선 방안.『교육행정학연구』, 25(2), 377-399.
신현석(2003). 「국민의 정부」교원정책의 분석과 진단.『한국교원교육연구』, 20(1), 221-244.
안선회(2013). 이명박 정부 5년 평가와 새 정부의 과제.『계간 민주』, 제6호, 125-145.
양승실(1999). 교육자치와 학교의 효과성.『지방자치』, 130, 92-96.
양흥권(2014). 독일 정치교육 사례에 기반한 한국의 민주시민교육 모형 탐색 연구.『평생학습사회』, 10(2), 77-104.

유진오(1963). 교육자는 국민혁명의 선봉임을 자각하자.『새교육』, 대한교육연합회, 10쪽.
이돈희(2016). 교육과 정치. 서울: 에듀팩토리.
이정원(2019). 다원적 민주시민 교육의 조건인 새로운 '헤게모니'.『탐라문화』, 61, 165-196.
이명희(2013). 역사교육 행정의 문제점과 개선방향.『시대정신』, 2013년 가을호, 125-145.
전국교직원노동조합(2011). 참교육 한길로: 전국교직원노동조합 운동사 1-법외노조 편. 서울: 참교육.
전국교직원노동조합(2016). 참교육, 교육노동운동으로 꽃피다. 서울: 전국교직원노동조합.
전제상(2002). 교육의 발전과제와 교원단체의 역할.『한국교원교육연구』, 19(2), 81-107.
정재정(1998). 고뇌하는 근현대사 교육의 방향.『한국의 논리』. 서울: 현음사.
정하윤(2014). 한국 민주시민교육의 제도화 과정과 쟁점.『미래정치연구』, 4(1), 31-53.
정일준(2011). 학원안정법파동 연구.『사회와 역사』, 91, 255-292.
정태석(2007a). 시민사회의 다원적 적대들과 민주주의. 서울: 후마니타스.
정태석(2013). 민주화 이후 한국 사회의 변화와 참여연대.『시민사회와 NGO』, 11(2), 3-40.
조희연, 홍일표(2004). 개혁적 싱크탱크와 시민사회운동.『창작과비평』, 32(1), 108-122.
최상훈(2023). 전교조 주요 교육담론의 형성 및 발전과정에 대한 비판적 담론분석. 고려대학교 박사학위논문.
최상훈(2025). '교육의 정치적 중립성' 개념을 둘러싼 국내 담론 경쟁 양상에 대한 비판적 분석.『교육정치학연구』, 32(1), 63-97.
최장집(1996). 한국 민주주의의 조건과 전망. 서울: 나남.
홍윤기(2015). 세월호 참사가 우리 사회에 던지는 성찰적 화두. 철학연구회 학술발표 논문집, 2015(12), 43-85.

경향신문(1960. 12. 1.). 중교육구제 추진.
경향신문(1960. 12. 27.). 민주교육개혁의 길(3). 교육위원편(하).
경향신문(1961. 1. 6.). 교육위원 구 할이 자유당.
경향신문(1997. 2. 13.).「노동법 수업」파문.
교육과학기술부(2008. 4. 15.). 학교 자율화 추진계획. 보도자료.
교육희망(2008. 7. 5.). 서울교육감 선거 '2MB교육' 심판대.
동아일보(1961. 1. 8.). 교육의 자주성을 좀먹어온 제요소.
동아일보(1964. 7. 31.). 공화당이 단독제안한 두 안전판 법안.
동아일보(1997. 2. 20.). 전교조 명단 공개 파문.

민주사회를 위한 변호사모임(2009. 2. 23.). 한국근·현대사 교과서 수정지시의 부당성에 대한 행정소송 제기 기자회견.
연합뉴스(2013. 2. 15.). 대법 "좌편향 논란 교과서 수정명령 위법".
조선일보(1964. 8. 12.). 언론법 그대로 시행, 학원법도 기필 제정, 박대통령 소신 불변.
한겨레(1989. 5. 31.). 교육자치제 골격 전격 합의.
한겨레(1991. 2. 21.). 정치적 중립 보장장치 미흡.
한겨레(1991. 7. 23.). 교육자치 실현의 절망적 분위기.
한겨레(1991. 10. 24.). 주민과 자치정신 저버린 교육위원.
한겨레(1996. 12. 10.). 전교조 합법화 투쟁 돌입.
한겨레(1998. 2. 10.). 전교조 급진인상 씻어야: 김대중 당선자.

제2장

교육의 정치적 중립성의 헌법 편입과 제도화 과정

김용일

I. 서론

'교육의 정치적 중립성'은 현행 헌법 제31조 제4항에 담긴 문언이다. 해당 조문을 그대로 옮기면 다음과 같다. "④**교육의** 자주성·전문성·**정치적 중립성** 및 대학의 자율성은 법률이 정하는 바에 의해 **보장**된다."(진한 강조는 필자) 그런데 이 조항은 당초 우리 헌법에 없었다. 제헌의회가 제정한 헌법 제1호의 교육 관련 내용은 아래의 제16조가 유일한데, 이 조항은 헌법 제5호까지 단 한 번도 개정된 적이 없다.

"제16조 모든 국민은 균등하게 교육을 받을 권리가 있다. 적어도 초등교육은 의무적이며 무상으로 한다. 모든 교육기관은 국가의 감독을 받으며 교육제도는 법률로써 정한다."헌법 제1호, 1948. 7. 17 제정, 시행 1948. 7. 17

그러다가 1962년 12월 26일 헌법이 개정되면서 교육의 정치적 중립성이라는 문언이 처음 등장한다. 국가재건최고회의 의결을 거친 헌법 개정안이 1962년 11월 5일 국민투표로 확정된 것이다. 이를 대통령권한대행 국가재건최고회의 의장 육군 대장 박정희가 헌법 제6호로 공포하는데, 시행일은 1963년 12월 17일이다. 거기에 "**교육의 자주성과 정치적 중립성은 보장되어야** 한다."(진한 강조는 필자, 제27조 제4항)라는 조문이 신설되었다. 이처럼 교육의 정치적 중립성은 아주 비상한 시기[1]에 전격 단행된 제5차 헌법 개정의 산물이다.

그런데 헌법에 편입된 이래 '교육의 정치적 중립성'만큼 많은 논란을 불러일으킨 경우도 드물다. 다른 무엇보다 이 문언이 뜻하는 바가 분명치 않기 때문이다.[2] 양태건, 2023; 길성용·강태수, 2022; 배소연, 2020a; 음선필, 2011; 이기우, 2010. 과연 교육의 정치적 중립성은 성립 가능하기나 한 개념인가? 이런 근본적인 의문은 처한 상황이나 입장에 따라 이 문언을 달리 해석하는 사례를 자주 접하면서 한층 더해진다. 헌법상의 문언을 둘러싼 정략적이고 소모적인 논쟁이 계속되어 온 것이다.

이에 여기서는 교육의 정치적 중립성의 헌법 편입의 정치과정에 대한 고찰을 바탕으로 그 제도화 양상과 실천적 의미를 밝히고자 한다. 이를 위해 제II절에서는 이 문언이 헌법으로 편입된 정치과정을 복원해 입법 취지 등을 밝히는 한편, 편입 이전의 관계 법령과 비교 분석해 그 의미를 명확히 하고 있다. 제III절에서는 교육의 정치적 중립성이 어떤 모습으로 제도화되었으며, 그 실천적 의미를 규명한다. 제IV절의 결론에서는 고찰 결과를 간략히 정리한 후 교육의 정치적 중립성 및 관계 법령의 개정 입법과제에 대해 간략히 논한다.

1. 교육의 '전문성'이 헌법에 편입된 것도 1980년 군사정권 등장 직후의 비상한 시기였다는 점이 눈길을 끈다(대한민국헌법 제9호, 시행 1980.10.27, 1980.10.27., 전부개정). 아울러 '대학의 자율성'이란 문언은 1987년 10월 29일 단행된 제9차 헌법 개정에서 신설되었다.
2. 최근 수행된 "사회과 교사의 정치적 중립성의 의무에 대한 인식과 대응 전략"에 관한 질적 연구에서도 그 모호성이 지적된다. "본 연구는 **현재의 정치적 중립성 의무의 의미와 범위가 모호하다는** 점을 확인했다. 이 같은 상황에서 정치적 중립성 의무가 법적으로는 어떻게 제시되고 있으며 그 **범위와 한계를 명확히 하기 위해서는 어떠한 개선이 필요할지에 대한 논의가 필요하**다."(진한 강조는 필자, 이경호·박상혁, 2024: 158)

II. 교육의 정치적 중립성의 헌법 편입 과정과 관계 법령

1. 헌법 편입의 정치과정: 군사정권과 교육(학)계 보수세력의 동맹

교육의 정치적 중립성의 헌법 편입은 (1) 정통성이 취약한 군사정권과 (2) 교육(학)계 보수세력의 동맹coalition 또는 공모collusion의 산물이다. 4·19혁명과 5·16 군사쿠데타를 거치면서 양측은 긴박한 요구에 직면한다. 정통성이 취약한 군사정권은 지지기반 확충이 절실했다. 이에 교육(학)계의 보수세력을 동맹 대상으로 삼았다. 대한교육연합회(이하 '대한교련'으로 줄임)를 주축으로 한 교육(학)계의 보수세력은 교원노조의 거센 도전에 대응하는 한편, 내무행정 계통의 지방교육자치 폐지 움직임을 저지해야 했다. 이런 상황에서 양측은 서로의 필요에 따라 굳게 손잡고 헌법에 '교육의 정치적 중립성'이라는 아주 모호한 문언을 담은 조항을 신설했다.

우리 헌법에 "정치적 중립성 보장 또는 준수" 관련 조문이 적용되는 것은 공무원, 경찰, 교육, 국군 등 모두 네 분야다. 이 가운데 공무원과 경찰 관련 조문이 가장 먼저 등장하는데,[3] 1960년 6월 15일 제3차 개정을 거쳐 공포된 헌법 제4호에서다. 3·15 부정선거로 촉발된 4·19혁명 직후 '정치적 중립'이란 시대적 화두를 배경으로 공무원과 경찰의 '중립성 보장' 문언이 마련된 것이다. 그만큼 부정선거 등에 공무원과 경찰을 동원해 온 폐단이 심각했기 때문이다.

그다음이 바로 교육의 정치적 중립성인데,[4] 이 또한 기본적으로 교사 등이 부정선거에 동원되었던 사정이 배경이다. 이는 김종철 선생의 「우리나라 교육의 중립화를 위해」라는 논문이 『교육평론』 1960년 12월호에 게

---

3. 해당 조문은 다음과 같다. "제27조 ② **공무원의 정치적 중립성**과 신분은 **법률의 정하는 바에 의해 보장**된다. 〈신설 1960.6.15.〉 제75조 ① 행정 각 부의 조직과 직무범위는 법률로써 정한다. ② 전항의 법률에는 **경찰의 중립을 보장**하기에 필요한 기구에 관하여 규정을 두어야 한다.〈신설 1960.6.15.〉"(진한 강조는 필자)

재된 사실에서도 간접 확인된다. 거기서 선생은 이 문제가 사회적으로 부각되는 과정을 "3·15 부정선거의 쓰라린 경험을 거쳐 4·19 이후에 특히 클로우즈업된…"한국교육학회 편, 1969: 234이라고 묘사한 바 있다. 또한 김기범은 『고시계』 1965년 12월호에 교육의 정치적 중립성의 헌법 편입의 취지를 다음과 같이 논구한 바 있다.

> "구헌법에 있었던 「모든 교육기관은 국가의 감독을 받는다」는 규정을 **과거 자유당 정권은 악용해 문교행정기관이 학원에 대한 간섭을 많이 했던 전례를 시정하기 위해** 그 규정과 대치되게 된 것이다."진한 강조는 필자, 정상우, 2015: 3에서 재인용

자유당 정권의 교육 악용 또는 수단화, 문교부의 학원 통제와 간섭 등이 그 배경[5]이란 분석이다. 그러나 서론에서 언급한 것처럼 국가재건최고회의 회의록 등 이 문언의 헌법 편입 과정을 자세히 기록한 자료는 보관되어 있지 않다.배소연, 2020a; 김용일, 1989 참조. 따라서 여러 정황 증거로 그 과정을 추론 또는 재구성할 수밖에 없는 실정이다. 그런 증거 가운데 대한교련이 발간한 『대한교련사(1947~1973)』의 다음과 같은 기록은 주목할 만하다.

> "당시 국가재건최고회의의 헌법심의위원회에서는 헌법의 개정을

---

4. 국군의 '정치적 중립성 준수'가 가장 나중이다. 즉, 1987년 10월 29일 개정된 현행 헌법 제5조 제②항 후단에 "국군은…그 정치적 중립성은 준수된다."라는 조문을 추가하는 형태로 신설되었다. 이 또한 1979년 12·12 군사반란을 통해 들어선 군사정권을 겪고 난 후 일이다. 재발 방지 차원의 입법인 셈이다.
5. 정용술(1967: 28)도 "본 조문의 입법정신의 토대가 3·15 부정선거를 전후해 교육을 지배한 자유당 정권의 부당한 압력에서 얻은 교훈이므로, 부당한 정치권력의 지배를 배제하려는 것으로 해석하지 않을 수 없다."라고 밝힌 바 있다. 교육의 정치적 중립성이 헌법에 편입된 지 얼마 지나지 않아 나온 학위논문상의 분석이라는 점에서 눈여겨볼 만하다.

추진 중에 있었던바, **교련**敎聯**에서는 교육자치제 실시의 기본적인 법적 근거가 되는 헌법 제16조 3항**의 '모든 교육기관은 국가의 감독을 받으며, 교육제도는 법률로 정한다'는 내용의 조항을 **'교육의 자주성과 정치적 중립을 확보하기 위해 교육행정은 내무행정에서 분리되어야 하며**, 교육제도는 법률로서 정한다'는 내용으로 개정해 줄 것을 **최고회의 당국에 건의**했다."진한 강조는 필자, 대한교육연합회, 1973: 189

'교육의 정치적 중립성'을 교육행정과 내무행정의 분리, 즉 '교육자치제 실시의 기본적인 법적 근거'라고 말한다. 1987년 발간된 『대한교련40년사』에서는 건의 일자가 1962년 10월 15일이며, 최고회의 당국이 '헌법기초위원회'라는 사실을 추가로 밝혔다. 계속해서 "교련은 먼저 헌법에 교육자치제 실시의 근거를 확립하려고 시도했다."(대한교육연합회, 1987: 176)라면서 그 경위와 결말을 다음과 같이 기술한다.

> "**헌법에 교육자치제 실시의 근거를 확립하려는 교련의 의도는 이루어지지 못했다**. 1962년 8월 헌법개정 공청회가 열렸을 때, 29명의 연사 가운데 4명의 연사만이 이와 관련된 의견을 제시했다. 또한 헌법개정심의 소위원회에서도 소수의견으로 나타났다. 그러나 **직접적인 근거까지는 확보하지 못했지만, 대한교련의 건의사항 가운데 일부가 개정헌법에 반영**되었다. 즉 **헌법 제27조 4항에 교육의 자주성과 정치적 중립성은 보장되어야 한다는 내용이 포함**된 것이다."진한 강조는 필자, 대한교육연합회, 1987: 177

대한교련 사무국 교직부장이던 박대규가 1973년 해당 부분("도 단위 교육자치제의 부활")을 집필할 때는 이런 내용이 없었다. 그런데 1987년

판에 위와 같은 기록 또는 해석이 추가되었다. 이 두 자료를 기초로 교육의 정치적 중립성이 헌법에 편입된 경위에 관한 논지를 정리하면 다음과 같다. 물론 대한교련 측에서 주장하는 내용이라는 점을 감안할 필요가 있다.

 (1) 대한교련은 헌법에 교육자치제 실시의 근거를 마련하고자 했다.
 (2) 그 방법은 헌법 제16조의 일부를 "교육의 자주성과 중립성을 확보하기 위해 교육행정은 내무행정에서 분리되어야 하며…"라고 개정하는 것이었다.
 (3) 그러나 이런 의도는 실현되지 못하고, 대신 건의사항의 일부가 개정헌법에 반영되었다.
 (4) 그것이 바로 헌법 제27조 제4항에 "교육의 자주성과 정치적 중립성은 보장되어야 한다."라는 조문의 신설이다.

 이렇게 대한교련은 내무행정으로부터 교육행정이 분리·독립되어야 하는 정당화 논리로 교육의 정치적 중립성 보장을 내세웠다. "교육행정의 의결·집행이 내무행정으로부터 완전히 독립될 수 있는 조치를 취해 줄 것을 최고회의 의장을 비롯해 관계요로에 강력히 건의했다."대한교육연합회, 1973: 190 라고 한 것을 보면, 내무행정 당국과 관계자들을 정치적 중립성의 수범자로 상정하고 있음을 알 수 있다. 그러나 국가재건최고회의는 이를 받아들이지 않았다.
 대신 '교육행정과 내무행정의 분리'라는 관계 설정과 무관하게 교육의 정치적 중립성을 헌법에 담아냈다. 그 이유는 무얼까? 대한교련을 필두로 한 교육(학)계 보수세력의 정치적 지지를 끌어내기 위해서였다. 5·16 군사쿠데타의 주역들로서는 취약한 정통성 문제 해결에 교육(학)계의 지지가 절실했다. 그러나 내무행정 관료와 그 계통의 세력도 의식하지 않을 수 없었다. 그러자니 '교육자치제 부활의 논거'로까지는 아닌 수준에서 대한교련의 건의를 수용[6]하는 게 좋겠다고 판단한 것이다. 다음의 분석도 그런 사정을 염두에 둔 것이다.

> "헌법상의 교육 조항은 다른 나라에 비해 매우 자세한 규정을 갖고 있다. 이는 **정당성이 취약한 정권이 들어서면서 교육 관계자들의 요구를 헌법에 수용해 지지기반을 확대하려는 의도**가 포함되어 있다. 그렇다고 해 우리의 교육 현실이 크게 개선된 것은 아니며 **오히려 헌법규정의 해석을 둘러싸고 첨예한 대립**을 보이는 경우도 있다."_{진한 강조는 필자, 이기우, 2010: 316}

일련의 정치과정을 거쳐 대한교련의 요구를 수용하되 수범자가 누구인지조차 모호한 문언을 만들어 헌법에 편입시켰다. 그 결과 이기우의 표현대로 교육의 정치적 중립성에 대한 "해석을 둘러싸고 첨예한 대립"을 불러일으키게 된다. 충분히 예상 가능했던 일을 이렇게 처리한 이유가 뭘까? 군사정권과 대한교련의 동맹 또는 공모가 절실했던 또 다른 이유 때문이다. 다름 아닌 교원노조를 제압해야 할 필요였다. 아무도 내놓고 말하지는 않았지만, 정치적 중립성의 수범자를 교원노조와 교사로 해야 한다는 점에서 양측의 이해가 정확히 일치했다.

---

6. 이런 정황은 다음과 같은 진술에서도 확인된다. "1962년 11월 12일 교련 제18회 전국대의원대회에 참석한 최고회의 박정희 의장은 혁명 초기의 교육자치제 폐지는 잠정적이었다고 설명하고 완전히 부활시키겠다고 다짐했다. 그런데 사실 헌법 개정안에 관한 국민투표가 12월 17일로 예정되어 있었다. 최고회의 의장의 교육자치제 부활 다짐에 이어서 내각수반도 1963년 2월의 정책설명을 통해 교육자치제를 부활하겠다는 약속을 했다. … 그 당시의 교련이나 교육계의 입장에선 교육자치제 부활에 확신을 갖게 한 계기가 된 것도 사실이다."(대한교육연합회, 1987: 177)

"1961년 5월 16일 군사혁명이 일어나 **혁명정부가 교원노조를 불법화하자 그 조직은 와해되어 버렸고, 일부 간부는 혁신계 정치활동 참여의 혐의를 받고 교직에서 해임 또는 구속**되기에 이르렀다. … 교련은 국가최고회의 포고령 제6호 사회단체 등록법에 의거해, 각급교육회 공제조합 및 중앙교육연구소 등 산하기관을 일괄해서 **등록 신청했던바, 8월 12일 등록 제1호로 등록증이 교부되어 합법적인 민주단체로 활동을 계속**하게 되었다."진한 강조는 필자, 대한교육연합회, 1987: 140

교원노조와 대한교련의 처지가 극명하게 대비된다. 당시 군사정권은 사회운동의 구심이었던 교원노조를 불법화하는 등 조직사업과 정치활동을 규제하고 나섰다김용일, 1989: 63-64 참조. 그 대척점에 있던 대한교련은 군사정권의 '보호' 아래 '합법적인 민주단체'로 공인받는다. 이후 대한교련은 군사정권과 함께 교원노조의 손발을 묶을 장치 마련에 팔을 걷어붙이고 나선다.[7] 사정이 이럴진대 양측이 모호한 문언을 헌법에 넣은 후 해석을 통해 정책 의지를 관철하는 게 더 유리하다고 판단했을 것이란 추론은 지극히 자연스럽다.

2. '교육의 정치적 중립성' 헌법 편입 이전의 관계 법령

교육의 정치적 중립성이 헌법 제27조 제4항으로 편입되기 전, 교육과 정치의 관계를 규율하는 법률은 (1) 교육법(법률 제86호, 1949. 12. 31 제정)과 (2) 교육공무원법(법률 제285호, 1953. 4. 18 제정)이었다. 먼저 교육법 제5조는 "교육은 … 어떠한 정치적, 파당적 기타 개인적 편견의 선전

---

7. 대한교련은 4·19혁명 이후 8만 2천 명이던 회원이 5만여 명으로 급격히 감소될 정도로 조직 와해의 위기를 맞게 된다. 대한교련은 어용단체이며, 교육행정가 및 교장·교감 중심의 집단이라고 비판하면서 세력을 키운 교원노조 때문이다(대한교육연합회, 1987: 136 참조).

을 위한 방편으로 이용되어서는 아니 된다."라고 해 그 의미를 비교적 명확히 하고 있다. 수범자가 누구인지도 모를 정도로 모호한 교육의 정치적 중립성과는 아주 다른 모습이다. 〈표 1〉에서 보는 바와 같이 현재는 교육기본법 제6조에 그대로 계승되어 있다.

〈표 1〉 교육법과 교육기본법상의 교육의 정치적 중립성 관련 조문

교육법 [시행 1949. 12. 31.] [법률 제86호, 1949. 12. 31., 제정]	교육기본법 [시행 1998. 3. 1.] [법률 제5437호, 1997. 12. 13., 제정]
제5조 교육은 교육 본래의 목적에 기해 운영 실시되어야 하며 어떠한 정치적, 파당적 기타 개인적 편견의 선전을 위한 방편으로 이용되어서는 아니 된다.	제6조(교육의 중립성) ① 교육은 교육 본래의 목적에 따라 그 기능을 다하도록 운영되어야 하며, 정치적·파당적 또는 개인적 편견을 전파하기 위한 방편으로 이용되어서는 아니 된다.
제78조 교원은 어느 정당을 지지하거나 배격하기 위해 학생을 지도 혹은 선동할 수 없다.	제14조(교원) ③ 교원은 특정 정당 또는 정파를 지지하거나 반대하기 위해 학생을 지도하거나 선동해서는 아니 된다.

국가(정부), 정당, 교원, 개인 등 교육 관계자 모두를 수범자로 해 누구든지 정치적·파당적·개인적 편견을 선전하기 위해 교육을 수단화해서는 안 된다는 것이다. 그것도 "편견의 선전"이라 명기함으로써 반대하거나 이의를 제기할 여지를 없앴다. 아울러 교육법 제78조에 여러 수범자 가운데 특별히 교원에게 정치적 목적으로 학생을 지도 또는 선동해서는 안 된다고 규정하고 있다. 이 또한 의미상 명확하고 또 거부할 수 없는 명령으로 교육기본법 제14조가 이어받고 있다.

그런데 배소연[2020a: 181]은 현행 교육기본법 제6조에 대해 "1949년 제정된 교육법 제5조와 유사하다"라면서 "이를 통해 최초의 교육법이 제정되던 시기부터 교육의 … 정치적 중립성에 대한 인식이 있었음을 볼 수 있다"라고 평한다. '유사한 것'이 아니라 동일한데, 어째서 이런 표현을 사용했는지 의아하다. 게다가 "교육법이 제정되던 시기부터 정치적 중립성에 대한 인식이 있었다"라는 해석은 오해의 소지가 다분하다. 교육의 정치적

중립성의 실체 또는 단일한 해석이 존재하는 듯한 인상을 줌으로써 그 이데올로기적 속성을 은폐한다는 점에서 그렇다.

사실 교육법 제5조(현행 교육기본법 제6조 제①항)는 "그 누구든 정치적, 파당적, 개인적 편견을 전파하는 수단으로 교육을 이용하지 말라"는 지극히 당연한 주문을 할 뿐이다. 굳이 표현하자면, "정치의 교육적 중립성"에 대한 요청으로 일제 강점기와 해방 정국의 정치적 대립과 갈등의 경험에서 나온 교훈을 바탕으로 한 것이다.[김용일, 1989: 59 참조]. 그런데 많은 연구자가 선후 구별 없이 이 조항을 한참 뒤 헌법에 편입된 '교육의 정치적 중립성'에 의거한 교육 입법인 것처럼 말한다.[이돈희, 2016; 류시조, 2015; 노기호, 2000]. 이럴 경우 이 문언에 담긴 중대한 실천적 의미를 간과할 위험이 있다.

〈표 2〉 교육공무원법과 국가공무원법상 교원의 정치운동 금지

교육공무원법 [시행 1953. 4. 18.] [법률 제285호, 1953. 4. 18. 제정]	국가공무원법 [시행 1949. 8. 12.] [법률 제44호, 1949. 8. 12. 제정]
제27조(정치운동의 금지) 교원은 정치운동에 참여하지 못하며 어느 정당을 지지하거나 배격하기 위해 학생을 지도 혹은 선동해서는 아니 된다.	제37조 공무원은 정치운동에 참여하지 못하며 공무 이외의 일을 위한 집단적 행동을 해서는 아니 된다.
제27조를 1963년 12월 5일 교육공무원의 복무·신분보장 및 징계 등에 관해 국가공무원법을 준용하는 입법 형식을 거쳐 국가공무원법에 통합됨	제37조 공무원은 정치운동에 참여하지 못하며 노동운동 기타 공무 이외의 일을 위한 집단적 행동을 해서는 아니 된다."〈개정 1961. 9. 18.〉

이렇게 누구든 교육을 정치적 수단으로 삼지 말라는 교육법의 입법 취지는 교육공무원법으로 이어진다. 이 법은 6·25 종전을 3개월 앞둔 1953년 4월 18일에 제정된다. 〈표 2〉에서 보는 것처럼 제27조의 후단은 교육법 제78조와 동일하다. 다만, 전반부에서 돌연 "교원은 정치운동에 참여하지 못해"라고 규정하고 있다. '정치운동'과 '참여' 등에 대한 해석을 둘러싼 논란과 함께 교원의 정치적 기본권을 포괄적으로 제약할 수 있는 여

지를 준다.

"교원의 정치활동을 포괄적으로 금지하는 제도화가 이때부터 시작되었다."라는 가설을 세워 봄직하다. 여하튼 교육공무원법의 이 조항은 1963년 12월 5일 국가공무원법을 준용하는 입법 형식을 거쳐 통합된다. 그런데 1961년 9월 18일 국가공무원법이 개정되면서 "노동운동 금지"가 더해진 바 있다. 교육공무원법이 이 법률에 통합됨으로써 교원은 정치운동에다 노동운동까지 제약을 받게 되었다. 이런 식의 법률 개정이 교육의 정치적 중립성의 헌법 편입과 함께 모두 국가재건최고회의의 손[8]을 거쳐 이루어졌다.

Ⅲ. 교육의 정치적 중립성의 제도화와 그 실천적 의미

1. 교육의 정치적 중립성의 제도화 양상

여기서는 제도화를 "'교육의 정치적 중립성'이 우리 교육 현실을 규율하는 데 관여 또는 매개하는 관계 법령의 제정 및 적용"이란 의미[9]로 한정해 사용하고 있다. 예컨대, 국가공무원법, 정당법, 공직선거법 등의 제·개정과 적용은 교원을 대상으로 정치적 중립성의 실효를 담보하는 제도화의 대표적인 예라 할 수 있다. 이런 관점에서 보면, 그간 교육의 정치적 중립성의 제도화는 (1) 교원의 정치적 기본권(노동권 포함) 제약 규범, (2) 지방교육자치의 탈정치화 규범 차원에서 두드러진 모습을 보여왔다. 이

---

8. 김선희(2020: 2-3)는 이때 형성된 입법 태도가 지금까지 이어지고 있다면서 "교원의 정치적 자유 제한의 연혁"을 다음과 같이 정리한다. "1960년 개정된 헌법은 3·15부정선거에 대한 반성으로 공무원의 정치적 중립성을 규정했다. 1963년 헌법에서는 교육의 정치적 중립성 규정이 추가되었다. 1963년부터 「국가공무원법」과 「지방공무원법」에 공무원과 교원의 정치적 중립위반에 대해 형사처벌을 정하고, 정당 가입 금지도 규정되어 정치 행위가 전면적으로 제한되었다."

두 측면에서 교육의 정치적 중립성의 제도화 양상을 살펴본 뒤 그 실천적 의미를 검토해 보자.

가. 교원의 정치적 기본권 제약 규범으로의 제도화

앞에서 교육의 정치적 중립성이 헌법으로 편입되기 전 교육법 제5조가 교육과 정치의 관계를 규율하는 최고의 법 규범이었다는 사실을 확인했다. 아울러 교육법 제78조와 교육공무원법(→국가공무원법으로 통합)에서 특별히 교원의 정치적 기본권과 노동권을 제한하고 있었음을 알 수 있었다. 그런데 교육의 정치적 중립성이 헌법에 편입된 후 사정이 달라진다. 이제 이 문언이 거꾸로 교육법과 국가공무원법의 해당 조항을 정당화 혹은 뒷받침하는 헌법적 가치로 자리매김하게 된다. 이런 데는 헌법재판소의 결정례나 대법원의 판례가 중요한 역할[10]을 했다.

사실 제도화 면에서 보면, 이는 시간적 순서가 뒤바뀐 것이다. 교육의 정치적 중립성이란 헌법상의 문언이 아주 모호해 처음부터 하위법에 의지해 해석될 여지가 다분했다는 뜻이다. 실제로 교육법 제78조와 교육공무원법 제27조(정치운동의 금지)가 헌법상의 문언을 해석하는 전거 구실을 해왔다.노기호, 2023: 43 참조 그 결과 유독 교원을 수범자로 하는 해석과 적용으로 일관해 온 것이다.정상우, 2010 참조 다음 논지도 그런 점을 지적하는 것이다.

---

9. 제도화에 대한 이런 정의는 제도에 대한 다양한 이론가들의 생각을 바탕으로 한 것이다. 특별히 제도 경제론자들은 인간의 행동을 규제하는 규칙을 제도의 주된 요소로 본다. 그러므로 그들에게 제도화란 법령 등과 같은 규칙을 만드는 일이 된다.(이영신, 2022: 190-195 참조; 이경묵, 2019: 1-4 참조) 그런 점에서 이 연구에서 원용하는 헌법재판소의 결정례나 판례 등의 생산도 제도화의 범주에 포함된다. 이것 말고도 주무 부처나 시·도교육청의 행정 관행까지도 넓은 의미에서 제도화로 볼 수 있다. 다만, 여기서는 법령을 통한 제도화에 주목한다.
10. 결이 조금 다르긴 하나 김재웅과 김재원(2014: 336)도 그런 점을 지적한다. 즉, "지금까지 헌법재판소와 대법원은 특히 교육의 정치적 중립성과 관련된 결정례 등에서 … 교육의 목적을 국가에 종속시키고 교육의 방식을 협소화해 해석하는 오류를 범했다."라는 것이다.

"'교육의 정치적 중립성'에 직접적으로 관련된 제 법률 조항을 법해석적 차원에만 국한시켜 보더라도 그 **모호성의 비밀이 부분적으로는 밝혀진다**. 그것은 **한결같이 교원의 정치적 활동에 대한 규제로 일관하고 있는 것**이다. 거꾸로 얘기하자면, **이 조항에는 중립성 보장이 교사의 정치적 행위로 인해 침해된 현실 혹은 그러할 가능성이 내포되어 있는 것**이다. 말 그대로 '교육의 정치적 중립성'이다."진한 강조는 필자, 김용일, 1989: 60-61

헌법상의 문언을 모호하게 만든 뒤 헌법 편입 이전의 관계 법률에 명확하게 규정되어 있는 교원을 수범자로 하는 정치운동 금지 일변도의 법해석과 적용에 치중해 온 것이다. 이런 일을 정부가 주도함으로써 교사의 정치적 기본권을 크게 제약하는 정책만을 양산했다오동석, 2010; 노기호, 2004: 65 참조. 그러다가 이번에는 교육의 정치적 중립성의 헌법 편입에 후속하는 여러 법률을 제정한다. 이때도 제도화의 핵심은 교원을 수범자로 하는 정치적 기본권의 제한이다. 〈표 3〉은 교육의 정치적 중립성이 헌법에 편입된 후 제정된 관계 법률들이다.

한결같이 교원의 정치활동과 노동운동을 금지하는 내용을 담고 있음을 알 수 있다. 이런 까닭에 교육의 정치적 중립성에 관한 많은 연구가 교원의 정치활동을 전면 금지하는 데 대한 비판적 접근에 할애되었다배소연, 2020a; 이민열, 2016; 신옥주, 2015; 정상우, 2015; 오동석, 2010; 류충현, 2009. 그럼에도 헌법재판소는 교육의 정치적 중립성에 의거해 교원의 정치적 기본권을 제한하는 것이 헌법에 위배되지 않는다는 입장을 유지해왔다.

"교육의 정치적 중립성은 **교육이 국가권력이나 정치적 세력으로부터 부당한 간섭을 받지 아니할 뿐만 아니라 그 본연의 기능을 벗어나 정치영역에 개입하지 않아야 한다는 것을 말한다.** 교육

〈표 3〉 교육의 정치적 중립성의 헌법 편입 이후 제정된 관계 법률

법률명	관련 조문의 핵심 내용
정당법 (1962. 12. 31 제정, 시행 1963. 1. 1.)	- 교원의 정당의 발기인 및 당원 자격 박탈 - 교원 가운데 총장·학장·교수·부교수·조교수·전임강사 외에 정당 가입 및 정치활동 금지
사립학교법 (1963. 6. 26 제정, 시행 1963. 7. 27.)	- 교원의 면직 사유를 아주 구체적으로 규정함(정치운동, 노동운동, 집단적 수업 거부 외) - 정당을 지지하거나 반대하기 위해 학생을 지도·선동한 때 등
지방공무원법 (1963. 11. 1 제정, 시행 1963. 12. 2.)	- 교원의 정당과 정치단체 결성 관여 및 가입 금지 - 선거에서 특정 정당 또는 특정인의 지지나 반대 활동 금지
정치자금법(← 정치자금에관한법률) (1965. 2. 9 제정, 시행 1965. 2. 9.)	- 정치자금 제공을 할 수 있다면서도 정당법에 따라 학교단체, 노동단체 등의 정당 기부 및 찬조 금지
공직선거법(← 공직선거및선거부정방지법) (1994. 3. 16 제정, 시행 1994. 3. 16.)	- 공무원의 중립의무 등을 규정해 선거에 부당한 영향력 행사나 선거결과에 영향을 미치는 행위 금지 - 「국가공무원법」에 따른 국가공무원과 「지방공무원법」에 따른 지방공무원 등의 선거운동 금지
교원의노동조합설립및운영등에관한법률 (1999. 1. 29 제정, 시행 1999. 7. 1.)	- 교원노동조합의 정치활동 전면 금지 - 교원노동조합의 쟁의행위 전면 금지

은 그 본질상 이상적이고 비권력적인 것임에 반해 정치는 현실적이고 권력적인 것이기 때문에 **교육과 정치는 일정한 거리를 유지하는 것이 바람직**하기 때문이다."진한 강조는 필자, 2001헌마710, 2004. 3. 25.: 11

헌법재판소의 결정례 등에서 교육의 정치적 중립성이 해석되는 전형적인 방식으로 교육에 대한 비정치의 신화apolitical myth of education에 기초하고 있음을 알 수 있다.[11]김용일, 2024a 참조. 허구적인 신념 체계a false belief system에 기초한 문리해석을 넘어 "교육과 정치의 변증법적 관계"[12]

11. 노기호는 "헌법학자들은 주로 교육과 정치의 분리라는 관점에서 교육의 정치적 중립성을 파악하는 데 반해…"(노기호, 2023: 43)라고 해 교육에 대한 비정치의 신화의 뿌리가 정치-행정 이원론에 있다는 점을 확인시켜 주고 있다.

송준석, 1995: 185에 대한 이해의 중요성을 새삼 깨닫게 된다. 여하튼 국가권력과 정치세력을 수범자라고 하면서도 곧바로 교육을 '정치영역에 개입하지 않아야 할' 수범자로 상정하고 있다. 그 결과 특별히 교사의 정치적 기본권을 포괄적으로 규제하는 결과를 낳았는데길성용·강태수, 11-12 참조, 다음 논지도 그런 점을 지적하는 것이다.

> "1963년 이전에는 헌법상 정치적 중립 규정이 공무원을 외압으로부터 보호하는 보호막으로서 이해된 반면, **1963년 헌법부터는 정치적 중립 규정이 그 하위법들을 통해서 공무원과 교사의 정치적 기본권을 박탈하는 방식으로 변형되어 운용**되었다."진한 강조는 필자, 신옥주, 2015: 6-7

〈표 3〉에서 보는 바와 같이 심지어 교원노조법에서도 교원의 정치활동은 물론 쟁의행위를 전면 금지하고 있다. 1999년 1월 29일에 제정된 법률이라고 생각하기 어려울 정도다. 이에 대해서도 헌법재판소는 합헌이라는 입장[13]을 견지하는데2011헌바32, 2014.8.28., 전원재판부, 과연 교육 활동과의 관련성 여부를 불문하고 교원의 정치적 기본권을 전면 제한하는 제도화가 타

---

12. 이에 대해 그는 다음과 같이 설명한다. "교육은 정치와 불가분의 관계다. 교육도 정치도 서로 뗄 수 없는 것이다. 교육이 정치문제가 되고 정치가 교육문제가 되는 필연성은 양자의 본질적 관계다. 이것은 교육과 정치의 고유성을 부정하는 것이 아니다. 또한, 각각의 작용하는 차이를 무시하는 것도 아니다. 불가분의 관계는 각자의 고유성을 전제로 하는 것이다. 교육은 정치가 아니기 때문에 바로 교육과 정치와의 관계에서 문제가 되는 것이다. 중립성의 문제는 이와 같은 교육과 정치와의 본질적 관계를 변경시키는 것은 아니다."(송준석, 1995: 184)
13. 이와 달리 국가공무원법의 해당 조문이 과잉금지원칙을 위배해 위헌이라는 재판관 이정미와 김이수의 반대의견은 많은 생각거리를 준다. 즉, "국가공무원법 규정의 불명확성과 광범성은 전체 국가공무원의 정치적 표현의 자유를 지나치게 제한한다. **헌법이 공무원의 정치적 중립성을 강조한 것은 관권선거에 대한 역사적 반성에서 비롯된 것인데, 지금은 공무원의 정치적 표현의 자유를 박탈하는 결과를 낳고 있다.**"(진한 강조는 필자, 국가공무원법 제66조 제1항 등 위헌소원[2011헌바32, 2014.8.28., 전원재판부], 15-16)

당한지는 달리 따져봐야 할 것[14]이다.길성용·강태수, 2022; 김정수, 2021; 노기호, 2006: 453-454; 김종철, 2003: 54 참조.

나. 지방교육자치의 탈정치화 규범으로의 제도화

지방교육자치제도는 그 자체가 하나의 정치-행정제도a politico-administrative system다. 미 군정에 의해 이식移植, implant된 이 제도는 주민 대표성을 기반으로 한 교육위원회가 교육감을 고용하는 방식으로 진화해 왔다.김용일, 2024b 참조. 민중 통제layman control를 근간으로 하되 날로 복잡해지는 교육구school districts의 행정 업무를 처리하기 위해 교육(행정) 전문성을 가미해온 것이다.Eliot, 1959 참조). 이런 제도의 골격이 미 군정이 공포한 '교육자치 3법'에 담겨있었으며, 1949년 12월 31일 제정·공포된 교육법 제2장(교육구와 교육위원회)과 제3장(교육세와 보조금)의 지방교육자치 관련 조항은 이를 계승한 것이다.김용일, 2009 참조.

그런데 교육의 정치적 중립성의 헌법 편입과 함께 이 제도는 탈정치화라는 전혀 뜻밖의 길로 접어들게 된다. 그 결과가 바로 우리가 경험해 온 아주 '독특한 제도 설계와 운영'[15]이다. 핵심은 교육위원 자격을 교육 및 교육행정 경력자로 제한하고 정당의 당원을 배제하는 방식이었다. 당초 교육법에서는 그 어떤 자격 제한을 두지 않았다. 그러던 것이 1962년 1월 6일 교육법(법률 제955호) 개정에서 교육위원 자격을 다음과 같이 제

---

14. 배소연(2020a: 184-185)의 다음과 같은 논지도 같은 의미다. "입법영역에서 교육의 정치적 중립성이 사실상 교원에 대한 정치활동 제한으로 도식화되는 것은 재고되어야 한다. 교육은 다양한 교육행위자의 상호과정이므로, 교육에서 정치적 중립성을 보장할 책임은 교원에게만 지울 수 없다. 이에 따라 모든 교육당사자의 역할과 책임을 구별하고, 제도적으로도 교육의 정치적 중립성을 유지하기 위한 방법을 고민할 필요가 있다. 현재 초·중등 교원에게 교육 활동과의 관련성을 불문하고 전면적으로 정치적 권리를 제한하는 입법과 이를 정당화하는 논리에는 문제가 있다. … 교원영역에서 교육의 정치적 중립성이 의무의 형태로만 적용되는 모습은 개선되어야 한다."
15. 이에 대해 음선필(2011)은 "교육감선거제도를 구성함에 있어서 교육의 자주성·전문성·정치적 중립성과 선거의 기본원칙이 상충될 수 있음을 정확히 인식하는 것이 중요하다."라고 에둘러 표현한 바 있다.

한했다.

> "제20조 **교육위원의 자격기준은 고등학교졸업자 또는 동등이상의 학력을 가지고 5년 이상 교육 또는 교육행정경력을 가진 자**로 한다. 단 국회의원, 지방의회의원, **기타 공무원, 사립학교법인의 임원, 사립학교교원 및 정당당원은 교육위원을 겸할 수 없다.**"^{진한}
>
> 강조는 필자, 전문개정 1962·1·6

교육구를 없애는 등 교육자치제를 중단하면서 교육위원의 자격을 교육 및 교육행정 경력자로 한정했다. 지방교육자치의 근간이 되는 민중 통제 대신 이른바 '(교육)전문가 통제'를 강화한 것이다. 그러면서 기타 공무원과 사립학교 교원의 겸직을 금지해 특별히 교원을 원천적으로 배제하고 있다. 게다가 정당 당원을 겸직할 수 없게 함으로써 이 제도에서 '정치적 요소'를 완전히 없애려 했다. 이 모두가 국가재건최고회의와 대한교련의 교감과 긴밀한 협력하에 이루어졌다는 사실에 주목할 필요가 있다.

> "이 내용(국가재건최고회의 교육행정기구 개편에 관한 공청회안-필자 주)은 **교련의 교육종합심의회의 건의사항과 대동소이한 것**으로서 본회의 건의 내용이 대폭 반영된 것으로 볼 수 있다. … 당시 내무부에서는 지방행정기구의 간소화 및 인적·재정적 절약이라는 미명하에 교육구청의 폐지를 또다시 주장하고 나섰으나, **교련에서는 국가재건최고회의의 기획위 문교소위안을 적극 지지하는 담화를 발표하고, 교육의 자주성과 중립성을 보장하기 위해서는 교육행정의 독립이 가장 시급한 과제임을 천명**해 사회여론을 환기시키는 데 최선을 다했다." 진한 강조는 필자, 대한교육연합회, 1973: 188

교육자치제 중단 이후 전개된 제도 복원 움직임에 대한 대한교련 측 기록이다. 이런 과정을 거쳐 1963년 11월 1일 '도단위 교육자치제의 부활' 대한교육연합회, 1973: 187을 골자로 한 교육법 개정이 이루어졌는데, 이때 교육감의 경력 제한 규정[16]도 추가되었다. 이 교육법 개정안은 1964년 1월 1일 시행 예정으로 1963년 1월 6일 공포된다. 이에 대한교련은 1963년 12월 26일 교육자치제실시대책협의회를 긴급 개최한다. 거기서 다음과 같은 "교육자치제 운영강령"을 채택해 정부에 건의하는 등, 집요한 면모를 보여준다.

> "헌법 제27조에 규정된 교육의 자주성과 정치적 중립성 확보를 구현하기 위해 1964년 1월 1일부터 실시하게 되는 도단위 교육자치제는 다음과 같은 원칙이 충족되어야 한다. … ④ 교육감 및 교육장의 임명 **교육감 및 교육장은 교육의 전문적 식견과 탁월한 행정능력을 가진 자로서, 정치활동 재개 이후 정당에 소속해 활동한 일이 일체 없으며**, 교직단체의 적극적인 지지를 받고 있는 참신한 인사라야 한다."진한 강조는 필자, 대한교육연합회, 1973: 195

어느새 교육의 정치적 중립성이 교육자치제의 '헌법적 근거'로 말해지고 있음을 알 수 있다. 교육법 개정을 거쳐 교육위원에 더해 교육감까지 경력 제한을 두는 한편,[17] 제도 운용에서 정당 및 정치활동을 원천 차단했다. 헌법 개정과 지방교육자치제도 개편이 같은 맥락에서 이루어진 것이다. 이처럼 지방교육자치에 관한 한 교육의 정치적 중립성은 제도의 탈정치화를 기본으로 특별히 교원 배제를 제도화하는 것으로 귀결되었다.

16. 다음은 교육법의 해당 조문이다. "제33조 교육위원회의 사무를 처리하기 위해 교육위원회에 교육감을 둔다. 교육감은 학식과 덕망이 높고 교육 또는 교육행정 경력이 있는 자 중에서 당해 교육위원회의 추천에 의해 문교부장관의 제청으로 내각수반이 임명한다."[전문개정 1963. 11. 1]

이와 같은 '전통'[18]은 2006년 12월 교육위원회 제도가 폐지되고 교육감 주민직선제를 도입할 때도 그대로 유지되었다. 교육감 선거에서 선출 자격 제한을 유지하는 한편, 정당 기반 선거는 물론 선거에 정당 관여를 허용하지 않았다. 이렇게 지방교육자치에서 '교육의 정치적 중립성'을 내세워 경력 제한과 정당 배제 규정을 둔 것 자체가 고도의 정치적 셈법의 소산이다. 교육(학)계의 보수 세력에게 지방교육 정치-행정 권력 획득에 유리한 '게임의 규칙'을 '당근'으로 준 것이기 때문이다. 군사정권이 정치적 지지기반을 확보하기 위해서였다.

양측의 이해관계가 맞아떨어진 제도화일 뿐, 교육의 정치적 중립성과 지방교육자치가 어떤 필연적 관련성이 있는 것은 아니다. 앞서 언급한 것처럼 이 제도의 법적 근거는 1949년 12월 31일 제정·공포된 교육법에 마련되어 있었다. 이런 사실을 외면한 채 교육(학)계의 보수세력은 애써 교육의 정치적 중립성을 지방교육자치제도의 존립 근거 내지 '원리'로 강변해 왔다정필운, 2009 참조. 이런 해석이 그간 얼마나 큰 영향을 미쳤는가는 다음 논지에서도 확인할 수 있다.

"교육의 정치적 중립성은 정치권력 특히 여당정치로부터 교육

---

17. 헌법 시행(1963년 12월 17일)을 한 달여 앞둔 시점에서 단행된 이 교육법 개정에서 교육위원 자격 제한은 더 강화된다. 이로써 교원 배제와 지방교육자치제도의 탈정치화가 한층 심화된다. "제19조 교육위원은 국회의원·지방의회의원·공무원(大學의 敎員은 제외한다), 당해 교육위원회의 감독에 속하는 사립학교교원과 사립학교법인의 임원 또는 사립학교경영자를 겸할 수 없다. 교육위원은 정당 또는 기타 정치단체에 참여하거나 가입하지 못한다. 〈하략〉" 교육법[시행 1964. 1. 1.] [법률 제1435호, 1963. 11. 1. 일부 개정]
18. 이 전통은 다음의 자격 규정에서처럼 '교육자치법 시대'에 들어와 한층 강화된다. "제8조 (교육위원의 자격 등) ① 교육위원은 학식과 덕망이 높고 시·도의회 의원의 피선거권이 있는 자로서 정당의 당원이 아니어야 하며, 교육위원 정수의 2분의 1 이상은 교육 또는 교육행정 경력이 15년 이상 있거나 량 경력을 합해 15년 이상 있는 자이어야 한다. … 제32조 (교육감의 자격) ① 교육감은 학식과 덕망이 높고 시·도의회 의원의 피선거권이 있는 자로서 정당의 당원이 아니어야 한다. ② 교육감은 교육경력 또는 교육전문직원 경력이 20년 이상 있거나, 량 경력을 합해 20년 이상 있는 자이어야 한다."[지방교육자치에 관한 법률(약칭: 교육자치법), 시행 1991. 6. 20. 법률 제4347호, 1991. 3. 8. 제정]

의 자유와 독립이라는 교육의 자주성을 확보하기 위한 것으로서 … 교사의 교육의 자유와 함께 **지방교육자치, 학교자치, 대학자치 등으로 제도화됨으로써 더욱 확고하게 되며**, 정치교육과 교원의 정치적 기본권을 배제하는 근거로 작용되어서는 안 되는 것이다."진

한 강조는 필자, 신현직, 1999: 169

교육의 정치적 중립성을 '근거'로 지방교육자치, 학교자치 등의 제도화를 요청하고 있다. 교육의 정치적 중립성에 대한 진보적인 관점에서의 당위적 요청이 보수세력이 기획한 지방교육자치의 탈정치화 및 교원 배제와 만나는 순간이다. 부지불식간에 "교육의 정치적 중립성 → 지방교육자치의 헌법적 근거"라는 보수세력의 관점을 그대로 수용하는 모습[19]이다[이인수, 2019 참조]. 문리해석을 넘어 교육의 실물을 둘러싼 정치적 다이내믹스에 대한 깊은 이해[20]의 중요성을 일깨워주는 대목이다.

2. 실천적 의미: 국가와 교육(학)계 보수세력의 교육 지배

교육의 정치적 중립성의 실천적 의미는 국가와 교육(학)계 보수세력의 교육 지배로 집약할 수 있다. 헌법상 이 문언이 국가와 보수적인 교육(학)자들의 동맹coalition을 가능케 한 최상위 법 규범으로 작용하는 한편, 국가와 교육전문가들의 교육 지배를 정당화하는 이데올로기 역할을 해 온 것이다. 교육의 정치적 중립성의 제도화를 바탕으로 (1) 교사 배제의 교

---

19. 이런 모습은 이렇게 헌법학자에게서만 발견되는 게 아니다. 한 교육학자의 경우 "교육의 정치적 중립성은 신화에 불과하다."라면서도 "교육의 자치 정신, 교육의 정치적 중립성을 지키기 위해서는 평준화 지정 권한을 (정치적 당파성에 의해 작동하는 지방의회보다는-필자 주) 정당 관여 없이 선출된 교육감에게 부여해야 한다"(성기선, 2011: 50-51)라고 강변할 정도다.
20. 이와 관련해 이기우(2010: 319)가 교육의 자주성과 정치적 중립성이 "교육행정의 일반행정으로부터 분리와 독립을 의미하는 것으로 해석되나 이에 대해서는 근본적인 의문이 제기된다."라고 한 말을 음미해 볼 필요가 있다.

육 거버넌스 시스템을 구축하고, (2) 국가와 교육전문가의 정책 독점을 실현함으로써 가능한 일이었다.

가. 교사 배제의 교육 거버넌스 구축

앞에서 교육의 정치적 중립성이 교원의 정치적 기본권을 제약하는 규범으로 제도화되었다는 사실을 확인했다. 이는 곧 교사 배제의 교육 거버넌스 구축으로 귀결되는데, 이 일에 문교부와 대한교련이 완전히 한 몸처럼 움직였다. 양측이 굳게 손잡고 교원노조와 교사(학생, 학부모, 시민 포함)를 배제하는 거버넌스 시스템을 구축한 것이다. 여기에는 교원단체와 관련된 교육(학)계 보수세력의 쓰라린 경험이 결정적인 변수로 작용했다. 다름 아닌 미 군정기 조선교육자협회의[21] 영향이다.

> "이 계획(조선교육자협회 창립-필자 주)을 탐지한 **좌익계 교원들은 그들의 선동에 넘어간 교사들**의 협력을 얻어 대거 참집해 회의 진행을 계획적으로 방해하는 동시에, 기습 공작에 의해 동 회의 주도권을 장악하는 데 성공했다. 이를 목도한 **우익진영의 교육자들은 마침내 이 회합에서 탈퇴하게 되고, 조선교육자협회는 완전히 좌익단체로 변모되어 교육계 적화공작에 광분**하게 되었다."진한
>
> 강조는 필자, 대한교육연합회, 1973: 40

미 군정 시절 문교부장을 거쳐 제8대 문교부장관을 지낸 오천석이 조선교육자협회 창립을 회고하는 대목이다. 교사를 정치 선동에 넘어가는 사람쯤으로 묘사하는 한편, 교육자를 '좌익계'와 '우익진영'으로 날카롭게

---

21. 1946년 2월 17일 창립된 조선교육자협회는 당시 최대 교원단체로, 대항적 입장에서 군정의 교육정책에 일정한 영향력을 행사하다가 정책지배세력이 공고해지면서 정책 결정 과정에서 완전히 배제되고 만다.(김용일, 1999: 182-184 참조)

편 가르고 있다. 이 일을 계기로 오천석을 중심으로 한 정책 주도세력은 문교부를 거점[22]으로 초·중등교원 대표체계의 관제화에 착수한다. 1947년 11월 23일 조선교육연합회 창립이 그것인데, 자신들에게 '정치적 패배'를 안긴 조선교육자협회를 견제하려는 목적에서였다[김용일, 1999: 238-247 참조]. 이런 경험에 더해 4·19혁명 이후 또다시 교원노동조합의 공세를 겪으면서 교사와 교원단체에 대한 일종의 트라우마가 형성된다.

"4·19 이후 교련은 큰 시련을 겪지 않을 수 없게 되었다. 그것은 두 가지 이유에서였다. 하나는 많은 회원이 탈퇴하고 회비를 납부하지 않게 되니 회를 운영할 수 없게 되었다. **그동안 교육회는 대체로 교장이나 교감·장학사 등과 같은 행정직에 있는 사람들이 주도권을 잡고 있었기에 … 불평이 평교사들 사이에서 나오기 시작한 것이다. … 그뿐만 아니라 이른바 교원노동조합이라는 것이 경남북 지방을 중심으로 조직화되어 교육회와 대립할 뿐만 아니라 교육회를 와해시켜 흡수하려는 맹렬한 움직임**이 보이기까지 했다."[진한 강조는 필자, 대한교육연합회, 1987: 132]

계속해서 "교원노동조합은 교육회와는 전연 성격을 달리하는 것으로, 필요하다면 학교수업을 거부하고 파업을 하기까지도 하는 교육계 내에서의 노동운동을 실행하려는 단체"[대한교육연합회, 1987: 132]라고 기록하고 있다. 5·16 군사쿠데타 이후 교육 거버넌스 시스템에서 교사와 교원노동조합을 배제해야 할 분명한 이유 또는 명분을 찾은 셈이다. 자신들에게 동조하지 않는 교사를 '좌익진영 교육자'로, 그들이 주축이 된 교원단체를 '좌

---

22. 대한교련의 전신인 조선교육연합회는 창립 당시 문교부장이던 오천석이 이끄는 정책 주도세력에 의해 조직되었으며, 사무실도 문교부 사범교육과장실로 정하고 실무책임자 역시 사범교육과장 사공환이 겸임하게 할 정도였다(김용일, 1999: 241-242).

익단체'로 규정해 배제하는 한편, 교사의 노동권 자체를 부정하거나 백안시하는 모습이다.

　이처럼 반공 및 반노동 이데올로기가 교육의 정치적 중립성이 헌법에 편입되는 배경을 이룬다. 관계 법령을 통해 교원의 정치적 기본권과 노동권을 극력 제한하는 제도화를 단행한 것이 결코 우연이 아니란 뜻이다. 이런 입장을 지지하는 사람들에게 교육의 정치적 중립성은 '전가의 보도'로 여겨져 왔다황성욱, 2016. 4. 7 참조. 이럴진대 문교부와 대한교련이 교사를 배제한 교육 거버넌스를 구축한 것은 너무나 자연스러운 일이라 할 수 있다. 지방교육자치의 탈정치화 차원에서 현직 교사의 겸직 금지 또한 교사 배제의 교육 거버넌스 구축에 일조했다.

나. 국가와 교육전문가의 정책 독점

　교사 배제의 교육 거버넌스 구축이 국가와 교육전문가의 정책 독점으로 이어지는 것은 필연적이다. "모든 정책은 거버넌스 시스템에서 나오는 동시에 그 안에 존재한다."McGuinn and Manna, 2013: 10라는 말을 새삼 언급할 필요조차 없다. 내용과 형식의 변증법을 생각할 때, 교사 배제의 교육 거버넌스는 결국 문교부와 교육(학)계의 보수 성향의 교육전문가들이 활동하게 될 플랫폼일 뿐이기 때문이다. 이 무대 위에서 교육의 정치적 중립성을 앞세워 국가와 교육전문가의 정책 독점, 나아가 국가와 교육(학)계 보수세력의 교육 지배를 이어온 것이다.

　　"교육의 자주성과 정치적 중립성은 **교육의 본질에 위반되는 국가 또는 그 밖의 정치적 세력의 영향을 배제한다는 의미**인 까닭에, 그 내용에서는 결국 동일하다.한태연(1963). 신헌법개요(서울: 공민사), 277 … (제27조 제4항은) **행정부의 자의로부터 교육을 보장하고자 하는 것**이다.문홍주(1965). 한국헌법(5개정판)(서울: 법문사), 224"[23]진한 강조는 필자

제5차 개헌에 참여한 원로 헌법학자들의 '교육의 정치적 중립성'에 대한 해석이다. 이 문언의 수범자가 국가, 정치세력, 행정부라는 것이다. 그러나 이렇게 간명한 해석[24]이 어쩐지 한가하게 들린다. 이 문언이 현실에서 전혀 그렇게 읽혀오지 않았기 때문이다. 앞서 살펴본 것처럼 이 문언은 (1) 교원의 정치적 기본권 제약 규범, (2) 지방교육자치의 탈정치화 규범으로 제도화되었다. 게다가 적용과 해석 단계에서 정치-행정 권력의 이해와 정책 의지가 줄곧 배타적으로 관철되었다. 교육의 정치적 중립성의 실천적 의미가 원로 헌법학자들의 해석과는 아주 달랐다는 뜻이다.

바로 이런 점 때문에 교육의 정치적 중립성을 "한국판 '교육에 대한 비정치의 신화apolitical myth of education'"(이하 '비정치의 신화'로 줄임)라고 하는 것이다. 미국의 경우 20세기 초 '비정치의 신화'를 널리 유포해 대중을 배제하고 국가(정부)와 전문가의 교육 독점을 공고히 했다. 교육은 국가의 후원하에 전문가 의해 영위되어야 할 영역이지 '고상한 원칙'에 따라 교육받아야 할 학생과 '무식한' 대중에 의해 좌우되어서는 안 된다는 생각이 실현된 것이다김용일, 2024a: 52 참조. 그러면 교사는 어떤 대접을 받은 걸까?

"… 특기할 만한 점은, **교사가 교육전문가로 인정되지 않은 채 정책 결정 과정에서 배제되어 있다**는 사실이다. '**추잡한**' 정치dirty politics**를 피해야 할 교사들이 교육행정이나 정책에 관여하게 될 때, 당파성에 휩쓸리는 위험을 피하기 어렵다.** 그러니 교사들을

---

23. 두 인용문 모두 박대권·김용·최상훈(2020)의 논문 367쪽에서 가져왔다.
24. 정용술(1967: 16-17)의 다음과 같은 해석도 마찬가지다. "교육의 정치적 중립성이란 '진리와 진실'에 충실한 교육을 하기 위한 편당적(偏黨的) 행위를 배제하며, 부당한 정치권력을 받지 않는 상태, 즉 진정한 교육을 하기 위해 편당적인 교육을 지양하며, 불의한 정치권력적 지배를 받지 않는 상태를 의미한다." 헌법의 정신과 교육법 제5조의 입법 취지에 부합하는 해석이지만 현실과는 거리가 너무 멀다.

정치로부터 보호하자는 생각이었던 셈이다. 이것 말고도 **교사는 대학교수, 법조인, 의사 등과 같은 전문직이 아니라는 통념이 배제 요인으로 가세**했다. 사정의 변화에도 불구하고 오랫동안 **교사는 교원 양성 대학교수pedagogues' pedagogues나 교육행정가 등과 같은 교육전문가와는 달리 취급**되었다."진한 강조는 원저자, 김용일, 2024a: 59

'비정치의 신화'를 앞세워 교육(행정)개혁을 추진한 미국에서 교사 배제의 교육 거버넌스가 구축된 경위에 대한 분석이다. 교사에 대한 기본 관점이 앞서 살펴본 오천석의 그것과 크게 다르지 않다. 이런 생각에 따라 국가와 교육전문가가 연합해 교사, 학생, 대중을 배제한 교육 거버넌스를 구축한다. 마침 "구상thinking과 실행working 기능을 분리해 효율성을 추구한다"라는 테일러의 과학적 관리론이 이런 변화에 큰 영향을 미쳤다. 이처럼 교사 배제의 교육 거버넌스를 바탕으로 한 국가와 교육전문가의 정책 독점은 우리만의 특수한 현상이 아니다. 정도의 차이는 있지만, 세계 보편적인 현상이었다고 할 수 있다. 다음의 분석 또한 그런 사정을 조금 다른 각도에서 전한다.

"교사의 전문성에 바탕한 자주적 교육행정의 가능성은 교사의 전문성은 교육방법pedagogical methodology에 대한 전문성이며 **교육내용과 교육행정에 대한 전문성을 의미하는 것이 아니기 때문에** 이들에 대한 결정권이 교원으로서의 전력에 의해 좌우된다기보다는 **일상적인 정치적 결정 과정에 의해 수행되어야 한다**고 보는 것이다. 그 결과 **교육위원회의 구성에 교사가 관여할 수 있는 길은 상당히 제한적**이며 우리의 경우와는 달리 **교육행정기구의 피선 자격으로 교원 경력을 요구하는 것도 드물다**. 특히 교사들이 그들을 고용하고 있는 학교구의 교육위원회 위원이 될 수 있는가에 대해 법원은 부정적이다."진한 강조는 필자, 김종철, 2003: 60-61

교사의 전문성이 '교육방법에 대한 전문성'으로 해석되어 정책 결정에서는 전문가로 대접받지 못했다는 것이다. 자연히 교육 거버넌스에 교사가 직접 참여할 수 있는 길이 막히게 되었다. 논거가 조금 다르긴 하지만, 교사가 직을 유지한 채 교육감 선거(과거 교육위원 선거 포함) 등에 입후보할 수 없는 우리 사정과 크게 다르지 않다. 차이가 있다면, 시민으로서의 정치적 기본권을 활용하거나 교원단체 등을 통해 교육정책에 영향을 미치는 정도다.홍정림, 2015; 김경윤, 2012 참조. 우리와 달리 활발한 정치활동을 통한 직·간접의 정책 참여도가 상대적으로 높은 게 미국이나 독일 등 다른 나라의 현실이다.강구섭·주현정, 2023; 배건이, 2015 참조.

IV. 결론

이 연구는 교육의 정치적 중립성을 '주어진 어떤 것' 또는 '자명한 헌법상의 문언'이라는 생각에 대한 의문에서 출발했다. 상반된 해석이 난무하고 논란이 끊이지 않을 정도로 모호한 문언이 어떻게 헌법에 들어간 걸까? 이 '모호성' 속에 교육의 정치적 중립성의 실천적 의미가 담겨있는 건 아닐까? 이 문언으로 이득을 보아온 자들은 누구고, 손해를 본 사람들은 누구인가? 이런 정치학적 물음에 답하고자 노력한 결과 다음 몇 가지 사실을 확인할 수 있었다.

첫째, 교육의 정치적 중립성의 헌법 편입이 5·16 군사쿠데타 이후 군사정권과 대한교련을 선봉으로 한 교육(학)계 보수세력의 동맹을 바탕으로 한 것임을 확인할 수 있었다. 정통성이 취약했던 군사정권은 정치적 지지

기반을 확보하기 위해 교육(학)계 보수세력의 요구사항을 대체로 수용하는 입장이었다. 이런 조건에서 교원노조의 거센 도전과 내무행정 계통의 교육자치 폐지 움직임에 직면한 대한교련은 '교육의 정치적 중립성'의 헌법 신설을 건의한다. 나름의 셈법을 거쳐 국가재건최고회의가 이를 수용함으로써 아주 모호한 문언이 헌법에 편입된다.

둘째, 교육의 정치적 중립성의 헌법 편입 과정에서 핵심은 그 모호성에 있다. 교육자치가 중단된 상태에서 대한교련은 이 문언을 특별히 '교육자치의 부활'을 위한 논거로 내세웠다. 교육행정과 내무행정이 분리되어야 할 헌법적 가치 또는 근거라는 얘기였다. 그러나 군사정권으로서는 대한교련의 손을 일방적으로 들어줄 수 없었다. 내무행정 관료와 관련 세력을 의식하지 않을 수 없었기 때문이다. 이에 모호한 문언을 헌법에 넣은 뒤 제도화와 해석 과정을 통해 정책 의지를 관철하자는 속셈이었다. 대한교련으로서도 더는 반대할 수 없었다.

셋째, 교육의 정치적 중립성의 제도화는 '교사'를 이 문언의 수범자로 특정하는 방식으로 이루어졌다. 교육의 정치적 중립성을 근거로 교사의 정치적 기본권(노동권 포함)을 박탈하는 한편, 지방교육자치를 탈정치화해 교사 참여를 원천적으로 차단해 온 것이다. 그 연장선상에서 교사 배제의 교육 거버넌스를 구축한 뒤 이를 발판으로 국가와 교육전문가의 정책 독점을 실현해 왔다. 그런 까닭에 교육의 정치적 중립성의 제도화의 실천적 의미를 "국가와 교육(학)계의 보수세력의 교육 지배"라고 한 것이다.

넷째, 이렇듯 행정부, 입법부, 사법부가 총동원된 교육의 정치적 중립성의 제도화와 적용은 현실 권력관계를 반영한다. 그 최대·최종 수혜자는 물론 국가(교육 당국)와 교육(학)계의 보수세력이다. 그러므로 "교육의 정치적 중립성의 출범 정신이 교육기관에 대한 권력의 불간섭이라면 교원의 정치적 기본권 제약으로 해석되는 교육의 정치적 중립성 해석은 지양되어야 할 것이다."박대권·김용·최상훈, 2020: 369라는 주문은 실현 불가능한 요청일 뿐이다. 앞서 살펴본 헌법학자 한태연과 문홍주의 해석도 마찬가지다.

교육의 정치적 중립성과 그 제도화에 관련된 법령을 그대로 둔 채 '해석' 차원에서 문제 해결 방도를 찾기는 어렵다고 보는 이유다. 정부는 지금과 같은 방식으로 헌법과 관계 법령을 적용할 것이고, 사법부는 허구적인 신념체계에 입각한 문리해석에 의지해 판례를 축적해 갈 공산이 크다. 결국 이 문제를 해결하려면 헌법개정과 함께 관계 법령을 대대적으로 손보지 않으면 안 된다. 입법과제가 우리 앞에 놓여 있다는 뜻인데, 여기서는 그 방향에 대해서만 간략히 언급하고 마무리하기로 한다.

첫째, 헌법 제31조 제4항에서 "교육의 … 정치적 중립성"을 삭제해야 한다. 헌법 개정에서는 이게 가장 간결한 방법이다. 이 연구의 범위를 벗어나 본격적으로 다루지 않았지만, 동 조항의 "교육의 자주성"이 정치세력의 부당한 교육 지배나 간섭을 금지하는 규범 역할을 할 수 있다고 생각한다^{채희태, 2025; 조석훈, 2015: 298-299; 이기우, 2010: 327-328; 신현직, 1999: 167 참조}. 공론을 거쳐 이것으로 충분치 않다고 판명되면, "정치적 중립성"이란 문언을 삭제하되 따로 수범자를 "국가와 정당 등 정치세력"으로 한정해 명기하는 방안을 강구할 필요가 있다.

둘째, 교육의 정치적 중립성의 제도화에 관련된 법령을 대대적으로 손보아야 한다. 먼저 교사의 정치적 기본권(노동권 포함)을 포괄적으로 제한해 온 "정치운동 및 정치활동 금지" 관련 법령을 개정해야 한다^{길용성·강태수, 2022 참조}. 이때 현행 교육기본법 제14조 제4항을 준거로 삼을 만하다. 즉, "교원은 특정 정당이나 정파를 지지하거나 반대하기 위해 학생을 지도하거나 선동해서는 아니된다."라는 입법 취지를 넘어서는 과도한 규제 관련 조항은 과감히 없애야 한다. 교사가 수범자로 감당해야 할 몫은 이것으로 충분하다.

셋째, 교육의 정치적 중립성을 견강부회해 지방교육자치제도를 탈정치화시킨 조문들을 정상화해야 한다. 이때 명심해야 할 점은 지방교육자치제도 자체가 지방교육에 관한 "하나의 정치-행정제도"라는 관점을 유지하는 것이다. 정치-행정 이원론, 좀 더 좁혀 말해 '교육에 비정치의 신화'에서 벗어날 때 가능한 일이다. 구체적으로 지방교육자치에 관한 법률에서 교육감 후보자 경력 제한을 철폐하고, 선거에 정당이 관여하지 못하게 한 부분도 해소해야 한다. 다만, 정당 기반 선거로 할지 등에 대해서는 조금 더 공론이 필요하다.

뜻밖의 '계엄령 정국'을 맞이해 곳곳에서 헌법 개정의 필요성을 말하고 있다. 교육(학)계에서도 준비를 잘 해둘 필요가 있다. 제31조 제4항을 손보아 교육과 정치의 관계 및 교육 부문의 정치적 이슈를 규율하는 합리적인 규범으로 만들어야 한다. 특별히 '교육의 정치적 중립성'의 모호성 문제를 해소해야 한다. 그러나 지금까지 살펴본 것처럼 이는 단순히 해당 문언의 자구 문제가 아니다. 교육을 둘러싼 국가와 사회세력의 이해관계가 각축해 왔다. 그간 경험에 대한 성찰을 바탕으로 공론을 거쳐 사회적 합의를 도출할 때 가능한 일이다.

참고문헌

강구섭·주현정(2023). 독일 교사의 정치적 중립성 논의 고찰: 독일 대안당의 교사 정치적 중립성 요구에 대한 논쟁. 교육문화연구. 29(4), 29-48.
길성용(2024). 헌법상 교육의 정치적 중립성 보장에 관한 연구. 박사학위논문. 경희대학교.
길성용·강태수(2022). 헌법상 교육의 정치적 중립성 보장에 관한 해석론. 교육법학연구. 34(1), 1-28.
김경윤(2012). 교원의 정치적 기본권에 관한 한국과 미국의 법제 비교연구. 박사학위논문. 중앙대학교.
김선희(2020). 교원의 정치적 자유 제한과 헌법재판소 결정: 쟁점과 입법과제. 이슈와 논점. 1716.
김용일(1989). 교육의 정치적 중립성에 관한 일연구: 교육정치학 연구방법을 중심으로. 석사학위논문. 고려대학교.
김용일(1999). 미군정하의 교육정책 연구: 교육정치학적 접근. 서울: 고려대학교 민족문화연구원.
김용일(2009). 지방교육자치의 현실 '이상'(개정증보판). 서울: 문음사.
김용일(2024a). 교육정치학의 이론과 실천. 서울: 살림터.
김용일(2024b). 지방교육자치의 현안 진단과 향후 과제. 교육정치학연구. 31(3), 1-24.
김용택(2011). 교육 중립성 포기가 교육 중립이다. 우리교육. 봄호, 92-103.
김재웅·김재원(2014). 교육주의와 학습주의에 기반한 교육에 대한 법적 관점의 재구성: 헌법재판소·법원의 '교육'과 '교육의 정치적 중립성'에 대한 이해를 중심으로. 공익과 인권. 14, 335-379.
김정수(2021). 교사의 정치적 기본권의 정당성에 관한 헌법적 고찰. 미국헌법연구. 32(1), 131-165.
김종철(1960). 우리나라 교육의 중립화를 위해. 교육평론. 28, 12-15. 한국교육학회 편(1969). 한국교육 20년(서울: 교육출판사), 234-239에 전재.
김종철(2003). 미국법상 교육의 자주성, 전문성, 정치적 중립성. 연세대학교 법학연구. 13(3), 51-85.
노기호(2000). 교육의 정치적 중립성과 교원의 정치적 권리의 제한. 공법연구. 28(3), 176-198.
노기호(2004). 교육의 정치적 중립성과 초·중등교원의 정치적 권리의 제한: 헌법재판소 2001헌마710 결정과 관련해. 인권과 정의. 340, 62-80.
노기호(2006). 일본에서의 교육의 자주성, 전문성 및 정치적 중립성에 대한 논의. 공법학연구. 7(1), 436-468.
노기호(2022). 헌법재판소 결정에 나타난 초·중등교원의 정치활동 규제와 그 한계. 한양법학. 33(1), 3-31.

노기호(2023). 헌법 제31조 제4항의 해석과 적용. 원광법학. 39(1), 33-61.
대한교육연합회(1973). 대한교련사(1947~1973). 서울: 천풍인쇄주식회사.
대한교육연합회(1987). 대한교련40년사(1947~1987). 서울: 고려서적주식회사.
류시조(2015). 한국 헌법상의 정치적 중립성에 관한 연구. 공법학연구. 16(1), 49-70.
문승옥·양성관(2024). 교육의 정치적 중립성이 교육감 선거에 미치는 영향 분석: 교육감과 시·도지사 선거비용 비교를 중심으로. 교육정치학연구. 31(2), 141-169.
박경신(2009). 교과서검인정제도의 본질과 정치적 중립성: 학생의 교육권에 관한 미국판례들을 중심으로. 법학논총. 26(4), 87-116.
박대권·김용·최상훈(2020). 헌법 제31조 4항 '교육의 정치적 중립성'의 헌법 편입 과정. 교육정치학연구. 27(4), 343-375.
박보영(2023). 교원의 정치적 기본권에 관한 연구: 헌법재판소 2020. 4. 23. 선고 2018헌마551 결정을 중심으로. 연세법학. 41, 399-431.
배건이(2015). 독일교원의 정치활동 자유 및 제한에 관한 고찰. 유럽헌법연구. 18, 69-94.
배소연(2019). 헌법상 교육의 정치적 중립성에 관한 연구. 박사학위논문. 연세대학교.
배소연(2020a). 교육의 정치적 중립성의 헌법적 의미 회복을 위한 비판적 검토: 교육입법, 교육행정, 교육판례 분석을 중심으로. 공법연구. 48(4), 173-201.
배소연(2020b). 학교민주시민교육의 기본원칙 중 정치적 중립성 보장을 위한 개선과제. 법과인권교육연구. 13(2), 23-44.
성기선(2011). 교육의 중립성은 존재하는가?. 우리교육. 봄호, 42-51.
송성민(2022). 사회과 교사의 정치적 중립성 관련 인식 분석. 법교육연구. 17(3), 63-97.
송준석(1995). 교육의 정치적 중립성에 대한 철학적 함의. 한남교육연구. 3, 175-195.
신옥주(2015). 교원의 정치적 기본권 보장 연구. 국가법연구. 11(1), 1-35.
신현직(1999). 교육의 자주성, 전문성, 정치적 중립성의 법리. 교육법학연구. 11, 153-169.
안기성(1995). 교육의 전문성과 자주성에 관한 교육법 해석학. 교육법학연구. 7, 19-35.
안성경(2017). 교육에서 정치적 중립성이란 무엇인가?: 독일 바이텔스바흐 합의의 함의. 법과인권교육연구. 10(1), 25~38.
양태건(2023). 지방교육자치발전을 위한 교육감선출제도의 발전적 모색. 헌법학연구. 29(4), 397-439.
오동석(2010). 교사의 정치적기본권. 민주법학. 44, 199-224.
음선필(2011). 교육감 선임방식에 관한 헌법원리. 교육법학연구. 23(2), 107-131.
이경묵(2019). 우리나라 제도이론 연구에 대한 비판적 고찰과 미래 연구 방향. 경영학연구. 48(1), 1-32.
이경호·박상혁(2024). 정치적 중립성 의무와 사회과 교사의 수업. 법교육연구. 19(1), 129-163.
이기우(2010). 교육에 관한 헌법의 개정과제. 법학연구. 13(2), 315-341.

이돈희(2015). 공교육의 정치적 중립성에 관한 연구. 학술원논문집. 54(1), 1-37.
이돈희(2016). 교육과 정치: 정치적 중립의 내포와 외연. 서울: 에듀팩토리.
이동성(2017). 교원의 정치적 중립성 재개념화에 대한 생애사 연구. 교육혁신연구. 27(2), 119-144.
이민열(2016). 교육의 정치적 중립과 표현의 자유: 헌재 2014. 8. 28. 2011헌바32 등 결정을 중심으로. 헌법학연구. 22(1호), 175-215.
이인수(2019). 패러독스 관점에서 본 교육의 정치적 중립성과 교육감 선거제. 한국교육. 46(1), 73-110.
정상우(2015). 헌법상 교육의 정치적 중립성과 공법적 과제. 공법연구. 44(1), 1-25.
정영태(2010). 공무원의 정치적 자유에 대한 헌법재판소의 논거와 문제점. 한국정치연구. 19(1), 71-100.
정용술(1967). 교육의 정치적 중립성 보장을 위한 일연구: 중앙교육 행정조직을 중심으로. 석사학위논문. 서울대학교.
정일화(2015). 교육의 정치적 중립성의 헌법재판소 판례에 기반한 지방교육자치제 방향 탐색. 교육행정학연구. 33(3), 269-292.
정필운(2009). 교육영역에서 자치의 본질 및 국가와 지방자치단체의 권한배분의 원리에 대한 헌법해석론적 검토. 토지공법연구. 46, 491-514.
정호범(2018). 사회과 교육에 있어서 '중립성' 문제. 사회과교육연구. 25(3), 21-35.
조석훈(2015). 교육의 정치적 중립성'의 법적 해석과 적용. 교육법학연구. 27(3), 295-332.
조재현(2013). 교육자치의 이념적 기초와 교육자치기관의 구성원리에 관한 연구. 공법학연구. 14(1), 101-131.
채희태(2025). 지방교육자치제도의 근거로서 교육의 자주성 개념에 관한 재해석. 박사학위논문. 공주대학교.
한수웅(2007). 교육의 자주성·전문성·중립성 및 교사의 교육의 자유. 저스티스. 101, 36-59.
허진성(2011). 교사의 정치적 수업과 교육의 정치적 중립성에 관한 연구. 세계헌법연구. 17(3). 139-161.
홍정림(2015). 교원의 표현의 자유에 대한 제한과 그 한계: 미국과 한국의 법제 비교연구. 석사학위논문. 한국교원대학교.
황성욱(2016. 4. 7.). '교원의 정치적 중립성': 전교조의 정치적 중립 위반과 사법부 판결 비판을 중심으로. 바른사회시민회의. '교원의 정치적 중립성'에 비춰본 '전교조의 정치투쟁'을 말하다. 7-15.

Eliot, Thomas H.(1959). Towards an understanding of public school politics. *The American political science review*. 52, 1032-1051.
Krüger, Thomas(2021). 독일 정치교육에서 정치적 중립성의 중요성과 사례. 한국 사회교과교육학회. 민주시민교육의 중층성과 역동성(춘계학술발표회 자료집), 16-24.
McGuinn, Patrick and Manna. Paul(2013). Education governance in America:

who leads when everyone is in charge?. McGuinn and Manna(eds.). *Education governance for the twenty-first century: overcoming the structural barriers to school reform*(Washington, D.C.: The Brookings Institute), 1-17.

*이 장은 『교육정치학연구』(제32권 제1호, 2025: 35-62)에 게재된 논문을 단행본 형식에 맞게 수정 보완한 것입니다.

제3장

교원의 정치적 중립성에 관한 판례와 결정

하동엽

I. 들어가며

대한민국의 국·공립학교 교원(사립학교 포함)은 공교육 제도 안에서 가르치는 행위를 하는 사람이다. 교원은 「교원의 지위 향상 및 교육활동 보호를 위한 특별법」(2023. 9. 27. 법률 제19735호로 일부 개정) 제2조(교원에 대한 예우), 제3조(교원 보수의 우대), 제6조(교원의 신분보장 등) 등에 따라 가르치는 행위에 대한 지위를 보장받고 있다.

또한, 대한민국의 국·공립학교 교원(사립학교 준용)은 공무원이기도 하다. 따라서 교원은 「국가공무원법(2024. 12. 31. 법률 제20627호로 일부 개정)」 제65조(정치 운동 금지), 제66조(집단 행위 금지)에 따라 정치적 표현의 제한과 정당 가입 금지 등 엄격한 정치적 중립성을 요구받고 있다. 이런 교원의 정치적 중립성에 대한 엄격한 요구는 「헌법(1987. 10. 29. 헌법 제10호로 전부 개정)」 제31조 ④항의 교육의 자주성·전문성·정치적 중립성 중 정치적 중립성을 지키기 위한 노력의 일부로 받아들여져 왔다.

하지만 교원의 정치적 중립성을 지키기 위한 정치적 행위 제한이 적절한 것인가에 대해 다양한 의견이 있다. 몇 가지 대표적인 의견을 살펴보면 다음과 같다. 첫째, 교원의 근무시간 외의 정치적 중립성을 위한 규제는 사적 통제로 볼 수 있다는 관점이 있다전윤경, 2018. 둘째, 그동안 교원의 정치적 중립성에 관한 헌법재판소의 위헌소원 기각 등은 교육에 대한 개념적 몰이해로 발생한 결과로 본다구본규, 2024. 이것은 교원의 정치적 중립성을 논하기에 앞서 교육의 개념에 대한 사회적·법률적 합의가 우선이라고 보는 시각이다. 셋째, 다수의 결정례 등에서 제시하는 교원의 정치적 성향과 학생 교육의 영향 관계를 과학적으로 증명할 수 없고, 교육 자체가 행정 권력의 교체, 지방교육 권력의 교체 등의 정치를 기반하는 영역임에 따라 본질적으로 분리할 수 없는 부분이라고도 보는 관점도 있다박보영, 2023. 마지막으로 헌법에서 제시하는 교육의 정치적 중립성과 교원의 정치적 중립성은 별개임에도 교육의 정치적 중립성을 지키기 위해 수단을 교원에게만 강조하고 있다고 판단하는 의견도 있다배소연, 2020. 위와 같은 의견은 궁극적으로 교원의 정치적 중립성을 지키기 위한 다양한 제한이 주권자인 교원의 정치적 기본권을 과도하게 침해하는 것이 아닌지에 대한 물음으로 귀결한다고 할 수 있다.

최근 사회적 환경은 크게 변화하고 있다. 우선, 제한 대상인 교원은 정치적 기본권 보장 및 확대에 대한 관심이 97%(긍정)이고, 학부모도 교원의 정치적 기본권 보장 및 확대에 대한 관심이 86.5%(긍정)로 높다박현미, 김성천, 황유진, 2023: 65-66. 또한, 국가인권위원회는 결정(2019. 4. 24.)에 따라 교원의 정치적 표현의 자유는 보장해야 할 필요가 있다고 법률 개정을 권고했다. 아울러 입법부에서도 교원의 의사표현, 정당 가입, 선거 출마 등 정치적 참여를 확대하기 위해 노력하고 있다.[1]

---

1. - 김성회 의원 대표 발의 「공직선거법 일부개정법률안」(의안번호 제1860호), 「정당법 일부개정법률안」(의안번호 제1861호), 「정치자금법 일부개정법률안」(의안번호 제1863호), 「지방공무원법 일부개정법률안」(의안번호 제1859호).
   - 김성회 의원 대표 발의 「국가공무원법 일부개정법률안」(의안번호 제1862호).
   - 백승아 의원 대표 발의 「정당법 일부개정법률안」(의안번호 제1801호), 「지방교육자치에 관한 법률 일부개정법률안」(의안번호 제1832호) 및 「사립학교법 일부개정법률안」(의안번호 제1830호).

하지만 여전히 사법부는 교원의 정치적 기본권에 비해 정치적 중립성을 위한 제한이 사회적 공익을 위해 더 필요하다고 판단한다. 따라서 최근 교원의 정치적 중립성과 관련한 헌법재판소 및 대법원의 판례를 살펴보고자 한다. 이를 통해 사법부가 여전히 교원의 정치적 중립성을 위한 교원의 정치적 제한을 유지하는 이유를 확인하고자 한다. 이는 향후 교원의 정치적 중립성 확보를 위해 사법부에 어떻게 대응해야 하는지를 알려줄 수 있다.

본 연구의 분석 대상 판례는 국가공무원법 위반·집회 및 시위에 관한 법률 위반(대법원 2012. 4. 19. 선고 2010도6388 전원합의체 판결), 국가공무원법 제65조 제2항 등 위헌소원(헌법재판소 2012. 7. 26. 선고 2009헌바298 전원재판부 결정), 정당법 제22조 제1항 제1호 등 위헌소원(헌법재판소 2014. 3. 27. 선고 2011헌바42 전원재판부 결정), 국가공무원법 제66조 제1항 등 위헌소원 등(헌법재판소 2014. 8. 28. 선고 2011헌바32, 2011헌가18, 2012헌바185(병합) 전원재판부 결정), 직무이행 명령 취소 청구(대법원 2015.9.10. 선고 2013추43 판결)로, 모두 교원의 정치적 중립성에 관한 사건이다. 판례 분석 기준은 사건 개요 및 심판 대상, 상고인 및 청구인의 주장 등, 쟁점과 판단, 결론, 반대 및 소수의견 등으로 구분해 살펴보고자 한다. 또한, 사법부 판례의 변화 흐름을 파악하기 위해 시기 변화에 따라 판례의 순서를 구성해 분석했다.

Ⅱ. 국가공무원법 위반·집회 및 시위에 관한 법률 위반
(대법원 2012. 4. 19. 선고 2010도6388 전원합의체 판결)

1. 사건 개요 및 심판대상

상고인들은(피고인 1인 외 2인) 전교조 대전지부 지부장, 수석지부장 및 사무처리 실무 담당자로서 1차 시국선언 및 2차 시국선언 실행 업무를 수행했다. 해당 사건의 요지는 다음과 같다. 해당 상고인들은 2009. 5. 28. 사회 인사 100인 명의의 시국선언이 발표된 것을 시작으로 2009. 6. 9. 전국민주노동조합총연맹이 시국선언을 단행하는 등의 사회적 분위기에 따라 전국교직원노동조합도 2009. 6. 9. 상고인 중 1인이 참여한 가운데 제360차 중앙집행위원회에서 교사 1만 명이 참여하는 6월 정국 관련 시국선언(이하 '1차 시국선언')을 추진하기로 결의하고, 전교조 본부와 전국 16개 지부 조직을 이용해 조합원들 및 비조합원 교사들이 1차 시국선언에 참여하게 했다. 1차 시국선언을 계기로 교육과학기술부 및 시·도교육감은 이를 주도한 전교조 간부들 88명을 국가공무원법 위반 혐의로 고발하는 한편 관련 교사들의 징계를 시·도교육청에 요청하는 등, 강력하게 대처했다.

이에 상고인들을 비롯해 1차 시국선언을 주도한 위 간부들은 2009. 6. 28. 제361차 중앙집행위원회 및 지부 회의를 열어 '표현의 자유 사수 및 전교조 시국선언 징계 대응 투쟁계획(안)'을 채택하는 등, 고발 및 징계에 관한 정부의 방침에 맞서 다양한 유형의 투쟁행위를 하기로 결의했다.

전교조는 위 결의에 따라 2009. 6. 30. 전교조 소속 교사들에게 이메일을 발송해 2차 시국선언에 참여하도록 요청하고 2차 시국 선언문을 배포했으며, 상고인들은 대전지부 집행위원회 등을 개최해 위 결의에 따른 집행사항을 심의하는 등, 2차 시국선언의 의미 및 추진 방향을 공유하고, 전교조 본부에서 하달된 2차 시국 선언문을 대전지부 소속 교사들에게 알리고 그들이 서명하도록 적극적으로 참여를 유도해 2009. 7. 16.경까지 서명 참여자 명단을 전교조 본부에 전달하는 한편, 규탄대회 참가자를 최대로 조직하자는 위 결의 결과에 따라 대전지부 분회장 연수자료집에 그와 같은 내용을 수록해 전달하고, 대전지부 인터넷 홈페이지에 시민사회단체와 여러 야당이 공동 주최자로 게시된 규탄대회 포스터를 게시하는 등, 위 집회에 참여하도록 독려함으로써 위 결의에 따른 집행사항을 적극적으로 추진하고 실행했다. 전교조 위원장을 비롯한 조합원 20여 명은 2009. 7. 9. 14:00경 서울광장에서 '전교조는 시국선언의 정당함을 확인하기 위한 지속적인 노력과 고발 및 징계를 철회하기 위한 강력한 투쟁을 전개할 것이다'라는 내용이 포함된 기자회견문을 낭독하고, 28,634명의 교사 명의로 된 2차 시국 선언문을 발표했다. 해당 1, 2차 시국선언에 따라 본 사건의 상고인이자 원심의 피고인 1인 외 2는 대전지방법원 2010. 5. 4. 선고 2010노618 판결에 따라 [국가공무원법 위반·집회 및 시위에 관한 법률 위반] 국가공무원법 제84조, 제66조 1항, 형법 제30조 등에 따라 국가공무원법, 집회 및 시위에 관한 법률 위반이 인정되어 벌금형을 선고받았다. 이에 대해 상고인들은 대법원에 대전지방법원 2010. 5. 14. 선고 2010노618 판결(원심)에 대해 상고했다.

이 사건과 관련 법령 내용은 다음과 같다.

「국가공무원법」(2008. 3. 28. 법률 제8996호로 일부 개정)
제66조(집단 행위의 금지) ① 공무원은 노동운동이나 그 밖에 공무 외의 일을 위한 집단 행위를 해서는 아니 된다. 다만, 사실상 노무에 종사하는 공무원은 예외로 한다.

「집회 및 시위에 관한 법률」(2020. 12. 22. 법률 제17689호로 타법개정)
제2조(정의) 이 법에서 사용하는 용어의 뜻은 다음과 같다. 〈개정 2020. 12. 22.〉
1. "옥외집회"란 천장이 없거나 사방이 폐쇄되지 아니한 장소에서 여는 집회를 말한다.
2. "시위"란 여러 사람이 공동의 목적을 가지고 도로, 광장, 공원 등 일반인이 자유로이 통행할 수 있는 장소를 행진하거나 위력(威力) 또는 기세(氣勢)를 보여, 불특정한 여러 사람의 의견에 영향을 주거나 제압(制壓)을 가하는 행위를 말한다.

> 3. "주최자(主催者)"란 자기 이름으로 자기 책임 아래 집회나 시위를 여는 사람이나 단체를 말한다. 주최자는 주관자(主管者)를 따로 두어 집회 또는 시위의 실행을 맡아 관리하도록 위임할 수 있다. 이 경우 주관자는 그 위임의 범위에서 주최자로 본다.
> 4. "질서유지인"이란 주최자가 자신을 보좌해 집회 또는 시위의 질서를 유지하게 할 목적으로 임명한 자를 말한다.
> 5. "질서유지선"이란 관할 경찰서장이나 시·도경찰청장이 적법한 집회 및 시위를 보호하고 질서유지나 원활한 교통 소통을 위해 집회 또는 시위 장소나 행진 구간을 일정하게 구획해 설정한 띠, 방책(防柵), 차선(車線) 등의 경계 표지(標識)를 말한다.
> 6. "경찰관서"란 국가경찰관서를 말한다.

2. 상고인의 주장

상고인들은 1차 시국선언 및 2차 시국선언이 헌법에서 보장하는 정치적 표현의 자유이고, 공익에 반하는 목적을 위한 행위도 아니며, 2009. 6. 29. 경의 집회는 단순 기자회견으로 옥외집회에 해당하지 않아, 신고의무도 없다고 주장했다. 따라서 대전지방법원 2010. 5. 14. 선고 2010노618 판결이 부당하다고 주장했다.

3. 쟁점과 판단

가. 쟁점

해당 사건의 쟁점은 상고인들의 사건 개요가 공무원인 교원이 집단적으로 행한 의사표현 행위가 국가공무원법 66조 제1항에서 금지하는 '공무 외의 일을 위한 집단행위'에 해당하는 경우인지를 판단하는 것이다. 또한, 원심의 옥외집회 또는 시위에 대한 해산명령 불응에 대한 처벌이 정당한지도 판단하는 것이 쟁점에 포함되어 있다. 이를 통해 원심의 판단이 정당한 것인지를 판단해야 하는 것이 해당 사건의 쟁점이다.

나. 공무 외의 일을 위한 집단행위의 판단 기준

공무 외 일을 위한 집단행위 판단 기준의 근거는 다음과 같다. 공무원인 교원의 경우에도 정치적 표현의 자유가 보장되어야 하지만, 공무원의 정치적 중립성 및 교육의 정치적 중립성을 선언한 헌법정신과 관련 법령의 취지에 비추어 그 정치적 표현의 자유는 일정한 범위에서 제한될 수밖에 없고, 이는 헌법에 의해 신분이 보장되는 공무원인 교원이 감수해야 하는 한계라 할 것이다. 더구나 공무원인 교원의 정치적 표현행위가 교원의 지위를 전면에 드러낸 채 대규모로 집단적으로 이루어지는 경우에는 그것이 교육현장 및 사회에 미치는 파급력을 고려한 평가가 요구된다고 할 것이다.

따라서 공무원인 교원이 집단적으로 행한 의사표현 행위가 국가공무원법이나 공직선거법 등 개별 법률에서 공무원에 대해 금지하는 특정 정치적 활동에 해당하는 경우나, 특정 정당이나 정치세력에 대한 지지 또는 반대 의사를 직접 표현하는 등 정치적 편향성 또는 당파성을 명백히 드러내는 행위 등과 같이 공무원인 교원의 정치적 중립성을 침해할 만한 직접적인 위험을 초래할 정도에 이르렀다고 볼 수 있는 경우, 그 행위는 공무원인 교원으로서의 본분을 벗어나 공익에 반하는 행위로서 공무원으로서의 직무에 관한 기강을 저해하거나 공무의 본질을 해치는 것이어서 직무 전념 의무를 해태한 것이라 할 것이다. 다만 여기서 어떤 행위가 정치적 중립성을 침해할 만한 직접적인 위험을 초래할 정도에 이르렀다고 볼지는 일률적으로 정할 수 없고, 헌법에 의해 정치적 중립성이 요구되는 공무원 및 교원 지위의 특수성과 아울러, 구체적인 사안에서 당해 행위의 동기 또는 목적, 그 시기와 경위, 당시의 정치적·사회적 배경, 행위 내용과 방식, 특정 정치세력과의 연계 여부 등, 당해 행위와 관련된 여러 사정을 종합적으로 고려해 판단해야 한다.

다. 미신고 옥외집회 불응에 대한 처벌의 정당성 판단 기준

집회 및 시위에 관한 법률(이하 '집시법')에 의해 보장 및 규제의 대상이 되는 집회란 '특정 또는 불특정 다수인이 공동 의견을 형성해 이를 대외적으로 표명할 목적 아래 일시적으로 일정한 장소에 모이는 것'을 말하고, 집시법 제2조 제3호는 집회 주최자를 '자기 이름으로 자기 책임 아래 집회나 시위를 여는 사람이나 단체'라고 규정한다.

형법 제30조의 공동정범은 2인 이상이 공동해 죄를 범하는 것으로, 주관적 요건인 공동가공의 의사와 객관적 요건인 공동의사에 의한 기능적 행위지배를 통한 범죄 실행 사실이 있으면 공동정범이 성립된다.

따라서 집시법 제6조 제1항에 따라 사전신고가 필요한 시위의 주최자는 시위를 주창해 개최하거나 이를 주도하는 자 또는 시위를 계획하고 조직해 실행에 옮긴 자를 의미하며, 미신고 옥외집회 또는 시위 주최에 관해 공동 가공의 의사와 공동의사에 의한 기능적 행위지배를 통해 그 실행을 공모한 자는 비록 구체적 실행행위에 직접 관여하지 아니했더라도 다른 공범자의 미신고 옥외집회 또는 시위 주최행위에 대해 공모공동정범으로서의 죄책을 면할 수 없다.

라. 결론

결국 상고인들의 상고는 1차 시국선언 및 2차시국선언과 관련한 행위는 '공무 외의 일을 위한 집단행위'에 해당하고, 미신고 옥외집회 주최의 점과 해산명령 불응의 점에 따라 다수의견에 의해 모두 기각한다.

4. 반대의견

가. '공무 외의 일을 위한 집단행위'에 대한 [대법관 박일환, 대법관 전수안, 대법관 이인복, 대법관 이상훈, 대법관 박보영의 반대의견]

국가공무원법 제66조 제1항에 위반되는 행위가 되려면 우선 그것이 '공익에 반하는 목적을 위한 행위'여야 한다. 여기서 '공익에 반한다'는 것은, 그 의미가 포괄적·추상적·상대적이어서 법 집행기관의 통상적 해석을 통해 그 내용을 객관적으로 확정하기 어려우므로, 그런 측면에서 죄형법정주의 명확성 원칙에 어긋나지 않고 헌법상 보장된 표현의 자유와 조화를 이루기 위해서는 제한적으로 해석해야 하고, 이때 국가공무원법 제66조 제1항을 둔 취지도 이런 제한해석의 기준이 될 수 있다. 결국 '공익에 반하는 목적'의 존재는, 당해 집단행위가 국민 전체와 공무원 집단 사이에 이익이 충돌하는 경우 공무원 집단의 이익을 대변함으로써 국민 전체의 이익 추구에 장애를 초래하는 등, 공무수행에 대한 국민의 신뢰를 현저히 훼손하거나 민주적·직업적 공무원제도의 본질을 침해하는 경우에 한해 인정해야 한다. 그리고 '공익에 반하는 목적을 위한 행위'라는 개념에는 국가공무원법 제66조 제1항을 둔 취지에 따른 내재적 제한이 있을 뿐만 아니라, 그런 행위가 '직무전념의무를 해태하는 등의 영향을 가져오는 집단적 행위'라는 또 다른 요건을 갖추지 않은 경우에는 국가공무원법 제66조 제1항이 금지하는 행위라 할 수 없다.

1, 2차 시국선언은 유사한 시국선언이 나오는 과정에서 특정 사안에 관한 정부의 정책이나 국정운영 등에 대한 비판이나 반대 의사를 표시하면서 그 개선을 요구한 것이거나 그에 관련된 표현의 자유를 보장해줄 것을 요구한 것으로, 헌법이 국민 누구에게나 보장한 기본권인 표현의 자유를 행사한 것일 뿐이며, 이와 같은 표현의 자유는 헌법이 지향하는 자유민주적 기본질서의 기본 전제가 되는 것이므로, 이는 시국선언 주체인

'전교조 소속 교사들이나 시국선언에 동참한 교사들' 집단의 이익을 대변하기 위한 것으로 볼 수 없고, 그 이익을 대변함으로써 국민 전체의 이익 추구에 장애가 되는 것도 아니며, 그것이 공무수행에 대한 국민의 신뢰를 현저히 훼손하거나 민주적·직업적 공무원제도의 본질을 침해하는 것으로 볼 수도 없다. 요컨대 피고인들이 1, 2차 시국선언에 관여한 행위는 국가공무원법 제66조 제1항이 금지하는 집단행위에 해당한다고 볼 '공익에 반하는 목적을 위한 행위'가 아니고 '직무전념의무를 해태하는 등의 영향을 가져오는 집단적 행위'도 아니므로, 그 조항이 금지하는 '공무 외의 일을 위한 집단행위'에 해당하지 않는다.

나. 미신고 옥회집회에 따른 처벌에 대한 [대법관 전수안의 반대의견]

미신고 집회에 대한 해산명령은, 그 집회로 인해 타인의 법익이나 기타 공공의 안녕질서에 대한 직접적이고 명백하며 현존하는 구체적 위험이 발생하는 경우에만 허용되어야 하고, 무엇보다도 그러한 미신고 집회에 대한 해산명령의 적법 여부가 문제되는 개별 사안에서 그 기준을 엄격하게 적용하는 것이 중요하며, 위험이 발생할 수 있다는 개연성만으로 위와 같은 기준을 충족하는 것처럼 운용되어서는 안 된다.

Ⅲ. 국가공무원법 제65조 제2항 등 위헌소원

〔헌법재판소 2012. 7. 26. 선고 2009헌바298 전원재판부 결정〕

1. 사건 개요 및 심판대상

청구인(송ㅇ재 외 22인)들은 2009. 1. 12. 지방교육자치에관한법률위반 등의 혐의로 기소되어[서울중앙지방법원 2009고합31, 80(병합)], 위 재판 계속 중 교육공무원 및 사립학교 교원에 대해 선거운동을 할 수 없도록 규정하는 공직선거법 제60조 제1항, 공무원의 정치운동을 금지하는 국가공무원법 제65조 제2항, 교육감선거에 관해 공직선거법의 시·도지사 선거에 관한 규정을 준용하도록 규정하는 '지방교육자치에 관한 법률' 제22조 제3항, 단체의 이름으로 혹은 단체와 관련된 자금으로 정치자금을 기부하는 것을 금지하고, 이를 위반한 경우 처벌하도록 규정하는 정치자금법 제31조, 제45조 제2항이 헌법에 위반된다고 주장하며 위헌법률심판제청을 신청했으나(서울중앙지방법원 2009초기865), 2009. 9. 24. 일부유죄 판결을 선고받음과 동시에 위 위헌법률심판제청신청이 각하 내지 기각되자, 위 결정문을 2009. 9. 30. 송달받은 후, 2009. 10. 29. 이 사건 헌법소원심판을 청구했다.

이 사건과 관련 법령 내용은 다음과 같다.

> 구 「공직선거법」(2005. 8. 4. 법률 제7681호로 개정되고, 2010. 1. 25. 법률 제9974호로 개정되기 전의 것)
> 제60조(선거운동을 할 수 없는 자)
> ① 다음 각 호의 어느 하나에 해당하는 자는 선거운동을 할 수 없다. 다만, 제4호 내지 제8호에 해당하는 자가 후보자의 배우자인 경우에는 그러하지 아니하다.
>   1.~3. 생략
>   4. 「국가공무원법」 제2조(공무원의 구분)에 규정된 국가공무원과 「지방공무원법」 제2조(공무원의 구분)에 규정된 지방공무원. 다만, 「정당법」 제22조(발기인 및 당원의 자격) 제1항 제1호 단서의 규정에 의해 정당의 당원이 될 수 있는 공무원(국회의원과 지방의회의원 외의 정무직공무원을 제외한다)은 그러하지 아니하다.
>   5.~9. 생략
> ② 생략

국가공무원법(2008. 3. 28. 법률 제8996호로 개정된 것)
제65조(정치 운동의 금지)
① 생략
② 공무원은 선거에서 특정 정당 또는 특정인을 지지 또는 반대하기 위한 다음의 행위를 해서는 아니 된다.
  1. 투표를 하거나 하지 아니하도록 권유 운동을 하는 것
  2.~3. 생략
  4. 기부금을 모집 또는 모집하게 하거나, 공공자금을 이용 또는 이용하게 하는 것
  5. 생략
③~④ 생략

구 「지방교육자치에 관한 법률」(2006. 12. 20. 법률 제8069호로 개정되고, 2010. 2. 26. 법률 제10046호로 개정되기 전의 것)
제22조(교육감의 선출)
①~② 생략
③ 교육감 선거에 관해 이 법에 정한 것을 제외하고는 그 성질에 반하지 않는 범위 안에서 「공직선거법」의 시·도지사 선거에 관한 규정을 준용한다.

정치자금법(2005. 8. 4. 법률 제7682호로 개정된 것)
제31조(기부의 제한)
① 외국인, 국내·외의 법인 또는 단체는 정치자금을 기부할 수 없다.
② 누구든지 국내·외의 법인 또는 단체와 관련된 자금으로 정치자금을 기부할 수 없다.

정치자금법(2005. 8. 4. 법률 제7682호로 개정된 것)
제45조(정치자금부정수수죄)
① 이 법에 정하지 아니한 방법으로 정치자금을 기부하거나 기부받은 자(정당·후원회·법인 그 밖에 단체에 있어서는 그 구성원으로서 당해

> 위반행위를 한 자를 말한다. 이하 같다)는 5년 이하의 징역 또는 1천만 원 이하의 벌금에 처한다. 다만, 정치자금을 기부하거나 기부받은 자의 관계가 「민법」 제777조(친족의 범위)의 규정에 의한 친족인 경우에는 그러하지 아니하다.
> ② 다음 각 호의 어느 하나에 해당하는 자는 5년 이하의 징역 또는 1천만 원 이하의 벌금에 처한다.
>   1.~4. 생략.

2. 청구인의 주장

청구인들은 공무원의 구체적 직무수행에 직접 영향을 미치는지 여부에 전혀 상관없이 선거운동, 투표 권유 운동 및 기부금 모집을 금지한 것은 정치적 표현의 자유, 선거운동의 자유와 기회균등을 침해하는 것이라고 주장했다. 또한, 지방교육자치법 조항이 명확한 기준을 제시하지 않고, 정치자금법 조항이 단체구성원들의 정치적 기본권을 지나치게 제한하고 있다고 주장했다.

3. 쟁점과 판단

가. 쟁점

해당 사건의 쟁점은 선거운동 금지조항이 과잉금지원칙을 위배해 선거운동의 자유 및 정치적 의사 표현의 자유를 침해하는지, 죄형법정주의의 명확성 원칙에 위배되는지, 단체의 이름으로 정치자금을 기부하는 것이 헌법에 위반되는지 여부를 확인하는 것이다.

나. 교육공무원 선거운동 금지조항 과잉금지원칙 위배 판단 기준

헌법 제7조 제2항은 공무원의 정치적 중립성을 명시하고 있고, 이 같은 요청은 행정의 일관성을 통해 공무집행에서 혼란 초래를 예방하고 국민의 신뢰를 확보하기 위함이다. 또한, 헌법 제31조 제4항은 교육의 정치적 중립성을 명시한다. 이는 교육이 정치적 세력으로부터 부당한 간섭을 받지 아니하도록 하는 헌법적 보장이다. 이를 바탕으로 교육공무원의 선거운동 금지는 공무원의 정치적 중립성, 교육의 정치적 중립성을 보장하기 위한 정당성을 지닌다. 이는 유사한 역할을 수행하는 사립학교 교원에게도 동일하게 적용할 수 있다. 또한, 선거에 영향을 미친 행위 중 특정 정당 및 후보자를 위해 투표를 권유하는 행위는 선거운동의 하나로, 정치적 중립성에 정면으로 반대하는 행위다. 아울러 기부금 모집 금지 조항 역시 선거의 형평성과 공정성을 기하고자 한 것으로 입법목적의 정당성이 인정된다.

다. 기부금 모집 금지조항 과잉금지원칙 위배 판단 기준

선거운동의 개념은 매우 넓으며, 이는 실제로 매우 다양하고 복잡한 형태로 행해질 것이어서, 그 가운데 어느 것을 교육공무원이라는 신분과 관련해 금지될 필요가 있는 방법으로 구분, 특정할 것인지는 그 범위를 정하기가 쉽지 않다. 또한, 공무원이 공동체와 국민 모두의 이익을 실현하기 위해 존재하는 것이라는 본질적 측면에 비추어볼 때, 공무원의 직급이나 직렬 등에 상관없이 공무원의 특정 정당 또는 후보자를 위한 선거운동을 모두 금지하는 것이 부득이하고 불가피하다. 더구나 기부금 모집에 공무원이 주도적으로 관여할 때는 여러 가지 직·간접적인 압력으로 개인의 진정한 의사 형성을 방해하거나 왜곡할 우려가 있고, 공무원의 중립성을 해하지 않는 범위에서 개인의 정치적 의사 형성이 온전하게 이루어질 수 있는 공무원의 기부금 모집행위를 일반적·추상적으로 규범화해 허용하는 것은 입법기술상 곤란할 뿐만 아니라, 공무원의 정치적 중립성과 선거의 공정성 보장이라는 입법목적 달성에 충분한 수단이라고 보기 어렵다는 점에서, 이 사건 기부금 모집 금지조항이 공무원의 기부금 모집 행위 등을 금지하는 것은 목적 달성을 위한 불가피한 조치로 볼 수 있다.

라. 지방교육자치법 및 정치자금법 처벌 조항에 대한 헌법 위반 판단 기준

선거운동 주체에 대해 어느 범위에서 이를 허용하고 금지할 것인가는 각 나라가 처한 정치·사회·경제적 사정, 선거문화의 수준, 민주시민의식의 성숙 정도 등 제반 사정에 따라 달라질 수밖에 없는데, 우리나라의 경우 과거 여러 차례 실시된 각종 선거에서 관권, 금권 등의 개입에 의한 부패 및 탈법과 그에 따른 민의 왜곡을 반복적으로 경험한 바 있어 이를 시정하고자 하는 국민적 열망은 다른 나라에 비할 바가 아니다 헌재 2004. 4. 29. 2002헌마467, 판례집 16-1, 541, 554.

따라서 이 사건 교육공무원 선거운동 금지조항이 달성하고자 하는 공익과 이로써 제한되는 기본권 사이에 현저한 불균형이 있다고 볼 수도 없다. 또한, 이 사건 투표권유운동 금지조항에 의해 금지되는 것은 공무원이 선거에서 특정 정당 및 특정인을 위해 선거운동을 하는 행위다. 따라서 선거에 관한 단순한 의견 개진 및 의사표시 등 단순한 정치적 의사표현 행위는 허용된다고 할 것이다. 결국 이 사건 투표 권유 운동 금지조항에 의한 공무원의 정치적 기본권 제한은 수인 불가능할 정도로 큰 것이 아닌 반면, 관권선거 및 불법적이고 반민주적인 상황의 방지, 선거의 공정성 및 형평성 확보, 법 집행의 공정성 유지, 공무의 공익 추구성 등 이 사건 투표 권유 운동 금지조항에 의해 달성되는 공익은 대의민주제를 채택하는 민주국가에서 유보할 수 없는 매우 중요한 가치이므로, 법익의 현저한 불균형을 인정하기 어렵다. 더불어 공공자금을 이용하는 등의 행위이고, 공무원이 선거와 관계없이 하는 단순한 정치적 의사표현 행위는 허용된다. 결국 이 사건 기부금 모집 금지조항에 의한 공무원 개인의 정치적 표현의 자유 제한은 내용 중립적인 방법 제한으로서 수인 불가능할 정도로 큰 것이 아닌 반면, 금권정치 차단, 선거의 공정성 확보 및 공무원의 정치적 중립성 확보 등 이 사건 기부금 모집 금지조항에 의해 달성되는 공익은 대의민주제를 채택하는 민주국가에서 매우 크고 중요한 것인바, 법익의 현저한 불균형을 인정하기 어렵다.

마. 결론

따라서 위 법률조항들은 모두 헌법에 위반되지 아니하므로, 정치자금법 조항들에 관한 재판관 목영준, 재판관 송두환의 반대의견이 있는 외에는, 나머지 관여 재판관 전원의 일치된 의견으로 구 공직선거법(2005. 8. 4. 법률 제7681호로 개정되고, 2010. 1. 25. 법률 제9974호로 개정되기 전의 것) 제60조 제1항 제4호 중 '국가공무원법 제2조에 규정된 국가공무원 중 교육공무원'에 관한 부분 및 같은 항 제5호 중 '제53조 제1항 제7호에 해당하는 자' 부분, 국가공무원법(2008. 3. 28. 법률 제8996호로 개정된 것) 제65조 제2항 제1호 및 제4호, 구 지방교육자치에 관한 법률(2006. 12. 20. 법률 제8069호로 개정되고, 2010. 2. 26. 법률 제10046호로 개정되기 전의 것) 제22조 제3항, 정치자금법(2005. 8. 4. 법률 제7682호로 개정된 것) 제31조 제1항, 제2항 중 '국내의 단체'에 관한 부분 및 제45조 제2항 제5호 중 '제31조 제1항, 제2항 중 국내의 단체에 관한 부분에 위반해 정치자금을 기부하거나 받은 자' 부분은 헌법에 위반되지 아니한다.

4. 이 사건 정치자금법 조항들에 관한 [재판관 목영준, 재판관 송두환의 반대의견]

우리는, 국내의 단체가 정치자금을 기부하는 것과 누구든지 국내의 단체와 관련된 자금으로 정치자금을 기부하는 것을 금지하는 이 사건 정치자금법 조항들은 헌법에 위반된다고 판단하므로, 아래와 같은 반대의견을 밝힌다.

정치적 활동을 목적으로 결성된 단체가 그 목적에 따른 정치활동을 하고 정치자금을 기부하는 것은 결사의 자유로서 보호된다. 나아가 정치적 활동을 목적으로 하지 않는 단체라도 그 단체의 목적을 달성하기 위해 필요한 경우에는 단체 또는 구성원의 이름으로 정치적 활동을 할 수 있고 정치자금을 기부할 수 있으며, 그러한 정치적 활동도 결사의 자유로서 보호된다. 그런데 이 사건 정치자금법 금지조항은 정치적 활동을 결사의 목적으로 하는 정치적 단체에 대해서도 적용되는바, 이는 정치적 단체의 정치적 활동의 자유와 결사의 자유를 본질적으로 침해하는 것이다.

나아가 비정치적 단체의 정치자금 기부가 민주적 의사형성과정을 왜곡하거나 선거의 공정을 해칠 우려가 있다고 하더라도, 이런 부작용을 방지할 제도적 장치조차 강구하지 아니한 채 단체의 목적을 달성하기 위해 필요한 경우에도 일률적으로 정치자금 기부를 금지하는 것은 적절한 수단이라고 할 수 없으며, 내부의 민주적 의사결정과정을 거친 정치자금 기부에 대해서도 단순히 단체 구성원의 의사에 어긋날 우려가 있다는 이유로 일률적으로 제한하는 것 역시 입법목적 달성을 위한 적합한 방법이라고 할 수 없다.

결국 이 사건 정치자금법 금지조항은 과잉금지원칙에 반해 단체의 정치적 활동의 자유나 결사의 자유를 과도하게 제한하고 있으므로 헌법에 위반된다.

다만, 이 사건 정치자금법 금지조항은 헌법에 위반되는 내용과 헌법에 위반되지 않는 내용을 함께 포함한다고 할 것이고, 이를 구분하는 일은 입법형성권을 가진 국회에 맡김이 상당하므로, 헌법재판소는 헌법불합치결정을 하고 입법개선을 촉구해야 한다.

Ⅳ. 정당법 제22조 제1항 제1호 등 위헌소원

〔헌법재판소 2014. 3. 27. 선고 2011헌바42 전원재판부 결정〕

1. 사건 개요 및 심판대상

청구인(정○후, 이○범, 이○섭)들은 국·공립학교 교원으로 ○○당에 당원으로 가입해, 2005. 5. 20.경부터 2008. 9. 25.경까지 당 계좌에 수회에 걸쳐 후원회비 명목으로 정치자금을 기부했다. 이에 따라 국가공무원에 대한 정당법 및 국가공무원법의 정당 가입 금지조항과 국가공무원법의 정치적 행위 규제조항 위반으로 2010. 5. 6. 기소되었다[서울중앙지방법원 2010고합485, 497(병합), 533(병합)]. 이에 따라 청구인들은 위헌법률심판제청신청(2010초기3371)을 했으나 2011. 1. 26. 기각되자, 헌법상 보장하는 정당의 자유, 직업 선택의 자유, 정치적 표현의 자유 등의 제한을 이유로 2011. 2. 24. 헌법소원심판을 청구했다.

이 사건과 관련 법령 내용은 다음과 같다.

> 「정당법」(2005. 8. 4. 법률 제7683호로 개정된 것)
> 제53조(위법으로 발기인이나 당원이 된 죄) 제22조(발기인 및 당원의 자격) 제1항 단서의 규정을 위반해 정당의 발기인이나 당원이 된 자는 1년 이하의 징역이나 100만 원 이하의 벌금에 처한다.
>
> 「국가공무원법」(2008. 3. 28. 법률 제8996호로 개정되고, 2010. 3. 22. 법률 제10148호로 개정되기 전의 것)
> 제84조(벌칙) 제44조·제45조·제65조 또는 제66조를 위반한 자는 다른 법률에 특별히 규정된 경우 외에는 1년 이하의 징역 또는 300만 원 이하의 벌금에 처한다.

2. 청구인의 주장

청구인들은 정당 가입 금지조항은 근무 중이든 아니든, 때와 장소를 가리지 아니하고 약 100만 명에 이르는 국민을 공무원 신분이라는 이유만으로 대의민주주의 실현의 전제로 헌법상 독립된 기본권으로 보장한 정당의 자유(정당 설립, 가입, 활동)를 박탈하고 있고, 공직 업무 수행을 선택하고자 하는 자의 의사결정에도 영향을 미쳐 직업선택의 자유 역시 제한한다고 보았다. 또한, 사적 영역에서의 공무원의 정당의 자유와 정치적 표현의 자유를 제약하는 것은 과잉금지원칙에 위배되고, 대학교수 등에게 허용하는 자유와 다르기에 평등의 원칙에도 위배된다고 주장했다.

3. 쟁점과 판단

가. 쟁점

이 사건의 쟁점은 이 사건 정당 가입 금지조항이 공무원의 정당 가입의 자유를 과잉금지원칙에 위반되게 침해하는지, 규제 대상인 초·중등학교 교원을 정당 가입이 가능한 대학 교원 등과 차별적으로 취급해 평등원칙에 위배되는지 여부 등에 관한 것이다.

나. 정당 가입의 자유와 직업공무원의 정치적 중립성 판단 기준

헌법 제8조1항은 헌법 제21조의 결사의 자유와 마찬가지로 정당 설립의 자유만이 아니라 누구나 국가의 간섭을 받지 아니하고 자유롭게 정당에 가입하고 정당으로부터 탈퇴할 수 있는 자유를 함께 보장한다"라고 해 ^{헌재 1999. 12. 23. 99헌마135; 헌재 2006. 3. 30. 2004헌마246}, 정당 가입의 자유는 국민 모두에게 인정되는 기본권임을 밝히고 있다. 하지만 직업공무원제도는 공무원 개인의 권리나 이익을 보호함에 그치지 아니하고 나아가 국가 기능의 측면에서 정치적 안정의 유지에 기여하도록 하는 제도이다"^{헌재 1997. 4}

24. 95헌바48 참조.

　나아가 직업공무원에 대한 정치적 중립성의 필요성에 관해, 공무원은 국민 전체에 대한 봉사자이므로 중립적 위치에서 공익을 추구하고(국민 전체의 봉사자설), 행정에 대한 정치의 개입을 방지함으로써 행정의 전문성과 민주성을 제고하고 정책적 계속성과 안정성을 유지하며(정치와 행정의 분리설), 정권 변동에도 불구하고 공무원의 신분적 안정을 기하고 엽관제로 인한 부패·비능률 등의 폐해를 방지하며(공무원의 이익보호설), 자본주의 발달에 따르는 사회경제적 대립의 중재자·조정자 기능을 적극적으로 담당하기 위해 요구되는 것(공적 중재자설)이라고 일반적으로 설명하는바, 공무원의 정치적 중립성 요청은 결국 위 각 근거를 종합적으로 고려해 공무원의 직무의 성질상 그 직무집행의 중립성을 유지하기 위해 필요한 것이다^{헌재 1995. 5. 25. 91헌마67; 헌재 2004. 3. 25. 2001헌마710 참조}. 따라서 정당 가입을 제한한 것이 과잉금지원칙에 위배된다고 볼 수 없다.

다. 대학의 교원과 초·중·고 교원의 차별적 적용에 따른 평등에 대한 판단 기준

　이 사건 정당 가입 금지조항이 대학의 교원인 공무원에 대해서는 정당 가입의 자유를 허용하면서도 청구인들과 같은 초·중등학교 교원에 대해서는 이를 금지해 양자를 차별 취급하고 있음은 문언상 명백하다. 헌법상 평등원칙은 본질적으로 같은 것은 같게, 다른 것은 다르게 취급할 것을 요구하나, 이는 모든 차별적 대우를 부정하는 절대적 평등을 의미하는 것이 아니라, 입법과 법의 적용에서 합리적인 근거가 없는 차별을 배제하는 상대적 평등을 뜻하므로, 합리적 근거가 있는 차별은 평등원칙에 반하는 것이 아니다^{헌재 2001. 6. 28. 99헌마516 참조}. 초·중등학교 교원, 즉 교사는 법령이 정하는 바에 따라 학생을 교육하는 자이고^{교육기본법 제14조 제3항, 초·중등교육법 제20조 제4항}, 반면에 대학 교원, 즉 교수·부교수·조교수와 전임강사는 학생을 교육, 지도하고 학문을 연구하되, 학문연구만 전담할 수 있는 자다 고등교육법 제15조 제2항.

이처럼 현행 교육법령은 양자의 직무를 달리 규정한다. 물론 대학교수도 학생을 교육하기는 하나 주된 직무는 연구 기능이므로, 이 점에서 매일매일 학생과 함께 호흡하며 수업을 하고 학생을 지도해야 하는 초·중등학교 교원보다 상대적으로 많은 학문연구와 사회활동의 자유가 인정된다 헌재 1993. 7. 29. 91헌마69 참조. 그뿐만 아니라 초·중등학교의 교육은 일반적으로 승인된 기초적인 지식의 전달에 중점이 있는 데 비해, 대학의 교육은 학문연구·활동과 교수 기능을 유기적으로 결합해 학문의 발전과 피교육자인 대학생들에 대한 교육의 질을 높일 필요가 있기 때문에 대학교원 자격 기준도 이와 같은 기능을 수행할 능력을 갖출 것이 요구된다 헌재 1998. 7. 16. 96헌바33등 참조.

그렇다면 이 사건 정당 가입 금지조항이 초·중등학교 교원에 대해서는 정당 가입의 자유를 금지하면서 대학 교원에게 이를 허용한다 하더라도, 이는 양자 간 직무의 본질이나 내용 그리고 근무 태양이 다른 점을 고려한 합리적인 차별이라고 할 것이므로 평등원칙에 위배된다고 할 수 없다 헌재 2004. 3. 25. 2001헌마710 참조.

라. 결론

그렇다면 심판대상조항은 헌법에 위반되지 아니하므로 구 정당법(2005. 8. 4. 법률 제7683호로 개정되고, 2011. 7. 21. 법률 제10866호로 개정되기 전의 것) 제53조 중 '제22조 제1항 단서 제1호 본문의 규정을 위반해 당원이 된「국가공무원법」제2조(공무원의 구분)에 규정된 공무원' 부분, 구 국가공무원법(2008. 3. 28. 법률 제8996호로 개정되고, 2010. 3. 22. 법률 제10148호로 개정되기 전의 것) 제84조 중 '제65조 제1항의 정당 가입에 관한 부분을 위반한 자' 부분, 제84조 중 '제65조 제4항의 대통령령으로 정하는 정치적 행위의 금지에 관한 한계를 위반한 자' 부분은 모두 헌법에 위반되지 아니한다.

4. 정당가입 금지조항에 관한 [재판관 박한철, 재판관 김이수, 재판관 강일원, 재판관 서기석의 반대의견]

공무원은 공직자인 동시에 국민의 한 사람으로서 국민 전체에 대한 봉사자의 지위와 기본권 주체의 지위라는 이중적 지위가 있다. 따라서 공무원의 국민에 대한 봉사자로서의 지위만 강조해 모든 생활 영역에서 정치적 중립성을 지켜야 한다고 볼 수는 없다. 공무원의 정치적 중립의무는 공직 수행 영역에 한정되는 것이고, 공무원이 기본권의 주체인 국민으로서 하는 정치활동까지 금지해서는 안 된다. 공무원의 기본권은 헌법 제7조가 규정하는 직업공무원제도의 기능에 수반되는 중립성과 공정성을 확보하기 위해 필요한 범위에서만 제한할 수 있기 때문이다. 이런 점에서 이 사건 정당 가입 금지조항이 공무원의 정당 가입 자체를 일반적으로 금지하는 것을 수단으로 택하는 것은 입법자에게 주어진 입법재량의 범위를 넘은 것이다. 공무원의 정치적 중립성을 보장하기 위해 공직에서의 정치활동을 제한하는 것으로 충분한데도 획일적이고 전면적으로 정당 가입을 금지하는 것은 공무원의 기본권 주체로서의 지위를 부인하는 것이다.

또한, 공무원의 정당 가입을 인정한다고 해 곧바로 정치적 중립성이 훼손되거나 교육의 중립성이 보장된다고 볼 수도 없다. 민주주의가 정착된 주요 국가에서 공무원의 정당 가입을 금지하는 나라를 찾아볼 수 없는데, 이는 공무원의 정당 가입을 허용한다고 해 정치적 중립성이 훼손되거나 공무원에 대한 국민의 신뢰가 낮아지지 않는다는 것을 반증한다. 반대로 우리의 정치 현실과 역사를 볼 때 공무원의 정치활동이 거의 전면적으로 금지되어왔다 하여 공무원의 정치적 중립이 준수되어 왔다고 보기도 어렵다. 공무원은 소속 상관의 직무상 명령에 복종해야 하는데, 고위 공무원 직군을 이루는 선출직 공무원의 정당 가입 및 정당 관련 활동을 허용하면서, 그 아래 직군 공무원들의 정당 가입을 금지함으로써 공무원의 정치적 중립을 유지하는 데 큰 역할을 하리라고 기대하는 것은 무리다. 또 법정의견의 논거 중에는 교원인 공무원에 대해서는 교육의 정치적 중립성 보장을 위해서도 정당 가입 금지가 필요하다는 취지도 있는 것으로 보인다. 하지만 헌법 제31조 제4항이 규정하는 교육의 정치적 중립성은 교육받을 권리를 보장하기 위한 것이지, 교원의 정치활동을 금지하기 위한 것이 아니다. 교육방법이나 교육내용이 종교적 종파성이나 정치적 당파성에 의해 부당하게 간섭받지 않고 가치중립적인 진리교육이 보장되어야 한다는 점(헌재 1992. 11. 12. 89헌마88)에는 의문의 여지가 없다. 그러나 그렇다고 해서 교원의 종교의 자유를 제한하거나 종교단체 가입을 금지할 수는 없는 것과 마찬가지로, 교원인 공무원의 정당 가입을 전면적으로 금지하는 등 사적 생활에서 정치적 자유를 지나치게 제한하는 것은 불합리하고 부적절한 수단이다.

결국, 이 사건 정당가입 금지조항은 입법목적과 입법수단의 인과관계가 불충분하고 공무원의 정당가입의 자유를 제한함에 갖추어야 할 적합성의 엄격한 요건을 충족시키지 못한 것이다.

V. 국가공무원법 제66조제1항 등 위헌소원 등

〔헌법재판소 2014. 8. 28. 선고 2011헌바32, 2011헌가18, 2012헌바185(병합) 전원재판부 결정〕

1. 사건 개요 및 심판대상

해당 사건은 2011헌바32와 2011헌가18 그리고 2012헌바185 병합 사건으로 각 사건 개요는 다음과 같다. 우선, 2011헌바32 사건의 청구인(김○

곤 외 4인)들은 국·공립 초·중·고등학교에 재직하는 교사로 전국교직원노동조합(이하 '전교조')의 조합원이자 간부인데, 2009. 6. 18. 전교조 교원들에 의해 행해진 1차 시국선언 과정에서 촛불시위 수사, PD수첩 관계자 수사, 노무현 전 대통령의 죽음, 용산화재 사건, 비정규직 문제, 4대강 사업, 남북관계 경색, 교육의 위기 등을 언급하면서, 당시 정부의 독선적 정국운영으로 민주주의의 위기가 초래되었다고 비판하고, 대통령 사과, 국정쇄신, 언론·집회·인권 및 양심의 자유 철저 보장, 사회적 약자 배려, 대운하 재추진 의혹 해소, 경쟁만능 학교정책 중단 등을 요구하는 내용의 시국선언을 주도하고 참여했다. 이에 따라 해당 지역 교육감으로부터 2인은 해임, 3인은 정직 1월 처분을 받았다. 해당 결정에 따라 청구인들은 징계 처분 취소를 구하는 소를 제기했고, 국가공무원법 제66조 제1항과 교원노조법 제3조에 대해 위헌법률심판제청을 신청했으나 기각되자 헌법소원심판을 청구했다.

다음으로 2011헌가 18사건의 제청신청인(김○서 외 2인)들은 국·공립 중·고등학교에 재직 중인 교사로 전교조 조합원 및 간부다. 해당 제청신청인들은 1, 2차 시국선언과 서명운동 참여에 따라, 해당 지역 교육감으로부터 국가공무원법 및 교원노조법 위반에 따른 정직 3월 처분을 받았다. 징계에 따라 제청신청인들은 징계처분 취소를 구하는 소를 제기했고, 국가공무원법 제66조 제1항 중 '집단 행위'와 교원노조법 제3조 중 '일체의' 부분에 대해 위헌법률심판제청신청을 했고, 국가공무원법에 대해서는 기각을, 교원노조법 제2조 중 '일체의' 부분에 대해서는 위헌법률심판제청을 했다.

마지막으로 2012헌바185 사건의 청구인(남○우 외 1인)들은 국·공립학교 교사로 전교조 조합원이자 간부다. 해당 청구인은 1, 2차 시국선언에 참여해 해당 지역 교육감으로부터 정직 2월 처분을 받았다. 따라서 해당 청구인들은 교원노조법 제3조에 대해 위헌법률심판제청을 했으나, 기각

후 헌법소원심판을 청구했다.

이 사건과 관련 법령 내용은 다음과 같다.

> 「국가공무원법」(2008. 3. 28. 법률 제8996호로 개정된 것)
> 제78조(징계 사유)
> ① 공무원이 다음 각 호의 어느 하나에 해당하면 징계 의결을 요구해야 하고 그 징계 의결의 결과에 따라 징계처분을 해야 한다.
>   1. 이 법 및 이 법에 따른 명령을 위반한 경우
>   2.~3. 생략
> ②~④ 생략
>
> 구 「교원의 노동조합 설립 및 운영 등에 관한 법률」(1999. 1. 29. 법률 제5727호로 제정되고, 2010. 3. 17. 법률 제10132호로 개정되기 전의 것) 제3조(정치활동의 금지) 교원의 노동조합(이하 "노동조합"이라 한다)은 일체의 정치활동을 해서는 아니된다.

2. 청구인의 주장

각 사건에 대한 청구인들의 주장을 정리하면 다음과 같다. 우선, 법원과 헌법재판소가 해석하는 '공익에 반하는 목적을 위해 직무전념의무를 해태하는 등의 영향을 가져오는 집단적 행위'라는 해석의 개념이 명확하지 못해 명확성 원칙에 위배된다. 또한, 정치적 자유를 제한하는 국가공무원법 규정이 표현의 자유, 결사의 자유, 직업선택의 자유, 행복추구권을 침해한다. 또한, 이것은 신분에 따른 차별로 평등원칙에 위반된다. 다음으로 교원노조에 대해 '일체의' 정치활동 금지는 지나치게 포괄적이어서 명확성 원칙에 위반된다. 또한, 이것은 정치적 자유를 박탈해 직업선택의 자유와 행복추구권을 침해하는 것이다. 더불어 다른 노조와 달리 교원노조에 정치활동 금지에 대한 적용은 차별이다.

3. 쟁점과 판단

가. 쟁점
해당 사건의 쟁점은 국가공무원법 규정이 헌법에서 보장하는 기본권인 표현의 자유에 위배되는지, 교원노조법 규정에서 금지하는 행위가 지나치게 포괄적이어서 다른 노조와 달리 교원노조에 정치적 표현의 자유를 과도하게 침해하고 그에 따른 불합리한 차별인지를 확인하는 것이다.

나. 국가공무원법 규정의 위헌 여부
이 사건 국가공무원법 규정의 '공무 외의 일을 위한 집단행위'는 언론·출판·집회·결사의 자유를 보장하는 헌법 제21조 제1항과 국가공무원법의 입법 취지, 국가공무원법상 공무원의 성실의무와 직무전념의무 등을 종합적으로 고려할 때, '공익에 반하는 목적을 위해 직무전념의무를 해태하는 등의 영향을 가져오거나, 공무에 대한 국민의 신뢰에 손상을 가져올 수 있는 공무원 다수의 결집된 행위'를 말하는 것으로 한정 해석되므로 명확성 원칙에 위반된다고 볼 수 없다. 국가공무원법 규정에서 공무원의 정치적 의사표현이 집단적으로 이루어지는 것을 금지하는 것은, 다수의 집단행동은 그 행위의 속성상 개인행동보다 공공의 안녕질서나 법적 평화와 마찰을 빚을 가능성이 크고, 공무원이 집단적으로 정치적 의사표현을 하는 경우에는 이것이 공무원이라는 집단의 이익을 대변하기 위한 것으로 비칠 수 있으며, 정치적 중립성 훼손으로 공무의 공정성과 객관성에 대한 신뢰를 저하시킬 수 있기 때문이다. 특히 우리나라 정치 현실에서는 집단적으로 이루어지는 정부 정책에 대한 비판이나 반대가 특정 정당이나 정파 등을 지지하는 형태의 의사표시로 나타나지 않더라도 그러한 주장 자체로 현실정치에 개입하려 한다거나, 정파적 또는 당파적인 것으로 오해받을 소지가 크다. 따라서 공무원의 집단적인 의사표현을 제한하는 것은 불가피하고 이것이 과잉금지원칙에 위반된다고 볼 수 없다.

다. 교원노조법 규정의 정치활동 금지에 대한 판단

이 사건 교원노조법 규정이 비록 '일체의' 정치활동을 금지하는 형태로 규정되어 있지만, 교육의 정치적 중립성을 선언한 헌법과 교육기본법의 규정 및 교원노조법의 입법목적, 교원노조의 인정 취지, 그리고 관련 규범들과의 관계 등을 종합적으로 고려할 때, 이 규정에 의하더라도 교원의 경제적·사회적 지위 향상을 위한 활동은 노조활동의 일환으로서 당연히 허용되고, 교원노조는 교육 전문가 집단이라는 점에서 초·중등교육 교육정책과 관련된 정치적 의견표명 역시 그것이 정치적 중립성을 훼손하지 않고 학생들의 학습권을 침해하지 않을 정도의 범위 내라면 허용된다고 보아야 한다. 이와 같이 이 사건 교원노조법 규정의 의미 내용을 한정해 해석하는 것이 가능한 이상, 명확성 원칙에 위반된다고 볼 수는 없다. 또한, 교원의 행위는 교육을 통해 건전한 인격체로 성장하는 과정에 있는 미성숙한 학생들의 인격 형성에 지대한 영향을 미칠 수 있는 점, 교원의 정치적 표현행위가 교원노조와 같은 단체의 이름으로 교원의 지위를 전면에 드러낸 채 대규모로 행해지는 경우 다양한 가치관을 조화롭게 소화해 건전한 세계관·인생관을 형성할 능력이 미비한 학생들에게 편향된 가치관을 갖게 할 우려가 있는 점, 교원 노조에 일반적인 정치활동을 허용할 경우 교육을 통해 책임감 있고 건전한 인격체로 성장해야 할 학생들의 교육받을 권리가 중대한 침해를 받을 수 있는 점 등에 비추어 보면, 교원노조라는 집단성을 이용해 행하는 정치활동을 금지하는 것이 과잉금지원칙에 위반된다고 볼 수 없다.

라. 결론

국가공무원법(2008. 3. 28. 법률 제8996호로 개정된 것) 제78조 제1항 제1호의 '이 법' 부분 중 제66조 제1항 본문의 '공무 외의 일을 위한 집단행위' 부분 및 구 '교원의 노동조합 설립 및 운영 등에 관한 법률'(1999. 1. 29. 법률 제5727호로 제정되고, 2010. 3. 17. 법률 제10132호로 개정되기 전의 것) 제3조 중 '일체의 정치활동' 부분은 헌법에 위반되지 아니한다.

4. 판결 전체에 대한 [재판관 이정미, 김이수 반대의견]

어떠한 표현행위가 과연 '공익'을 해하는지 아닌지에 관한 판단은 사람마다 가치관, 윤리관에 따라 크게 달라질 수밖에 없고, 법 집행자의 통상적 해석을 통해 그 의미 내용을 객관적으로 확정할 수 있는 개념이라고 보기 어려운바, '공무 외의 일을 위한 집단행위'를 '공익에 반하는 목적을 위해 직무전념의무를 해태하는 등의 영향을 가져오는 집단적 행위'라고 축소 해석한다 하더라도 여전히 그 의미는 불명확할 수밖에 없으므로 명확성 원칙에 위반된다. 또한, 이 사건 국가공무원법 규정은 공무원의 직무나 직급 또는 근무 시간 내외를 구분하지 않고 표현행위가 집단적으로 행해지기만 하면 헌법질서 수호유지를 위한 정치적 의사표현까지도 금지하므로 과잉금지원칙에 위반된다. 아울러 이 사건 교원노조법 규정의 취지는 교원 및 교원노동조합에 '일체의 정치활동'을 금지하는 것인데, 교육의 정치적 중립성으로 인해 교원의 정치활동이 일부 제한될 수는 있지만, 정치활동이 제한되는 장소·대상·내용은 학교 내에서의 학생에 대한 당파적 선전교육과 정치선전, 선거운동에 국한해야 하고, 그 밖의 정치활동은 정치적 기본권으로서 교원에게도 보장되어야 한다는 점에서 과잉금지원칙에 위배된다. 대학교원에게는 정치활동을 허용하면서 초·중등학교 교원에게는 전면적으로 금지하는 것은 현저히 불합리한 차별에 해당해 평등원칙에 위배된다.

Ⅶ. 시사점 및 소결

1. 교원의 정치적 표현의 자유 제한적 해석에 관한 시사점

국가공무원법 위반·집회 및 시위에 관한 법률 위반(대법원 2012. 4. 19. 선고 2010도6388 전원합의체 판결), 국가공무원법 제65조 제2항 등 위헌소원(헌법재판소 2012. 7. 26. 선고 2009헌바298 전원재판부 결정), 정당법 제22조 제1항 제1호 등 위헌소원(헌법재판소 2014. 3. 27. 선고 2011헌바42 전원재판부 결정), 국가공무원법 제66조 제1항 등 위헌소원 등(헌법재판소 2014. 8. 28. 선고 2011헌바32, 2011헌가18, 2012헌바185(병합)) 전원재판부 결정에 따라 교원의 정치적 표현의 자유는 제한적이라고 볼 수 있다. 해당 제한에는 「국가공무원법」이 근거가 되고, 특히 공무 외 일을 위한 집단행위의 판단 기준에 일정한 제한을 두고 있다. 또한, 선거운동에 관해서는 정치적 표현의 자유보다 더 제한적인 해석을 적용한다(헌법재판소 2012. 7. 26. 선고 2009헌바298 전원재판부 결정). 이는 헌법에서 보장하는 정치적 표현의 자유에 관해 교원은 국가공무원이라는 신분, 교원이라는 직무, 학생과 사회에 미치는 전반적 영향 등을 고려해 제한되어야 함을 판례에서 반복 제시함으로써 확인할 수 있는 사실이다.

하지만 해당 판례의 적용대상이 특정 집단임을 고려하고, 공익에 반하지 않는다는 반대의견, 정치자금법 관련한 정치적 행위의 과도한 제한이라는 반대의견, 교원의 정치적 활동 참여 금지가 아닌 학생에 대한 교육방법과 교육내용에 대한 중립성 보장이 중요하다는 반대의견 등이 있다. 또한, 판례의 결론에 도달하기 위한 근거 역시 맥락적 해석에 기반해 향후 교원의 정치적 표현의 자유의 허용 범위는 달라질 수 있을 것으로 판단한다.

2. 초·중등 교원과 대학교원 간 차별적 적용에 관한 시사점

정당법 제22조 제1항 제1호 등 위헌소원(헌법재판소 2014. 3. 27. 선고

2011헌바42 전원재판부 결정)에 따라 판례는 초·중등 교원과 대학교원 간 차별적 적용은 합리적 근거를 지닌 상대적 평등으로 규정한다. 여기서 양자의 역할이 교육중심과 연구중심으로 다르다는 것을 근거로 제시한다. 또한, 해당 차별적 적용은 정당 가입 등의 적극적 정치행위 등에도 동일하게 적용함을 확인할 수 있다. 따라서 현행 판례는 양자에 대해 다르게 상대적 평등 곧 차별적 적용을 당연하게 받아들인다고 볼 수 있다. 더불어 국가공무원법 제66조 제1항 등 위헌소원 등(헌법재판소 2014. 8. 28. 선고 2011헌바32, 2011헌가18, 2012헌바185(병합) 전원재판부 결정)에서 초·중등 교원에게만 전면적 정치활동 금지가 불합리한 차별이라는 반대 의견 외에 특별한 의견이 없다. 이런 판결의 기저는 초·중등 교육에서 잠재적 교육과정의 중요성을 계속 인정하는 것이고, 초·중등 교육에서 교사의 역할과 비중이 매우 크다고 인정하는 것으로 파악할 수 있다.

3. 소결

대한민국은 헌법 제31조 제4항에 따라 교육의 자주성·전문성·정치적 중립성 보장을 요구한다. 여기서 정치적 중립성이란 교육이 외부세력 특히 정치 및 종교세력으로부터 부당한 영향을 받지 않고 공정하게 이루어져야 한다는 것을 의미한다. 하지만 역사적으로 1961년 5. 16.과 1979년 12. 12. 군 세력에 의한 민주적이지 않은 정권 교체로 인해 교육의 정치적 중립성은 지켜지기 어려웠다. 여기서 교육의 정치적 중립성을 지키기 어려웠다는 것은 민주주의 강조 등을 민주적이지 않은 정권이 비판적으로 인식해 교원의 양심적 판단에 따라 이루어질 수 없었다는 것을 의미한다. 즉, 아이러니하게 국가는 더욱 법률적으로 제시하는 교원의 정치적 중립성을 강요하고 진정한 교육의 정치적 중립성이라고 볼 수 있는 교육의 권력지배로부터의 탈피신현직, 1999는 이루어지기 어려웠다.

또한, 국가는 교육의 정치적 중립성을 지키기 위한 수단으로 교원의 정치적 중립성을 강요했다배소연, 2020; 전윤경, 2018. 이에 따라 교원의 정치적 중립성에 대한 계속되는 논란은 교원의 기본권 제한이 교육의 정치적 중립성을 지키는 수단이 될 수 있는가에 대한 문제로 볼 수 있다.

　판례 분석은 교원의 정치적 중립성에 대한 유지와 허용요구 세력 사이에 반복되는 쟁점을 제시한다. 반복되는 쟁점은 다음과 같다. 첫째, 객관성 및 명확성에 대한 대립이다. 국가공무원법 위반·집회 및 시위에 관한 법률 위반(대법원 2012. 4. 19. 선고 2010도6388 전원합의체 판결)과 국가공무원법 제65조 제2항 등 위헌소원(헌법재판소 2012. 7. 26. 선고 2009헌바298 전원재판부 결정)을 살펴보면 '공무 외의 일', '직무수행 영향'이라는 표현이 등장한다. 해당 표현은 범위 수준에 대한 가치판단으로 절대적 기준이 없기 때문에 발생하는 쟁점이라고 할 수 있다. 둘째, 평등원칙의 대립이다. 정당법 제22조 제1항 제1호 등 위헌소원(헌법재판소 2014. 3. 27. 선고 2011헌바42 전원재판부 결정)을 살펴보면 지위에 따른 평등 원칙이 대립한다. 이것은 초·중등 교원과 대학 교원 간 정치적 참여 허용 범위의 차별이 합리적인지 아닌지의 쟁점이라고 할 수 있다. 셋째, 과잉금지 원칙의 대립이다. 국가공무원법 제65조 제2항 등 위헌소원(헌법재판소 2012. 7. 26. 선고 2009헌바298 전원재판부 결정), 국가공무원법 제66조 제1항 등 위헌소원 등(헌법재판소 2014. 8. 28. 선고 2011헌바32, 2011헌가18, 2012헌바185(병합) 전원재판부 결정)을 살펴보면 정치활동, 정당가입, 기부금, 의사표현 등 헌법 등에서 제시하는 국민으로서 정치적 기본권과 교원의 정치적 중립성 요구 간의 쟁점이라고 볼 수 있다.

　이런 쟁점들에서 사법부는 여전히 교원에게 정치적 중립성을 요구한다. 특히, 사법부는 교원에게 집단 행위, 정당가입 금지 및 정치활동 관련 부분, 대학교원과의 정치적 행위의 차별 등에 관해서는 비교적 엄격하게 정치적 중립성을 요구한다. 교원은 국가공무원이라는 신분, 교원이라는 직무, 학생과 사회에 미치는 전반적 영향 등을 고려해 제한되어야 함을 판례에서 반복 제시함으로써 확인할 수 있는 사실이다.

하지만 해당 판례는 교원의 정치적 활동 등이 공익에 반하지 않는다는 반대의견, 정치자금법 관련한 정치적 행위의 과도한 제한이라는 반대의견, 교원의 정치적 활동 참여 금지가 아닌 학생에 대한 교육방법과 교육내용에 대한 중립성 보장이 중요하다는 반대의견 등을 함께 제시하고 있다. 더불어 최근 판례는 정당이 아닌 그 밖의 정치단체 및 결성에 관여하는 행위 금지 조항은 위헌으로 결정하기도 했다(정당법 제22조 제1항 단서 제1호 등 위헌확인[헌법재판소 2020. 4. 23. 선고 2018헌마551 전원재판부 결정]). 또한, 정치자금 관련 부분은 반대의견에서 입법부의 입법 개선 등을 요구하기도 했다(국가공무원법 제65조 제2항 등 위헌소원[헌법재판소 2012. 7. 26. 선고 2009헌바298 전원재판부 결정]).

따라서 향후 사회적 배경의 변화에 따라 교원의 정치적 표현 자유 허용은 범위 수준을 달리 할 수 있을 것으로 본다. 서두에서 제시한 것과 같이 국가인권위원회, 입법부는 교원의 정치적 중립성 제한을 일부 완화할 것을 요구하고 있다. 이런 사회적 변화는 향후 사법부의 결정과 판결에 영향을 미칠 여지가 충분하다. 더불어 입법부는 교원의 정치적 중립성과 관련한 입법 개선을 위해 광범위하게 연구하며 대안을 제시해야 한다. 이를 위해 가장 먼저 교원의 정치적 행위 허용에 대한 사회적 합의가 필요하다.

그동안 초·중등 교원은 엄격한 정치적 중립성을 요구받았다. 과거의 역사적·사회적 배경이 영향을 주었지만, 민주화를 이룬 지금도 교원은 정치적 중립성을 엄격하게 지켜야 하는 신분과 지위에 있다. 따라서 해당 문제는 계속 논란이 될 것으로 본다. 따라서 우리는 교원의 정치적 기본권과 정치적 중립성 범위에 대해 광범위하게 논의해야 하고, 지금이 바로 그 시점이다.

참고문헌

국가인권위원회 결정(2019. 4. 24.). 공무원·교원의 정치적 자유 보장에 대한 권고.
구본규(2024). 교원의 정치적 기본권의 포괄적 제한에 대한 헌법재판소 결정례의 "교육" 개념 검토. 교원원리연구, 29(2), 33-58.
박보영(2023). 교원의 정치적 기본권에 관한 연구-헌법재판소 2020, 4. 23. 선고 2018헌마551 결정을 중심으로. 연세법학, 41, 399-431.
박현미, 김성천, 황유진(2023). 교원의 정치기본권 보장 방안 연구. 한국노총 중앙연구원 연구총서 2023-04.
배소연(2020). 교육의 정치적 중립성의 헌법적 의미 회복을 위한 비판적 검토-교육입법, 교육행정, 교육판례 분석을 중심으로-. 공법연구, 48(4), 173-201.
신현직(1999). 교육의 자주성, 전문성, 정치적 중립성 법리. 교육법학연구, 11, 153-127.
전윤경(2018). 교원의 정치적 기본권 보장범위에 관한 교육적 논의: 정답법 22조 제1항 제1호 등 위헌소원에 관한 판례 평석을 중심으로. 교육법학연구, 30(2), 95-117.

제4장

교육내용·교육행정의 정치적 중립성에 관한 판례와 결정

김범주

I. 들어가며

　대한민국헌법 제31조 제4항은 "교육의 자주성·전문성·정치적 중립성 및 대학의 자율성은 법률이 정하는 바에 의해 보장된다."라고 규정한다. 교육의 정치적 중립성에 관한 헌법 규정은 1962. 12. 26. 개정(헌법 제6호)으로 신설되었다. 1948. 7. 17. 제정된 제헌 헌법 제16조는 "모든 국민은 균등하게 교육을 받을 권리가 있다. 적어도 초등교육은 의무적이며 무상으로 한다. 모든 교육기관은 국가의 감독을 받으며 교육제도는 법률로써 정한다."라고 정할 뿐, 현행 헌법과 같이 제도로서의 교육이 행해지기 위해 보장되어야 할 원리나 가치에 관해 달리 규정하지 않았다. 이후 헌법 제6호 제27조 제4항은 "교육의 자주성과 정치적 중립성은 보장되어야 한다."라고 교육의 정치적 중립성에 관해 처음으로 규정했다. 이어 1980. 10. 27. 개정(헌법 제9호)되고 제29조 제4항은 "교육의 자주성·전문성 및 정치적 중립성은 법률이 정하는 바에 의해 보장된다."라고 규정했으며, 1987. 10. 29. 개정(헌법 제10호)된 현행 헌법 제31조 제4항과 같이 명문화되어 오늘날까지 유지되고 있다.
　헌법상 교육의 정치적 중립성이 구체적으로 무엇을 의미하는지는 헌법

해석의 대상이다. 헌법 제31조 제4항은 교육의 정치적 중립성을 보장해야 한다고 규정할 뿐, 그 의미나 범위를 구체적으로 명시하거나 열거하지 않기 때문이다. 아울러 동 조항은 "법률이 정하는 바에 의해 보장된다"라고 하므로, 교육의 정치적 중립성에 대한 최초해석자는 입법자인 국회이나 그 최종해석자는 헌법재판소가 된다.허완중, 2011: 365. 또한, 교육의 정치적 중립성에 관해 법률이 정하는 바는 교육기본권을 제한하려는 것이 아니라 그 구체적 내용과 범위가 법률에 의해 비로소 확인되는 형성적 법률유보의 대상이다. 그러므로 헌법제정권자가 예정했던 헌법상 교육의 정치적 중립성이 어떤 것이었는지 해석하고 논의하려는 시도의 의미는 여전히 유효하다. 나아가 헌법재판을 통해 헌법의 최종해석자가 결정문 등을 통해 설시해 온 법리를 들여다보는 작업은 유용한 방법이라 할 수 있다.

특히 이 장에서는 교육의 정치적 중립성이 교육내용과 교육행정 전반에 걸쳐 실질적으로 관철되어야 할 헌법적 원리임을 확인하고자 한다. 교육의 정치적 중립성 논의가 그 일부인 교사의 정치적 중립성에 집중되어 전개되는 경우가 있지만, 이는 교육의 전반적 구조와 운영을 포괄하는 보다 넓은 개념으로 이해되어야 한다. 이와 관련해 헌법재판소는 교육의 자주성·전문성·정치적 중립성을 헌법이 보장하는 이유로, 교육은 국가 백년대계의 기초로서 외부세력의 부당한 간섭을 배제할 필요가 있고, 교육자 또는 교육전문가에 의해 주도되고 관할되어야 하며, 교육방법이나 교육내용에서도 간섭 없이 진리교육이 보장되어야 하기 때문이라고 설시했다.[1] 특히 교육행정은 교육을 제도적으로 기획·조정·집행하는 기능을 하기에, 정치적 중립성이 확보되지 않을 경우 교육 전반에 정치적 영향력이 개입될 우려가 있다. 따라서 교육의 정치적 중립성이 실질적으로 보장되려면 교과서나 교육과정 같은 교육내용의 중립성뿐 아니라, 교육정책 형

1. 헌법재판소 1992. 11. 12. 선고 89헌마88 전원재판부 결정, 판례집 4, 762면.

성과 집행, 교육기관 감독과 지원, 인사 및 예산 배분 등에 관한 교육행정의 중립성도 확보되어야 한다.

II. 교육내용과 교육행정의 정치적 중립성에 대한 이론적 고찰

1. 대한민국헌법 제31조 제4항에서 가운뎃점(·)의 의미

헌법 제31조 제4항은 "교육의 자주성·전문성·정치적 중립성"을 병렬적으로 열거한다. 교육의 정치적 중립성에 관해 별도로 규정하지는 않는다는 뜻이다. 서두에 제시한 연혁을 참조하면, 이를 처음 규정한 헌법 제6호는 "교육의 자주성과 정치적 중립성"이라고 했고, 이후 헌법 제10호에서 전문성이 자주성과 정치적 중립성 사이에 추가되면서 지금과 같은 조문이 형성되었다.

특히 이들 사이에 병기된 '가운뎃점(·)'은 문법적으로 병렬의 의미를 나타내지만, 실질적으로는 각각의 개념이 독립적이기보다는 상호 보완적 관계에서 기능하고 있음을 시사한다. 한글 맞춤법(문화체육관광부 고시 제2017-12호)은 가운뎃점의 용례를 (1) 일정한 기준으로 묶은 어구의 열거, (2) 짝을 이루는 어구들 사이, (3) 공통 성분을 생략해 하나의 어구로 묶을 때로 제시한다. "교육의 자주성·전문성·정치적 중립성"의 경우 (1)과 같이 다른 묶음이 있는 복합 열거 방식이 아니고, (3)의 경우와 같이 "교육의"라는 공통 성분을 생략한 것으로 볼 수도 있으나, (2)와 같이 서로 짝을 이루는 개념이 결합된 표현으로 해석하는 것이 자연스럽다. 국립국어원은 짝을 이룬다는 것이 "각각의 어구가 서로 긴밀한 관계를 맺으면서 전체 집합의 필수적인 요소가 된다는 뜻"이라고 설명한다 국립국어원, 2014: 32.

헌법재판소는 법령 문언의 가운뎃점에 대해 "열거된 여러 단위가 대등하거나 밀접함을 나타날 때 쓰이고 있다"라고 설시한 바 있고(헌법재판소 2012. 3. 29. 선고 2010헌마541 전원재판부 결정), 나아가 문맥에 따라 이것이 '또는'과 '그리고' 중 무엇을 의미하는지 판시해 왔다(헌법재판소 2014. 1. 28. 선고 2011헌바252 전원배판부 결정; 헌법재판소 2015. 9. 24. 선고 2013헌바102 전원재판부 결정). 참고로, 법령 제정·개정 업무 지침(법무부예규 제1253호)은 3개 이상의 요소가 병합적 의미를 지닐 경우, 마지막 연결어 앞에 '및'을 사용하고, 그 앞의 요소들은 가운뎃점으로 연결하게 하고 있다.

요컨대 "교육의 자주성·전문성·정치적 중립성"에서 가운뎃점은 단순한 나열이 아니라 '그리고'에 해당하는 병합적 접속 기능을 하는 것으로 해석될 수 있으며, 이는 뒤따르는 "및 대학의 자율성"과도 문법적·구조적으로 호응한다. 이런 해석은 교육의 정치적 중립성이 교육의 자주성 및 교육의 전문성과 대등하거나 밀접하게 결합되어 있는 원리로, 단순히 나열된 원칙들의 집합을 넘어 헌법 제정권자가 교육에 관해 예정한 정체성을 구성하는 상호 유기적 연관성에 주목할 필요가 있음을 예증한다.

2. 교육의 정치적 중립성과 자주성, 전문성의 관계

헌법상 교육의 정치적 중립성이 가리키는 교육의 자주성, 교육의 전문성이 가리키는 의미는 일정하게 구분될 수 있다. 예컨대 과거 대한민국 헌법 제31조 제4항을 참조조문으로 제시한 헌법재판소 결정례를 살펴보면, 본문에서 교육의 자주성·전문성·정치적 중립성을 모두 언급한 것은 아니었다. 교육 비경력자가 교육위원에 대한 피선거권을 제한하는 구 지방교육자치에관한 법률(2002. 1. 26. 법률 제6626호로 개정된 것) 제60조 등에 대한 위헌확인에서 "헌법 제31조 제4항이 보장하는 교육의 전문성을 구현하기 위한 것"이라고 설시한 것(헌법재판소 2002. 3. 27. 선고 2002헌마573 전원재판부 결정), 교육위원 및 교육감의 선거인단을 학교운영위원회 위원 전원으로 구성하도록 한 구 지방교육자치에관한법률(2001. 1. 28. 법률 제6216호로 개정된 것) 제62조 제1항에 대한 위헌확인에서 "지방교육자치제에서 요구되는 교육의 자주성에 대한 요청과 민주적 정당성에 대한 요청 사이의 조화를 꾀하기 위한 것"이라고 설시한 것(헌법재판소 2002. 3. 28. 선고 2000헌마283·778(병합) 전원재판부 결정), 전라북도 지역의 일부 교육위원 선거구를 시와 군이 함께 소속된 것으로 획정한 구 지방교육자치에관한법률(2000. 1. 28. 법률 제6216호로 개정된 것) 제58조 제2항 [별표2] 등 위헌확인에서 "입법재량의 한계 내에서 교육의 자주성 및 전문성과 지방교육의 특수성을 살린다는 지방교육자치제도의 이념"이라고 설시한 것(헌법재판소 2002. 8. 29. 선고 2002헌마4 전원재판부 결정), 각종 인쇄물을 사용한 "사전선거운동"을 금지한 구 지방교육자치에관한법률 제158조(2000. 1. 28. 법률 제6216호로 개정된 것) 제2항 제1호 등에 대한 위헌소원에서 "지방교육자치가 가진 전문성과 특수성을 감안한 것"이라고 설시한 것(헌법재판소 2006. 2. 23. 선고 2003헌바84 전원재판부 결정) 등이 그렇다.

그런가 하면 헌법재판소는 비교적 최근 결정례에서 교육의 정치적 중립성을 명시적으로 언급하면서 교육의 자주성, 교육의 전문성과 그 의미를 구분한 적이 있다. 교육감 선거운동 과정에서 후보자의 과거 당원경력 표시를 금지시키는 구 지방교육자치에 관한 법률(2010. 2. 26. 법률 제10046호로 개정된 것) 제46조 제3항 위헌확인이 그것이다. 이 결정례에서 헌법재판소는 대상 법률조항이 입법목적의 정당성, 수단의 적정성, 침해의 최소성 요건을 충족한다고 판시하고, 법익의 균형성에 관해 "자신의 정치적 견해를 특정 정당의 '당원경력의 표시'라는 간단한 방법으로 알리지 못함으로써 교육감 선거 후보자가 침해받는 사익은 교육감 선거 과정에서 정당의 관여를 철저히 배제함으로써 교육의 정치적 중립성을 확보하려는 공익에 비해 크지 않다 할 것이므로, 법익의 균형성 요건 역시 충족했다"라고 설시했다. 앞서 살펴본 결정례와 달리 교육의 정치적 중립성 확보를 명시적으로 이익교량의 한 축으로 언급한 것이다(헌법재판소 2011 12. 29. 선고 2010헌마285 전원재판부 결정).

나아가 이 결정례에서 교육의 정치적 중립성을 교육의 자주성, 교육의 전문성과 구분해 설시한 내용을 살펴보면 다음과 같다. 즉, 교육감 선거 과정에서 교육의 정치적 중립성 확보의 필요성을 판단하면서, '교육의 정치적 중립성'이란 "교육이 국가권력이나 정치적 세력으로부터 부당한 간섭을 받지 아니할 뿐만 아니라 그 본연의 기능을 벗어나 정치영역에 개입하지 않아야 한다는 것"을 말한다고 설시한 것이다(헌법재판소 2011 12. 29. 선고 2010헌마285 전원재판부 결정). 앞서 '교육의 자주성'에 대해서는 "교육이 정치권력이나 기타의 간섭 없이 그 전문성과 특수성에 따라 독자적으로 교육 본래의 목적에 기해 조직·운영·실시되어야 한다는 의미에서의 교육의 자유와 독립"을 의미하고, '교육의 전문성'이란 "교육정책이나 그 집행은 가급적 교육전문가가 담당하거나, 적어도 그들의 참여하에 이루어져야 함"을 의미한다고 해 각각을 구분한다(헌법재판소 2011 12. 29. 선고 2010헌마285 전원재판부 결정).

이상에서 교육의 정치적 중립성은 교육의 자주성이나 교육의 전문성과 개념의 외연상 다소 차이가 있음을 확인할 수 있다. 교육의 정치적 중립성과 교육의 자주성은 모두 교육이 외부의 부당한 간섭을 받지 않는다는 의미를 포함한다. 그러나 이에 더해 전자는 외부로부터의 부당한 간섭뿐만 아니라 교육이 정치영역에 개입하지 않아야 한다는 의미가 있고, 후자는 교육이 자유와 독립이 이루어진 상태를 뜻한다. 한편, '교육의 자주성'과 '교육의 전문성'은 교육이 독자적으로 행해져야 한다는 공통의 의미를 포함한다. 전자는 교육의 자유와 독립이라는 지향을 나타낸다는 점에서 차이가 있고, 후자는 그 독자적 원리로서 교육전문가가 담당하거나 적어도 참여하에 교육정책이 이루어질 것을 구체적으로 가리킨다고 할 수 있다. 다만 이 결정례에서 교육의 전문성에 대해 설시한 대목은 독립된 개념의 정의라기보다는 교육의 자주성을 보장하기 위한 수단적 요소로 제시된 것으로 볼 여지가 있다.[2] 교육의 자주성에 대해 "그 전문성과 특수성에 따라" 실시되어야 한다고 언급하고, 이를 다시 교육의 전문성에서 순환적으로 반복하거나 구체화한 것에 지나지 않기 때문이다. 교육의 전문성에 관한 의미가 좀 더 분명해지려면, 교육정책 결정을 독자적으로 전담하거나 적어도 참여해야 할 필요성이 소구되는 교육전문가가 지니는 특성은 어떤 것인지 규명될 필요가 있다.

3. 교육내용과 교육행정의 정치적 중립성

헌법재판소가 교육의 정치적 중립성의 의미를 좀 더 구체적으로 설시한 적이 있다. 교육감 후보자가 등록신청개시일로부터 과거 2년 동안 정당 당원이 아닐 것을 규정한 구 지방교육자치에 관한 법률(2006. 12. 20. 법률 제8069호로 전부개정된 것) 제10조 제1항 등의 위헌확인에서 지방교육자치제도의 헌법적 본질에 대해 판단한 것이다. 헌법재판소는 교육의 정치적 중립성이란, "교육이 특정 정파적 이해관계나 영향력으로부터 떨어져 중립적인 입장에서 이루어져야 한다는 것으로, 교육이 국가나 정치적 권력으로부터 부당하게 간섭을 받아서도 안 되고, 교육이 그 본연의 기능을 벗어나 정치영역에 개입해서도 안 된다는 것을 뜻한다"라고 했다(헌법재판소 2008. 6. 26. 선고 2007헌마1175 전원재판부 결정).

2. 헌법재판소는 교육의 전문성에 대해 "교육정책이나 그 집행은 가급적 교육전문가가 담당하거나, 적어도 그들의 참여하에 이루어져야 함을 말한다."라고 설시한 적이 있는데, 이는 당시 헌법소원심판에서 교육인적자원부장관이 제출한 의견과 같은 것이고, 헌법재판소 역시 결정문에서 이를 참조했다고 밝혔다. 이에 대해서는 헌법재판소 2001. 11. 29. 선고 2000헌마278 전원재판부 결정, 판례집 13-2, 773면 참조. 또한, 이 결정문 별지3의 교육인적자원부장관의 의견 중 '교육의 전문성'에 관한 설명은 권영성(2000: 256)을 참조한 것으로 보인다. 다만, 이와 같은 정의는 교육의 전문성을 바탕으로 교육의 자주성을 보장하는 방법을 설명한 것이지 교육의 전문성 개념을 풀이한 것이라고 보기는 어려울 것이다.

덧붙여 헌법 제31조 제4항에 따라 교육의 정치적 중립성이 요구되는 영역을 크게 교육내용, 교사, 교육행정의 세 가지로 구분해 제시했다. 교육의 정치적 중립성 보장을 위해 "교육내용의 정치적 중립성이나 교사의 정치적 중립성뿐만 아니라 교육을 운영하고 감독하는 교육행정의 정치적 중립성도 요구된다."라고 설시한 것이다.

종합해 보면, 교육의 정치적 중립성이 요구하는 바는 그 내용과 영역을 조합해 크게 여섯 가지로 구분될 수 있다. 다만, 교육내용은 교사의 교육활동을 통해 전달되는 것이고 교육행정에 의해 일정하게 정해질 수 있는 것이므로, 교육내용이 그 자체로 본연의 기능을 벗어나서 정치영역에 개입한다는 것은 예정하기 어렵다. 이에 이 장에서 교육내용과 교육행정에 관한 정치적 중립성에 관해 다루고자 하는 바를 다음과 같이 정리할 수 있다.

(1) 교육내용이 국가나 정치적 권력으로부터 부당하게 간섭받지 않을 것
(2) 교육행정이 국가나 정치적 권력으로부터 부당하게 간섭받지 않을 것
(3) 교육행정이 그 본연의 기능을 벗어나서 정치영역에 개입하지 않을 것

Ⅲ. 교육내용의 정치적 중립성에 관한 판례와 결정

이 절에서는 각 판례에 대한 평석을 겸해 교육내용이 국가나 정치적 권력으로부터 부당하게 간섭받지 않을 것에 대해 사법부가 제시한 바를 종합적으로 논의한다.

1. 교과용도서 국정제 헌법소원(헌법재판소 1992. 11. 12. 선고 89헌마88 전원재판부 결정)

교사의 중학교 국어교과서 자유발행이 원천적으로 제한되는 교과용도서의 국정제가 헌법상 교육의 자주성·전문성·정치적 중립성 원칙 등에 따라 보장되는 기본권을 침해했다는 헌법소원에 대해 헌법재판소의 결정을 살펴본다.

가. 사건 개요 및 심판 대상

중학교 국어교사인 청구인은 한 교사모임에서 동료 교사들과 중학교 국어교과서를 저작·출판하고자 했다. 그러나 법령상 중학교 국어교과서는 교육부가 저작·발행·공급하도록 규정한바, 청구인의 중학교 국어교과서 발행은 원천적으로 불가능하다는 것을 알게 되었다. 이에 청구인은 1989. 5. 11. 교과용도서에 관해 규정한 법률과 대통령령의 각 조항(이하 "교과서규정"이라 한다)이 헌법 제31조 제4항 등에 위반되어 헌법상 기본권을 침해한다고 주장하며 헌법소원심판을 청구했다.

이 사건에서 심판 대상이 되는 교과서규정은 다음과 같다.

구 교육법(1988. 4. 6. 법률 제4009호로 개정된 것)
제157조(교과서의 저작·검정·인정) ① 대학·교육대학·사범대학·전문대학을 제외한 각 학교의 교과용도서는 교육부가 저작권을 가졌거나 검정 또는 인정한 것에 한한다.
② 교과용 도서의 저작·검정·발행·공급 및 가격사정에 관한 사항은 대통령령으로 정한다.

구 교과용도서에 관한 규정(1988. 8. 22. 대통령령 12508호로 개정된 것)
제5조(편찬) 1종도서는 교육부가 편찬한다. 다만, 교육부장관이 필요하다고 인정하는 1종도서는 연구기관 또는 대학 등에 위탁해 편찬할 수 있다.

나. 결정의 주요 내용

1) 결정 요지

헌법재판소는 국민의 수학권은 수업의 자유보다 우선한다면서, 이를 보호하고자 자유발행제로 하는 것이 온당하지 않다면 국가가 관여할 수 밖에 없다고 판단했다. 또한, 관여할 수 있는 헌법적 근거가 있다는 것을 인정하면서 검·인정제로 할지 국정제로 할지에 대해서는 그 인정 범위에서 국가가 재량권을 갖는다고 보았다. 이에 중학교 국어교과서에 관한 한 교과용도서의 국정제는 교육의 자주성·전문성·정치적 중립성과 무조건 양립되지 않는 것이라 하기 어려우므로 재판관 변정수의 반대의견을 제외한 나머지 관여 재판관의 일치된 의견으로 청구인의 심판청구를 기각했다.

2) 교육의 자주성·전문성·정치적 중립성과 교과서 국정제

이 결정에서 교과서 국정제가 교육의 자주성·전문성·정치적 중립성과 무조건 양립되지 않는 것이라 하기 어렵다고 판단하면서 제시한 법리는 다음과 같다.

먼저, 다음과 같은 이유로 헌법 규정과 모순될 수 있다. 하나는, 교과서 국정제는 정부의 행정관료에 의해 교과·교육내용이 영향을 받을 소지가 있다. 특히 교육의 자주성이 보장되려면 교육행정기관에 의한 교육내용에 대한 부당한 권력적 개입이 배제되어야 한다. 다른 하나는, 교과서 국정제는 국가가 교과서를 독점하는 체제이므로 검·인정제나 자유발행제에 비해 교과서 발행 방법이 폐쇄적이라는 문제가 지적될 수 있다. 학생의 사고력을 획일화·정형화할 위험이 있고, 고위 관료나 정치가들의 견해나 영향이 강하게 작용하더라도 시정되거나 극복되기 어렵다는 것이다.

그러나 다음과 같은 점에서, 국가가 교과용도서의 발행에 관여하는 것

이 정당화될 수 있다고 판단했다. 하나는, 학생의 수학권을 내실 있게 보장하고 교육내용의 객관성·전문성·적정성을 유지하기 위한 관여 방법으로 국정제를 채택할 수도 있다는 것이다. 교과서 국정제는 교육의 자주성·전문성·정치적 중립성에 비추어 바람직하다고 하기는 어렵지만, 의회민주주의 제도하에서 그 기준은 국회가 법률의 형태로 제정할 수밖에 없다는 점에서 헌법적으로 정당화된다. 다른 하나는, 교과용도서 국정제가 교육의 자주성·전문성·정치적 중립성 보장 규정에 비추어 위헌은 아니나 그 제도가 교육이념과 현실에 비추어 가장 합리적이고 바람직한지는 별개의 것이다. 특정 과목의 교과서는 국정이 오히려 국민의 수학권 실현에 충실한 것일 수 있다. 그러나 그렇지 않다면 국정제보다 검·인정제, 검인정제보다는 자유발행제가 교육의 자주성·전문성·정치적 중립성을 보장하는 헌법 이념에 충실하고 교육의 질을 높일 수 있다.

3) 재판관 변정수의 반대의견

반대의견을 제시한 재판관 변정수는 초·중·고등학교 교과서에 관해 교사의 저작 및 선택권을 완전히 배제하고 중앙정부가 이를 독점하게 한 교육법 제157조는 정부가 정권의 지배 이데올로기를 독점적으로 교화해 청소년을 편협하고 보수적으로 의식화시킬 수 있는 기회를 부여하는 것이라고 보았다. 그러므로 교육의 자주성·전문성·정치적 중립성을 선언한 헌법 제31조 제4항에 반하고 교육자유권의 본질적 내용을 침해한다는 점에서 헌법 제37조 제2항에도 반한다는 것이다. 또한, 교육법 제157조 등이 교육제도의 본질적 사항에 속하는 교과서의 저작·출판·선택 등에 대한 구체적 기준과 방법 및 절차 등의 사항을 규정하지 않고 있고 대통령령으로 정하도록 위임해 행정입법에 포괄적으로 백지위임했다면서 교육제도 법정주의의 원리에 위반된다고 지적했다.

다. 평석

이 결정은 교과용도서의 국정제가 교육의 자주성·전문성·정치적 중립성을 위반해 기본권을 침해하는지 판단한 최초의 판례로 중요한 의의가 있다. 헌법재판소가 교과서 국정제가 위 헌법적 원리들과 반드시 양립 불가능한 것은 아니라며 합헌 결정을 내렸지만, 국정제가 교육의 자주성·전문성·정치적 중립성과 모순될 수 있다고 지적했다는 점도 주목할 필요가 있다.

위헌은 아니라면서 국정제보다는 저작·발행이 헌법 이념에 충실할 수 있다는 설시가 자못 모순적으로 이해될 수 있다. 이에 대해서는 사법부에 속하는 국가 작용으로서 헌법재판소 역할 범위가 함께 고려되어야 한다. 헌법재판소는 그 법률이 최악은 아닌지를 심사할 뿐, 최상인지를 심사하지 않는다 이재홍, 2025: 408. 결정문에서 확인할 수 있듯이, 교과서 국정제가 헌법 규정에 비추어 바람직하다고 하기 어렵다 하더라도 의회민주주의 제도하에서 그 기준은 국회가 법률의 형태로 제정할 수밖에 없다며 이를 에둘러 적시한 것으로 보인다. 그러므로 권력분립의 원칙하에서 사법작용이 멈춘 지점은 전적으로 입법 재량을 존중하려는 태도로 이해함이 타당하다. 즉, 재판관 다수 의견에서 교과서 국정제 시행은 필요 최소한도에 그치는 것이 바람직하다고 설시하는 것 이상의 판단은 중지한 것이다.

그러나 결정 이후 30여 년이 지난 현재까지도 교과서 제도에 관한 법률 규정은 거의 변하지 않았다.[3] 시간에 따라 국정교과서의 비율이 계속 감소하고 검·인정 교과서는 그만큼 늘어났지만, 이 역시 행정부가 고시와 같은 행정규칙으로 정한 것이다. 적어도 헌법적으로 바람직한 최상이 아닌 상태에 대해 입법자 고유의 권능이 전혀 행사되지 않았다는 지적을 면하기 어렵다. 특히, 재판관 변정수의 반대의견은 현행 관련 법률[4]에 대해서도 시사하는 바가 크다. 교과서 국정제가 교육의 자주성·전문성·정치적 중립성에 반하고, 교육제도의 본질적 사항으로서 교과서에 관한 사항을 행정입법에 포괄적으로 백지위임했다는 지적이다. 다수의견 역시 교육의 자주성과 정치적 중립성의 가치에 공감하면서 이들 가치가 법률상 입법자의 재량 범위에서 조정될 수 있다는 점을 내비친 만큼, 헌법 제31조 제4항이 선언적 원칙에 그치지 않고 구체적 입법에 대한 통제 기준으로 작용할 수 있도록 논의가 계속되어야 할 것이다.

2. 검정교과서 수정명령 취소소송(대법원 2013. 2. 15. 선고 2011두21485 판결)

교육과학기술부장관이 고등학교 한국 근·현대사 교과서 발행사에 대해 수정을 명한 처분의 취소소송에 대해 대법원의 판결을 살펴본다.

가. 사건 개요 및 관련 법령

교육과학기술부장관(이하 "피고")은 2008. 11. 26. 금성출판사를 포함한 고등학교 근·현대사 교과서 발행사에 '역사교과전문가협의회'가 마련한 수정권고안에 따라 검정교과서의 일부 내용을 수정할 것을 명하는 처분(이하 "이 사건 처분")을 했다. 금성출판사가 발행한 고등학교 근·현대사

---

3. 교육부고시 제2015-78호인 중·고등학교 교과용도서 국·검·인정 구분이 2015. 11. 3. 고시되어, 중학교 사회(역사/도덕 포함)와 고등학교 한국사 국정제가 확정된 일이 있다. 관련해 이 고시 내용이 헌법상 기본권을 침해한다고 주장하면서 헌법소원심판을 청구한 적이 있으나, 2017. 1. 6. 교육부 고시(제2017-108호)로 폐지됨에 따라 위헌 여부를 가릴 권리보호이익은 소멸했다는 이유로 각하되었다. 이상에 대해서는 헌법재판소 2018. 3. 29. 선고 2015헌마1060등, 판례집 30-1, 490면 참조; 그러나 교과서 국정제는 교육내용독점권을 가진 국가가 국민이 이념적으로 일치된 생각을 갖도록 강제하는 것이고, 행정청 고시로 교과서 국정발행이 가능하게 하는 것은 교육제도 법률주의와 국민의 기본권 실현에 중요한 사항은 의회에서 직접 정하게 하는 의회유보원칙에 반한다는 취지로 국회가 그 주요 내용을 결정하는 것이 타당하다는 논의가 있는바, 이 사안은 여전히 유효하다. 이상의 주장에 대해서는 신옥주(2015: 191) 참조.
4. 초·중등교육법 제29조(교과용 도서의 사용) ① 학교에서는 국가가 저작권을 가지고 있거나 교육부장관이 검정하거나 인정한 교과용 도서를 사용해야 한다. ② 교과용 도서의 범위·저작·검정·인정·발행·공급·선정 및 가격 사정(査定) 등에 필요한 사항은 대통령령으로 정한다.

교과서의 공동저작자들(이하 "원고들")은 법률유보원칙에 반해 무효인 규정에 근거한 처분이고, 교과용도서심의회 심의 절차에 흠결이 있으며, 재량권 일탈·남용(수정의 필요성 흠결 등) 등의 하자가 있어 이 사건 처분이 위법하다고 주장하면서 수정명령 취소를 구하는 소를 제기했다.

서울행정법원은 이 사건 처분의 절차적 하자가 있어 위법하므로 수정명령 취소 판결을 했다(서울행정법원 2010. 9. 2. 선고 2009구합6940 판결). 이에 피고가 서울행정법원 판결의 취소를 구하는 취지로 항소했고, 서울고등법원은 이 사건 처분이 적법하다고 보아 원고의 청구를 기각하고 피고의 항소를 받아들여 원심을 파기하는 판결을 했다(서울고등법원 2011. 8. 16. 선고 2010누31319 판결). 이에 원고들이 원심판결이 수정명령 요건과 절차에 관한 법리를 오해했다는 등의 이유로 상고하고 대법원 판결에 이른 것이다.

이 사건 판결을 위해 참조한 법령 조문은 다음과 같다.

구 초·중등교육법(2012. 3. 21. 법률 제11384호로 개정되기 전의 것)
제29조(교과용도서의 사용) ① 학교에서는 국가가 저작권을 가지고 있거나 교육과학기술부장관이 검정 또는 인정한 교과용도서를 사용해야 한다.
② 교과용도서의 범위·저작·검정·인정·발행·공급·선정 및 가격사정에 관해 필요한 사항은 대통령령으로 정한다.

구 교과용도서에 관한 규정(2009. 8. 18. 대통령령 제21687호로 개정되기 전의 것)
제10조 (합격결정) ① 검정의 합격결정은 심사의 결과에 따라 교육과학기술부장관이 행한다.
제18조 (교과용도서심의회의 설치) 교과용도서의 편찬·검정·인정·가격사정 및 발행 등에 관한 사항을 심의하기 위해 교육과학기술부에 각급학교의 교과목 또는 도서별로 교과용도서심의회(이하 "심의회"라 한다)를 둔다.

> 제19조(심의회의 구성) 각 심의회는 5인 이상의 위원으로 구성하되, 위원은 다음 각호의 1에 해당하는 자중에서 교육과학기술부장관이 위촉 또는 임명한다.
> 1. 교원
> 2. 산업체나 연구소의 연구경력을 가진 자
> 3. 행정기관 또는 교육연구기관에 근무하는 자
> 4. 학부모
> 5. 시민단체(비영리민간단체지원법 제2조의 규정에 의한 비영리민간단체를 말한다. 이하 같다)에서 추천한 자
> 6. 교과용도서의 발행에 전문지식이 있는 자
> 7. 물가조사기관·원가계산기관 소속 관계전문가
> 8. 그 밖에 당해 교과목 또는 도서에 관한 학식이 풍부한 자
>
> 제21조(회의) ① 각 심의회의 회의는 위원장 또는 교육과학기술부장관이 소집하고, 위원장이 그 의장이 된다.
> ② 각 심의회의 회의는 재적위원 과반수의 출석으로 개의하고, 출석위원 과반수의 찬성으로 의결한다. 다만, 검정에 관한 회의는 재적위원 3분의 2 이상의 찬성으로 의결한다.
>
> 제26조(수정) ① 교육과학기술부장관은 교과용도서의 내용을 수정할 필요가 있다고 인정될 때에는 국정도서의 경우에는 이를 수정하고, 검정도서의 경우에는 저작자 또는 발행자에게 수정을 명할 수 있다.

나. 판결의 주요 내용

대법원은 교과용도서 검정제를 채택한 구 초·중등교육법(2012. 3. 21. 법률 제11384호로 개정되기 전의 것)과 구 교과용도서에 관한 규정(2009. 8. 18. 대통령령 제21687호로 개정되기 전의 것)에 따른 교과용도서 검정 관련 규정의 목적이나 입법 취지가 헌법 제31조와 교육기본법 제3조[5], 제

---

[5] 제3조(학습권) 모든 국민은 평생에 걸쳐 학습하고, 능력과 적성에 따라 교육받을 권리를 가진다.

5조[6], 제6조[7]에서 규정한 국민의 교육을 받을 권리를 실질적으로 보장하고 교육의 자주성·전문성·정치적 중립성을 구현하고자 하는 데 있다고 보았다. 그러므로 구 교과용도서에 관한 규정 제26조 제1항(이하 "수정명령 규정"이라 한다)에 따른 '검정도서에 대한 수정명령'의 요건과 절차는 교원이나 학부모를 비롯한 이해관계가 있는 자나 관련 전문가 등의 절차적 관여가 보장된 검정제도의 본질이 훼손되지 않도록 해석해야 한다고 판시했다.

특히, 수정명령 내용이 표현상의 잘못이나 기술적 사항 또는 객관적 오류를 바로잡는 정도를 넘어서 이미 검정을 거친 내용을 실질적으로 변경하는 결과를 가져온다면 새로운 검정절차를 취하는 것과 마찬가지이므로 교과용도서심의회의 심의에 준하는 절차를 거쳤어야 한다고 판단했다. 그렇지 않으면 행정청이 수정명령을 통해 검정제도의 취지를 훼손하거나 잠탈할 수 있고, 교과용도서심의회의 심의 등 적법한 검정절차를 거쳐 검정 합격 결정을 받은 자의 법률상 이익이 쉽게 침해될 수 있기 때문이다.

이에 관여 대법관의 일치된 의견으로 원심판결을 파기하고 사건을 다시 심리·판단하도록 원심법원에 환송하는 판결을 했다.

다. 평석

이 판결은 검정교과서에 대한 교육부장관의 수정명령이 교육의 자주

---

6. 제5조(교육의 자주성 등) ① 국가와 지방자치단체는 교육의 자주성과 전문성을 보장해야 하며, 지역 실정에 맞는 교육을 실시하기 위한 시책을 수립·실시해야 한다. ② 학교운영의 자율성은 존중되며, 교직원·학생·학부모 및 지역주민 등은 법령으로 정하는 바에 따라 학교운영에 참여할 수 있다.
7. 제6조(교육의 중립성) ① 교육은 교육 본래의 목적에 따라 그 기능을 다하도록 운영되어야 하며, 정치적·파당적 또는 개인적 편견을 전파하기 위한 방편으로 이용되어서는 아니 된다. ② 국가와 지방자치단체가 설립한 학교에서는 특정한 종교를 위한 종교교육을 해서는 아니 된다.

성·전문성·정치적 중립성 등에 비추어 정당한 것인지에 관한 유일한 대법원 판례다. 형식적으로 교과용도서심의회 절차를 거치지 않은 점에 대해서까지 위법성을 인정하지 않았지만, 실질적으로 새로운 검정과 같은 효과를 발생하는 수정일 경우에는 심의에 준하는 절차가 필요하다고 판시했다. 이는 교육의 정치적 중립성과 관련해 행정청의 재량에 대한 통제를 강화하면서 절차적 정당성의 중요성을 부각한 것이라고 할 수 있다.

이처럼 교육내용으로서 교과서의 정치적 중립성을 보장하기 위해서는 정치적 영향력이 수정명령 같은 행정처분을 통해 우회적으로 행사될 가능성을 경계하는 것이 필요하다. 특히 이 사안의 경우 그 절차의 투명성과 심의기구의 독립성이 핵심으로 고려되었다고 보인다. 특히 대법원이 "교과용도서심의회의 심의에 준하는 절차"라고 판시했던 만큼, 결국 교과용도서심의회의 구성과 운영이 투명하고 독립적으로 이루어질 수 있게 하는 방안이 함께 강구되어야 하는 것이다. 다만 여전히 교과용도서에 관한 규정 제19조에 따라 각 교과용도서심의회의 위원은 교육부장관이 위촉 또는 임명하도록 하고 있다. 예단하기는 어렵지만, 이 기구든 이에 준하는 기구든 그 구성이 행정청의 단독적인 의사결정하에 있는 것이라면, 자주적·중립적으로 운영되지 못할 가능성이 여전할 것이다.

이 사건 이후에도 객관적 오류의 교정을 넘어서는 교과서 수정명령에 관한 논란이 있었다. 사법부는 대법원 2011두21485 판례에 따라 교과용도서심의회에 준하는 절차를 거쳤다고 판단해 수정명령이 적법하다고 판단했지만(서울행정법원 2015. 4. 2. 선고 2013구합29605 판결), 내용상 수정도 가능한 것이라면 이에 대한 검토는 최초 검정 당시보다 판단하기 어려울 수 있어서 절차적 통제를 위한 명확한 규정이 정비되어야 한다는 지적도 제기된다[백옥선, 2015: 239]. 즉, 교육내용으로서 교과서의 정치적 중립성 보장 원리에 비추어, 행정재량에 맡겨진 절차의 내재적 한계에 대해 최대한 객관적으로 확인해주는 입법이 검토되어야 할 것이다.

3. 초등학교 1, 2학년 영어교육 배제 고시 위헌확인(헌법재판소 2016. 2. 25. 선고 2013헌마838 전원재판부 결정)

초등학교 학생의 영어교육을 금지 또는 제한하는 국가수준 교육과정이 학생의 학습권 및 그 학부모의 자녀교육권 등을 침해했다는 헌법소원에 대해 헌법재판소의 결정을 살펴본다.

가. 사건 개요 및 심판 대상

사립초등학교 재학생 및 학부모인 청구인들은 초등학교 교육과정의 편제와 시간배당을 통해 충분히 영어교육을 받을 것을 원하고 있다. 그러나 교육과학기술부장관(이하 "교육부장관")은 2012. 12. 13. 구 초·중등교육법(2013. 3. 23. 법률 제11690호로 개정되기 전의 것) 제23조 제2항에 따라 교육과학기술부 고시 제2012-31호인 '초·중등학교 교육과정'은 초등학교 1, 2학년의 영어교육이 금지되고 3~6학년 영어교육을 일정한 시수로 제한되는 등의 내용을 포함한다. 한편, 교육부장관이 2013. 7.경 전국 사립초등학교 대상으로 조사를 했고, 그 결과 전체 76개 사립초등학교 중 32개 학교가 초등학교 1, 2학년에게 정규 교육과정이 아닌 영어수업을 하는 등의 사실이 확인되었다. 이에 교육부장관은 2013. 9.경 "사립초 영어교육 관련 정상화 추진 계획"을 수립·시행했다.

이에 청구인들은 '초·중등학교 교육과정'(교육과학기술부 고시 제2012-31호) 중 Ⅱ. 학교 급별 교육과정 편성과 운영, 1. 초등학교, 나. 편제와 시간 배당의 (1) 편제 (가) ① 단서 부분 및 (2) 시간 배당 기준 부분(이하 "초등학교 1, 2학년 영어교육 배제 고시")이 교육제도 법정주의에 반하고, 과잉금지원칙, 신뢰보호원칙, 평등원칙을 위반해 헌법상 기본권을 침해한다고 주장하며 2013. 12. 12. 이 사건 헌법소원심판을 청구했다.

이 사건에서 심판 대상인 초등학교 1, 2학년 영어교육 배제 고시는 다음과 같다.

교육과학기술부 고시 제2012-31호(2012. 12. 13.)
Ⅱ. 학교급별 교육과정 편성과 운영
1. 초등학교
나. 편제와 시간 배당
(1) 편제
(가) 초등학교 교육과정은 교과(군)와 창의적 체험활동으로 편성한다.
① 교과(군)는 국어, 사회/도덕, 수학, 과학/실과, 체육, 예술(음악/미술), 영어로 한다. 다만, 초등학교 1, 2학년의 교과는 국어, 수학, 바른 생활, 슬기로운 생활, 즐거운 생활로 한다.
(2) 시간 배당 기준

구분		1~2학년	3~4학년
교과(군)	국어	국어 448	408
	사회/도덕		272
	수학	수학 256	272
	과학/실과	바른생활 128	204
	체육	슬기로운생활 192	204
	예술(음악/미술)		272
	영어	즐거운생활 384	136
창의적 체험활동		272	204
학년군별 총 수업시간 수		1,680	1,972

① 이 표에서 1시간 수업은 40분을 원칙으로 하되, 기후 및 계절, 학생의 발달 정도, 학습 내용의 성격 등과 학교 실정을 고려해 탄력적으로 편성·운영할 수 있다.
② 학년군 및 교과(군)별 시간 배당은 연간 34주를 기준으로 한 2년간의 기준수업시수를 나타낸 것이다.
③ 학년군별 총 수업시간 수는 최소 수업 시수를 나타낸 것이다.
④ 실과의 수업 시간은 5~6학년 과학/실과의 수업시수에만 포함된 것이다.

나. 결정의 주요 내용

헌법재판소는 교육제도 법정주의(헌법 제31조 제6항)를 교육에 관한 기본정책 또는 기본방침을 최소한 국회가 형식적 의미의 법률로 규정하게 하는 헌법 원칙이라 하면서, 국민의 교육을 받을 권리가 행정기관에 의해 자의적으로 무시되거나 침해당하지 않고 교육의 자주성과 중립성을 유지하려는 것이라고 설시했다. 그러나 이 사건 청구에 대해서는 초등학교의 교육목적과 교육목표를 달성하기 위한 교육과정의 모든 사항을 법률에 규정하는 것은 입법기술상 매우 어려운 것이고, 교육여건 변화에 따른 시의적절한 대처를 위해 해당 부처에서 정하도록 할 필요가 인정된다는 이유로 초·중등교육법 제23조 제2항에 따라 교육과정 기준과 내용에 관한 기본적인 사항을 행정청이 정하도록 위임한 것이 교육제도 법정주의에 반하는 것은 아니라고 판단했다. 또한, 초등학교 1, 2학년 영어교육 배제 고시에서 초등학교 1, 2학년 교과에 영어를 배제했다 하더라도, 법령이 위임한 범위에서 그 내용을 구체화한 것이므로 위임 범위의 일탈로 볼 수 없다고 했다.

이에 초등학교 1, 2학년 영어교육 배제 고시가 헌법 원칙을 위반했다고 보기 어렵다고 판단해 관여 재판관 전원의 일치된 의견으로 청구인의 심판청구를 기각했다.

다. 평석

이 결정은 국가수준 교육과정에서 초등학교 1, 2학년의 영어교육을 배제한 고시가 교육제도 법정주의에 위반된 것인지를 판단한 것이다. 이 사건의 쟁점은 해당 고시로 인해 교육의 정치적 중립성이 직접 침해되었는지라기보다는, 교육과정 편성과 내용이 행정청 고시[8]로 규율됨에 따라 정치적·관료적 통제가 가능하다는 구조적 문제에 있다. 예컨대, 영어와 같이 특정 교과(군)의 편입·배제를 둘러싼 정책 판단이 정권의 교육 철학이나 이념적 지향에 좌우될 수 있는 것이라면, 이는 교육의 정치적 중립성을 간접적으로 침해하는 결과로 이어질 수 있기 때문이다.

당시 헌법재판소는 교육과정의 모든 사항을 법률에 규정하는 것은 입법기술상 매우 어렵다면서, 교육과정의 편제와 수업시간은 교육여건 변화에 따른 시의적절한 대처가 필요하므로 교육현장을 가장 잘 파악하고 교육과정에 대해 적절한 수요를 예측할 수 있는 해당 부처에서 정하도록 할 필요가 있다고 판시했다. 교육 분야와 같은 급부행정 영역에서는 구체성·명확성 요구가 완화될 수 있지만, 이 경우에도 당해 법률의 전반적 체계와 관련 규정에 비추어 위임조항의 내재적인 위임의 범위나 한계가 확정될 수 있어야 한다(헌법재판소 1997. 12. 24. 선고 95헌마390 결정). 즉, 이 사건 심판대상이 비록 형식적 위임의 정당성을 갖추었고 절차적으로도 행정청이 성실의무를 다한 것으로 보더라도, 해당 법률로부터 하위 법령에 규정될 대강의 내용을 예측할 수 있었다거나 행정재량에 대해 절차적 통제가 예정된 것은 아니었다고 할 수 있다.

다행히도 2021. 7. 20. 초·중등교육법이 개정되고 국가교육위원회 설치 및 운영에 관한 법률이 제정되면서, 합의제 기구를 통해 일정 부분 제도적 보완의 길이 열렸다. 하지만 국가교육위원회가 교육의 자주성·전문성 및 정치적 중립성을 실질적으로 구현하기 위한 제도적 취지에 부합하게 작동한 것인지에 대해서는 출범 초기부터 논란이 계속되어왔다.[9] 결국 현재 조건에서 교육내용으로서 교육과정을 수립·결정하는 과정에서 교육의 정치적 중립성을 실질적으로 보장하기 위한 법·제도적 접근은 국가교육위원회와 결부될 수밖에 없다. 적어도 출범 초기 논란을 교훈 삼아 그 구성·운영이 교육의 자주성·전문성·정치적 중립성 원리에 부합하도록

---

8. 2021. 7. 20. 초·중등교육법 개정에 따라 국가교육위원회고시로 변경되었다. 아래는 관련 조항.초·중등교육법 제23조(교육과정 등) ② 국가교육위원회는 제1항에 따른 교육과정의 기준과 내용에 관한 기본적인 사항을 정하며, 교육감은 국가교육위원회가 정한 교육과정 범위에서 지역 실정에 맞는 기준과 내용을 정할 수 있다.

어떻게 보완할지 정비하려는 논의가 후속되어야 한다.

4. 소결

이 절에서 검토한 판례들은 교육내용의 정치적 중립성과 관련해 헌법재판소와 대법원이 취해 온 해석 태도를 보여준다. 그러나 이런 판단들은 사법부에 속하는 국가 작용이라는 범위에서 이루어진 것이므로, 헌법제정권자가 의도한 바를 실현하기 위한 최선의 상태를 제시하는 것이라고 보기는 어렵다. 결국 그 지향을 달성하기 위한 구체적인 입법과 행정적 집행에 관한 과제는 국민주권 원리와 권력분립 원칙에 비추어 볼 때 우선 입법자인 국회의 몫이며, 그다음으로는 행정부의 책무로 남아 있다고 할 수 있다. 이에 사법적 판단으로부터 살펴본 법리를 종합적으로 검토해 시사하는 바를 정리하면 다음과 같다.

첫째, 교과서 국정제를 포함해 교과서제도 전반의 중요사항을 법률로 직접 규율하는 방안이 검토될 필요가 있다. 30여 년 전 헌법재판소 89헌마88 결정에서 국정제가 교육의 자주성·전문성·정치적 중립성과 모순될 수 있다는 지적은 적어도 입법부에 대해 여전히 유효하다. 이 결정 다수 의견에 따라 합헌성이 유지된 것은 당시 법률의 위임에 따라 교과서의 국정·검정·인정에 관한 행정부의 광범위한 재량권이 인정되었기 때문이고,

---

9. 국가교육위원회는 2024. 4. 26. 교육부의 국가교육과정 수립·변경 요청에 따라 "초등학교 1, 2학년의 '즐거운 생활'에서 신체활동을 분리해 통합교과를 신설하고 '즐거운 생활'의 음악과 미술 관련 교육목표와 성취기준을 강화"하는 국가교육과정 개정을 추진하겠다는 의안번호 제2024-08호를 의결한 바 있다. 그런데 국가교육위원회 산하 국가교육과정전문위원회는 2024. 2. 21.부터 2024. 4. 3.까지 4차례 검토 회의를 거쳐 "우선 국가교육과정 조사·분석·점검 및 이를 기반으로 교육과정 수립·변경 관련 연구 등이 충실히 진행될 필요"가 있고, "40여 년간 지속되어 온 기존 통합교과 체제에 대한 전면적인 개편 논의로 확대될 수 있는 점을 고려해야 한다"라는 사전검토 결과를 제시한 적이 있다. 아울러 국가교육과정 모니터링단에서도 찬반 의견이 엇갈리는 것으로 보고되었다. 결과적으로 교육부의 안을 거의 그대로 수용했다는 점에서, 합의제 조직으로서 교육의 자주성·전문성 및 정치적 중립성을 확보하라는 제도적 취지에 부합하게 운영되고 있는지 의문이 제기될 수 있다. 이상 경과에 대해서는 국회입법조사처(2024: 90-92) 참조,

현재까지 법률의 행정부에 대한 수권 범위는 거의 변하지 않았다. 검정교과서 수정명령 사건에서 사법적 판단의 근거가 된 절차적 규범 역시 광범위한 행정입법의 재량 내에서 정해진 것이다. 교육내용이 국가나 정치적 권력으로부터 부당하게 간섭받지 않도록 해야 한다는 견지에서 보면, 적어도 입법자가 그 최소한의 기준이나 통제장치에 관한 사항을 예정할 필요가 있다. 행정부와의 관계에서 과거와 달라진 입법부의 위상을 고려하더라도, 교육제도 법정주의 원칙에 따라 국민의 교육을 받을 권리가 행정기관에 의해 자의적으로 무시되거나 침해당하지 않도록 해야 하고, 교육의 자주성과 중립성을 유지하기 위해 교과서제도에 관한 법률 규정을 정비하는 것이 바람직하다고 본다.

둘째, 교과서제도 운영에 관한 권한을 국가교육위원회로 이양하는 방안이 검토될 수 있다. 전술한 것처럼 현행법상 교육내용에 관해 결정할 수 있는 거의 모든 사항은 행정부에 맡겨져 있다. 다만 국가교육위원회 출범 이후 국가수준 교육과정만큼은 이 합의체 행정기구에서 결정하게 함으로써, 상대적으로 비교적 절차적 통제가 가능한 장치를 마련해두었다는 차이가 있다. 물론 국가교육위원회 초기 운영 양상을 고려할 때 과연 입법목적[10]을 실질적으로 달성할 수 있을지 난망하다는 견해가 있을 수 있다. 그러나 대법원은 2011두21485 판결에서 당시 법령상 명시적인 근거 규정이 없었던 '검정도서에 대한 수정명령'의 요건과 절차에 대해, 헌법과 관계 법령을 종합적으로 고려해 교원이나 학부모를 비롯한 이해관계 있는 자나 관련 전문가 등의 절차적 관여를 보장하도록 해석하는 것이 합리적이라고 판시한 바 있다. 최근까지도 교육부는 행정입법에 따라 AI 디지털교과서를 도입해 사회적 논란이 제기되었고,[11] 역사교과서 검정

---

10. 국가교육위원회 설치 및 운영에 관한 법률 제1조(목적) 이 법은 국가교육위원회를 설치해 교육정책이 사회적 합의에 기반해 안정적이고 일관되게 추진되도록 함으로써 교육의 자주성·전문성 및 정치적 중립성을 확보하고 교육발전에 이바지함을 목적으로 한다.

관련 규정을 위반했다는 감사원 감사 결과를 통보받는 일도 있다.[12] 즉, 교육내용에 관한 한, 이를 결정하는 과정에 다양한 교육당사자와 이해관계자가 참여할 수 있도록 절차를 통제함으로써 특정 정치권력이 부당하게 개입하거나 간섭할 여지를 최소화하려는 시도가 수반되는 것이 바람직하다고 본다.

셋째, '교육내용' 자체가 정치적으로 중립적인가에 대한 판단은 사법심사의 대상이 되기 어려운 측면이 있다. 본 절에서 살펴본 판례 가운데 교육내용에 관해 헌법상 교육의 정치적 중립성을 명시적 준거로 삼아 판단한 바는 없다. 교육의 정치적 중립성의 의미 일부가 교육의 자주성 개념과 중첩된다는 점에서, '교육의 정치적 중립성'을 적시하지 않았더라도 교육의 자주성이나 전문성 보장에 관련된 사건을 다룬 판례를 소개한 것이다. 교육내용은 교원이나 교육행정과 달리 스스로 의사표시를 할 수 없다. 즉, 이를 결정하는 교육행정의 정치적 중립성이나 직접 교수하는 교원의 정치적 중립성을 통해 간접적으로 보장되어야 하는 대상인 것이다. 결과적으로 사법적 테두리 내에서 교육내용이 국가나 정치적 권력으로부터 부당하게 간섭받지 않았는지 심사한다는 것은, 교육행정에 의한 결정이 적법한 권한에 근거한 것인지를 판단하는 것과 다름없다. 결국 교육의 전문성 원리에 따라 교육내용이 결정되게 하려면, 국가의 권력적 개입을 억제할 수 있는 적법절차에 관해 입법적 통제가 뒷받침되어야 한다.

---

11. 2024. 6. 26. 국회에 AI 디지털교과서의 부작용 및 교육부 측의 준비 부족을 지적하면서 교육부의 2025 AI 디지털교과서 도입을 유보해달라는 취지로 5만 명 이상의 동의로 국민동의청원이 접수되었다. 이에 대해서는 국회교육위원회 전문위원(2024.8). 참조. 아울러 2025. 1. 17. 국회 교육위원회에서 AI 디지털교과서 검증 청문회가 열렸다. 위원장 발언에 따르면 이 청문회는 "국회법 제65조에 따라 정부의 AI 디지털교과서 도입 과정, 검정 절차, 기대 효과와 우려되는 문제점 등을 검증하는 자리"였다. 이에 대해서는 교육위원회회의록(2025.1.17.) 참조.

12. 감사원은 교육부가 검정 역사교과서의 출판사가 출판실적 기준을 미충족했음에도 검정 합격 결정 공고를 했다고 지적하면서, 교과용도서 개발에 더 엄중한 행정적 절차보완이 필요하다는 의견 및 해당 교과서에 대해서는 교과용도서에 관한 규정 제38조 제1호에 따라 적정한 조치를 취하도록 통보했다. 이에 대해서는 감사원(2025.4.: 13-20) 참조.

IV. 교육행정의 정치적 중립성에 관한 결정

이 절에서는 각 판례에 대한 평석을 겸해 교육행정이 국가나 정치적 권력으로부터 부당하게 간섭받지 않을 것과 교육행정이 그 본연의 기능을 벗어나 정치영역에 개입하지 않을 것에 대해 사법부가 제시한 바를 종합적으로 논의한다.

1. 교육위원 선거의 선거운동 방식 제한에 대한 위헌소원(헌법재판소 2000. 3. 30. 선고 99헌바113 전원재판부 결정)

교육위원선거운동 과정에서 선거공보의 발행·배포와 소견 발표회 개최 외에 일체의 선거운동을 금지하는 규정이 후보자의 공무담임권, 평등권 등을 침해했다는 헌법소원에 대해 헌법재판소의 결정을 살펴본다.

가. 사건 개요 및 심판 대상

청구인들은 교원위원 선거에 출마한 자와 교육위원 선거인이다. 이들은 1999. 1. 29. 대구지방법원에서 교육위원 선거에서 선거공보 발행·배포와 소견 발표회 개최 외에 일체의 선거운동을 금지하는 구 지방교육자치에관한법률(2000. 1. 28. 법률 제6216호로 전부개정되기 전의 것) 제5조의4(선거운동의 제한) 위반으로 벌금 70만 원과 벌금 30만 원의 형을 각각 선고받았다. 이에 불복해 항소하면서 구 지방교육자치에관한법률 제5조의4 및 같은 법 제53조가 위헌임을 주장해 재판부에 위헌법률심판제청을 신청했으나 1999. 11. 30. 기각되었다. 이에 청구인들은 1999. 12. 15. 교육위원선거운동을 제한하는 구 지방교육자치에관한법률 제5조의4 등(이하 "선거운동 제한 규정")이 헌법 제11조, 헌법 제25조 등에 위반되어 헌법상 기본권을 침해한다고 주장하면서 헌법소원을 청구했다.

이 사건에서 심판 대상이 되는 선거운동 제한 규정은 다음과 같다.

> 구 지방교육자치에관한법률(2000. 1. 28. 법률 제6216호로 전부개정되기 전의 것)
> 제5조의4(선거운동의 제한) 누구든지 자기 또는 특정인을 교육위원으로 당선되게 하거나 되지 못하게 할 목적으로 제5조의3 제2항의 규정에 의해 교육위원회의사국이 주관하는 선거공보 발행·배포와 소견 발표회 개최 외의 일체의 선거운동을 해서는 아니 된다.
> 제53조(선거운동 제한 규정 위반죄) 제5조의4(선거운동의 제한)의 규정에 위반한 자는 2년 이하의 징역 또는 400만원 이하의 벌금에 처한다.

나. 결정의 주요 내용

1) 결정 요지

 헌법재판소는 선거운동 제한 규정이 과잉금지원칙을 위배해 청구인의 공무담임권을 제한하는지에 대해 다음과 같이 판단했다. 첫째, 선거운동 제한 규정의 입법목적은 지방교육자치의 헌법적 본질인 민주성·지방성·전문성을 살리고자 한다는 점에서 정당성이 인정되었다. 둘째, 이는 선거의 지나친 과열을 방지하고 정치권의 과도한 개입을 차단해 교육위원의 자주성·전문성과 선거의 공정성을 유지·증진하는 입법효과가 있다고 보아 수단의 적정성도 인정되었다. 셋째, 간선제 선거에서는 과열·혼탁을 방지하기 위해 높은 선거운동 규제가 필요하며 교육위원선거에서 선거공보 발행·배포와 소견 발표회 개최를 통한 선거운동을 허용하는 등을 이유로 피해의 최소성 원칙을 위배하지 않았다고 보았다. 끝으로 선거운동 제한 규정에 따른 선거운동 자유의 침해와 교육의 자주성·전문성 및 선거의 공정성 확보라는 공익을 비교할 때 비례성을 상실하지 않는다고 보았다. 이에 선거운동 제한 규정은 과잉금지원칙 등 헌법에 위반되지 않으므로 관여 재판관 전원의 일치된 의견으로 청구인들의 심판청구를 기각했다.

2) 지방교육자치의 헌법적 본질

헌법재판소는 이 사건 선거운동 제한 규정의 입법목적의 정당성을 판단하면서 지방교육자치의 헌법적 본질을 민주성·지방성·전문성이라 하고, 그 법리를 자세하게 설시했다.

먼저, 국민주권 원리는 공권력 구성·행사·통제를 지배하는 우리 통치질서의 기본원리다. 그러므로 지방자치권과 국가교육권(교육입법권·교육행정권·교육감독권 등)도 이 원리에 따른 국민적 정당성 기반을 갖추어야 한다. 그런데 국민주권·민주주의 원리는 공권력의 종류와 내용에 따라 구현 방법이 다를 수 있다. 지방자치기관은 중앙·지방간 권력의 수직적 분배라는 권력분립적 속성상 중앙정치기관의 구성과 다소 다를 수 있고, 교육 부문에 대한 국민주권·민주주의의 요청도 문화적 권력이라는 국가교육권의 특수성에 따라 정치 부문과는 다른 모습으로 구현될 수 있다.

다음으로, 지방교육자치는 지방자치권 행사의 일환으로서 보장되지만, 헌법 제31조 제4항이 보장하는 교육의 자주성·전문성·정치적 중립성을 구현하기 위해 정치권력에 대한 문화적 자치로서의 속성도 지닌다. 이런 '이중의 자치'의 요청으로 말미암아 지방교육자치의 민주적 정당성 요청은 어느 정도 제한이 불가피하게 된다.

이에 지방교육자치는 '민주주의·지방자치·교육자주'라는 세 가지 헌법적 가치를 고루 만족시킬 수 있어야 한다.[13] '민주주의'의 요구를 절대시해 비정치기관인 교육위원이나 교육감을 정치기관(국회의원·대통령 등)의 선출과 완전히 동일한 방식으로 구성한다거나, '지방자치' 요구를 절대시해 지방자치단체장이나 지방의회가 교육위원·교육감의 선발을 무조건적으

---

13. 이와 함께 이 사건 심판대상의 과잉성 여부를 판단함에 교육위원선거제도의 변천 과정이 충분히 참작될 필요가 있다고 설시했다. 경험적 과정으로 미루어볼 때, 민주성·지방성·전문성의 3요소를 완벽하게 이상적으로 조화시켜 덜 제한적인 다른 입법수단을 강구하기란 결코 쉬운 일이 아니라는 것이다. 이에 대해서는 동 결정문이 수록된 판례집 12-1, 372면 참조.

로 좌우한다거나, '교육자주'의 요구를 절대시해 교육·문화 분야 관계자들만이 전적으로 교육위원·교육감을 결정하거나 하는 방식은 어느 것이나 헌법적으로 허용될 수 없다.

다. 평석

이 결정은 교육위원 선거에서 선거공보 발행·배포와 소견발표회 개최 외에 일체의 선거운동을 금지하는 규정의 위헌 여부를 심사하면서, 지방교육자치의 헌법적 본질에 관해 처음으로 설시한 판례라는 중요한 의의를 지닌다. 헌법재판소는 선거운동 제한 규정이 교육위원의 자주성과 전문성, 선거의 공정성을 유지·증진하려는 입법목적과 그 수단의 적정성이 인정되는 등, 과잉금지원칙에 위배되지 않아 헌법에 위반되지 않는다고 판단했다.

헌법재판소는 지방교육자치제도의 헌법적 본질에 관해 '민주주의·지방자치·교육자주'라는 세 가지 헌법적 가치를 골고루 만족시켜야 하는 것이라면서, '이중의 자치'가 요청되는 속성을 강조했다. 즉, 지방교육자치는 중앙권력에 대한 지방자치로서의 속성과 헌법 제31조 제4항이 보장하는 교육의 자주성·전문성·정치적 중립성을 구현하기 위한 문화적 자치로서의 속성을 동시에 지닌다는 것이다. 이에 민주적 정당성 요청이 얼마간 제한이 불가피하다고 보았다.

이런 헌법해석은 이후 다수의 결정에서 재확인되면서, 불문헌법 규범으로 형성되어 확립되는 초석이 되었다고 할 수 있다. 먼저, 이 결정에서는 선거가 혼탁·과열되지 않도록 제도적으로 차단할 필요성을 정당화하면서 "민주주의의 어떤 면면을 부득이 일부 양보할 수밖에 없는 경우를 용인하지 않을 수 없다"(헌법재판소 2000. 3. 30. 선고 99헌바113 전원재판부 결)라고 판시했다. 2000헌마283 등 결정에서는 지방교육자치의 영역에서는 주민자치의 원칙이라는 민주주의의 요청만을 철저하게 관철하는 것이 반드시 바람직한 것으로 볼 수 없다면서 앞서 제시된 법리를 재확인했다. 나아가 교육의 자주성·전문성·정치적 중립성을 보장하기 위한 입법재량의 한계로 "교육자치의 특성상 민주적 정당성에 대한 요청이 일부 후퇴하는 일이 있다 하더라도 이는 헌법적으로 용인될 수 있다"(헌법재판소 2002. 3. 28. 선고 2000헌마283·778 전원재판부 결정)라는 점을 명확하게 밝히고 있다.

다만, 이른바 '이중의 자치'라는 요청으로 말미암아 선거운동 방식을 제한하는 규정의 입법목적과 수단의 적정성이 인정된다 하더라도, 침해의 최소성 요소가 충실하게 심사된 것인지 의문이 제기될 수 있다고 본다. 요컨대 선거공보 발행·배포와 두 차례 소견발표회 개최 외 선거운동 방법을 허용하지 않더라도 후보자를 알리는 데 부족함이 없다고 판시한 것이다. 여기에는 단지 선거인의 수 내지 선출하려는 기관의 주민 대표성에 따라 선거운동 방식이 달라지는 것이 정당하다는 논리가 전제된 것으로 보인다.[14]

그러나 최소성의 원칙에 관해서는, 이처럼 선거운동 방식을 제한하는 방법 외에 교육위원 선거에서 교육의 자주성·전문성과 선거의 공정성이라는 입법목적을 효과적으로 달성할 수 있는 대안을 찾을 수 없었는지 심사되었어야 한다. 특히 이런 선거운동 방식의 제한이 지방교육자치의 헌법적 본질을 충족시키기 위해 필요불가결했던 것인지 고려되어야 했고, '선거인 수'에 따라 선거운동 방식이나 기회가 비례할 수 있다는 전제의 타당성 역시 검토되었어야 했다.[15] 결과적으로 제한된 선거정보 유통으로

---

14. 헌법재판소는 이 사건 선거운동 제한 규정이 최소성 원칙을 위배했는지 심사하면서 "소수의 선거인단에 의한 간선제를 채택한 이상 여타 선거에서처럼 다양하고 빈번한 선거운동방법을 허용하지 아니하더라도 선거인들에게 후보자를 알리는 데 부족함이 없으며, 오히려 소수인 선거인들을 상대로 혼탁·과열 선거운동이 행해지지 않도록 하는 조치가 더욱 필요할 것으로 판단된다."라고 했다. 이에 대해서는 헌법재판소 2000. 3. 30. 선고 99헌바113 전원재판부 결정, 판례집 12-1, 371면 참조.

선거 과정의 투명성, 선거인이 후보자의 교육적 전문성을 판단할 기회를 저해한다거나 개인의 인맥에 의존하는 선거운동 방식으로 인해 공정성이 침해되거나 교육의 정치적 중립성이 확보되지 못할 우려[16]는 다루어지지 못했다.

2. 교육위원 선거에서 2분의 1까지 교육경력자 우선 당선제 위헌 확인(헌법재판소 2003. 3. 27. 선고 2002헌마573 전원재판부 결정)

다수득표자 중 교육경력자가 선출인원의 2분의 1 미만인 경우 득표율에 관계 없이 경력자 중 다수 득표자 순으로 선출 인원의 2분의 1까지 우선 당선시키는 규정이 비경력자의 공무담임권, 평등권 등을 침해했다는 헌법소원에 대해 헌법재판소의 결정을 살펴본다.

가. 사건 개요 및 심판 대상

청구인은 2002. 7. 11.의 16개 시·도 교육위원회 선거에서 선출 인원이 3명인 경상북도 제1선거구에 출마해 3위로 득표했다. 그러나 다수 득표자 중 교육경력자가 선출 인원의 2분의 1 미만인 경우에는 득표율에 관

---

15. 선거운동 방식 제한 규정은 구 지방교육자치에관한법률이 2000. 1. 28. 법률 제6216호로 개정되면서 완화되었다. 동법 개정이유에 따르면, "후보자의 검증기회를 확대하기 위해 소견발표회와 선거공보 외에 후보자 초청회담·토론회를 허용"한 것이다. 그러나 당시 법률 개정은 교육위원 선거인의 증원과 동시에 이루어졌기 때문에, 마치 선거인 수에 따라 선거운동 방식이나 후보자 검증 기회의 폭이 비례해 달라질 수 있다는 식으로 이해될 여지가 있다. 이에 대해서는 「지방교육자치에관한법률안(대안)」(의안번호 제152500호), 2면 등 참조. 이와 같은 전제가 타당한지 여부에 대해서는 정치학 영역에서 별도의 논의가 필요할 것이다. 다만, 결과적으로 교육위원 제도가 폐지된 현재 상황에서, 주민 직선으로 치러지는 교육감 후보의 선거운동 방식은 정당 관여 금지를 제외하고는 다른 정치기관 선거와 별다른 차이가 없게 되었다.
16. 구 지방교육자치에관한법률(2000. 1. 28. 법률 제6216호로 개정된 것)에 따라 선거인단을 학교운영위원회위원 전원으로 확대하고 선거운동 방식의 제한이 완화되었지만, 여전히 제한된 선거운동의 기회 내에서 선거인이 후보자의 전문성을 판단하기 어려웠다는 지적이 있다. 특히 개정 규정에 따른 선거인단의 30~40%가량은 학교운영위원회위원인 교원위원으로 구성되어, 학맥이나 인맥에 의한 선거운동이 가능해지는 원인이 되었다는 평가도 있다. 이에 대해서는 송기춘(2002: 171) 참조.

계없이 경력자 중 다수 득표자순으로 선출 인원의 2분의 1까지 우선 당선시킨다는 구 지방교육자치에관한법률(2002. 1. 26. 법률 제6626호로 개정된 것) 제115조 제2항(이하 "교육경력자 우선 당선 규정")에 따라 교육위원으로 당선되지 못했다. 이에 청구인은 2002. 9. 9. 교육경력자 우선 당선 규정 등이 헌법상 공무담임권, 평등권, 행복추구권 등을 침해한다고 주장하면서 헌법소원심판을 청구했다.

이 사건에서 심판 대상이 되는 교육경력자 우선 당선 규정은 다음과 같다.

> 구 지방교육자치에관한법률(2002. 1. 26. 법률 제6626호로 개정된 것) 제115조(교육위원당선인의 결정·공고·통지 및 교육위원예정자명단 작성) ② 제1항의 규정에 의한 투표결과 득표 순위가 선거구별 교육위원정수 이내인 자 중 경력자 수가 선거구별 교육위원정수의 2분의 1 미만인 경우에는 제1항 본문의 규정에도 불구하고 먼저 선거구별 교육위원정수의 2분의 1(1미만의 단수는 1로 본다. 이하 이 조에서 같다)까지 경력자 중 다수득표자 순으로 당선자를 결정하고 나머지 교육위원은 경력자가 아닌 자 중 다수득표자 순으로 당선자를 결정한다.

나. 결정의 주요 내용

1) 결정 요지

헌법재판소는 교육경력자 우선 당선 규정에 따른 공무담임권 제한이 과연 헌법적 한계 내의 것인지 다음과 같이 판단했다. 첫째, 이 사건 법률조항의 입법목적이 교육 문제에 관해 전문가로 인정될 수 있는 사람이 교육위원회를 구성하게 해 교육의 자주성·전문성을 달성하려는 것이므로 그 정당성이 인정된다. 둘째, 교육경력 또는 교육행정경력 10년 이상인, 교육 문제 전문가로 인정될 수 있는 사람이 교육위원회 위원 중 적어도 2

분의 1 이상 점하도록 하는 것은 입법목적을 달성하는 효과적인 수단이 될 수 있으므로 수단의 적정성을 갖추고 있다.[17] 셋째, 교육경력자 우선 당선 규정으로 인해 비경력자의 공무담임권이 일부 침해되지만, 그 외에 비경력자도 당선될 수 있도록 정하므로 침해의 최소성 원칙에 어긋나지 않는다.[18] 끝으로 교육경력자 우선 당선 규정에 따라 선거인으로부터 표를 더 많이 얻은 비경력자가 낙선하게 되는 것은 민주주의라는 가치만으로 보면 허용될 수 없지만, 교육의 전문성과 자주성을 구현함으로 인한 공익이 그로 인해 침해되는 이익보다 결코 작다고 할 수 없어 법익 균형성의 원칙에 어긋난다고 볼 수 없다. 그러므로 교육경력자 우선 당선 규정은 과잉금지원칙 등 헌법에 위반되지 않는다고 보았다.

다만, 교육경력자 우선 당선 규정에 대해 재판관 5인이 위헌의견이 있다. 재판관 4인이 합헌 의견으로 위헌의견이 다수이기는 하나 위헌 결정을 위한 심판정족수 6인에는 이르지 못한 것이다. 이에 교육경력자 우선 당선 규정에 대해 위헌 결정을 할 수 없으므로 청구인들의 심판청구를 기각했다.

2) 재판관 윤영철·김효종·김경일·송인준·주선회의 위헌의견

위헌의견에서도 교육경력자 우선 당선 규정의 입법목적 정당성을 인정했다. 그러나 다득표자인 비경력자의 낙선을 초래하는 것은 선거의 기본 원칙에 어긋나고 민주주의의 가치를 크게 훼손해 지방교육자치가 추구하

---

17. 헌법재판소는 지방교육자치제에서 교육의 자주성·전문성을 구현하기 위해 어떤 수단을 채택할 것인가는 입법자가 재량으로 결정할 문제다. 그 결정내용이 현저하게 불합리해 입법목적 달성에 기여하기 어렵다는 등의 사정이 없는 한, 수단의 적정성을 결여한 것으로 볼 수는 없다고 덧붙였다. 이에 대해서는 동 결정문이 수록된 판례집 15-1, 333면 참조.
18. '민주주의·지방자치·교육자주'라는 세 가지 헌법적 가치를 고루 만족시키기 위해 덜 제한적인 다른 입법수단을 강구하는 것이 결코 쉬운 일이 아니라는 점 등을 고려한 것이다. 이에 대해서는 동 결정문이 수록된 판례집 15-1, 333면 참조.

는 세 가지의 헌법적 가치의 조화를 현저하게 훼손하므로 입법목적을 위한 수단으로서의 적합성이 인정되지 않는다고 보았다.

교육의 전문성을 보장하고자 교육위원 중 일정 부분을 교육경력자가 점하게 할 필요가 있다 하더라도, 그 수단으로서는 처음부터 경력자 후보와 비경력자 후보를 분리해 각각 투표하게 하는 등의 방법이 있을 수 있다는 의견도 제시했다. 즉, 비경력자 후보자의 공무담임권을 덜 침해하는 방법이 있는데도 교육경력자 우선 당선 규정 같은 수단을 택해 기본권의 최소침해성 원칙에 어긋난다는 것이다.[19]

교육위원의 자주성·전문성이 확보되는 효과보다 민주주의가 훼손되고 비경력자의 공무담임권 등 기본권 침해로 인한 불이익이 훨씬 커 법익의 균형성도 갖추지 못하다고 보았다. 그러므로 교육경력자 우선 당선 규정이 과잉금지의 원칙을 위배해 비경력자의 공무담임권을 침해하고, 같은 견지에서 비경력자의 헌법상의 평등권을 침해한다고 했다.

다. 평석

이 결정은 교육위원 선거에서 교육경력자를 교육위원 정수의 최소 2분의 1까지 우선 당선되도록 한 규정이 비경력자인 후보자의 공무담임권 등을 침해해 헌법에 위반되는지를 판단한 것이다. 헌법재판소는 이 규정이 비경력자인 후보자의 공무담임권 등을 제한한다는 점은 인정하면서도, 교육의 자주성·전문성을 확보하려는 입법목적을 달성하려는 수단이 과잉금지원칙에 위반된 것은 아니므로 헌법적 한계 내에 있다고 판시했

---

19. 이에 대해 합헌의견은 입법자의 의도는 교육위원 중 최소한 2분의 1 이상은 교육경력자로 점하게 하겠다는 것이지, 교육위원의 2분의 1을 경력자로 하겠다는 것이 아니라고 보았다. 예컨대 3명의 교육위원을 뽑는 선거구에서 교육경력자들이 1~3위에 해당하는 득표를 한다면, 교육위원 전원이 경력자로 될 수 있음을 당연한 것으로 여긴다는 것이다. 즉, 이처럼 분리선거를 할 수도 있다는 견해는 입법자의 의도와 다른 결과를 초래한다는 점에서 타당하지 않다는 것이다.

다. 다만, 헌법재판관 다수인 5인의 위헌의견을 제시했고, 6인의 심판정족수 요건을 충족하지 못함에 따라 합헌 취지로 청구가 기각된 것이다.

결과적으로 소수의견에 따라 이 규정의 합헌성은 유지되었다. 그러나 지방교육의 공권력을 구성하면서 민주주의·지방자치·교육자주라는 세 가지 헌법적 가치를 조화롭게 구현하는 방식은 높은 논쟁적 여지가 있을 수 있다는 점을 시사한다. 헌법재판관 전원은 교육의 자주성·전문성을 실현하려는 입법목적의 정당성을 인정한다. 그러나 위헌의견은 득표수가 더 많은 비경력자의 낙선을 초래하는 이 규정이 민주주의의 근본적 가치를 크게 훼손한다고 보았다. 입법수단으로서의 적합성을 인정하기 어렵다고 판단한 것이다. 반면, 합헌의견은 구체적인 입법수단 채택에 관한 사항은 입법자의 광범위한 재량에 속한다고 전제한다. 그러므로 이 규정이 현저하게 불합리해 수단의 적정성을 결했다고 보기 어렵다는 것이다. 또한, 위헌의견에서 경력자 후보와 비경력자 후보를 일정 비율로 분리해 선거하는 방식을 채택함으로써 기본권 침해를 최소화할 수 있다는 대안을 제시했지만, 합헌의견은 교육위원 중 최소한 2분의 1 이상을 반드시 교육경력자로 구성하려는 입법자의 의도와 다른 결과를 초래하는 것이라며 반박했다.

이후 구 지방교육자치에 관한 법률이 2007. 1. 1. 법률 제8069호로 개정되고 교육위원회 제도는 폐지되었다. 대신 교육경력을 지닌 '교육의원'이 지방의회 상임위원회인 교육위원회 구성원의 과반수를 차지하게 하고, 그 정수를 법률로 규정했다. 비록 전심의결기관의 성격을 지닌 합의제 집행기관인 교육위원회의 교육위원과 의회를 구성하는 교육의원의 법적 성격이 같지 않지만, 국회가 위헌의견의 취지대로 교육경력자와 비경력자를 일정 비율로 분리해 선출하는 대안을 수용했다고 평가할 수 있다.[20]

3. 교육감 입후보자의 정당의 당원 배제 요건에 대한 위헌확인(헌법재판소 2008. 6. 26. 선고 2007헌마1175 전원재판부 결정)

후보자 등록신청개시일부터 과거 2년 동안 정당의 당원인 자의 후보자 등록을 제한하는 규정이 정당의 당원인 자의 공무담임권 등을 침해했다는 헌법소원에 대해 헌법재판소의 결정을 살펴본다.

가. 사건 개요 및 심판 대상

청구인은 2008. 7. 30.경 실시 예정인 서울특별시교육감 선거에 입후보하려는 자다. 그러나 구 지방교육자치에 관한 법률(2006. 12. 20. 법률 제8069호로 전부개정된 것) 제24조 제1항(이하 "정당원 배제 규정")은 교육감 후보자가 되고자 하는 자는 후보자 등록신청개시일부터 과거 2년 동안 정당 당원이 아닌 자여야 한다고 규정한바, 정당 당원인 청구인은 후보자 등록을 못 하게 되었다. 이에 청구인은 2007. 10. 18. 당원 배제 규정이 공무담임권, 평등권, 교육의 정치적 중립성, 선거운동의 기회균등원칙을 침해한다고 주장하며 헌법소원심판을 청구했다.

이 사건에서 심판 대상이 되는 정당원 배제 규정은 다음과 같다.

> 구 지방교육자치에 관한 법률(2006. 12. 20. 법률 제8069호로 전부개정된 것)
> 제24조(교육감후보자의 자격) ① 교육감후보자가 되고자 하는 자는 당해 시·도지사의 피선거권이 있는 자로서 후보자등록신청개시일로부터 과거 2년 동안 정당의 당원이 아닌 자이어야 한다.

20. 현재 교육의원제 역시 폐지되었기 때문에, 경력자의 우선 당선 규정 취지에 관한 법률상 쟁점은 소멸했다고 할 수 있다. 지방교육자치에 관한 법률이 2010. 2. 26. 법률 제10046호로 개정되고 부칙 제2조에 따라 2014년 6월 30일 임기만료에 의한 교육의원 선거는 실시하지 않게 되었다. 예외적으로 제주특별자치도의 경우, 제주특별자치도 설치 및 국제자유도시 조성을 위한 특별법 제64조 등에 따라 교육의원을 선출해왔으나, 동법이 2022. 4. 20. 법률 제18840호로 개정되고 부칙 제4조(교육의원 및 교육위원회 제도의 유효기간)에 따라 2026. 6. 30.까지만 존속하게 된다.

나. 결정의 주요 내용

1) 결정 요지

헌법재판소는 정당원 배제 규정이 헌법상 과잉금지원칙을 위배해 청구인의 공무담임권을 제한하고 있는지를 다음과 같이 판단했다. 첫째, 정당원 배제 규정의 입법목적 지방교육자치의 행정에서 교육의 정치적 중립성을 확보하려는 것이므로 그 정당성이 인정된다. 둘째, 교육감 후보자 자격으로 후보자 등록 신청 개시일부터 일정 기간 정당 당원이었던 자를 배제하는 것은 교육의 정치적 중립성을 달성하는 하나의 효과적인 수단이 될 수 있으므로 그 방법의 적절성도 인정된다. 셋째, 정당원 배제 규정은 교육감 후보자로 해금 후보자 등록 신청 개시일로부터 과거 2년 동안의 무당적만을 요구하여 누구나 정당 탈당 후 2년간만 피선거권이 제한되므로, 입법목적 달성을 위해 필요 최소한의 범위에 있다고 보았다. 끝으로 특별한 사정이 없다면 4년마다 실시되는 교육감 선거에서 교육감이 되려는 자는 선거 예정일로부터 약 2년 전에 정당원 자격을 포기함으로써 후보자가 될 수 있다는 점에서 당적을 포기해야 하는 교육감 후보자의 불이익보다 교육의 정치적 중립성 확보라는 공익이 더 크므로 법익의 균형성도 갖추었다. 그러므로 정당원 배제 규정은 과잉금지원칙 등 헌법에 위반되지 않으므로 관여 재판관 전원의 일치된 의견으로 청구인들의 심판청구를 기각했다.

2) 교육의 정치적 중립성 보장과 정당원 배제 규정

덧붙여 헌법재판소가 지방교육자치제도의 헌법적 본질로서 교육의 정치적 중립성과의 관계에서 정당원 배제 규정에 대해 설시한 법리를 자세히 살펴본다.

교육은 국가 백년대계의 기초인 만큼 국가의 안정적인 성장·발전을 도모하기 위해서는 외부 세력의 부당한 간섭에 영향받지 않고 교육자 또는 교육전문가에 의해 주도되고 관할되어야 한다. 이에 교육의 자주성·전문성·정치적 중립성이 보장되어야 하는 것이다. 그중 교육의 정치적 중립성이란 교육이 특정 정파적 이해관계나 영향력으로부터 떨어져 중립적인 입장에서 이루어져야 함을 뜻한다. 교육이 국가나 정치권력으로부터 부당하게 간섭받아서도 안 되고, 교육이 본연의 기능을 벗어나 정치영역에 개입해서도 안 된다는 것이다. 왜냐하면 교육은 본질상 이상적이고 비권력적이지만 정치는 현실적이고 권력적이므로, 교육과 정치는 일정한 거리를 유지하는 것이 바람직하기 때문이다. 나아가 교육의 정치적 중립성을 보장하기 위해서는 교육내용의 정치적 중립성이나 교사의 정치적 중립성뿐만 아니라 교육을 운영하고 감독하는 교육행정의 정치적 중립성도 요구된다.

이상 교육의 정치적 중립성 보장과의 관계에서 정당원 배제 규정이 과잉금지원칙을 위배하는지에 대해 다음과 같은 반론이 있을 수 있다. 먼저, 교육의 정치적 중립성을 확보하는 것과 교육감 선출절차에서 정당 개입을 배제하는 것은 아무런 관련이 없다는 의견이 있을 수 있다. 정당 역시 교육정책의 주체이고, 교육감 선출과정 자체가 정치적인 과정이기 때문이다. 그러나 정당 차원의 교육정책 결정은 교육 방향, 교육기회 배분, 교육재정 확보 같은 교육의 전체 체제와 관련된 사안으로, 교육감이 행하는 구체적인 교육행정과는 구별된다. 정당의 이름 또는 정당의 도움으로 당선된 교육감이 그 정당의 이익을 위해 교육의 정치적 중립성을 훼손할 우려를 배제할 수 없다. 또한 정치권력에 대해 교육이라는 문화적 자치의 보장이 필요한 점 등을 고려할 때, 교육행정기관인 교육감에 대해 후보자 등록 이전 일정 기간 무당적을 요구하는 것이 교육의 정치적 중립성을 확보하는 적절한 방법이 아니라고 할 수는 없다.

다음으로, 교육의 정치적 중립성을 보장하기 위해 정당원 배제 규정은 공무담임권 침해를 최소화하는 입법수단이 아니라는 의견이 있을 수 있다. 예컨대, 교육감이 정치적 행위를 했을 때 이에 대한 사후 제재를 하거나, 교육감의 자격에 '정당의 당원이 아닌 자'를 요구하는 것만으로도 위 입법목적 달성을 위한 충분한 효과를 거둘 수 있다는 것이다. 그러나 우선 교육감은 당해 지역 초·중·고교의 예산 편성·집행권, 교사 인사권, 학교에 대한 인가권을 가질 뿐 아니라, 교육과정 운영에 관한 중요 업무에 대한 최종 결정권을 가지는바, 교육감의 이런 결정이 일단 시행되고 나면 파급효과가 지대하고 시정이 쉽지 않은 점을 감안할 때 사후 제재만으로는 교육의 정치적 중립성 보장이라는 입법목적을 달성하기 어렵다. 또한 정당원이었던 교육감 후보자가 입후보하면서 탈당했다 하더라도 여전히 정당의 영향력 아래 있다고 보지 않을 수 없다. 더구나 사실상 정당의 지원을 받으면서도 형식적으로만 당적을 포기할 가능성도 배제할 수 없다. 그러므로 입후보 전 2년간의 무당적 요구는 정치적 중립성 확보를 위한 최소한의 제한이라고 볼 수 있다.

특히 2006. 12. 20. 개정된 지방교육자치에 관한 법률에 따라 교육감 선거가 주민직선제가 되었고 선거비용 확보 및 선거 인력의 조직적 운용이 더욱 중요해졌다. 이에 따라 교육감에 출마하려는 자는 정당의 조력을 받으려는 유혹을 갖게 되고, 정당들도 교육감 선거를 통해 정치적 영향력을 행사하려는 욕구가 더욱 강해지게 되었다. 이런 사정들을 감안할 때, 후보자 등록 당시 비정당원이거나 교육감 재직기간 동안 당적을 보유하지 못하는 등의 수단으로는 이 사건 법률조항과 동일한 효과를 얻기는 어려워 보인다. 그러므로 교육감 후보자에게 과거 2년간의 무당적을 요구하는 규정은 침해 최소성의 원칙에 위배된다고 보기 어렵다.

다. 평석

이 결정은 교육감 후보자격으로 과거 2년간 정당원이었던 자를 배제하는, 이른바 정당원 배제 규정이 청구인의 공무담임권 등을 침해해 헌법에 위반되는지를 판단한 것이다. 헌법재판소는 이 규정이 교육의 정치적 중립성을 확보하려는 입법목적에 기반한다는 점을 명확히 하고, 비례의 원칙에 비추어 헌법적 한계 내에 있다고 보았다. 교육행정 영역에서 교육의 정치적 중립성 보장이라는 이익을 명시적으로 확인해 심판한 첫 사례라고 할 수 있다.

교육행정의 정치적 중립성에 관련된 종전의 결정례들 역시 교육의 자주성·전문성·정치적 중립성에 관해 규정한 헌법 제31조 제4항을 참조하고 있다. 그러나 교육의 정치적 중립성만을 구별해 보장되어야 하는 가치로 언급한 경우는 찾아보기 어려웠다. 예컨대, 89헌마88 결정 등과 같이 교육의 자주성·전문성·정치적 중립성을 구분하지 않고 이를 보장해야 하는 이유를 포괄적으로 설시했거나,[21] 결정의 전제로 교육의 자주성이나 전문성만을 적시한 것이다. 참고로, 헌법재판소가 이 결정에 앞서 교육의 정치적 중립성 요구를 강조해 그 헌법적 의미를 제시한 것은 교원의 정당 가입과 선거운동을 금지한 정당법 규정의 위헌 여부를 판단한 결정이었다고 할 수 있다(헌법재판소 2004. 3. 25. 선고 2001헌마710 전원재판부 결정).

---

21. 이 글에서는 교육내용의 정치적 중립성에 관한 판례로 분류해 논의했다. 헌법재판소는 이 결정에서 교육의 자주성·전문성·정치적 중립성을 헌법이 보장하는 이유를 다음과 같이 설시했다. "교육이 국가의 백년대계의 기초인 만큼 국가의 안정적인 성장 발전을 도모하기 위해서는 교육이 외부세력의 부당한 간섭에 영향받지 않도록 교육자 내지 교육전문가에 의해 주도되고 관할되어야 할 필요가 있다는 데서 비롯된 것이라고 할 것이다. 그러기 위해서는 교육에 관한 제반 정책의 수립 및 시행이 교육자에 의해 전담되거나 적어도 그의 적극적인 참여하에 이루어져야 함은 물론 교육방법이나 교육내용이 종교적 종파성과 당파적 편향성에 의해 부당하게 침해 또는 간섭당하지 않고 가치중립적인 진리교육이 보장되어야 할 것이다. 특히 교육의 자주성이 보장되기 위해서는 교육행정기관에 의한 교육내용에 대한 부당한 권력적 개입이 배제되어야 할 이치인데, 그것은 대의정치(代議政治), 정당정치 하에서 다수결의 원리가 지배하는 국정상 의사결정방법은 당파적인 정치적 관념이나 이해관계라든가 특수한 사회적 요인에 좌우되는 경우가 많기 때문이다." 이에 대해서는 헌법재판소 1992. 11. 12. 선고 89헌마88 전원재판부 결정, 판례집 4, 762면 참조.

헌법재판소는 89헌마88 결정을 참조해 교육의 자주성·전문성·정치적 중립성이 보장되어야 하는 이유를 제시한 다음, "그중 교육의 정치적 중립성이란"이라고 시작하는 문단에서 그 의미를 구체적으로 풀이했다. 교육의 정치적 중립성은 교육이 특정 정파적 이해관계나 영향력에서 떨어져 중립적인 입장에서 이루어져야 하는 것이라면서, "교육이 국가나 정치권력으로부터 부당하게 간섭받아서도 안 되고, 교육이 그 본연의 기능을 벗어나서 정치영역에 개입해서도 안 된다는 것을 뜻한다"라는 것이다.[22]

이에 따르면, 교육과 정치의 관계는 국가 간 관계에서의 상호주의 원리와 유사하다. 즉, 교육에 대한 정치의 부당한 간섭을 배제하려면 정치에 대한 교육의 부당한 개입 역시 방지되어야 한다는 것이고, 이는 역으로도 요청되는 것이다. 교육의 정치적 중립성이 교육의 자주성과 개념상 구별되는 지점이기도 하다. 교육의 자주성으로부터 정치세력 등의 부당한 간섭을 배제해야 한다는 의미만 확인할 수 있지만, 이에 더해 교육의 정치적 중립성은 교육으로 해금 정치와 일정한 거리를 둘 것에 관한 요청도 포함한다.

또한, 교육의 정치적 중립성을 보장하기 위해서는 교육내용의 정치적 중립성이나 교사의 정치적 중립성뿐만 아니라 교육행정의 정치적 중립성이 요구된다고 했다. 그러므로 교육의 정치적 중립성은 세 영역으로 구분되고, 각각은 정치와 상호관계를 지닐 수 있다. 다만, 교육내용의 경우 의사표시의 주체가 될 수 있는 것은 아니다. 즉, 교육내용의 정치적 중립성은 정치로부터 부당한 간섭을 받지 않을 것만을 의미할 것이다.

---

22. 한편, 교육의 정치적 중립성을 구분해 정의한 내용은 2001헌마710 결정에서 제시된 것과 같다. 이에 대해서는 헌법재판소 2008. 6. 26. 선고 2007헌마1175 전원재판부 결정, 판례집 20-1, 465면 참조.

4. 교육감 입후보자의 교육경력 요건에 대한 위헌확인(헌법재판소 2009. 9. 24. 선고 2007헌마117·2008헌마483·563전원재판부 결정)

교육감 입후보자에게 5년 이상의 교육경력 또는 교육행정경력을 요구하는 등의 규정이 정당의 특정경력을 갖추지 못한 자의 공무담임권 등을 침해했다는 헌법소원에 대해 헌법재판소의 결정을 살펴본다.

가. 사건 개요 및 심판 대상

2007헌마117의 청구인은 학교운영위원장 등으로 활동하고 있고, 2007. 2. 14. 실시되는 부산광역시 교육감 선거에 출마하기 위해 부산광역시선거관리위원회에 입후보 신청을 했다. 그러나 구 지방교육자치에 관한 법률(2006. 12. 20. 법률 제8069호로 전부개정된 것) 제24조 제2항(이하 "교육감 후보자격 규정")의 자격요건을 갖추지 못했다는 이유로 거부되었다. 이에 청구인은 2007. 1. 30. 위 조항이 헌법이 보장하는 공무담임권 등을 침해한다고 주장하며 헌법소원심판을 청구했다.

2008헌마483의 청구인은 1987. 12. 20. 9급 서울특별시교육감 소속 지방행정직 공무원으로 임용되어 현재 6급 지방행정직 공무원으로 근무하고 있다. 그러나 교육감 선거 입후보 자격을 제한하는 교육감 후보자격 규정에 따라 교육감 선거에 입후보할 수 없게 되었다. 이에 청구인은 2008. 6. 30. 위 조항이 헌법이 보장하는 공무담임권 등을 침해한다고 주장하며 헌법소원심판을 청구했다.

2008헌마563의 청구인은 2002. 9.경부터 2006. 3.경까지 경상남도교육위원회 교육위원이었고 2005. 3. 1.부터 대학 겸임교수로 재직 중이다. 그러나 교육의원선거 및 교육감선거에서 입후보 자격을 제한하는 교육감 후보자격 규정과 구 지방교육자치에 관한 법률(2006. 12. 20. 법률 제8069호로 전부개정된 것) 제10조 제2항(이하 "교육의원 후보자격 규정")에 따라 교육감 또는 교육의원 선거에 입후보할 수 없게 되었다. 이에 청구인은

2008. 9. 7. 위 조항들이 자신의 공무담임권 등을 침해한다고 주장하며 헌법소원심판을 청구했다.

이 사건에서 심판 대상이 되는 교육감 후보자격 규정과 교육의원 후보자격 규정은 다음과 같다.

구 지방교육자치에 관한 법률(2006. 12. 20. 법률 제8069호로 전부개정된 것)

제10조(교육의원후보자의 자격 등) ② 교육의원후보자가 되고자 하는 자는 후보자 등록 신청 개시일을 기준으로 다음 각호의 구분에 따른 교육경력 또는 교육행정경력이 10년 이상 있거나 양 경력을 합해 10년 이상 있는 자이어야 한다.

1. 교육경력: 「유아교육법」 제2조 제2호의 규정에 따른 유치원, 「초·중등교육법」 제2조 및 「고등교육법」 제2조의 규정에 따른 학교(이와 동등한 학력이 인정되는 교육기관 또는 평생교육시설로서 다른 법률에 따라 설치된 교육기관 또는 평생교육시설을 포함한다)에서 교원으로 근무한 경력

2. 교육행정경력: 국가 또는 지방자치단체의 교육기관에서 국가공무원 또는 지방공무원으로 교육·학예에 관한 사무에 종사한 경력과 「교육공무원법」 제2조 제1항 제2호 또는 제3호의 규정에 따른 교육공무원으로 근무한 경력

제24조(교육감 후보자의 자격) ② 교육감 후보자가 되고자 하는 자는 후보자 등록 신청 개시일을 기준으로 제10조 제2항의 규정에 따른 교육경력 또는 교육공무원으로서의 교육행정경력이 5년 이상 있거나 양 경력을 합해 5년 이상 있는 자이어야 한다.

나. 결정의 주요 내용

헌법재판소는 교육감 후보자격 규정과 교육의원 후보자격 규정이 헌법적 한계 내의 것인지 다음과 같이 판단했다.

먼저, 교육감 후보자격 규정은 교육행정의 전문성을 포함하는 교육의 전문성을 확보하고 교육이 외부의 부당한 간섭에 영향받지 않도록 교육의 자주성을 달성하기 위한 것이다. 교육감은 지방자치단체의 교육에 관한 행정적 사무처리에 그치지 않고 미래세대를 위한 올바른 교육정책 수립과 집행에 큰 영향을 미칠 수 있는 지위에 있어 고도의 전문성을 갖출 것이 요구된다는 점에서 교육전문가가 교육행정을 총괄하는 교육감이 될 수 있도록 하기 위한 규정은 교육에 관한 헌법적 요청에 부합한다. 교육감 후보자격 규정 외의 교육 관련 경력만을 있는 경우에는 교육 분야에 고유한 전문지식에 기초한 경험과 합리적 정책 결정 능력이 있는지 여부가 일반적으로 담보된다고 보기 어려운 부분이 있다. 따라서 교육감 후보자격 규정에 따라 교육 관련 다양한 경력을 교육감 선거 입후보를 위한 경력으로 인정하지 아니한 것이 교육의 전문성 및 자주성 확보를 위한 다른 경감적 대체 수단이 있음에도 필요한 정도를 넘어 과도하게 기본권을 제한하는 것이라 볼 수 없다. 나아가 교육감 후보자격 규정의 엄격한 요건으로 인해 교육감 피선거권을 제한받는 이들에 대한 공무담임권(피선거권)의 제한은 작지 않으나, 그 자격을 갖추도록 하는 것이 능력과 자질에 관계없는 객관적 요건에 따른 제한은 아니다. 그러므로 교육감 후보자격 규정이 추구하는 교육의 자주성 및 전문성 확보의 공익과의 관계에서 받아들이기 어려운 현저한 불균형이 있다고 인정하기 어렵고, 교육감 후보자격 규정은 입법자의 입법형성권의 범위와 한계 내의 것으로 청구인들의 공무담임권 등 기본권의 본질적 내용을 침해할 정도로 과도하다고 볼 수 없다.

다음으로 교육의원 후보자격 규정은 교육감에 비해 경력 요건을 완화하고 있다. 교육의원은 단독관청이 아니고 합의제 기관의 구성원이라는 점에서 개개인이 교육감에 준해 실체적 교육에 관한 식견을 갖출 것이 요구되는 것은 아니기 때문이다. 이에 교육의원 후보자격 규정으로 인한 기본권 제한이 필요한 정도를 넘은 것이라고 보기 어렵다. 그 밖의 경력을 인정하는 것이 교육에 관한 전문성 확보에 어느 정도 기여할 수 있을지 불분명하다는 점은 앞서 교육감 후보자격 규정과 관련해 살핀 바와 같다. 한편, 교육의원 후보자격으로 교육경력 또는 교육행정경력 10년 이상을 요구한 것은 교육감에 비해 기간적으로 가중된 요건이다. 이는 교육위원회가 교육의원으로만 구성되는 것이 아니라 시·도의회 의원도 절반 정도 참여하고 있다는 점이 고려된 것이므로, 교육위원회의 원활한 운영 및 교육의 전문성을 확보하기 위한 것이므로 지나치게 과중한 제한이라 보기 어렵다. 게다가 위 요건을 갖추지 못한 이들도 시·도의회 의원선거에 입후보해 당선되는 경우 교육위원회의 구성원이 될 수 있으므로, 교육의원 후보자격 규정으로 달성되는 공익과 침해되는 사익은 균형을 이룬다고 볼 것이다. 따라서 법 제10조 제2항은 입법자의 입법형성권의 범위와 한계 내의 것으로 청구인들의 공무담임권 등 기본권의 본질적 내용을 침해할 정도로 과도한 것이라 볼 수 없다.

이에 교육감 후보자격 규정과 교육의원 후보자격 규정은 모두 헌법에 위반되지 않으므로 관여 재판관 전원의 일치된 의견으로 청구인들의 심판청구를 기각했다.

다. 평석

이 결정은 교육감 또는 교육의원 후보자격으로 일정한 교육경력 또는 교육행정경력을 요구하는 규정이 피선거권자의 공무담임권 등을 침해해 헌법에 위반되는지를 판단한 것이다. 헌법재판소는 교육의 전문성과 자주성이 요청되는 헌법적 한계에 비추어, 교육행정을 총괄하는 교육감 후보자격을 제한한 규정과 합의제 기관 구성원이라는 점에서 교육감보다 완화된 경력요건을 요구하는 교육의원 후보자격 규정이 입법형성권의 재량 범위에 속한다고 판시했다.

헌법재판소는 교육의 전문성과의 관계에서 교육감 후보자격 규정의 정당성을 논증했는데, 그 구조를 따라 정리하면 다음과 같다. 먼저, 대전제로서 "교육활동은 해당 분야에 대한 전문적 지식 외에 인간의 성장과 발달, 행동심리, 정신건강과 위생, 학생의 욕구 등에 관한 교육영역 고유의 전문적 지식이 필요하고, 고도의 자율성과 사회적 책임성이 아울러 요구된다"라고 제시한다.[23] 다음으로, 이런 요청은 교육활동을 수행하는 교원에만 국한되지 않으며, 교육활동을 직·간접적으로 지원하거나 교육정책을 결정·집행하는 교육행정에 대해서도 요구된다는 소전제를 제시했다. 따라서 교육정책 결정이나 그 집행은 가급적 교육전문가에 의해, 또는 적어도 그들의 실질적인 참여하에 이루어지는 게 바람직하다는 것이다.

이와 같은 논증은 여전히 유효하다. 현행 교육감 후보자격 제한 규정도 동 법리에 비추어 적절성이 검토될 수 있다. 예컨대, 과거 교육전문가의 구성 비율이 높았던 간선제에서는 교육감의 자격 제한이 완화되어도 무방할 수 있지만, 주민 직선의 경우에는 최소한의 자격 기준을 정할 필요가 있다는 주장이 있다(송기춘, 2002: 171). 그런데 현행 규정상 교육경력 또는 교육행정경력 요건이 과거 5년 이상에서 3년 이상으로 완화된 바 있어, 과연 교육전문가로서의 적정한 최소 요건인지 의문이 제기될 수 있는 것이다송기창, 2017: 19.[24] 특히 교육경력으로 인정되는 범위에 대학 교원 경력도 포함되어 있는데, 주민직선제 실시 이후 대학 교원 경력자가 다수

---

23. 앞서, 교육이 어떤 분야에 대한 최신 연구 결과에 따른 식견과 정보를 전달하는 행위에 국한되는 것이 아니라 인간이 인간다울 수 있도록 잠재적 능력과 소양을 계발하고 정신을 성숙하게 하는 활동을 포괄하기 때문이라는 점을 밝히고 있다. 이에 대해서는 헌법재판소 2009. 9. 24. 선고 2007헌마117·2008헌마483·563전원재판부 결정, 판례집 21-2, 720면 참조.
24. 참고로, 교육감 후보자격 제한 규정은 법률 제10046호로 개정되어 법률 규정에 따른 교육경력 또는 교육행정경력 5년 이상인 자로 했다가, 동법이 2014. 2. 13. 법률 제12394호로 개정되면서 3년 이상인 자로 완화되었다. 교육경력 또는 교육행정경력 3년 이상 기준이 미흡하다는 지적으로 근무했던 학교나 경험했던 학생, 학부모, 동료 교사, 교육행정가 등에 따라 교육에 대해 편견을 가질 수 있는 불완전한 경력이라는 견해에 대해서는 송기창(2017: 19) 참조.

당선되면서 유·초·중등 교육을 관장하는 교육감의 사무와 직접 관련이 없다는 회의적 시각도 있다.송기창, 2017: 18.

끝으로 교육의 전문성 요청이 교육의 자주성과 어떤 관계인지 제시한 대목도 주목할 필요가 있다. 이전의 헌법재판소 결정례에서는 대개 헌법 제31조 제4항에 따른 교육의 자주성·전문성·정치적 중립성을 명시적으로 구분해 그 의미나 상호관계를 밝히지 않았다. 이 결정에서는, 이상에서 논증한 교육의 전문성 요청이 국가의 안정적인 성장과 발전을 도모하기 위해 교육이 외부세력의 부당한 간섭에 영향을 받지 않아야 한다는 교육의 자주성 요구에 의해서도 뒷받침될 수 있다고 밝히고 있다.

5. 교육감 입후보자의 과거 당원경력 표시 금지 규정에 대한 위헌확인(헌법재판소 2011. 12. 29. 선고 2010헌마285 전원재판부 결정)

교육감 선거운동 과정에서 후보자의 정당 경력 표시를 금지하는 규정이 정치적 표현의 자유, 평등권, 공무담임권 등을 침해했다는 헌법소원에 대해 헌법재판소의 결정을 살펴본다.

가. 사건 개요 및 심판 대상

청구인은 정당 당원으로 활동하면서 정당 소속으로 시의원을 두 차례 지낸 적이 있고, 2010.6.2. 부산광역시 교육감 선거에 출마했다가 낙선했다. 그런데 이 선거의 예비후보자로 등록한 후 선거운동을 하던 중 유권자들에게 위와 같은 당원 경력에 관해 언급한 것이 법률 위반에 해당한다는 이유로 수사를 받게 되었다. 이에 2010. 5. 6. 과거의 당원경력까지 표시하지 못하게 하는 구 지방교육자치에 관한 법률(2010. 2. 6. 법률 제10046호로 개정된 것) 제46조 제3항(이하 "교육감 후보자 당원경력 표시 금지 규정")이 청구인의 정치적 표현의 자유, 평등권, 공무담임권 등을 침해한다고 주장하면서 이 사건 헌법소원심판을 청구했다.

이 사건에서 심판 대상이 되는 교육감 후보자 당원경력 표시 금지 규정은 다음과 같다.

> 구 지방교육자치에 관한 법률(2010. 2. 6. 법률 제10046호로 개정된 것) 제46조(정당의 선거관여행위 금지 등) ③ 후보자는 특정 정당을 지지·반대하거나 특정 정당으로부터 지지·추천받고 있음을 표방(당원경력의 표시를 포함한다)해서는 아니 된다.

나. 결정의 주요 내용

1) 결정 요지

헌법재판소는 교육감 후보자 당원경력 표시 금지 규정이 '표현의 내용 규제'에 해당하므로 엄격한 심사기준을 적용해 다음과 같이 판단했다. 첫째, 교육감 후보자 당원경력 표시 금지 규정의 입법목적은 교육감 선거 과정에서 정당 관여를 철저히 배제하고 교육전문가로서 교육의 자주성·정치적 중립성을 잘 구현할 수 있는 후보를 지역주민이 선택할 수 있게 한 것이므로 정당하다. 둘째, 유권자들이 정당이나 후보자의 정치적 입장에 따라 교육감을 선출할 가능성을 차단하고자 후보자가 과거 정치집단인 특정 정당의 당원이었다는 내용의 당원경력 표시마저 금지한 것은 입법목적 달성 수단으로 적절하다. 셋째, 입법목적 달성을 위해 '당원경력 표시' 일체를 금지하는 방법 외에는 의미 있는 대안을 찾기 힘들고, '당원경력 표시'를 금지했다 하더라도 교육정책에 대한 비전과 실행 방안을 설명하면서 자신의 정치적 입장을 피력하는 등 일반적인 정치인으로서의 경력을 강조할 수 있다는 점에서 침해의 최소성 요건도 충족시키고 있다. 끝으로 교육감 후보자 당원경력 표시 금지 규정이 달성하려는 중대한 공익에 비해 침해되는 사익은 비교적 경미하다. 침해되는 사익이란 "선거운동 과정에서 유권자들이 신뢰하며 지지하는 특정 정당의 영향력에 편승해 유권자의 표를 얻을 수 있는 편의를 누리지 못하는 것"뿐이기 때문이다. 정당경력이 대부분이라 하더라도 특정 정당과 관련시키지만 않으면 정치경력을 일반적인 방법으로 표시해 지지를 호소하는 것까지 금지되는 것이 아니므로, 법익의 균형성 요건도 충족했다. 이에 교육감 후보자 당원경력 표시 금지 규정은 과잉금지원칙 등 헌법에 위반되지 아니하므로 재판관 김종대·송두환의 반대의견을 제외한 나머지 관여 재판관 전원의 일치된 의견으로 청구인의 심판청구를 기각했다.

2) 교육의 정치적 중립성과 교육감 후보자 정당 경력 표시 금지 규정

덧붙여 교육감 후보자 정당 경력 표시 금지 규정과의 관계에서 중대한 공익적 이유인 교육의 정치적 중립성에 대해 설시한 법리를 자세히 살펴본다.

헌법재판소는 이 사건의 핵심 쟁점이 교육감 후보자에게 과거 특정 정당 당원이었음을 표시할 수 없도록 할 중대한 공익적 이유가 있는지 심사하는 것이라고 했다. 이는 교육감이 업무를 총괄하게 될 교육행정이라는 분야가 '정치권력 구성'이라는 일반적 대의민주주의 적용 영역과 어떤 차이가 있는지라고 할 수 있다. 즉, 정당의 관여는 정치권력을 구성하는 선거 과정에서 필수적일 수밖에 없음에도 교육행정을 총괄하는 교육감을 선출하는 과정에서는 배제되어야 할 정당한 사유가 있는지와 관련된 것이다. 결국 헌법이 보장하는 '교육의 자주성·전문성·정치적 중립성'이 교육행정의 수장인 교육감을 선출하는 과정에서 어느 정도로 확보될 필요성이 있는지 하는 문제와 직결된다고 할 수 있다.

먼저, 교육의 자주성·전문성·정치적 중립성[25]을 헌법이 보장하는 이유가 교육이 국가의 백년대계의 기초인 만큼 국가의 안정적인 성장·발전을 도모하기 위해 교육이 외부세력의 부당한 간섭에 영향받지 않도록 교육

자 또는 교육전문가에 의해 주도되고 관할되어야 할 필요에서 비롯된다고 했다. 이를 위해서는 교육에 관한 제반 정책 수립과 시행이 교육자에 의해 전담되거나 적어도 그의 적극적인 참여하에 이루어져야 한다. 또한, 교육방법이나 교육내용이 종교적 종파성과 당파적 편향성에 의해 부당하게 침해 또는 간섭당하지 않고 가치중립적인 진리교육이 보장되어야 하는 것이다.

이런 교육의 자주성·전문성·정치적 중립성이라는 가치는 교육행정의 수행 과정뿐만 아니라 교육행정의 수장인 교육감을 선출하는 과정에서도 당연히 고려되어야 한다. 교육행정이 수행되는 과정에서 교육에 관한 전문가들의 판단과 정책 결정이 외부의 영향이나 정치적인 영향을 받지 않고 자주적으로 집행되어야 함은 당연하다. 그러나 교육행정을 총괄하는 교육감을 선출하는 과정에서도 이런 가치들이 지켜지지 않는다면, 교육감이 교육행정을 수행하는 과정에서 위 가치들이 지켜질 것을 담보하기가 불가능하기 때문이다.

특히 현행과 같이 주민 직접선거로 선출되는 교육감 선거 과정에서 정치적 중립성이 보장되지 않는다면 교육행정을 교육전문가에 의해 자주적으로 수행토록 하려는 헌법 제31조의 취지는 무색해지고 말 것이다. 교육자치 및 지역 교육발전을 위한 전문성을 지닌 인사보다는 정치적 성향을 지닌 인사, 대중적 인기가 높거나 사회적 지명도가 높은 인사가 교육감 선거에서 유리해질 수밖에 없고, 교육전문가가 후보로 나선 경우라도

25. 앞서 헌법재판소는 교육의 자주성, 교육의 전문성, 교육의 정치적 중립성이 각각 의미하는 바를 다음과 같이 설시했다. '교육의 자주성'이란 교육이 정치권력이나 기타의 간섭 없이 그 전문성과 특수성에 따라 독자적으로 교육 본래의 목적에 기해 조직·운영·실시되어야 한다는 의미에서 교육의 자유와 독립을 의미한다. '교육의 전문성'이란 교육정책이나 그 집행은 가급적 교육전문가가 담당하거나 적어도 그들의 참여하에 이루어져야 함을 말한다. '교육의 정치적 중립성'이란 교육이 국가권력이나 정치적 세력으로부터 부당한 간섭을 받지 아니할 뿐만 아니라 그 본연의 기능을 벗어나 정치영역에 개입하지 않아야 하는 것을 말한다. 이에 대해서는 동 결정문이 수록된 판례집 23-2, 871-872면 참조.

특정 정당 또는 유권자들의 정치적 선호도를 더 의식할 수밖에 없어 교육 발전을 위한 정책개발보다는 대중적 인기에 영합하는 정책을 추진할 가능성이 크므로, 교육의 자주성·전문성에 대한 헌법적 요구에 역행하는 결과가 될 수 있기 때문이다.

교육감 선거 과정에서 이렇게 정치적 중립성을 확보하려는 대표적인 조치가 바로 교육감 후보자의 정당 경력 표시 금지 규정을 포함해 지방교육자치에 관한 법률 제46조가 규정하는 '정당의 선거관여 행위 금지'라고 할 수 있다. 정당 입장에서는 교육감 후보자를 추천할 수 없고, 특정 후보자를 지지하거나 반대할 수도 없으며, 후보자 입장에서도 자신이 특정 정당을 지지·반대하거나 특정 정당으로부터 지지·추천받고 있음을 표방할 수 없도록 해, '특정 정당의 영향력이 직접적으로 나타나는 표현'을 정당이나 후보자 양방향으로부터 차단하는 동시에, 당원 활동 경력을 표시하는 것과 같이 '특정 정당의 영향력이 간접적으로 나타남으로써 유권자의 의사를 왜곡시킬 수 있는 표현'까지 금지함으로써, 교육감선거 과정에서 정치적 영향력이 직접 혹은 간접적으로 행사되는 것을 모두 배제하고 교육의 정치적 중립성을 확보하고자 의도한 것이다.

3) 재판관 김종대, 재판관 송두환의 반대의견

반대의견에서도 교육의 자주성·전문성·정치적 중립성을 확보하기 위해 교육감 선거 과정에서 정당의 영향력을 배제하고자 하는 것 자체의 정당성에 대해서는 이견이 없다. 그러나 다음을 이유로 의견을 달리했다. 첫째, 교육감을 선출할 때 후보자의 과거 정당 경력을 어느 정도 감안할지의 선택은 궁극적으로 교육감을 선출하는 주체인 '국민'의 몫인데, 입법자가 정당 경력이 표시될 경우 유권자의 판단이 왜곡되리라고 미리 단정해 방지하겠다는 입법목적은 민주주의 이념에 비추어 바람직하지 않다. 둘째, '당원경력 표시'가 금지된다 해도 특정 교육정책이나 교육적 쟁점에 관한 자신의 정치적 견해를 표시하면 유권자들이 쉽게 후보자의 정치적 노선이 어느 정당과 궤를 같이하는지 쉽게 알 수 있으므로, 그 효과가 매우 불확실해 입법목적 달성을 위한 적절한 수단이라고 보기도 어렵다. 셋째, '당원경력 표시' 제한은 특정 표현 수단이나 방법에 한해 규제하지 않고, '일체의 표시행위'를 금지한 것이므로, 침해의 최소성 요건도 갖추지 못했다. 끝으로 교육감 후보자 당원경력 표시 금지 규정이 지방교육자치의 정치적 중립성 확보에 기여하는 효과는 매우 불확실하거나 미미하지만, 교육감 후보자의 기본권이 제한되는 정도는 결코 가볍지 않아 법익의 균형성을 상실한 것으로 보았다. 그러므로 교육감 후보자 당원경력 표시 금지 규정이 과잉금지원칙을 위배해 교육감선거 후보자의 정치적 표현의 자유를 침해한다고 했다.

다. 평석

이 결정은 교육감 후보자가 선거운동 과정에서 당원경력 표시를 제한하는 규정이 정치적 표현의 자유와 평등권, 공무담임권 등을 침해해 헌법에 위반되는지를 판단한 것이다. 헌법재판소는 교육의 정치적 중립성을 확보하려는 입법목적의 정당성과 이를 달성하기 위한 수단의 적절성이 인정되고, 침해의 최소성과 법익의 균형성 요건도 충족된다고 보아, 이 규정이 과잉금지원칙에 위배되지 않으며 헌법적 한계 내에 있다고 판단했다.

헌법재판소는 주민에 의해 직접 선출되는 교육감의 선거 과정에서 교육의 정치적 중립성 확보의 필요성을 특별히 고려한다. 비례원칙 심사의 전제로 삼는 것이다. 교육감 선거 과정에서부터 교육의 정치적 중립성이 보장되지 않는다면, 교육행정 수행 과정에서도 교육의 자주성·전문성·정치적 중립성 구현이 담보될 수 없다고 보았기 때문이다. 즉, 교육감 선거 과정에서 정치적 중립성이 보장되어야만, 교육의 자주성·전문성이라는

헌법 취지에 따라 교육행정이 교육전문가에 의해 자주적으로 수행될 수 있다는 것이다.[26]

헌법 조문에서 가운뎃점(·)으로 연결된 교육의 자주성, 교육의 전문성, 교육의 정치적 중립성의 관계를 확인했다는 의미도 있다. 학설상 교육의 정치적 중립성을 교육의 자주성 보장의 전제조건으로 해석하는 견해가 있다.[27] 이런 해석을 이 사건 헌법재판소 판례를 통해 확인하게 되었다. 교육의 정치적 중립성과 교육의 자주성 양자 관계에서, 전자는 후자에 대해 수단이 되며 후자는 전자를 통해 이루려는 목적이 되는 것이다.[28]

또한, 헌법재판소는 교육감 선거 과정에서 정치적 중립성 보장의 내용으로 정당 관여 배제를 더욱 강조했다. 그 근거로 주민직선제 실시로 야기될 수 있는 문제점을 언급했다. 하나는 선거비용 확보와 선거조직 운용의 중요성 문제다. 이에 교육감 후보자는 정당 조력을 받으려는 유혹을 가지며, 정당 역시 교육감 선거를 통해 정치적 영향력을 확대하려는 욕구가 강해졌다는 것이다. 다른 하나는 유권자가 교육감 후보자의 교육 전

---

26. 교육자치 및 지역교육 발전을 위한 전문성을 지닌 인사보다는 정치적 성향을 지닌 인사, 대중적 인기가 높거나 사회적 지명도가 높은 인사가 교육감 선거에서 유리해질 수밖에 없고, 교육전문가가 후보로 나선 경우라도 특정 정당 또는 유권자들의 정치적 선호도를 더 의식할 수밖에 없어 교육 발전을 위한 정책개발보다는 대중적 인기에 영합하는 정책을 추진할 가능성이 크므로, 교육의 자주성·전문성에 대한 헌법적 요구에 역행하는 결과가 될 수 있기 때문이다. 이에 대해서는 헌법재판소 2011. 12. 29. 선고 2010헌마285 전원재판부 결정, 판례집 23-2, 872면 참조.
27. 교육의 정치적 중립성을 교육의 자주성 보장의 전제조건으로 해석하는 학설상 견해로는 신현직(1990: 149-154) 참조. 참고로, 신현직은 이후 논문에서도 교육의 정치적 중립성에 대해 "정치권력 특히 여당정치로부터 교육의 자유와 독립이라는 교육의 자주성을 확보하기 위한 것"이라는 견해를 제시한다. 이에 대해서는 신현직(1999: 169) 참조.
28. 교육의 전문성과 교육의 자주성의 관계에 대해, 헌법재판소는 교육의 전문성 요청이 교육이 외부세력의 부당한 간섭에 영향받지 않아야 한다는 교육의 자주성 요구에 의해서도 뒷받침될 수 있다고 설시했다. 이에 대해서는 헌법재판소 2009. 9. 24. 선고 2007헌마117 등 전원재판부 결정, 판례집 21-1, 719면 참조. 앞서 신현직이 교육의 자주성이 전문성의 보장을 위해 요구되는 것이라는 견해를 밝힌 바 있다. 이에 대해서는 신현직, 위의 글, 1999, 156면 참조. 더하여 교육의 본질적 개념은 전문성을 그 속성으로 한다면서, 교육의 전문성이 교육 외부에 대해 중립성을 요청한다는 견해도 제시되었다. 이에 대해서는 길성용·강태수(2022: 3) 참조.

문성을 판단하는 데 시간적 여유나 기회가 상대적으로 부족하다는 문제다. 이에 지방자치단체장이나 지방의회의원 선거와 대응시켜 투표하는 현상이 발생했으며,[29] 정당의 정치적 입장이 선명하게 드러나는 여타 선거 결과에 따라 교육감 선거 결과가 좌우될 소지가 있다는 것이다(헌법재판소 2011. 12. 29. 선고 2010헌마285 전원재판부 결정).

한편, 헌법재판관 2인이 당원경력 표시 제한 규정이 후보자의 정치적 표현의 자유를 침해해 위헌이라고 본 반대의견도 참조할 필요가 있다. 먼저, 교육의 정치적 중립성 확보를 위한 정당 영향력 배제 자체의 정당성은 인정한다. 그러나 선거운동 자유의 원칙이라는 관점에서, 입법목적의 정당성과 수단의 적정성을 결하고, 당원경력에 관한 일체의 표시행위를 금지해 침해의 최소성 요건도 갖추지 못했으며, 불확실한 입법효과에 비추어 기본권이 제한의 균형성도 상실했다고 보았다.

이상에서 소수의견과 다수의견이 전제하는 현실 인식은 크게 다르지 않아 보인다. 교육감 선거에서 정당이 행사하는 사실상의 영향력을 부인할 수 없고, 이를 완전히 배제하기 어렵다는 취지로 의견을 제시하기 때문이다. 그러나 교육의 정치적 중립성과 선거운동의 자유라는 두 헌법적 가치의 조화를 구현하는 방식에 관해 견해를 달리했다. 예컨대 소수의견대로, 선거운동 자유의 제한이 교육의 정치적 중립성 보장에 효과적인지 불확실한 측면이 있을 것이다. 이런 상황에서 다수의견은 심사 강도를 완화해 적용함으로써 교육의 정치적 중립성을 보장해야 한다는 견지에서

---

29. 당시 교육감 선거에서는 구 지방교육자치에 관한 법률(2014. 2. 13. 법률 제12394호로 개정되기 전의 것) 제48조(투표용지의 후보자 게재순위 등) 제2항에 따라 추첨으로 후보자의 투표용지 게재순위를 정했다. 이에 특정 정당 기호와 대칭되는 순번의 칸에 기표하는 경우가 많았다는 의미다. 동법이 2014. 2. 13. 법률 제12394호로 개정되고, 선거구마다 후보자의 투표용지 게재순위를 순차적으로 바꾸는 순환배열 방식이 시행되어 이 같은 우려는 해소되었다. 그러나 교육감 선거 현수막이나 공보물에서 특정 정당을 연상시키는 유사 색상을 사용하는 방식 등이 허용되는 한, 유권자에 따라 정당선거와 대응해 투표하는 경향은 여전히 있을 수 있다.

합헌이라고 판단하고, 소수의견은 엄격한 심사 강도를 적용함으로써 선거운동 자유의 침해를 위헌이라고 판단한 것으로 보인다.

6. 소결

이 절에서 검토한 판례들은 교육행정의 정치적 중립성과 관련해 헌법재판소가 취해 온 해석적 태도를 보여준다. 앞 장에서도 언급했지만, 사법부에 속하는 국가 작용이라는 범위에서 이루어진 만큼, 이것이 헌법제정권자의 입법 의도를 최선으로 실현하는 바람직한 상태를 제시하는 것으로 보기는 어렵다. 교육행정이 국가나 정치적 권력으로부터 부당하게 간섭받지 않을 것과 교육행정이 본연의 기능을 벗어나 정치영역에 개입하지 않을 것에 관해 미완의 입법과 행정 과제는 각각 입법자와 행정부의 몫으로 남아 있는 것이다. 이에 사법작용의 테두리 내에서 교육행정의 정치적 중립성에 관한 법률이 최악은 아니었는지 심사한 법리를 종합적으로 검토해 시사하는 바를 정리하면 다음과 같다.

첫째, '교육의 정치적 중립성'이란 교육이 국가권력이나 정치적 세력으로부터 부당한 간섭을 받지 않을 것과 교육이 본연의 기능을 벗어나 정치영역에 개입하지 않아야 한다는 것 모두를 의미한다. 이에 따르면 교육과 정치의 관계는 국가 간 등가교환이나 상호 동일 행동을 취하는 원리인 호혜성에 입각할 것을 요청받고 있다고 본다. 정치에 대해서만 교육으로부터 일정한 거리를 두도록 요구하지 않는다. 마찬가지로 교육에 대해서만 정치로부터 일정한 거리를 두어야 한다고 하지 않는다. 결국 전자와 후자 간 균형과 조화를 어떻게 이룰지는 법률로 구체화해야 할 문제다. 최근 교육에 대해서만 정치로부터 일정한 거리를 두어야 한다는 요구가 부당한 것은 아닌가 하는 논의가 있다. 균형과 조화라는 관점에서, 비대칭을 바로잡으려는 시도는 교육의 자유 보장으로 귀결될 수도 있을 것이다. 그러나 이 같은 논의는 언제나 반대급부를 촉발할 수 있다는 점이 면밀하게 고려되어야 할 것이다.

둘째, 교육의 정치적 중립성과 교육의 자주성, 교육의 전문성은 내적으로 상호 긴밀하게 연관되어 있다. 이는 헌법 조문에서도 이를 단순히 열거하지 않고 가운뎃점으로 병합적 접속의 기능을 시사한 데서도 엿볼 수 있다. 헌법재판소 결정을 종합해 보면, 교육의 전문성은 교육의 자주성에 의해 뒷받침되고(헌법재판소 2009. 9. 24. 선고 2007헌마117·2008헌마483·563전원재판부 결정) 교육의 자주성은 교육의 정치적 중립성에 의해 뒷받침되는 관계다(헌법재판소 2011. 12. 29. 선고 2010헌마285 전원재판부 결정). 논리적으로 교육의 정치적 중립성이 보장(P)되어야 교육의 자주성이 보장(Q)되고, 교육의 자주성이 보장(Q)되어야 교육의 전문성이 보장(R)된다면, 교육의 정치적 중립성이 보장(P)되어야 교육의 전문성(R)이 보장된다는 결론에 이르게 된다. 이 같은 관계를 전제로, 교육의 자주성·전문성·정치적 중립성이 보장되어야 하는 이유는 가치중립적인 진리교육을 보장하기 위함이다(헌법재판소 1992. 11. 12. 선고 89헌마88 전원재판부 결정). 헌법상 교육의 정치적 중립성 보장은 궁극적으로 진리교육이 가능케 하려는 것이고, 나아가 헌법 제31조 제1항에 따른 국민의 교육기본권을 실현하는 대전제가 된다.[30]

셋째, 지방교육자치의 헌법적 본질은 지방자치와 교육자치[31]라는 속성

---

30. 이와 같은 법리에 비추어 보면, 교육의 정치적 중립성을 적시하지 않더라도 교육의 자주성이나 전문성을 보장해야 한다는 경우 당연하게 교육의 정치적 중립성 보장을 전제로 한다고 보아야 할 것이다. 예컨대, 지방교육자치에 관한 법률의 목적 규정에서 "교육의 자주성 및 전문성과 지방교육의 특수성을 살리기 위해"라고만 하고 교육의 정치적 중립성은 명문화하지 않았다. 이를 배제한 입법자의 의도가 명시적으로 확인되지 않는 한, 지방교육자치에 관한 법률 역시 헌법상 교육의 정치적 중립성 보장을 전제로 교육의 자주성 및 전문성을 살리고자 한다고 보는 해석이 합리적일 것이다. 관련해 정당정치를 기반으로 중앙정부 및 지방정부가 구성되어 집권에 의한 정치적 영향을 배제할 수 없다는 점에서 입법정신과 충돌을 피한 것이라는 견해에 대해서는, 고전(2017: 21) 참조.
31. 헌법재판소는 국가교육권의 특수성이 '문화적 권력'에 있으며, 교육자치가 정치권력에 대한 '문화적 자치'로서의 속성도 지닌다고 설시했다. 이에 대해서는 헌법재판소 2000. 3. 30. 선고 99헌바113 전원재판부 결정, 판례집 12-1, 368-369면 참조.

을 동시에 구현하면서 '민주주의·지방자치·교육자주'라는 세 가지 헌법적 가치를 골고루 만족시키는 데 있다. 그러나 민주주의와 교육자주 원리를 동시에 만족시키려면 필연적으로 어느 하나를 유보할 수밖에 없는 경합이나 긴장 관계가 발생할 수 있다. 즉, 국민주권의 원리가 '이중의 자치'라는 특수성으로 인해 다른 분야와 상이하게 구현될 수 있으며, 불가피하게 민주적 정당성 요청도 일정하게 제한될 수 있다는 것이다. 교육위원이나 교육감 후보자의 자격이나 선거운동 방식 제한, 정당 관여 배제, 심지어 교육경력자 우선 당선에 관한 규정도 합헌으로 판단된 것이 그 예다. 다만, 이런 결정들은 교육자치제도에 관한 한 헌법재판소가 입법자의 광범위한 입법형성권을 존중하는 견지에서 완화된 심사 강도를 적용해왔기 때문이라고 보아야 한다. 과거 일정하게 민주적 정당성을 유보하면서 유지해 온 지방교육자치제도의 여러 측면이 앞으로도 합헌성을 유지하리라고 단언하기는 어렵다. 예컨대, 2010헌마285 결정의 반대의견은 선거운동 자유의 제한이 교육의 정치적 중립성 보장에 효과적인지 불확실한 상황에서 정당화되기 어렵다고 보았다. 그런데 정치적·사회적·문화적 환경은 늘 변화하며, 기술 발달로 과거 법관의 양심에 따라 심증에만 의존할 수밖에 없었던 사실도 예증해 보임으로써, 이전과 달리 엄격심사의 대상이 될 수도 있는 것이다.

V. 종합논의

1. 역사적 배경과 정치·경제적 환경

대한민국헌법의 역사를 거슬러 가보면, 교육은 정치, 경제만큼이나 중요하게 취급되었다. 대한민국임시헌장에서부터 교육에 관한 언명이 등장하고한인섭, 2009: 168, 제헌헌법에서 교육의 기회균등 원리가 조문화된 것이 그러하다.[32] 교육의 정치적 중립성에 관해서는 헌법이 1962. 12. 26.에 개정되면서 처음 규정되어 현재까지 유지되는데, 헌법재판소는 국민의 교육기본권을 효율적으로 보장하기 위한 것으로 이해하고 있다(헌법재판소 1992. 11. 12. 선고 89헌마88 전원재판부 결정). 오늘날의 공교육 제도는 부모들이 자녀에 대해 사적으로 행하던 교육으로는 정치·경제·사회·문화의 발달과 다원화에 따른 교육수요에 부응할 수 없어서, 국가가 헌법상 보장된 국민의 수학권을 실질적으로 보장하기 위해 적극적·능동적으로 주도하고 관여하고자 생겨난 것이다. 국가의 백년대계인 교육은 교육자와 교육전문가에 의해 주도되어야 하고, 교육자에 의해 가치중립적인 진리교육이 보장되려면 부당하게 침해 또는 간섭당하지 않도록 할 필요가 있었다는 것이다.

헌법이 개정된 1987년 이후 국가 경제가 크게 성장하고[33] 전 국민의 교육 수준이 높아졌다는 점에서,[34] 당시 헌법제정권자의 의도가 여전히 유효한지 검토되어야 하거니와, 헌법해석을 통해 달리 접근하거나 의회에 유보된 법률을 통해 변경해야 할 지점도 있을 것이다. 같은 맥락에서 1991년 지방교육자치제가 실시되고 2007년부터 주민 직선에 의한 교육감

32. 당시 헌법문서와 제헌헌법의 밑바탕 이념이었던 삼균주의는 국가공동체의 생활영역을 정치·경제·교육의 세 분야로 구분하고, 균권(均權), 균부(均富)와 함께 균학(均學)을 그 내용으로 한다. 이에 대해서는 신용인(2023: 117) 참조. 제헌국회의 헌법안 논의 과정에서 전문위원 유진오의 답변에서 확인할 수 있다. 이에 대해서는 국사편찬위원회 한국사데이터베이스 제헌국회 1948. 6. 26.자 속기록 중 "의무교육 무상실시, 교육기관 관리, 균등교육 관련 질의응답(16조)" 참조,〈https://db.history.go.kr/item/cons/level.do?levelId=cons_001_0020_0010_0020_0010_0180〉.
33. 대한민국의 경상 GDP는 1987년 121조 원 규모에서 2024년 2,549조 원으로 20배 이상 늘어났다. 이에 대해서는 통계청 지표누리 국내총생산 참조,〈https://www.index.go.kr/unity/potal/main/EachDtlPageDetail.do?idx_cd=2736〉.
34. 국민교육수준 지표로 25~64세 성인 인구 중 고등학교 이상 졸업자 비율은 1995년 60%에서 2023년 93%로 증가했고, 같은 기간 대학 이상 졸업자 비율도 18%에서 55%로 크게 늘었다. 참고로, OECD 평균 고등학교 이상 졸업자 비율은 1995년 64%에서 2023년 81%, 대학 이상 졸업자 비율은 1995년 21%에서 2023년 41%다. 이에 대해서는 통계청 지표누리의 국민교육수준 참조,〈https://www.index.go.kr/unity/potal/main/EachDtlPageDetail.do?idx_cd=1530〉.

이 선출되기 시작하는 등, 지방자치단체 공교육 사무를 총괄하는 공권력의 구성·행사·통제 방식이 크게 변화했고, 교육의 정치적 중립성을 법률로 보장할 책무를 지닌 입법부의 위상 역시 괄목할 정도로 커졌다는 점도 고려할 필요가 있다.[35]

2. 추구하는 기본가치

교육의 정치적 중립성은 헌법 제31조 제4항 명문에서 교육의 자주성, 교육의 전문성과 병합적 접속의 형태로 규정되어 있다. 즉, 세 가치는 내적으로 밀접하게 연관되어 있다. 이에 관해서는 그간 헌법재판소의 부분적인 설시를 종합하여 이해할 필요가 있다. 교육의 정치적 중립성은 교육의 자주성 보장의 전제가 되며, 교육의 자주성은 교육의 전문성 보장의 전제가 된다. 나아가 이 같은 교육의 전문성은 가치중립적인 진리교육이 가능케 하는 것으로, 헌법 제31조 제1항에 따른 국민의 수학권을 효과적으로 보장하기 위한 중요한 전제조건으로 기능한다. 나아가 교육의 정치적 중립성이 보장되려면, 영역적으로는 교육내용과 교사, 교육행정의 정치적 중립성이 보장되어야 하고, 교육과 정치의 관계에서는 양자 모두에게 부당한 불간섭 내지는 불개입이 호혜적으로 요구된다고 할 수 있다.

외적으로는 교육의 정치적 중립성을 포함해 교육의 자유 내지는 교육의 자주성을 보장해야 한다는 원리는 국민주권의 원리를 천명하는 헌법상 민주적 정당성 요구와 경합하거나 긴장하는 관계에 있을 수 있다. 지방교육자치 영역에서는, 중앙권력에 대한 지방적 자치라는 속성이 고려되어야 하므로 민주주의·지방자치·교육자치라는 헌법적 가치를 고루 만족해야 한다. 국가교육권 형성과 행사의 관점에서도 불가피하게 민주적 정

---

35. 국회의 입법활동 추이를 참조하면, 제16대 국회(2000~2004년)부터 의원 발의 법률안 건수(1,651건)가 정부 제출 법률안 건수(595건)를 역전하기 시작했다. 제21대 국회(2020~2024년)에서는 의원 발의 건수(23,655건)가 91.5%로 압도적으로 높아졌다. 이에 대해서는 전진영·김현아(2024: 4) 참조.

당성 요청을 다소 제한하거나 유보하게 될 수 있다. 유·초·중등 교원에 대해는 공무원이 아닐지라도 정치적 자유 제한이 정당화될 수 있고, 교육을 정치적·파당적 또는 개인적 편견을 전파하려는 방편으로 이용하는 것도 금지된다. 국가가 주도하는 교과서 등 교육내용에 대해 행정권력이 임의로 개입해 교육의 전문성을 훼손하는 것도 규제 대상이다. 국가 교육행정에 관해서도 국가교육위원회 같은 합의제 행정기구가 독립적으로 국가수준 교육과정이나 정책 기본방향을 결정하게 하는 등, 교육의 정치적 중립성을 확보하려는 시도가 이루어지고 있다.

3. 입법부의 역할

교육내용의 정치적 중립성 보장을 위한 입법부의 역할은 매우 소극적이었다고 평가할 수 있다. 예컨대, 교과서제도에 관한 대부분을 행정입법으로 위임해 실질적인 운영과 규제에 관한 사항도 행정부의 광범위한 재량에 맡겨온 것이다. 그 결과 관련 판례에서 입법자의 입법형성권을 우선 존중하면서, 형식적 위임에 따라 광범위한 재량을 지닌 행정부의 의사결정에 대해 보수적으로 판단할 수밖에 없었던 측면도 있다. 교육제도 법정주의 원칙을 고려하더라도 초·중등교육법에 따른 교과서제도에 관한 규정은 개정될 필요가 있다. 국가교육권의 구성과 행사에서는 국가교육위원회가 정파적 이해관계에 휩쓸리거나 편향된 결정을 할 수 없도록 검토와 정비가 계속되어야 한다. 이를 전제로 국가수준 교육과정의 결정과 같이 교과서 등 교육내용에 관한 사항을 독임제 행정기관으로부터 이양하는 것도 고려해야 한다.

교육행정의 정치적 중립성 관련 판례는 모두 지방교육 공권력 구성과 관련된 것이었다. 그만큼 빈번한 법률 개정으로 선출 방식이 변경되는 등 예측할 수 없던 쟁점이 발생한 것으로도 볼 수 있다. 국민의 대표인 입법부의 결정이었으며 변경된 제도가 과거보다 결과적으로 바람직하다고 평가될지라도, 잦은 제도 변경으로 국가 백년대계로서 교육정책의 안정성을 저해했다면 교육의 정치적 중립성 보장 원리와 경합하는 측면이 있다. 최근 교육감 선거제도를 개선해야 한다는 목소리가 있고, 주민직선제 이후 선거비용과 선거조직 마련 측면에서 정당 관여 배제를 재고해야 한다는 논의도 있다. 이에 대해 입법자가 결정할 수밖에 없는 것은 너무나 당연하다. 게다가 정당과 불가분의 관계인 국회가 교육에 대한 정당 관여 배제를 재검토하려는 시도 역시 자연스러운 것일 수 있다. 그러나 정치의 교육 관여가 정당화될수록 교육의 정치에 대한 관여도 정당화될 수밖에 없는 것이다. 지방교육 공권력 구성에 관한 입법 과정은 신중하고 면밀하게 검토되어야 한다.

4. 정책집행 과정상의 법적 쟁점

교육의 정치적 중립성 보장을 실질화하는 것은 결국 정책집행 과정에 관한 문제다. 교육의 정치적 중립성은 교육의 자주성을 확보하고, 교육의 전문성이 실현될 수 있게 하려는 것이지만, 정책집행 과정에서 두 가지 문제를 고려하지 않을 수 없다.

하나는 교육과 정치의 관계에서 일정한 거리가 어느 정도여야 하는가 하는 점이다. 국가가 행하는 제도로서의 교육, 즉 교육행정, 교육내용, 교원이 정치로부터 완전히 분리된 진공상태에 있을 수는 없다. 입법부가 법률로써 정치로부터의 부당한 간섭과 배제를 최소화하고자 하더라도, 국민에 의해 선출되는 대통령과 대통령이 임명하는 교육부장관이 교육정책 결정과 집행에 어떠한 영향력도 행사하지 않을 수 있는 상황을 예정하는 것은 아니다. 교육에 관한 의사결정이 교육의 전문성이라는 가치만을 우선해 어떤 정부든지 같게 이루어지리라고 기대할 수 없는 것이다. 그렇다면, 행정 내부에서의 자기 통제 기능이 강구되지 않을 수 없다. 특히 지방 수준에서 독임제보다는 합의제 형태의 집행기관이 교육의 정치적 중립성 보장 원칙에 더 부합한다는 일각의 주장을 고려하면,[36] 국가 수준에서는 현실적으로 합의제 기구인 국가교육위원회에 대해 행정 내부의 자기 통제 기능을 기대할 수밖에 없는 측면이 있다. 교육부가 교육정책 결정·집행 과정에서 부당한 권력적 개입을 배제함으로써 궁극적으로 교육의 전문성을 보장하기 위한 역할이 요구되는 것이다.

다른 하나는 교육의 정치적 중립성을 전제로 궁극적으로 보장하려는 교육의 전문성을 구체화할 것인가 하는 점이다. 헌법재판소 역시 이를 충분하게 제시하지 못한다. 예컨대, "인간이 인간다울 수 있도록 잠재적 능력과 소양을 계발하고 정신을 성숙하게 하는 활동이라는 점에서 고유의 전문적 지식, 고도의 자율성, 사회적 책임성이 요구된다"라고 전제하면서도(헌법재판소 2009. 9. 24. 선고 2007헌마117·2008헌마483·563전원재판부 결정), 정작 '교육의 전문성'에 대해서는 "교육정책이나 그 집행은 가급적 교육전문가가 담당하거나, 적어도 그들의 참여하에 이루어져야 한다고"라고만 설시해 순환논증처럼 보이는 태도를 드러낸다. 다만, 입법 연혁을 고려할 때 교육경력이나 교육행정경력을 일정하게 갖춘 자가 가진 것이 교육의 전문성이라고 간주되며, 헌법재판소 역시 그러한 입법자의 취지를 전적으로 존중하는 태도를 보인다. 이런 점에서 국가교육위원회는 그 구성에 적어도 일정 교육경력 또는 교육행정경력 등을 갖춘, 교육의 전문성을 확보한 자들이 포함되어야 마땅하다. 이 기구가 자문기구만이 아니라 실질적인 교육정책 결정 권한을 가진다면, 이른바 전문가주의를 당사자주의로 치환해 교육당사자가 참여하는 구조라고만 이해하는 것은 곤란하다는 뜻이다. 교육의 전문성은 물론 다른 헌법적 가치인 민주적 정당성[37] 역시 왜곡시킬 우려가 있기 때문이다. 현실적으로 교육의 전문성

---

36. 정치적으로 중립이 요구되는 행정기관으로 대개 합의제 형태를 띠므로, 지방교육자치 영역에서 전심의결기관의 성격을 지닌 합의제 집행기관인 교육위원회가 필요하다는 견해로는 송기창(2017: 22)과 김학성(2017: 340-341) 참조.

개념이 직접 규범화되기 어려운 것이라면, 인정할 수 있는 일정한 경력을 갖춘 자에게 교육의 정치적 중립성을 보장하고 교육적 전문성 원리를 실현하려는 접근을 견지할 필요가 있다.

5. 사법적 판단 및 사회적 영향

지방교육자치제도에 관한 헌법재판소의 헌법적 해명은 불문헌법 규범으로 기능하고 있다. 이 부분은 교육과 정치의 관계를 어떻게 고려해야 할지 시사하는 바가 크다. 즉, 현실에서 국민주권의 원리에 따른 공권력의 구성·행사·통제 방식과 조화를 이루게 하는 일종의 행위준칙으로 작용하는 측면이 있다. 교육이 지니는 문화적 자치라는 속성으로 인해 민주적 정당성 요청이 어느 정도 제한이 불가피하다는 점은 지방교육자치뿐만 아니라 국가 수준에서도 마땅히 고려되어야 한다. 헌법적으로 교육자주 요구만을 절대시하는 것이 허용될 수 없다는 것은 공권력 구성 과정만이 아니라 수행 과정에서도 고려되어야 한다. 행정부의 정책집행 과정은 물론 입법부가 지니는 광범위한 입법형성의 자유에 대해서도 헌법적 한계로서 파악되어야 할 것이다.

그러나 교육의 정치적 중립성에 대한 사법적 판단은 과거의 구체적 사건을 전제로 심사한다는 점에서 본질적으로 사후적이며 과거지향적이다. 교육이 미래의 기획을 요하는 일이라는 점을 고려하면, 교육의 정치적 중립성을 실질적으로 보장하는 일에서 사법 작용이 이바지할 수 있는 여지는 더욱 작아질 수밖에 없다. 이런 이유로 사법부는 교육의 정치적 중립

---

37. 국민주권의 원리하에서 민주적 정당성은 국민의 직접 선출로써만 확보될 수 있다. 국가교육위원회의 위원장은 물론 상임위원과 비상임위원 모두 대통령에 의해 임명·위촉되고, 그 일부는 국회에 의해 추천되므로, 시원적 정당성을 갖춘 기관에 의해 정당성이 유입될 뿐이다. 권한을 국민으로부터 직접 위임받은 바 없다는 것은 국민이 선거 등을 통해 직접 책임을 물을 수 없는 대상이라는 의미이기도 하다. 이에 대해서는 이현수 (2013: 55, 71-72) 참조.

성과 관련된 모든 사안에서 입법자의 넓은 입법 재량을 원칙적으로 존중하는 소극적 입장을 견지해 왔다. 그러므로 심사 강도를 높여 국가 작용을 강력하게 통제해야 한다고 요구한다거나, 반대로 교조적 태도로 입법형성의 자유에 속하는 사항마저 사법적 잣대에 비추어 판단하려는 경향은 모두 경계할 필요가 있다. 의회에 유보된 교육의 정치적 중립성 보장은 정치 과정을 거칠 수밖에 없을 것인데, 선출되지 않은 권력에 의해 교육기본권이 좌우되게 하는 일은 정치를 사법으로 대체하는 위험을 망각하는 일이기 때문이다.

참고문헌

감사원(2025.4.). 감사 보고서-교육부·평가원의 역사교과서 검정 및 한경국립대학교의 비위 관련.
국립국어원(2014). 문장 부호 해설. 국립국어원.
국회교육위원회 전문위원회(2024.8). 교육부의 2025 AI 디지털 교과서 도입 유보에 관한 청원(청원번호 제2200011호) 검토보고.
국회입법조사처(2024). 2024 국정감사 이슈 분석 Ⅷ.
권영성(2000). 헌법학원론. 서울: 법문사.
고전(2017). 한국의 지방교육자치 입법정신에 관한 교육법학적 논의. 교육법학연구, 29(1), 1-30.
길성용, 강태수(2022). 헌법상 교육의 정치적 중립성 보장에 관한 해석론. 교육법학연구, 34(1), 1-28.
김학성(2017). 교육감선출과 지방의회 일치형 교육위원회제도에 대한 비판적 연구. 강원법학, 50, 319-348.
백옥선(2015). 교과서 검정 및 수정에 관한 법제개선방안-교과서 수정명령에 관한 서울행정법원 2015. 4. 2. 선고 2013구합29605 판결 평석을 겸해. 행정법연구,(42), 217-243.
송기창(2017). 교육감 주민직선제의 쟁점과 개선방안. 교육정치학연구, 24(2), 1-27.
송기춘(2002). 시·도 교육위원 및 교육감 선거인단 구성의 헌법적 문제점-헌법재판소 전원재판부 2002. 3. 28. 2000헌마283·778(병합) 결정과 관련해. 경남법학, 17, 153-172.
신옥주(2015). 국정교과서제도의 헌법적 문제점에 관한 고찰. 헌법학연구, 21(4), 155-195.
신용인(2023). 조소앙의 삼균주의와 헌법적 의의. 삼균주의 연구논집, 47,
신현직(1999). 교육기본권에 관한 연구. 서울대학교 박사학위논문.
신현직(1999). 교육의 자주성, 전문성, 정치적 중립성의 법리. 교육법학연구, 11, 153-169.
이재홍(2025). 헌법재판소의 의회유보원칙 심사척도와 심사강도—텔레비전 수신료, 온실가스 감축 목표, 그리고 AI 디지털교과서. 공법연구, 53(3), 405-443.
이현수(2013). 합의제 중앙행정관청의 조직법적 쟁점—민주적 책임성의 관점에서—. 공법연구, 41(3).
전진영, 김현아(2024). 제21대 국회 입법활동 분석. NARS 입법·정책, 156, 국회입법조사처.
한인섭(2009). 대한민국은 민주공화제로 함: 대한민국 임시헌장(1919.4. 11) 제정의 역사적 의의. 서울대학교 법학, 50(3), 167-201.
허완중(2011). 헌법재판소 결정에 따른 입법자의 의무. 헌법논총, 22, 357-446.

법률문헌 등

지방교육자치에관한법률안(대안). 1999.12.14. 의안번호 제152500호.
대법원 2013. 2. 15. 선고 2011두21485 판결.
서울행정법원 2015. 4. 2. 선고 2013구합29605 판결.
헌법재판소 1992. 11. 12. 선고 89헌마88 전원재판부 결정.
헌법재판소 1997. 12. 24. 선고 95헌마390 결정.
헌법재판소 2000. 3. 30. 선고 99헌바113 전원재판부 결정.
헌법재판소 2001. 11. 29. 선고 2000헌마278 전원재판부 결정
헌법재판소 2002. 3. 27. 선고 2002헌마573 전원재판부 결정.
헌법재판소 2002. 3. 28. 선고 2000헌마283·778(병합) 전원재판부 결정.
헌법재판소 2004. 3. 25. 선고 2001헌마710 전원재판부 결정.
헌법재판소 2002. 8. 29. 선고 2002헌마4 전원재판부 결정.
헌법재판소 2008. 6. 26. 선고 2007헌마1175 전원재판부 결정.
헌법재판소 2009. 9. 24. 선고 2007헌마117·2008헌마483·563(병합) 전원재판부 결정.
헌법재판소 2011. 12. 29. 선고 2010헌마285 전원재판부 결정.
헌법재판소 2012. 3. 29. 선고 2010헌마541 전원재판부 결정.
헌법재판소 2014. 1. 28. 선고 2011헌바252 전원재판부 결정.
헌법재판소 2015. 9. 24. 선고 2013헌바102 전원재판부 결정.
헌법재판소 2016. 2. 25. 선고 2013헌마838 전원재판부 결정.
헌법재판소 2018. 3. 29. 선고 2015헌마1060·1184(병합) 전원재판부 결정.

웹사이트

국사편찬위원회 한국사데이터베이스. https://db.history.go.kr
국가데이터처 지표누리. https://www.index.go.kr

회의록

국회교육위원회(2025.1.17.). 제22대 국회 제421회(임시회) 제1차 교육위원회 회의록.

제5장

독일 교사의 정치적 중립성 논쟁 고찰

강구섭

I. 들어가는 말

학교는 민주주의 교육의 장으로서 중요한 의미를 지닌다^{이홍우 역, 2007:} ¹⁵⁵. 학교 교육을 통해 이뤄지는 제반 경험이, 생활 방식으로서 민주주의가 학생 개인의 삶에 자리 잡는 과정에서 핵심적 역할을 하기 때문이다. 이와 관련, 공무원이자 개별 시민으로서 교사는 학교 안에서의 제반 행위를 통해 헌법에 기반한 민주적 가치가 사회와 학교에서 원활하기 기능하는 데 필요한 다양한 역할을 수행한다^{이상오, 2014}. 이런 점에서 교육 대상인 학생의 사고와 가치 형성에 막대한 영향을 미치는 교사가 특징 정치적 지향에 편향되지 않은 균형적 사고를 통해 학생의 전인적 성장을 지원하는 것은 매우 중요한 과제다. 이에 따라 국가를 대리해 청소년, 학생 등을 대상으로 제반 교육행위를 하는 교사의 정치적 중립 의무는 일차적으로 학생의 민주적 가치 및 행위 역량 습득 면에서 중요한 의미가 있다. 반면, 교사에게 정치적 중립 의무가 요구되는 상황에서 기본권으로서 교사의 시민적 권리 행사에 제한이 발생하면서 논란이 되고 있다. 공무원 신분인 교사로서 요구되는 정치적 중립 역할과 시민 개인으로서 지닌 정치적 권리의 제한 사이에 부조화 상황이 나타나는 것이다.

독일에서 교사는 제반 교육활동을 통해 개별 학생이 민주적 역량을 갖춘 주체적 인간으로 성장해 가는 과정에서 적극적 역할을 한다. 이런 측면에서 독일에서 헌법에 기반한 민주주의 가치의 전수 및 확산 역할을 하는 교사의 정치적 중립성 준수는 매우 중요한 과제다. 이런 가운데, 사회적 갈등과 정치적 불안정이 날로 커지는 상황에서 교사의 정치적 중립성에 대한 논쟁이 중요한 쟁점으로 대두되고 있다. 학교의 제반 교육 활동에서 가치 판단의 준거 역할을 하는 교사의 정치적 중립성에 대한 인식과 이해의 차이로 논란과 갈등이 제기되는 것이다. 독일 교사의 정치적 중립성 준수 논의는 우리 사회에서 관련 논의의 생산적인 진행에 유용하게 참고할 수 있는 사례로서 중요한 의미를 지닌다.

이 글에서는 독일의 사회·정치적 쟁점 사안과 관련되어 제기되는 교사의 정치적 중립성 요구에 관한 논쟁을 고찰하고 우리나라 교사의 정치적 중립성 사례를 다루는 과정에서 참고할 수 있는 시사점을 도출한다. 즉, 사회적 영향력을 확대해 가는 독일 극우주의 정당 문제에 개별 교사를 비롯한 독일 교육계가 대응하는 과정에서 제기되는 교사의 중립성 요구 논쟁에 관한 분석을 통해 우리의 교사 정치적 중립성 논쟁에서 참고할 시사점을 도출한다. 이를 위해 독일 교사의 정치적 중립성 준수 요구에 대한 논의를 유발한 정치·사회적 배경을 개괄적으로 고찰한다. 이후 독일에서 논의되는 교사의 정치적 중립성 개념과 이에 따른 교사의 역할을 고찰하고, 극우 정당이 제기하는 교사의 정치적 중립성 준수 주장에 대한 교육계 및 행정적·법적 대응 내용을 고찰한다. 마지막으로 독일 교사의 정치적 중립성 준수 논쟁이 우리 교사의 정치적 중립성 논의에 주는 시사점을 도출한다.

II. 독일 교사의 정치적 중립성 논쟁 배경

1. 극우주의 정치세력의 영향력 확대

나치 정권 패망 이후 민주주의 정치체제 수립 과정에서 나타난 독일의 극우주의 정치세력은 오랫동안 주목받지 못하다가 비교적 근래부터 사회적으로 큰 영향력을 지니기 시작했다. 2차 대전 이후, 독일 일부 지방에서 극우주의 경향 정치세력이 의석을 확보했지만 소수에 불과했고, 오랫동안 극우 정당은 중앙 및 지방 정치에서 큰 지지를 확보하지 못했다 Kludt, 2017: 1; 최정애, 2018: 40. 특히 2차 대전 이후부터 패전국 독일에 대해 이뤄진 대내외적 지원을 토대로 독일 경제가 빠르게 자리 잡고 사회가 안정을 찾아가면서, 1950년대에 나타난 일부 극우주의 세력에 대한 지지는 더욱 하락했다. 결과적으로 1950~60년대까지 독일 사회에서 극우주의 정치세력의 영향력은 미미했다 Stoess, 2015, Schedler, 2021.

1970년대 이후 실업을 비롯한 각종 사회문제에 기인한 사회·경제적 변화 상황에서 독일 사회에 내재해 있던 인종주의, 국수주의, 권위주의의 특성을 근간으로 한 민족주의 성향을 토대로 극우주의 정치세력이 점차 영향력을 확장했다 김면회, 2016: 26-27. 이후 대량 실업의 장기화 등에 따른 사회적 불안이 고조되면서 극우주의 경향이 가시화되어 나타났다. 1990년 10월, 독일 통일 후 서독에 편입된 구동독 지역에서는 통일 이후 직면한 급격한 변화에 불안을 느끼는 계층 사이에서 극우주의 경향이 확대되었다 Stoess, 2015. 전반적으로 1990년대 이후 가속화된 세계화와 경제 위기 속에 사회 환경이 급격히 변화하는 가운데 극우정치 세력은 자국의 이익을 강조하며 영향력을 확장했다 이용일, 2018: 96-97.

2000년대에 접어들며, 세계적인 금융위기에서 비롯된 경제 위기의 확산 과정에서 개인의 삶의 기반을 위협하는 경향이 커졌고, 이는 극우주의 경향 확산에 유리한 토양으로 작용했다 Schedler, 2021. 특히 2000년대 후반, 난민과 이주민이 급격히 증가하면서 이는 독일의 민족적 정체성 상실을 초래할 거라고 주장하며 문화적 동질성을 넘어 인종적 혈연적 동질성을 강조하는 경향이 나타났다.[AfD, 2016; 전복희. 2021: 126]. 변화된 일상에서 개인이 느끼는 정서적 불안은 극우주의 경향 정치 정당에 대한 광범위한 지지층이 형성되는 계기로 작용했다[김은영, 2020: 409; 이용일, 2023: 154]. 극우주의 정당은 대체로 정치, 경제, 사회 환경이 변화하는 가운데 기존 정치 변화에서 발생하는 문제에 적절히 대처하지 못한다는 정치 불신 상황을 적극 활용해 세력을 확대했다.

지속적으로 정치적 세력화를 추구한 극우주의 정당은 경제 위기와 불안정 상황, 외부인 유입 같은 사회적 변화 상황에서 발생한 불안을 매개로 정치적 영향력을 확대했다. 2013년 창당한 극우주의 경향의 정당인 '독일을 위한 대안Alternative für Deutschland, AfD'은 유럽 전역의 경제 위기와 난민·이주민의 급격한 증가 상황에서 정치적으로 급성장했다[AfD, 2021]. 대안당AfD은 다문화주의 이데올로기와 다문화 정책이 독일 사회의 결속과 지속성을 해친다는 점을 강조하며, 이슬람과 난민 유입에 반대하는 사회적 불만과 갈등을 기반으로 반이슬람, 반난민, 반 유로(반유럽통합) 정책을 전면에 내세웠다[AfD, 2016: 12]. 대안당은 2017년 9월 총선에서 12.6%의 지지율을 획득하면서, 나치 정권 이후 최초로 독일연방의회 의석 확보에 성공했다[Ruhose, 2019]. 기성 정당에 대한 지지 하락을 기회로 제3당 지위를 유지했고, 이후 총선에서도 높은 지지율을 유지하며 중앙 정치에서 영향력을 계속 확대했다[Bundeswahlleiter, 2021: 9, Bundeswahlleiter, 2018: 31; 이용일, 2023: 151]. 대안당은 언론과 미디어를 적극적으로 활용한 포퓰리즘 전략을 기반으로 지속적으로 세력을 확장했다.

2. 극우주의 정당의 교사 정치적 중립성 주장

극우주의 정당이 연방의회에서 의석을 확보하는 등 정치 세력화에 성공하면서 이에 대한 사회적 우려와 비판이 강하게 제기되었다. 독일 극우주의 정치 정당인 대안당이 반난민, 반다문화 등의 입장을 표방하며 지지를 넓히는 과정에서 정치권뿐 아니라 사회 각계에서 극우주의 정당에 대한 우려와 비판이 제기되었다. 교육 분야에서도 적극적으로 제기되면서, 정치교육을 비롯한 독일의 교육 분야는 학교 교육을 비롯한 제반 활동을 통해 대안당의 정치적 지향을 비판적으로 다루는 방식으로 극우주의 문제에 대응했다. 일부 교사는 정치교육을 비롯한 수업을 통해 대안당의 문제를 다루었고, 대안당에 반대하는 티셔츠('FCK-AfD)를 만들어 입는 등의 방식으로 문제를 다뤘다. 또한 학교 건물 내 포스터와 스티커 게시, 대안당에 대한 시위를 요구하는 전단지 및 간행물 발간 등을 통해 학생들에게 극우주의 정당의 문제를 지속적으로 상기시켰다.^{AfD, 2023}.

사회 각계의 비판에 직면한 대안당은 교육 분야에서 제기되는 비판에 대응하는 전략으로 교사의 정치적 중립성 준수를 요구했다.

대안당은 교사의 정치적 기본권에 대한 내용을 다루는 독일 기본법 제3조(정치적 견해의 자유) 및 제21조(정당 가입 및 활동의 자유)에 근거해 교사의 중립성 준수를 주장했다. 독일 기본법 제3조의 "누구든지 성별, 혈통, 인종, 언어, 출신국, 신앙, 종교적·정치적 견해를 이유로 불이익을 받거나 우대받지 아니한다."라는 규정에 근거해, 자신의 정당에 제기되는 비판의 부당함을 강조했고, 교사들의 편향된 입장과 부정적인 인식 때문에 대안당이 피해를 겪고 있다고 주장했다^{Grundgesetz für die Bundesrepublik Deutschland, 1949}. 이를 바탕으로 교사의 엄격한 정치적·이데올로기적 중립성 유지를 통해 민주적이고 자유로운 담론을 강화할 수 있는 학교 및 교육환경을 유지해야 한다고 주장했다^{AfD, 2023}. 즉, 대안당은 국가교육에서 제기되는 이데올로기적 중립성에 대한 논쟁을 기반으로 자당에 제기되는 비판에 대응했다^{Giesecke, 1976: 65; Heil, 2021: 98}.

대안당은 독일 기본법 제21조에 따라 교사도 시민으로서 자유로운 정치참여를 보장받으며 자유민주적 기본질서를 위반하지 않는 범위에서 자유롭게 정당 활동을 할 수 있다는 것을 인정했다.Grundgesetz für die Bundesrepublik Deutschland, 1949. 하지만, 교사가 수업에서 특정 정당에 대해 부적절하고 경멸적인 발언을 하거나 정치적으로 비판하는 것은 중립성 원칙을 위반하는 것이라고 주장했다.AfD, 2023. 이에 대안당은 학교와 교사는 정치적 중립성을 지킬 의무가 있다는 것을 적극적으로 강조했다. 즉, 교사는 학교에서 특정 정당을 옹호하거나 비판하는 입장을 취해선 안 되며, 객관적이고 중립적 입장을 견지해야 한다고 주장했다. 이를 통해 교사가 정치교육을 비롯한 제반 교육활동에서 대안당을 비판하는 것은 교사의 정치적 중립성 준수 의무를 저해하는 것이라고 강조했다. 대안당은 정치교육의 원칙인 보이텔스바흐 협약에 근거해 교사의 정치적 중립성 의무 준수를 요구했다. 즉, 보이텔스바흐 협약에서 제시된 "교사는 학생들에게 자기 견해를 강요할 수 없다"는 내용을 명시한 강압 금지 원칙 Überwältigungsverbot에 기반해 교사의 정치적 중립성 준수를 강조했다 Wehling, 2016: 24; 조상식, 2019: 158.

대안당은 교육 분야에서 대안당에 비판적 입장인 교사에게 정치적 중립성 준수를 요구하는 구체적 방법으로 대안당을 비판하는 교사, 교장 등을 신고할 수 있는 정보 포털 사이트를 개설·운영했다. 대안당을 비판함으로써 정치적 중립성을 위반하는 사례가 계속 발생한다는 것을 강조하고, 자신의 정당을 지지하는 학부모와 학생에게 해당 사례를 목격할 경우 신고하도록 권장했다.

이에, 함부르크 대안당은 2018년 9월, '함부르크 중립학교Neutrale Schulen Hamburg'라는 포털 사이트를 구축하여 교사의 '중립성 준수 원칙Neutralitätsgebot'에 관한 법률 조항들을 게시하고 수업에서 교사의 정치적 중립성 위반사항을 신고하게 했다. 교사뿐 아니라 대학교수에 대해서도 수업 중 대안당을 비판하는 등의 정치적 편향 태도를 보일 경우 신고하게 했다. 더 나아가 대안당은 교사뿐 아니라 자당의 정책, 지향에 비판적 입장을 보이는 연구자는 교육·연구 행위를 할 수 없게 하겠다고 위협하는 등, 다양한 방식으로 자당에 대한 비판에 대응했다.^{Hebner, 2019}.

독일 극우 정당인 대안당이 자신이 표방하는 정당과 정책에 제기되는 비판에 대해 교사의 정치적 중립성 준수 의무 논리로 대응한 것은 독일 사회에서 교사의 정치적 중립성 준수 의무에 대한 논의가 촉발되는 계기로 작용했다. 이에 학교교육, 교사가 어떤 관점에서 정치적 중립성 문제를 다뤄야 할지에 대한 논의가 전개되었다.

III. 독일 교사의 정치적 중립성 개념 논의

1. 교사의 정치적 중립성 개념과 의의

독일에서 교사의 정치적 중립성 준수에 대한 논의는 일차적으로 독일 헌법이라 할 수 있는 기본법의 7조 1항에 근거한다.^{Wrase, 2020}. 독일의 기본법 7조 1항은 국가는 부모와 동등한 입장에서 아동, 청소년에 대한 교육의 역할을 해야 함을 명시함으로써 공교육 주체로서 국가의 역할에 대한 방향을 제시한다. 이는 국가를 대리해 직무를 담당하는 교사는 특정 입장에 편향되지 않은 정치적 신중함을 유지해야 할 의무가 있음을 명시한 것으로 해석되어, 교사의 중립성 준수 의무의 근거로 기능한다.

여기서 제시된 중립성은 교사는 학교 내에서 상이한 사회적·종교적·인종적·정치적 세계관을 동등하게 존중해야 하며, 학생에게 일방적인 영향력을 행사해서는 안 된다는 것을 의미한다. 즉, 교육과정에서 교사는 정치, 종교, 인종 등의 가치 측면에서 특정 입장을 지지하거나 강조하지 않고 신중함과 절제를 유지하는 가운데 객관적 태도를 취해야 한다는 것이다. 특히 교사는 종교와 관련하여 학생과 학부모의 개인 권리를 보장해야 하며, 교사도 종교로부터 스스로 자유로울 권리가 있다는 것이 명시되어 있다. 종합하면, 교사의 정치적 중립성은 교사가 제반 교육행위를 하면서 자신이 선호하는 입장에 따라 학생에게 특정 가치관을 강요하거나 주입하는 것을 불허하며, 다양한 가치에 개방적인 입장을 지녀야 함을 의미한다. 이는 독일 정치교육의 기본원칙이라 할 수 있는 보이텔스바흐 협약 원칙에도 명확히 제시된 것이다.Wehling, 1977: 179. 보이텔스바흐 협약은, 학생들에게 자신의 견해를 강요할 수 없다는 강압 금지 원칙Überwältigungsverbot, 학문과 정치에서 논쟁이 되는 주제는 학교 수업에서도 논쟁적으로 드러나야 한다는 논쟁성 원칙Kontroversitätsgebot, 학습자가 개인의 이해와 사회적 이해 사이에서 균형적으로 자기 입장을 정립하도록 지원해야 한다는 정치적 사안과 개인 이해의 연계 원칙Schülerorientierung의 세 가지 원칙으로 구성되어 있다. 이런 원칙에 기반하여 교사는 학생에게 특정 입장을 주입하는 것이 아니라 학생 스스로 자기 견해를 정립할 수 있도록 다양한 가치를 제시하고 판단할 수 있게 하는 역할을 해야 한다는 것이 강조된다.

 이런 측면에서 교사, 교육 분야 종사 공무원 등 학교를 비롯한 교육기관에서 근무하는 관계자에게 요구되는 정치적 중립성에 관한 의무는 기본법에 기반해 다양한 가치를 존중하는 태도를 취해야 함을 의미한다. 즉, 기본법이 명시하는 민주주의, 인간 존엄의 가치에 기반해 사회에 존재하는 다양한 종교와 사고와 가치를 존중해야 한다는 것이다.Huebner, 2019. 이에, 상이한 사회적·종교적·인종적·정치적 관점이 동등하게 다뤄져야 하며, 의견의 다양성이 존중되는 가운데 개인의 존엄을 손상하는 행위나 태도는 제한되어야 함을 의미한다. 인종, 장애 등에 따른 차별 금지는 이런 다양성 존중의 관점에 기반한 것이라 할 수 있다. 즉, 교사의 중립성 준수는 다양하고 상이한 가치에 개방적 입장이어야 하며, 특정 가치를 선호하거나 강조해서는 안 된다는 것을 의미한다.DfM, 2019. 2.

다른 한편, 독일 사회에서 공무원을 비롯한 교사에게 요구되는 정치적 중립성 준수 의무는 개별 교사가 정치적 입장을 갖지 않아야 하거나 정치적 행위를 해서는 안 된다는 것을 의미하지 않는다. 시민적 권리를 지닌 개인으로서 교사는 학교를 비롯한 교육 분야에서 행하는 제반 활동에서 각종 정치 사안이나 쟁점에 대해 개인의 입장을 유지하고 공개적으로 표명할 수 있다. 단, 교사의 정치적 중립성은 교사가 상이한 세계관과 입장을 존중하는 가운데 특정 입장을 지지하거나 강조하지 않는 자세를 유지해야 함을 의미한다. 즉, 교사는 민주주의와 인간 존엄의 관점에 기반해 다양한 가치와 관점을 제시하는 가운데 자기 입장을 제시할 수 있으며, 이를 통해 학생 스스로 자기 입장을 형성할 수 있게 하는 데 필요한 역할을 해야 한다는 것이다. 이런 점에서 교사의 정치적 중립성은 다양한 가치, 사상, 관점에 대한 기계적·객관적 중립이 아니라 교사가 민주주의, 인권 등의 관점에서 다양한 입장을 표명하는 과정에서 자기 입장을 제시하는 가운데 학생의 입장이 정립될 수 있게 해야 한다는 다차원적 측면이 있다.

2. 정치적 중립성 측면에서 교사의 역할

정치적 중립성 준수 면에서 독일 교사는 1차적으로 기본법에 의거, 민주적 가치에 근거해 다양한 관점이 존중받는 가운데 개인의 입장이 형성될 수 있게 하는 역할이 요구된다. 즉, 교사는 학교 수업을 비롯한 제반 활동을 통해 다양한 사상과 가치에 개방적인 입장을 유지하는 가운데 학생이 자기 관점을 정립할 수 있게 지원해야 한다. 이런 측면에서 교사는 학교 내에서 인간 존엄성과 평등의 관점에서 정치적 중립성 유지에 필요한 핵심적 역할을 하고, 학교에서 발생하는 쟁점에 대해 학생들과 논의하는 역할을 해야 한다는 것이 강조된다.

특히, 개별 학생이 차별적 상황에 직면하지 않도록 보호하는 과정을 통해, 헌법적 가치의 근간이라 할 수 있는 민주주의와 인권 존중의 가치가 학교 현장에서 교육내용으로 다뤄지는 것을 넘어 학생의 실제 생활방식으로 적극적으로 체화될 수 있게 해야 한다. 즉, 교사가 제반 역할을 함에 특정 관점이 아닌 종합적 관점에서 내용을 다룰 수 있게 함으로써 학생 스스로 자기 입장을 정립하게 하는 것이 교사의 역할로 강조된다[Huebner, 2019]. 이를 위해 교사는 다양한 가치와 사상, 관점에 개방적·객관적 입장을 유지하는 가운데 수업을 비롯한 제반 활동을 통해 각 내용을 균형 있게 제시해야 한다는 것이 강조되었다. 이를 통해 학생 스스로 판단하고 사고하는 가운데 다양한 관점에 대한 입장을 정립할 수 있도록 역할을 해야 한다는 것이 강조되었다.

반면, 교사는 정치적 중립성 측면에서 다양한 가치, 사상에 객관적인 입장을 유지하는 가운데 학생의 입장이 정립될 수 있게 해야 한다는 것이 교사가 개인의 입장을 갖지 않거나, 개인의 입장을 공개하지 않는 가운데 자신의 역할을 해야 한다는 것을 의미하지 않는 것으로 이해되었다. 교사는 기본법에 의거해 시민으로서 정치적 입장을 가질 수 있고, 자신의 정치적 의사를 표현할 자유가 있는 것으로 인식되었다. 이에 수업 등 학교에서의 제반 활동에서 자기 역할을 하는 가운데 정치적 입장을 공개할 수 있다. 이때 교사는 자기 입장을 학생에게 강조 혹은 강요하거나 특정 의견만 제시하는 것이 아니라 다양한 관점을 다루는 가운데 자신의 입장과 관점을 다룰 수 있다.

학교에서 이뤄지는 교육활동에서 교사 개인의 정치적 입장 공개가 허용되는 것이 교사에게 학내에서 모든 정치적 행위가 허용되는 것을 의미하지는 않는다. 예를 들어, 교사가 학교에서 특정 정당에 대한 지지 입장을 표명하거나 지지를 요구하는 등과 같은, 특정 정당 홍보 등의 정치적 행위는 허용되지 않는다. 그러나 이것이 교사가 모든 정당에 대해 개인 의견을 갖거나 제시할 수 없으며 기계적인 객관성을 지켜야 한다는 것을 의미하지 않는 것으로 인식되었다. 교사는 시민적 권리 측면에서 정치 정당의 정강, 정책에 관한 입장을 가질 수 있고, 자유의사에 따라 이를 공개하는 것이 허용되는 것으로 평가되었다. 단, 학교에서의 제반 교육 활동을 통해 특정 정당에 대한 지지, 동조를 요구하는 등의 정치적 행위는 허용되지 않는다. 즉, 학교에서 당원을 모집하거나 물건을 나눠주는 등의 행위를 통해 특정 정당을 홍보하거나 지지를 요청하는 등의 행위를 해서는 안 된다Huebenr, 2019. 교사는 현실 정치와 관련된 개별 사안에 대해 자기 입장을 공개할 수 있지만, 학교에서 특정 당을 위한 직접적인 정당활동을 하는 것은 허용되지 않음을 의미한다. 이런 측면에서 교사에게 요구되는 정치적 중립성 준수 역할은 개인의 입장 표명을 제한하거나 불허하는 소극적 측면을 넘어, 교사 개인의 입장을 일방적으로 강조함으로써 학생 개인의 입장 형성에 부정적 영향을 미쳐서는 안 된다는 것을 의미한다Wrase, 2020. 즉, 독일에서 정치적 중립성 준수 측면에서 교사는 제반 교육활동에서 다양한 이념, 가치, 사고를 존중하는 가운데 개인 입장을 개진하면서 다양한 입장이 적극적으로 논의될 수 있도록 균형 있는 자세를 취해야 한다는 것이 요구되었다.

IV. 극우 정당의 교사의 정치적 중립성 요구에 대한 독일 사회의 대응

1. 교육계의 대응

극우 경향의 정당에 의해 제기된 교사의 정치적 중립성 준수 요구에 대해 교육 분야에서는 대안당의 주장과는 다른 입장이 제시되었다. 교육 분야에서 교사의 역할은 기본적으로 특정 교과를 넘어 전체 교과 수업을 비롯한 제반 활동을 통해 헌법에 제시된 민주적 가치를 적극적으로 수호하고 이를 학생들에게 전수하는 것으로 인식되었다.^{Breuer, 2018} 이런 관점에서 교사는 학교에서 민주주의 가치에 근간을 둔 기본법과 인권에 기반한 법적 가치를 준수하는 것이 중립성 유지의 기본 전제가 되어야 한다는 입장이 제기되었다.^{Mahr, 2018}

이에 교사에게 요구되는 정치적 중립성은 각자 삶의 방식을 존중하고 서로 이해하는 개방적 자세를 갖게 하는 데 필요한 태도로 인식되었다. 이를 위해 학교의 역할은 다양한 가치와 종교, 세계관에 개방적인 입장을 취하는 가운데 학생들이 각자의 삶을 준비할 수 있도록 지원하는 것으로 인식되었다. 이런 측면에서 교사는 다양한 삶의 가치에 대한 개방적 자세를 취하는 민주적 삶을 지향할 수 있도록 민주주의에 대한 이해를 제고하고 학습자가 다양성에 대한 개방적 자세를 취하는 것을 배울 수 있게 해야 한다는 것이 강조되었다.^{DfM, 2019}

이런 관점에서 교육 분야는 극우주의 경향의 대안 정당이 표방하는 반이민, 반다문화 포퓰리즘 정책을 헌법에 기반한 민주주의, 인권 존중 측면이 결여된 것으로 판단했다. 이에 학교에서 이뤄지는 교과수업을 비롯한 제반 활동에서 대안당AfD이 표방하는 반다문화, 반난민 등의 정책이 지닌, 기본법의 가치에 반하는 반민주적인 측면에 적극적으로 대응하는 내용을 다뤘다. 즉, 대안 정당이 표방하는 정책이 내포하는 헌법적 가치나 민주주의 원리에 반하는 내용을 구체적으로 다루는 가운데 학생들이 대안 정당이 표방하는 정책의 문제점을 이해하고 자기 입장을 정립할 수 있게 하는 방식으로 내용을 다뤘다.^{Frohn, 2019}

또한, 학교 내에서 극우주의 관련 사안이 발생하거나 학생이 극우주의 발언을 했을 때 그것을 간과하는 것이 아니라 학습 주제로 적극적으로 다루는 가운데 학생들이 문제를 바르게 이해하고 적절히 대응할 수 있게 지도했다. 교사가 정치적 중립성을 이유로 민주주의 가치에 반하는 내용이 다뤄지는 것에 소극적 자세를 취하는 것은 교사에게 요구되는 역할을 방기하는 것으로 여겨졌다. 특히, 정치적 중립성을 이유로 개입하지 않는 것은 정치적 중립성이 자기 의견을 드러내지 말아야 한다는 신호로 이해될 수 있어 민주주의 측면에서 심각한 문제를 야기할 수 있다는 것이 강조되었다.[Breuer, 2018] 이를 통해 각종 정치적 쟁점과 연관된 다양한 주장이나 입장에 기계적 중립을 지키는 것이 아니라, 학생이 민주적 가치에 기반해 판단하고 행위할 수 있게 하는 것이 교사의 역할이라는 것이 계속 강조되었다. 이런 가운데 대안당의 문제점을 지적하는 교사의 제반 활동의 중요성이 강조되었다.

이런 관점에서 교육 분야는 신고 포털을 통해 교사의 활동을 위축시키려는 대안당의 시도는 민주주의에 대한 공격이라고 평가했고, 수업을 통해 이를 비판적으로 다루는 방식으로 대안당에 적극적으로 대응했다. 즉, 대안당의 포털이 교사에게 심리적 압박을 가함으로써 학생이 민주주의와 인권에 기반해 사고하고 판단할 수 있는 학습 기회를 제한하는 것은 결과적으로 민주주의 발전을 저해한다는 것을 적극적으로 다룸으로써 학생 스스로 이에 대한 입장을 정립하게 해야 한다는 것을 강조했다.

이와 함께 대안당이 제기한 교사에 대한 부당한 요구에 적극 대응하기 위한 다양한 지원이 이뤄졌다. 대안 정당이 제기한 정치적 중립성 준수 요구의 문제점을 이해하고 체계적으로 대응할 수 있게 하기 위한 교사 대상 프로그램이 제공되었다. 또한 학교 교육에서 학습 내용으로 주제를 다루는 데 필요한 전문성을 갖출 수 있는 정치교육 프로그램이 기획·시행되었다.[Mahr, 2018] 이를 통해 교사가 보다 전문성에 기반해 체계적으로 관련 내용을 다루는 데 필요한 각종 지원을 했다.

2. 행정적·법률적 대응

대안 정당의 교사에 대한 정치적 중립성 준수 요구 관련, 독일 사회는 교사가 학교 수업을 비롯한 제반 활동을 통해 대안 정당에 비판적 입장을 제시하는 것은 교사의 정치적 중립성 의무를 위반한 것이 아니라고 평가했다. 즉, 독일 헌법에 근간을 둔 사상의 자유 측면에서, 인간 존엄성과 민주주의 원칙에 반하는 정강을 표방하는 대안당AfD이 요구하는 교사의 정치적 중립성 준수 주장은 교사에게 왜곡된 방식으로 중립성 의무를 요구하는 것으로 평가한 것이다. 이에 대안 정당에 의해 제기된 교사의 정치적 중립성 준수 요구 문제에 대처하기 위한 다양한 행정적·법률적 대응이 이뤄졌다.

독일 16개 주의 초중등교육 업무를 총괄적으로 주관하는 주문화장관회의KMK는 대안당이 개설한 신고 포털 사이트로 인해 교사의 관련 교육과 활동이 제한되는 상황에 적극적으로 대응했다. 대안당이 개설, 운영하는 신고 포털의 위법적 측면을 적극적으로 공론화함으로써 사이트의 문제점에 대한 사회적 인식이 형성될 수 있게 했다. 또한 신고 포털로 인해 어려움을 겪는 교사를 지원하기 위한 전국 단위의 상담, 정보 지원 사이트를 개발, 운영하는 방식으로 교사를 적극적으로 지원했다. 특히, 신고 포털에 신고당하거나, 신고로 인해 교사의 활동이 위축되는 상황에 대응하기 위해 각 주의 교육부를 중심으로 대안당 신고 포털에 접수되어 법적 절차를 밟아야 하는 교사를 위한 법적 지원을 했다. 이를 통해 교사가 민주주의 가치에 기반한 제반 역할을 할 수 있게 하는 다양한 대응이 이뤄졌다.

대안당을 비판하는 교사의 신고 목적으로 개설된 중립학교 사이트에 대해 독일 각 연방주의 정보보호 담당 부서Landesdatenschutzbeauftragte는 해당 사이트의 문제점을 지적하고 사이트 운영을 불허했다. 각 주의 정보보호 담당 부서는 독일 사회가 지향하는 기본법 가치에 부합하지 않는 정강을 표방하는 대안당이 포털 사이트를 통해 자신의 정당을 비판하는 교사를 신고하게 하는 것은 부당한 것으로 평가했다. 대안당의 신고 포털은 교사의 정치적 권리에 기반한 행동을 저해할 뿐 아니라 개인

정보를 보호하지 않는 조치라는 비판이 제기되었다GPJE, DVPB, DVPW, 2018; Engartner, 2018. 이런 상황에서 독일 여러 주에서 대안당의 신고 사이트 개설 및 운영을 불허하는 조치를 했다. 대안당은 이런 판결해 불복하여 정보보호 담당 부서에 의해 내려진 사이트 운영 불허 처분 취소를 요구하는 소송을 제기했다. 대안당에 의해 이뤄진 항소에 슈베린의 고등행정법원은 대안당의 중립학교 사이트 운영이 위법하다는 판결을 내리고, 중립학교 사이트 금지에 대한 대안당의 이의제기를 기각했다. 이를 토대로 사이트 운영 불허는 적합하다는 판결을 내렸다Nordkurier, 2019. 슈베린 고등행정법원은 대안당의 포털사이트 중립학교는 정치적 견해를 표현한 교사를 신고하도록 권장하는 사이트로서 이는 교육의 중립성을 침해한다고 판단했다. 이러한 신고 제도가 교사와 학생 간 신뢰를 해치며 정치적 압박이나 위협으로부터 자유로워야 하는 교사를 부당하게 압박하는 것이라고 판단했다.

V. 시사점

1. 교사의 정치적 중립성 개념의 체계적 정립 필요

독일 극우정당인 대안당AfD이 제기한 교사의 정치적 중립성 준수 주장은 교육 실행의 주체로서 교사의 정치적 중립성에 관한 논의가 이뤄지는 계기가 되었다. 독일 교사의 정치적 중립성 준수 논의 사례는 우리 사회에서 제기되는 교사의 정치적 중립성 준수 요구와 관련된 논의에 유용한 시사점을 제시한다.

독일 교사의 정치적 중립성 논의 사례는 헌법에 기반한 민주주의 가치에 입각해 교사가 제반 교육을 하는 데 필요한 근간으로서 교사의 정치적 중립성 준수 개념의 체계적인 정립이 필요함을 시사한다. 즉, 헌법에 기반한 민주주의 이념이 교사에 의해 이뤄지는 제반 교육 활동의 토대가 되는 기본 가치로 기능할 수 있게끔 교사의 정치적 중립성 개념을 체계화하는 것이 필요하다.

독일 극우 정당의 교사의 정치적 중립성 준수 주장은 헌법이 규정하는 민주주의에 기반한 가치 판단을 배제한 채 교사에게 기계적 중립성 준수를 요구했다는 측면에서 우리 사회에서 교사에게 요구되는 정치적 중립성 준수 요구와 유사한 특성을 보인다. 우리나라에서 공교육의 주체로서 교사에게 요구되는 정치적 중립성은 대체로 개념에 대한 합의가 부재한 채, 교사는 정치적 당파성이 배제된 객관성을 지향하는 교육을 추구해야 한다는 것을 명시하는 개념으로 이해된다^{노순일, 2013: 98}. 즉, 정치적 중립성은 대립하는 어느 편에 속하지 않거나 모든 편을 동등하게 대우하는 것으로 해석되어, 교사의 정치적 활동을 허용하지 않는 포괄적 규제 및 금지를 명시하는 것으로 이해되고 있다^{헌재, 2014; 배소현, 2019}.

이처럼 교사의 정치적 중립성 개념에 대한 논의가 제대로 이뤄지지 않은 채 이러한 개념이 기계적 중립성 준수 측면에서 이해되면서 교사의 제반 활동을 제약하는 근거로 적용하고 있다. 이런 문제를 개선하기 위해 민주주의와 인권 가치에 기반한 제반 교육 활동을 위한 기본 토대로서 교사의 정치적 중립성 개념의 체계적 정립이 필요하다. 즉, 학생의 가치 및 태도 형성에 지대한 영향을 미치는 교사의 정치적 중립성 준수 개념이 사회적 현안이나 정치적 쟁점에 대한 기계적 균형의 유지가 아니라, 민주주의 관점에서 다양한 가치를 존중하는 가운데 그에 부합하는 인식과 태도 함양에 목표를 두는 형식으로 정의되어야 한다. 이를 통해 교사의 제반 교육활동이 헌법에 근간이 되는 민주주의 가치에 기반해 이뤄질 수 있도록 이론적 토대를 구축해야 한다.

2. 정치적 중립성 개념에 기반한 교사의 역할에 대한 명료화 필요

독일 교원의 정치적 중립성 준수에 관한 논의는 교사의 제반 교육 활동에서 정치적 중립성 개념이 체계적으로 적용될 수 있게 하기 위해 교사의 역할과 과제를 명료히 하는 것이 필요함을 시사한다. 즉, 교사의 정치적 중립성 준수 요구가 학교를 비롯한 제반 교육현장에서 그 목적에 부합하는 형식으로 적절히 적용될 수 있도록 교사에게 요구되는 역할을 구체적으로 명시해야 한다. 독일 교사의 정치적 중립성 논의에서는 헌법과 민주주의가 지향하는 이념에 기반해 다양한 가치와 사상, 관점을 존중하는 가운데 학생 개인의 정치·사회적 인식이 형성될 수 있게 하는 것이 교사의 역할과 과제로 인식된다. 즉, 교사는 다양한 사상과 가치에 대한 개방적 입장을 유지하는 가운데 학생 스스로 자기 입장을 정립할 수 있게 하는 역할을 해야 한다.

우리의 경우, 정치, 경제, 사회 등 다양한 분야에서 정치적 인식과 입장 차이에 따른 갈등이 발생하는 가운데 교사가 이러한 사회적 쟁점과 현안을 다루는 과정에서 어떤 역할을 어떤 방식으로 해야 하는가에 대한 이해와 입장의 차이가 나타난다. 이런 가운데 교육기본법에서 규정하는 교사의 정치적 중립성 준수 개념이 기계적 중립성 유지라는 경직된 형태로 적용되고 있다. 이로 인해 수업을 비롯한 제반 교육 활동에서 교사가 이해나 입장이 다른 사회적 쟁점이나 주제를 다루는 과정에서 자기 입장을 밝힐 경우 중립성 준수 의무를 위반했다는 등의 문제가 제기되면서 여러 가지 갈등이 발생한다법제처, 2007. 결과적으로 교사가 제반 교육 활동에서 상이한 관점을 제시하고 옳고 그름을 판단하는 과정을 통해 학생 스스로 개인의 입장을 정립하는 데 필요한 적절한 역할을 하는 데 제한이 따른다.

이런 측면에서 교사의 제반 교육 활동에서 교수자로서 필요한 적절한 객관성을 견지하는 가운데 학습자로서 학생들이 사회가 지향해야 하는 민주주의, 인권에 기반한 적절한 태도를 함양하는 데 필요한 역할을 적절히 수행할 수 있도록, 교사가 어떤 방식으로 어떤 역할을 할지에 대한 내용이 체계적으로 명시되어야 한다. 이를 통해 교사가 안정된 토대 위에 일관성 있게 역할을 수행할 수 있게 해야 한다.

3. 교사의 역할 수행을 위한 기반 조성 필요

독일 교사의 정치적 중립성 논의는 교사가 정치적 중립성 개념을 토대로 적절한 역할을 원활히 하게 하기 위해서는 제반 교육 실행을 위한 적절한 기반을 필요로 한다는 것을 시사한다. 독일의 극우 정당은 정치적 중립성 개념을 상이한 가치, 이념, 사상에 대한 기계적 중립으로 간주하고 이에 따라 자신의 정당에 제기되는 외부의 비판에 대응했다. 즉, 교사는 특정 정당에 비판적 관점을 취하는 것이 아닌 중립적 관점을 유지하는 것이 요구된다는 입장을 제시했다. 이에 대해 독일 사회에서는 정치교육의 원칙인 보이텔스바흐 협약에서 제시하는 강압 금지, 논쟁적 관점 유지, 개인적 이해와 사회적 이해의 연계 관점의 교수법 원칙을 바탕으로 극우 정당에 관한 주제를 논쟁적·비판적 관점에서 다뤘다. 즉, 극우 정당이 학교 및 교사의 기계적 중립성을 요구하는 상황에서 보이텔스바흐 협약의 원칙을 통해 극우주의 정당이 표방하는 정책을 논쟁적 측면에서 체계적으로 다뤘다. 이처럼 보이텔스바흐 협약은 제반 교육과정에서 발생하는 논란을 해소하고 교사가 개방적인 관점에서 다양한 내용을 다룰 수 있게 하는 방법적 토대로 기능했다. 이를 통해 사회적으로 논란이 되는 주제들을 다루는 과정에서 나타날 수 있는 교사에 대한 공격이나 비판으로부터 교사의 교육 활동을 안전하게 보장할 수 있었다.

우리나라의 경우 민주시민교육, 통일교육을 실행하는 과정에서 정치적 지향, 가치관 차이 등으로 교사의 중립성, 편파성 등에 대한 문제가 빈번히 발생하는 반면, 이런 문제에 체계적으로 대응할 수 있는 원칙이나 방향은 제대로 마련되어 있지 않다. 이로 인해 교사가 정치적 논란이 될 수 있는 현안이나 주제를 다루는 데 상당한 제한이 있고, 이는 교사가 제반 교육활동에서 해당 내용을 다루는 데 소극적 자세를 취하는 원인으로 작용한다. 이런 측면에서 교사의 정치적 중립성 개념에 기반해 교사가 안정적 토대에서 제반 교육활동을 적극적으로 할 수 있는 기반을 조성해야 한다.

다른 한편, 교원의 정치적 중립성 개념에 기반한 교사의 제반 교육활동에서 사회에 내재한 민주주의, 자유, 평등 등 기본 가치에 대한 인식과 이해의 차이로 각종 정치적 쟁점을 다루는 데 갈등이 발생하고 있다. 즉, 기본적인 가치에 대한 인식 차이가 특정 내용이나 정치적 사안을 다루는 과정에서 교사의 정치적 중립성 위반, 편파성 논란을 유발하는 요인으로 작용한다. 이는 민주시민교육, 통일교육 등 제반 교육활동의 활발한 실행을 제약하는 장애 요인으로 작용하면서 관련 교육의 활성화를 제약한다. 자유, 평등, 민주주의 등 사회에서 공유하는 가치체계의 근간을 이루는 다양한 개념에 대한 관심과 논의가 늘고 있지만 경험과 이해의 차이에 따른 갈등이 지속되고, 이것이 학교에서의 관련 교육에도 계속 영향을 미친다. 이런 측면에서 교원의 정치적 중립성 논의의 기본 배경으로서 다양한 이념, 가치에 대한 인식과 이해의 제고가 필요하다. 이를 통해 교사의 정치적 중립성 개념이 안정적인 이론적 토대 위에 정의되고 실행될 수 있게 하는 것이 필요하다.

더 나아가 교사의 정치적 중립성 개념 논의에 기반한 관점과 행위 방식이 제반 교육이 이뤄지는 학교를 비롯한 다양한 영역에서 실제 운영 방식과 원리로 기능할 수 있게 해야 한다. 독일은 역사적 경험과 특수성의 결과로 전체 학교 교육과 운영에서 민주주의 가치가 핵심적 영향을 미치며, 학교 운영 원리로서 학교에서 중요한 역할을 하고 있다. 이런 환경은 교사의 정치적 중립성 논의 및 그에 기반한 제반 교육 활동이 원활히 이뤄지게 하는 물리적 토대로 기능한다. 이런 측면에서 학교 교육의 목표,

역할 및 운영 방식, 의사소통 구조 등의 학교 풍토가 민주주의 가치에 기반하여 재편될 수 있도록 장기적 관점에서 환경 조성이 필요하다.

4. 시민적 권리로서 교사의 정치적 기본권 보장 필요

독일 교사의 정치적 중립성 논의 사례는 교사가 정치적 중립성 개념에 기반해 제반 교육 활동을 체계적으로 실행하기 위한 전제 조건으로서, 시민적 권리로서 정치적 기본권 보장을 요구한다는 것을 시사한다. 독일에서 교사는 국가를 대행하여 교육을 행하는 공교육의 주체로서 특정 입장에 편향되지 않은 정치적 신중함을 유지할 의무가 있다. 이는 학교 내에서 상이한 사회적, 종교적, 인종적, 정치적 세계관을 동등하게 존중해야 하며 학생에 대해 일방적인 영향력을 행사해서는 안 된다는 것을 의미한다. 즉, 교육과정에서 교사는 정치, 종교, 인종 등의 가치 측면에서 특정 입장을 지지하거나 강조하지 않고 신중함과 절제를 유지하는 가운데 객관적 태도를 취해야 한다. 동시에, 교사는 시민적 권리로서 정치적 의사를 표현하고 정치 활동을 할 수 있는 권리가 보장된다. 제반 교육 활동에서 정당 활동이 허용되지 않는 형식으로 정치적 중립성 준수 의무가 있지만 교사는 정치적 의견을 표현할 수 있으며, 이에 따라 교사는 사회적 쟁점이나 현안을 다루는 교육활동에서 하나의 관점으로 자신의 의견을 공개할 수 있다. 이런 토대에서 교사는 헌법에 기반한 민주주의 가치에 기반하여 반다문화, 인종주의 특성을 지닌 대안당의 정책과 정강을 다룸으로써 학생 개인이 민주주의에 기반하여 자기 입장을 형성하는 데 필요한 역할을 충실히 수행할 수 있다. 이는 시민적 권리로서 교사의 정치적 권리가 보장되는 기반 위에서 가능한 것이다.

우리나라 교사는 공무원이라는 신분의 특성 때문에 개별 시민으로서 정치적 기본권이 제한되어 있고, 이로 인해 의사 표현의 자유와 정치적 활동의 자유권 등이 제한되어 있다. 현행 법령들이 지닌 모호성에 기인한 개인으로서 교사의 정치적 기본권 제한은 공무원 이전에 모든 개인이 갖는 기본 권리 행사를 제약하는 측면에서 문제가 있다. 더 나아가 이는 교사 개인의 시민적 권리의 제한을 넘어 교사의 제반 교육활동을 제약하는 요인으로 작용하고 있다. 학교 교육을 통해 민주적 시민 육성이라는 한국 교육의 목표가 성취될 수 있게 하기 위한 기본 환경으로서 교사의 정치적 기본권 보장이 요구된다.

참고문헌

김면회(2016). 독일 극우주의 정치 세력의 성장 요인 연구. 정당 쇠퇴와 정당체제 변화. 유럽연구, 34(3), 23-48.
김은영(2020). 극우극단주의 및 극우테러리즘. 독일의 추세, 패턴, 그리고 특성. 가천법학, 13(1), 399-422.
노순일(2013). 공무원과 교사의 정치적 기본권에 관한 연구. 건국대학교 박사학위논문.
법제처(2007). 교육기본법. 제6조.
이용일(2023). 독일연방공화국의 '이주민 위기'와 '독일적 불안'. 독일 극우주의와 정체성 정치, 사총, 108, 149-180.
이용일(2018). 독일의 극우정치와 난민. 독일 대안당과 하이마트 정치. Homo Migrans, 19, 94-121.
이상오(2014), 독일의 학교민주주의와 시민교육에 대한 연구, 교육이론과 실천 제19권 제2호, 한독교육학회.
전복희(2021). 독일의 '새로운' 안티페미니즘에 대한 고찰. 독일을 위한 대안(AfD) 정당과 우익 포퓰리즘 단체들을 중심으로. 정치·정보연구, 24(3), 109-138.
조상식(2019). 보이텔스바흐 협약과 그 쟁점에 대한 교육 이론적 검토. 교육철학연구, 41(3), 149-174.
허진성(2011), 교사의 정치적 수업과 교육의 정치적 중립성에 관한 연구, 세계헌법연구, 제17권 3호, 세계헌법학회, 139-161.
헌재(2014). 2011헌바50, 판례집 26-2상.
Alternative für Deutschland(2021). Deutschland. Aber nochmal. Programm der Alternative für Deutschland für die Wahl zum 20. Deutschen Bundestag.
Alternative für Deutschland(2016). Programm für Deutschland. Das Grundsatzprogramm der Alternative für Deutschland. Stuttgart: AfD.
Alternative für Deutschland(2023). Informationspotal Neutrale Schulen Hamburg. http://www.afd-fraktion-hamburg.de/aktion-neutrale-schulen-hamburg
Breuer, S.(2018). Wie politisch duerfen Lehrerinen und Lehrer sein? Deutsches Schulportal der Robert Bosch Stiftung.
Der Bundeswahlleiter(2018). Wahl zum 19. Deutschen Bundestag am 24. September 2017. Heft 5, Teil2, Textliche Auswertung, Wiesbaden: Der Bundeswahlleiter.
Der Bundeswahlleiter(2021). Wahl zum 10. Deutschen Bundestag am 26. September 2021. Heft 3. Endgültige Ergebnisse nach Wahlkreisen, Wiesbaden: Der Bundeswahlleiter.

Dewey, J.(1916). Democracy and Education. 이홍우(역)(2007). 민주주의와 교육. 파주: 교육과학사.

DIfM(2019). Schweigen ist nicht neutral, Menschenrechtliche Anforderungen an Neutralitaet und Kontroversitaet in der Schule. Deutsches Institut fuer Menschenrechte, 2019.

Engartner, T.(2018). Ohne Angst gegen die AfD. Zeit Online.

Frohn, P.(2019). Duerfen Lehrer keine Kritik an Parteien ueben?, Frankfurter Allgemeine, 2018.10.8.

Giesecke, H.(1976). Didaktik der politischen Bildung. Neue Ausgabe. München: Juventa Verlag.

Grundgesetz für die Bundesrepublik Deutschland(1949). Die Grundrechte Art 3., Art 21. (23.05.1949)

GPJE, DVPB und DVPW-Sektion Politikwissenschaft und Politische Bildung(2018). Gemeinsame Stellungnahme zur AfD-Meldeplattform "Neutrale Schulen". http://www.http://dvpb.de/wp-content/uploads/2018/10/Stellungnahme-GPJE_DVPB_DVPW-Sektion.pdf

Hedtke, R.(2016). Wie sollen Lehrkraefte mit Meldeportalen der AFD umgehen?, Sowieonline.de

Heil, M.(2021). Die Forderung nach Neutralität von Lehrkräften als Entpolitisierung des Lehramts. Implikation für die Lehrerinnenbildung. heiDECATION Journal 7, 97-119.

Huebner, H.(2019). Waere ich neutral, wuerde ich meinen, Job nicht gut machen., Zeit Campus, Die Zeit 2019.12.13.

Kludt, S.(2017). Die Alternative für Deutschland-eine parlamentarische Kraft wie jede andere? Eine Analyse oppositionellen Handelns an Beispiel der AfD Feaktion im Brandenburger Landtag. Universität Potsdam Masterarbeit.

Mahr, W.(2018). Heftige Kritik an Lehrer-Ueberwachungsplaenen der saechsischen AfD, Redaktionsnetzwerk Deutschland.

Ruhose, F.(2019). Die AfD im Deutschen Bundestag. Zum Umgang mit einem neuen politischen Akteur. Wiesbaden: Springer.

Sander, W.(1996). Politische Bildung nach dem Beutelsbacher Konsens.

Schiele, S. & Schneider, H.(1977). Das Konsensproblem in der politischen Bildung. Stuttgart: Ernst Klett Verlag. 29-38.

Sibylle, R.(2016). The Beutelsbach Consensus, Journal of Social Science Education, Vol. 15. No. 2, 2016.

Wehling, H. G.(2016). Konsen à la Beutelsbach? Nachlese zu einem Expertengespräch. In: Widmaier, B. & Zorn, P.(2016). Brauchen wir den Beutelsbacher Konsens? Eine Debatte der Politischen Bildung. Bonn: bpb, 19-27.

Wehling, H. G.(1977). Das Konsensproblem in der politischen Bildung, Stuttgart.
Wrase, M.(2020). wie politisch duerfen Lehrkraefte sein? Rechtliche Rahmenbedingungen und Perspektiven, Aus Politik und Zeitgeschichte, BPB.
Schedler, J.(2021). Extreme rechte Parteien. Handwoerterbuch des politischen Systems, Heidelberg: Springer VS.
Stoess. R.(2015). Zur Entwicklung des Rechtsextremismus in Deutschland, Bundeszentrale fuer Poltitische Bildung.

제6장

일본의 18세 선거권과 '교육의 정치적 중립성'

고지마 유키

I. 서론

2015년, 20세였던 국민투표 및 선거권이 18세로 낮춰졌다. 그 결과, 그때까지 '비정치적'이라고 여겨졌던 고등학교에 선거권자가 재학하게 되면서 학교는 새로운 대응을 요구받게 되었다. 본 논문에서는 18세 선거권 도입을 계기로 일본 고등학교에서 '정치적 중립성'이 어떻게 변화하고 있는지를 검토하고자 한다. 교육에서 정치적 중립성에 관한 논의에서는 교육행정의 정치적 중립성도 중요한 쟁점이지만, 본 논문은 교사와 학생을 대상으로 한 학교 내의 정치적 중립성에만 초점을 맞춘다.

II. '69년 통지'와 정치적 활동

1. 교육기본법 14조(구 교육기본법 8조)의 입법 경위와 실제

교육의 정치적 중립성은 현행 「교육기본법」 14조에서 다음과 같이 규정되어 있다.

> 제14조 ① 양식 있는 국민으로서 필요한 정치적 교양은 교육에서 존중되어야 한다.
> ② 법률에 정해진 학교는 특정 정당을 지지하거나 반대하기 위한 정치교육이나 기타 정치적 활동을 해서는 안 된다.

1항에 언급된 '정치적 교양교육'을 정치교육 또는 주권자 교육이라 하고, 2항에서 규정한 당파적 교육 등의 금지를 '교육의 정치적 중립성'이라고 한다. 잘 알려진 대로, 현행 「교육기본법」은 1947년 제정된 후 2006년에 개정되었다. 그러나 이 제14조는 구 「교육기본법」 제8조와 비교해도 큰 개정은 이루어지지 않았다. 1947년 당시 입법 취지에 따르면, 전쟁 전 보통선거 시작 시기(1925년경) 이후는 '정치교육의 암흑기'로 여겨졌으며, 당시에는 "정치적 비판력을 키우는 것이 아닌 국가의 현실 정책에 무조건 복종시키는 것이 유일한 목적이었다." 교사도 "정부 정책 선전의 도구로 활용되었다"고 한다. 참고로 1925년 제정된 그 외의 법령으로는 「치안유지법」과 「육군 현역 장교 학교 배속령」이 있으며, 이를 고려할 때 당시 상황이 암흑기였다는 설명도 수긍할 수 있다. 이런 역사적 반성을 바탕으로 「교육기본법」 제8조가 제정되었다. 전후 교육개혁에서는 학습지도요령에 '시안'을 붙여 "교사가 스스로 연구할 수 있는 길잡이"로 규정하며, 지역과 학생의 실태에 맞춘 커리큘럼을 편성할 수 있게 했다. 실제로 다양한 "지역발發"교육이 탄생했다. 그러나 1958년 이후 학습지도요령 개정으로 '시안'이 삭제되었고, 문부과학성은 학습지도요령의 법적 구속력을 주장하고 있다. 학습지도요령을 기준으로 한 교과서 검정을 통과한 검정 교과서 사용이 의무화되었고, 교사가 지역 및 학생의 실태에 맞춰 수업을 구성할 수 있는 재량권은 줄어들었다. 또한, 「공직선거법」에도 교사의 정치적 행위에 관한 규정이 있다. 「공직선거법」 제137조는 "교육자는 학교의 아동, 학생 및 유치원생에게 선거운동을 할 수 없다"라고 규정한다.

2. 정치적 중립성과 정치교육 미실시

2012년 총무성에 설치된 〈상시 계몽사업의 방향성 연구회〉 보고서에서는 젊은 층의 정치적 무관심에 대해 "정치적 중립성이 비정치성으로 오해되어, 정치 자체를 다루는 것이 기피되었다"라고 지적했다. 주요 원인은 정부가 강조한 정치적 중립성, 다시 말해 「교육기본법」 제14조 제2항이 필요 이상으로 확대된 데 있다.

문부성(당시)과 일본교직원조합(일본교직원노동조합, 이하 '일교조')의 정치적 대립이 심화하는 가운데, 1954년 국회는 일교조 소속 교사들이 '편향된 교육'을 하고 있다는 이유로 교육의 정치적 중립성을 확보하기 위해 '교육 2법'을 제정했다. '교육 2법'은 「교육공무원 특례법」과 「의무교육 초등학교에서의 정치적 중립성 확보에 관한 임시조치법」이었으나, 두 법 모두 교사의 교육 활동을 직접 제한하는 법은 아니었다. 그러나 입법 과정에서 교사들에 대한 위축 효과를 가져왔다.

이와 같은 시기에 대학에서는 학생운동이 일어나고, 그 영향으로 고등학교에서도 학원 분쟁이 빈발하고 있었다. 이에 문부성은 1969년에 이를 금지하는 목적에서 「고등학교에서의 정치적 교양과 정치적 활동에 대해」라는 제목의 통지('69년 통지' 또는 '쇼와 44년 통지')를 발령했다.

통지에서는 앞서 언급한 「교육기본법」(구법) 제8조 제1항을 인용하면서, 학생의 발달 단계, 고등학교 실태, 특히 고등학교 진학자의 급격한 증가 및 최근 사회 상황 등을 고려할 때, 정치적 교양을 풍부하게 하는 교육이 더욱 적절하게 이루어져야 한다고 했다. 특히 "현실의 구체적인 정치적 사안의 취급에 대한 주의사항"에서는 다음과 같이 명시되어 있다.

(1) 객관적이고 공정한 지도 자료에 기초해야 하며, 교사의 개인적인 주의·주장을 피하고 공정한 태도로 지도할 것. 교사의 개인적인 견해나 주의·주장이 들어갈 가능성이 있으므로 신중하게

다룰 것.

(2) 하나의 결론을 도출하는 것보다는 결론에 이르는 과정의 이해가 중요함을 학생에게 이해시킬 것. 교사의 견해가 특정한 영향을 미치지 않도록 주의할 것.

(3) 필요한 경우, 교장을 중심으로 학교 차원의 지도 방침을 확립할 것.

(4) 교사는 학교 안팎을 불문하고 자신의 지위를 이용해 특정 정치적 입장에서 학생에게 접근하지 않도록 할 것. 또한 무심코 지위를 이용한 결과가 되지 않도록 주의할 것.

(5) 교사는 「교육기본법」 제6조에 규정된 바와 같이 전체의 봉사자로서, 교사로서 공정하고 중립적인 입장에서 학생을 지도해야 할 것.

이와 같이, '정치적 교양의 교육'에 대해서는 교사의 견해를 표명하는 것을 금지하고, '지위 이용'을 금지하는 「공직선거법」 규정 등을 인용하며, 중립적이고 공정한 입장을 반복해서 강조한다. 또한, 고등학교 학생의 학교 내에서의 정치적 활동을 묵인하는 것은 「교육기본법」 8조 2항(구법)에 반하는 것이므로, "금지해야 하는 것은 말할 것도 없다"라고 했다. 그리고 (1) 미성년자이며 참정권이 없는 점, (2) 정신적·육체적으로 발달 과정에 있어 장래 넓은 시야에서 판단하는 것이 어렵게 될 우려가 있는 점, (3) 정치적 교양교육의 목적 실현을 저해하고 교육적으로 바람직하지 않은 점, (4) 정치적 활동이 학교 밖과 안을 구분하지 않고 이루어져 다른 학생들에게 나쁜 영향을 미칠 수 있는 점, (5) 정신적·육체적 안전에 위험이 있는 점, (6) 학교나 가정에서 학습이 소홀해지고, 학습 의욕을 상실할 수 있는 점 등의 교육적 관점에서 바람직하지 않다고 했다.

또한, 학교 내에서 정치적 단체나 조직을 결성하거나, 방과 후나 휴일에 학교 내에서 정치적 문서를 게시·배포하거나 집회를 개최하는 등 정치적 활동을 하는 것은 교육적으로 바람직하지 않을 뿐만 아니라 교육 현장에서는 정치적 중립성이 요구되며, 다른 학생들에게 미치는 영향과 학교 시설 관리 측면에서도 교육에 지장이 있기에 이를 제한·금지하는 것은 당연하다면서, 학교 내에서의 정치적 활동 일체를 금지할 것을 학교에 요구했다.

더 나아가, "학교 밖"에서의 활동도 동일하게 학교가 지도할 것을 요구했다. "방과 후, 휴일 등에 학교 밖에서 이루어지는 학생의 교육 활동은… 학교가 교육적 관점에서 바람직하지 않다고 판단해 지도하는 것은 '당연'하다. 특히 불법적이거나 폭력적인 활동을 금지하는 것은 물론, 그런 우려가 있는 정치적 활동에 대해서도 제한·금지가 필요하다"라고 했다.

그리고 이런 정치적 활동에 대해 지도하거나, 제한하거나, 금지했음에도 학생이 정치적 활동을 할 경우, 실태나 상황에 따라 판단한 결과, 지도만으로는 교육적 효과를 기대할 수 없을 때는 적절한 조치를 하며, "국가·사회의 법과 질서를 위반하는 활동이나 폭력적인 행동에 대해서는 항상 엄정한 태도로 적절한 처분을 해야 한다"라고 했다.

정리하면, 교사는 '정치적 교양을 위한 교육'을 할 수 있긴 하지만, 특히 현대적인 문제에 대한 학습에서는 자기 견해를 표명하지 않고 공정하고 중립적인 입장을 유지해야 한다. 또한 학생들은 학교 내외를 불문하고, 수업 중이나 방과 후 등 시간에 관계없이 정치적 활동의 지도·금지 대상이 되며, 그 지도·금지에 따르지 않으면 '적절한 조치' 즉 징계를 받을 수 있다.

3. 학생·학생의 정치적 활동에 관한 판례

그렇다면, 학생·학생의 정치 활동에 대한 학교의 대응에 대해 법원은 어떻게 판단했을까? 먼저, 그 선례를 세운 쇼와여자대학 사건을 검토해 보자.

• 쇼와 여자대학 사건, 대법원 1974년(쇼와 49년) 7월 19일 제3법정 판결쇼와 42년 제59호 신분 확인 청구 사건

[사건 개요]

A·B는 사립 쇼와여자대학 학생이었다. 1960년 10월, A는 며칠간 점심시간과 방과 후를 이용해 학내에서 「정치적 폭력 행위 방지법」(1961년 5월 13일 국회에 제출된 법안으로, 자민당 의원의 발의로 제출되었다)에 반대하는 국회 청원 서명을 받았다. 이에 대해 대학 당국은 신고 없는 서명 활동이며, 입학 시 배포된 「생활요록」 제6조 제6항(학내에서의 서명운동 및 자금 모금 등의 사전 신고제)을 위반했다고 조사했다. 조사 중 B가 민주청년동맹에 가입한 사실이 드러나 B는 제6조 제13항(허가 없이 학외 단체에 가입하는 것을 금지)을 위반했다는 이유로 11월 6일 A·B 모두에게 자택 근신 명령이 내려졌다.

그런데 이듬해 1961년 1월, '전쟁과 교육의 반동화에 반대하는 토론회'에 참가하거나 2월 TBS 방송 '아침의 스케치'에서의 발언 등을 이유로, 대학 당국은 "반성의 결과가 보이지 않는다"라며 2월 11일 두 명 모두 학교 규칙 36조 4항 "학교의 질서를 어지럽히고, 학생으로서의 본분에 어긋났다"라는 이유로 퇴학 처분을 내렸다.

이에 대해 처분은 교육을 받을 권리를 침해한 것이라고 주장하며, 앞서 언급한 '생활요록'이 헌법 19조 '사상·양심의 자유' 및 21조 '집회·결사의 자유'를 침해한다며 학생 신분 확인 청구 소송을 제기했다.

[판결 요지]

(A·B의 상고 기각)

헌법 19조(사상·신념의 자유), 21조(집회·결사의 자유), 23조(학문의 자유) 등 이른바 자유권적 기본권은 사인私人 간에도 당연히 적용되거나 유추 적용될 수 있는 것은 아니다. 따라서 사립학교인 피상고인 대학의 학칙에 해당하는 생활요록 규정이 헌법의 기본권 보장 규정에 위배되는지를 논할 여지는 없다.

대학은 국·공립이든 사립이든 상관없이 공공적 시설이며, 설립 목적 달성을 위해 필요한 사항을 학칙으로 일방적으로 제정하고, 이를 통해 재학 중인 학생을 규율할 포괄적인 권한이 있다. 특히 사립학교는 건학 이념에 따른 고유한 전통이나 교풍校風과 교육 방침으로 사회적 존재 의의를 인정받으며, 학생도 그러한 이념을 바탕으로 교육받기를 희망해 해당 대학에 입학하는 것이므로, 학내·외에서 학생의 정치적 활동을 상당히 폭넓게 규제하는 것이 사회 통념상 학생의 자유에 대한 부당한 제한이라고 할 수는 없다.

대학에 신고 없이 서명 활동을 한 것이 정치적·사회적 활동에 해당하는 행위라는 이유로 퇴학 처분을 내리는 것이 곧바로 학생의 학문의 자유 및 교육받을 권리를 침해해 공서양속公序良俗에 위반된다고 할 수는 없으며, 퇴학 처분이 A·B의 사상·신념을 이유로 한 차별적 취급이 아니라고 했다.

이 판례는 원칙적으로 대학생의 정치 활동 자유에 대해서는 언급하지만, 학교가 독자적으로 정한 생활요록(=학칙)이 사인 간 계약의 일종이며, 헌법적 판단의 대상이 되지 않는다는 점과 학교가 설립 목적을 달성하기 위해 학칙을 정할 포괄적인 권한을 가진다고 규정한다. 즉, 학교가 헌법에서 규정하는 정치적 활동을 제한하는 '학칙'을 정하고 징계할 수 있다는 논리다. 1975년 1월 24일 후

쿠오카 지방재판소 판결인 슈유칸고등학교 정시제 퇴학 처분 사건, 1977년 3월 8일 도쿄 고등재판소 판결인 니가타현립고등학교 퇴학 처분 사건 등에도 이 논리를 따랐다. 해당 판례를 정리한 요시오카[2017]에 따르면, 정치적 활동을 이유로 한 사례는 5건 있으며, 그중 3건이 고등학생의 정치적 활동에 대해 금지하는 원칙을 따르고 있다.

다음은 퇴학 처분이 아닌, 중학교 재학 중의 정치 활동 사실이 내신서에 기재되어 4개 고등학교 입학시험에서 불합격하고 진학 방해를 받은 사례다.

- 코지마치 중학교 사건, 대법원 1988년(쇼와 63년) 7월 15일 제2소법정 판결, 쇼와 57년(오) 제915호 손해배상 청구 사건

[사건 개요]

상고인(원고)은 1971년 도쿄도 치요다구립 코지마치중학교를 졸업했으나, 고등학교 진학을 위해 응시한 4개 고등학교에 제출된 내신서(학교 교육법 시행규칙 제54조 3항 및 59조)에 언급된 조사 항목 중 '기본적인 생활 습관', '자제심', '공공심'에서 C 평가를 받았으며, 그 이유로 비고란 및 특기사항란에 "이 학생은 2학년 때 코지마치중 전공투(전국 학생공투회의)를 자칭하며 기관지 '토루이'를 발행했다. 학교 문화제 때 '문화제 분쇄'를 외치며 타 학교 학생들과 교내에 난입해 옥상에서 전단을 뿌렸다. 대학 마르크스레닌파 집회에 참여했다. 학교 당국의 지도 설득을 듣지 않고 전단을 배포하고 낙서를 했다"고 기재되었다.

응시한 4개 고등학교에 불합격한 원고는, 내신서의 해당 기재는

원고의 사상·신념에 관한 것이므로 내신서 작성 및 제출 행위가 「교육기본법」 제3조 및 「헌법」 제26조에 위반되며, 교육 평가권 남용에 따른 진학 방해로 「헌법」 제26조가 보장하는 원고의 학습권을 침해했다고 주장하며 「국가배상법」에 의한 배상을 요구했다.

[판결 요지]

본건의 기재가 상고인(원고)의 사상·신념 그 자체를 기재한 것이 아님은 명백하며, 해당 기재와 관련된 외부적 행위로 상고인의 사상·신념을 알 수 있는 것이 아니며, 또한 상고인의 사상·신념 자체를 고등학교 입학자 선발 자료로 활용한 것이라 할 수 없다. 표현의 자유라 하더라도 공공 복리에 의해 제약받을 수 있으며, 전단 배포 및 낙서는 중학교에서의 교육환경에 악영향을 미치고, 학습 환경을 저해하며 학습 효과를 떨어뜨리는 폐해를 발생시킬 가능성이 상당히 높다. 그러므로, "학교 내에서 학생이 전단을 배포하는 것을 금지하는 것은 필요하고 합리적인 범위 내의 제약이며, 「헌법」 제21조에 위반되지 않는다. 가령, 교육과정에 있는 중학생에게 일반인과 동일한 표현의 자유가 있다 하더라도, 상고인의 성격, 행동을 기록해 파악할 수 있는 객관적인 사실을 본건 조사서에 기재하고 입학자 선발에 활용한 것은 상고인의 표현의 자유를 침해하거나 불법적으로 제한한 것이라고 볼 수 없다.

이 사건은 정치적 행위를 이유로 한 재학 중 징계 처분이 아닌, 정치적 행위가 조사서에 기재되어 불이익을 받은 것에 대한 손해배상 청구 재판이었다. 그러나 대법원은 조사서의 기재 내용에 대해서도 교장의 재량에 맡긴다고 판단했다. 쇼와여자대학 사건에서와 같이, 정치적 행위를 이유로 한 징계도, 정치적 행위가 내신서에 기재되어 장래에 불이익을 받는 것도 판례적으로는 불법이 아니라는 결과가 나왔다. 이처럼 「교육기본법」 제14조(구법)에서 규정된 '필요한 정치적 교양'에 대해 충분한 논의 없이 2항만 비대해지고, 학교는 '비정치화'된 장소가 되었다.

Ⅲ. 18세 선거권과 정치적 활동

1. 18세 선거권 도입

2015년, 「공직선거법」이 개정되어 선거권 연령이 만 20세 이상에서 만 18세 이상으로 하향 조정되었다. 이는 1946년 여성의 참정권이 인정된 후 약 70년 만의 개정이다. 약 240만 명이 새로운 선거권자가 되었으며, 2016년 7월 10일 제24회 참의원 의원 선거가 실시되었다.

18세 선거권은 도입되기까지 약 10년이 걸렸다. 2007년 제정된 「일본국 헌법 개정 절차에 관한 법률」(이하 '국민투표법') 제3조에서 '일본 국민으로서 만 18세 이상인 자는 국민투표권을 가진다'라고 규정한 것이 시작이다. 그러나 당초 부칙에서는 공포 후 3년이 경과한 후 법 시행 시기까지, 만 18세 이상 20세 미만인 자가 국정 선거에 참여할 수 있도록 「민법」의 성년 연령 및 「공직선거법」의 선거권 연령을 하향 조정하는 등 법제상 조치가 이루어질 것이며, 그러한 조치가 마련될 때까지는 여전히 선거권 연령이 만 20세 이상이라고 규정했다. 그러나 2009년 민주당으로 정권이 교체되면서 선거권 연령의 하향 조정은 시행되지 않았다.

자민당이 정권을 되찾고, 2014년 「국민투표법」이 일부 개정되었으나 당초의 부칙 3조는 삭제되었으며, 새로운 부칙으로 개정법 공포 4년 후인 2018년 4월 6일까지는 국민투표권 연령이 만 20세 이상임을 명시하고, 「국민투표법」상 투표권 연령과 「공직선거법」상 선거권 연령의 균형을 고려한 법제상 조치를 마련할 것을 규정했다. 이런 우여곡절을 거쳐 2015년

6월 「공직선거법」이 개정되어 국정 선거 및 지방 선거에서의 선거권 연령이 만 18세로 하향 조정되었다. 일본의 학교제도는 한국과 마찬가지로 6-3-3-4 제도이므로, 대부분 고등학교 3학년 단계에서 만 18세가 된다. 즉, 고등학교에서는 '학생'이라고는 해도 선거권이 없는 자와 있는 자가(동일 학년에서도) 함께 재학하고 있다는 점에서 논의가 복잡해진다.

또한 2022년부터는 「민법 일부 개정 법률」에 따라 만 18세를 성년으로 규정했다. 앞서 설명한 것처럼, 「헌법」 개정 국민투표의 투표권 연령이나 「공직선거법」 상 선거권 연령 등이 18세로 규정되었다. 이런 정책을 바탕으로, 시민 생활에 관한 기본법인 민법에서도 동일하게 적용했다는 취지다.

2. '69년 통지'의 재검토

앞서 설명한 바와 같이, 18세 선거권이 시행되면서 2015년에 '69년 통지'가 폐지되고, 새롭게 「고등학교 등에서의 정치적 교양교육 및 고등학교 등의 학생에 의한 정치적 활동 등에 대해(통지)」가 발표되었다.

새 통지에서는 선거권 연령 하향 조정으로 "정치와 선거에 대한 이해에 더해 현실의 구체적인 정치적 사안도 다루며, 학생이 국민투표권과 선거권을 가진 자로서 자신의 판단에 따라 권리를 행사할 수 있도록 구체적이고 실질적인 지도를 해야 한다"라고 언급하며, 정치적 교양교육의 충실을 '69년 통지'보다 강화하고 있다. 또한, "학생이 실제로 특정 정당에 대한 지원, 촉진이나 압박 등의 구체적인 활동을 하는 것은 별개로 생각할 필요가 있다"라고 강조한다.

'69년 통지'와 마찬가지로 「교육기본법」 제14조 제1항에 의해 학교는 정치적 중립성을 요구받으며, 교사는 학교교육에 대한 신뢰 확보를 위해 공정하고 중립적인 입장을 취해야 한다는 점도 명시되어 있다. 이는 교사의 발언이 학생에게 미치는 영향이 매우 크기 때문에 법률에 따른 제약이 존재한다는 내용이다.

이 통지는 크게 다섯 장으로 구성되어 있으며, 제1장은 "고등학교 등에서의 정치적 교양교육", 제2장은 "정치적 교양교육에 관한 지도상 유의사항", 제3장은 "고등학교 등의 정치적 활동 등", 제4장은 "인터넷을 이용한 정치적 활동 등", 제5장은 "가정이나 지역 관계 단체 등과의 연계·협력"이다. 69년 통지와 비교할 때, 지적할 수 있는 주요한 변화는 세 가지다.

첫째, '정치적 교양교육'에 관한 교사의 역할로서 "개인의 주의·주장을 피하고 공정하고 중립적인 입장에서 학생을 지도해야 한다"라는 내용과, 「공직선거법」 등 법률적 규제와 학생의 인격 형성에 미치는 영향 때문에 "내외를 불문하고 지위를 이용해 특정 정치적 입장에서 학생을 지도하는 일이 없도록 해야 한다"라는 내용이 여전히 유지되고 있다.

둘째, 지도에 있어서는 학교가 중립적이며 정치적 중립성을 유지하면서도 현실의 구체적인 정치적 사안도 다루어, 학생이 유권자로서 자신의 판단으로 권리를 행사할 수 있도록 보다 구체적이고 실질적인 지도를 해야 한다고 규정한다. 69년 통지와 비교하면 현실적인 사안도 다룰 수 있게 되어 다소 완화된 점이 보인다.

셋째, 학생의 정치적 활동에 대해서는 학교 내에서의 활동을 학교가 제한하거나 금지해야 한다는 점에서는 변화가 없지만, 방과 후나 휴일에 학교 외부에서 이루어지는 선거 운동이나 정치적 활동에 대해서는 변화가 있다. "방과 후나 휴일에 학교 외부에서 이루어지는 선거 운동이나 정치적 활동은 가정의 이해 아래 학생이 판단해 행하는 것"이라고 해, 규제가 크게 완화되었다.

Ⅳ. 고찰

1. 정치적 교양교육에 대해

18세 선거권 도입을 계기로 '69년 통지'를 개정한 새로운 통지에 의해 "정치적 교양을 함양하는 교육을 적극적으로 실시할 것"이 학교에 요구되었다. 이는 '69년 통지'에서의 "큰 방침 전환"이라고 할 수 있다. 다만, 그 교육을 실시하는 주체인 교사는 여전히 「교육기본법」 제14조 제2항의 정치적 중립성 및 「공직선거법」, 그리고 무엇보다 학생에게 미치는 영향이 크다는 교육적 이유로 자신의 견해나 입장을 드러내지 않는 "무색투명함"이 요구된다는 점에서는 변화가 없다.

또한, 2015년 자민당 정책조사회는 "선거권 연령 하향에 따른 학교교육의 혼란을 방지하기 위한 제언"을 발표해 "교육공무원의 규제 위반에 처벌을 부과하는 것" 등을 제안했다. 마찬가지로 자민당 문부과학부회는 홈페이지에서 "학교교육의 정치적 중립성에 관한 실태 조사"라는 게시물을 올리고 "정치적 중립성을 벗어난 부적절한 사례"를 신고할 수 있는 양식을 마련하는 등, 교사의 정치적 중립성 이탈에 더욱 엄격한 태도를 취하고 있다.

이런 상황에서 주권자 교육의 방해 요인으로 교육위원회와 관리직 등의 위축을 지적하는 선행 연구가 많다. 홋카이도 교사 이케다池田는 "후보자가 학교에 방문하게 하거나 모든 후보자의 선거 사무소에 질문서를 보내는 것을 생각했지만, 홋카이도 교육위원회가 강력하게 반대해 이를 실시할 수 없었다"라고 밝혔다. 또한 시사통신사의 설문 조사에서는 47개 도도부현 교육위원회 중 약 80%에 해당하는 37개 교육위원회가 정치적 중립성을 "확보할 수 있다"라고 답했으며, 그 이유로 "교사의 지도를 철저히 한다"는 것을 들었다. 결과적으로, "문부과학성의 말을 액면 그대로 받아들일 수 없다는 시각이 관리직뿐만 아니라 현장의 교사들 사이에도 생기게 되었다"고 니오카新岡는 지적한다.

또한, 주권자 교육의 방해 요인으로 "교사의 역량 부족"도 지적된다. 니오카는 "교사의 전문직으로서의 역량이 저하되어 신문조차 제대로 읽지 않으며, 전문 서적도 읽지 않는 교사가 많아지고 있다"라고 지적하며, "자유롭게 하라고 해도 아무것도 나오지 않는다", "손을 대기가 어렵다"고 평가한다. "69년 통지 하에서 46년 동안 계속 정치적 교양을 기피해 왔기 때문에, 사회과 교사도 현실 정치에 대해 잘 모르게 되었을 가능성도 있다"라고 히로타広田는 말한다. 또한, 교사의 과도한 업무도 문제로 지적된다. 문부과학성의 2022년 조사 결과에 따르면, 고등학교 교사의 노동 시간은 평일 평균 10시간 6분, 주말 2시간 14분으로, 단순히 계산하면 주당 50시간을 초과한다. TARIS 등의 국제 조사에 따르면, 조사 참가국 평균은 36시간 정도이므로, 일본 교사들은 10시간 이상 더 많이 일하며, 이로 인해 자기 계발 시간이 부족하다는 지적도 있다.

이런 상황에서 더욱 우려할 만한 점은, 호리구치堀口가 지적한 바와 같이 "정부를 지지하도록 교사들이 정치교육을 유도하게 될 가능성"이다. 즉, "정부가 정치교육을 억제했던 시대에는, 교사들은 정치교육을 아예 하지 않는 선택을 할 수 있었다. 그러나 정부가 이를 요구하게 된 지금, 그런 선택은 더 이상 허용되지 않는다. 이로 인해, 정치교육이라는 익숙하지 않은 교육 활동을 강요받은 교사들이 '정치적 중립성'을 위반하지 않으려 한다면, 정부 편향적인 교육으로 흐르게 되는 것은 자연스러운 일이다."

문부과학성 조사에 따르면, 주권자 교육을 실시한 학교는 90%를 초과하지만, 한편으로는 고등학생들이 참의원 선거 홍보 포스터를 학교 내에 게시했더니 "학교 내에서는 정치 활동이 금지된다"는 이유로 제거를 요청받았다는 사례도 보도되었다. 실시되고 있는 '주권자 교육'의 실질적 내용도 검토할 필요가 있을 것이다.

2. 학생의 정치적 활동의 신고제에 관한 문제

다음으로, 학생의 정치적 활동에 대해 살펴보자. 앞서 언급한 것처럼, 학교 내외를 불문하고 학생의 정치적 활동을 금지한 '69년 통지'에 대해, 새 통지에서는 "방과 후나 휴일에 학교 외부에서 이루어지는 선거운동이나 정치적 활동은 가정의 이해 아래 학생이 판단해 행하는 것"이라고 하여 일정 부분 완화되었다.

이와 관련해 문부과학성은 추가 지침을 발표했다. 2016년 1월 말 발표된 〈고등학교 등에서의 정치적 교양교육과 고등학교 등 학생의 정치적 활동 등에 관한 통지에 관한 Q&A(학생 지도 관련)〉이다. 여기서는 방과 후·휴일에 학교 외부에서 이루어지는 선거운동·정치 활동에 대해 학교나 교육위원회의 판단에 따라 신고제를 택할 수 있다고 하며, 쇼와여자대학 사건 판례에서 "신고제는 정치 활동에 대한 불합리한 규제라고 할 수 없다", "퇴학 처분 등이 사회 통념상 합리성을 인정할 수 없는 것이 아닌 한 학장 재량권 범위에 있다"는 내용을 인용하고 있다.

이런 추세에서 에히메현의 모든 공립고등학교 59개교가 2015년 새 학기부터 교칙을 개정하여 학교 외부에서의 정치적 활동을 '신고제'로 한다는 보도가 있었다. 해당 보도에 따르면, 2015년 12월 개최된 현립고등학교 교감 대상 연수회에서 학교 외부에서의 정치 활동을 신고제로 한다는 교칙의 표본을 제시하고, 현 내 모든 고등학교에 교칙 개정을 요구했다고 한다.

이에 대해서는 이미 여러 가지 우려가 제기되고 있다. 헌법학적 관점에서는 "신고제는 표현의 자유에 대한 사전 규제에 해당하며, 그 합헌성은 엄격하게 심사되어야 한다"고 한다. 또한, 방과 후나 휴일의 행동을 학교가 파악하는 것 자체가 각 자치단체의 개인정보 보호 조례의 취지에 반할 우려도 있다. 도쿄변호사회는 이 Q&A의 철회를 요구하는 회장 성명을 발표했다.

성명서에 따르면, 신고제가 "고등학생들에게 정치에 대한 관심 여부나 정치적 사고를 사실상 드러내게 하는 것이며, 그러한 강요는 고등학생들에게 커다란 정신적 고통을 안겨줄 수 있다"고 지적한다. 또한 신고에 의해 정치적 신념이 담임 교사 등과 대립할 우려 있으며, 그 정보가 기록되어 내신서 등에 기재될 수 있다는 두려움으로 신고를 주저하게 하며, 이는 정치적 활동에 참여하려는 학생들의 의욕을 위축시킬 수 있고, 이는 새 통지에서 금지하는 '학생의 정치적 신념 여부를 묻는 것'에 해당한다고 지적한다. 따라서 사전이든 사후든 신고제를 강제하는 것은 고등학생의 표현 및 정치적 활동의 자유(헌법 21조)뿐만 아니라 사상·양심의 자유(헌법 19조)를 침해하는 것으로, 허용될 수 없는 규제라고 할 수 있다. 이는 코지마치중학교 사건을 떠올리지 않더라도 타당한 지적일 것이다. 더욱이 최근 대학입시에서 추천 입학 및 AO(종합형) 입학으로 입학하는 학생이 50%를 넘는 점을 생각하면, "내신서에 기재될 가능성이 있다"는 것은 학생들에게 장래를 좌우할 큰 문제가 된다. 또한, 교육행정학적 관점에서 보면, 「학생 지도 요강」 개정이나 「아동기본법」 등 아동의 의견 표명을 촉진하는 동향과의 모순도 지적할 수 있을 것이다. 「학생 지도 요강」은 문부과학성이 학교에서의 학생 지도를 위해 제시하는 문서로, 2022년에 10년 만에 개정되었다. 이 개정은 학생 지도의 큰 역할을 하는 교칙에 그 근거를 제시하거나, 시간이 지나면서 의미를 잃은 교칙은 개선해야 한다는 등, 교칙의 현대화를 지시하는 내용이었다. 또한, 「아동기본법」은 그 핵심이 아동의 의견 표명에 있다. 이런 흐름 속에서, 학교 현장이나 지역에서는 학생 스스로 교칙을 개정하거나 아동 의회를 개최하는 등, 의견 표명 활동이 진행되는 상황이다. 한편으로 아동의 의견 표명을 장려하고 참여를 촉진하면서, 다른 한편으로는 부모의 허락을 받고 학교에 신고할 것을 요구하는 것은 "바람직한 방향으로만" 참여를 유도하는 것과 다름없다.

나카지마 테쓰히코中嶋哲彦가 지적한 바와 같이, 정치 참여는 두 단계가 있다. 하나는 선거권 행사에 의한 제도적 참여로, 선거나 국민투표 같은 제도 내 참여를 의미한다. 다른 하나는 "비제도적 참여"로, 시위 등에 참여해 자신의 요구를 정치적 요구로 표현하고 이를 외부에 표출하는 것이다. 나카지마는 "제도적 정치 참여를 지탱하는 것이 없다면 제도적 정치 참여는 성립할 수 없다"고 지적한다. 고등학생들의 제도적 정치 참여를 촉진하면서 이를 뒷받침하는 비제도적 참여를 규제하는 모순에 학교와 교사들은 직면해 있다.

V. 결론

20년 전으로 거슬러 올라가, 유엔 아동권리위원회는 일본의 아동권리 보장 상황에 대해 "학교 내외에서 아동이 행하는 정치적 활동의 제한에 우려를 표명한다"고 최종 보고서에서 밝혔다. 일본에서 아동이 '자신에게 영향을 미치는 모든 사안에 대해 나이 제한 없이, 위협받거나 처벌받지 않고 자유롭게 의견을 표명할 권리'를 어떻게 보장할 것인지에 대한 논의가 다시 요구된다.

참고문헌

上原直人(2003). 「戦後教育改革と政治教育の歴史的展開」. 『生涯学習・社教育学研究』, 第28号, 1-9.
大島佳代子(2017). 「学校内外における生徒の政治活動の自由」. 『法学セミナー』, 744号, 32-36.
金子照基(1992). 「高校生の政治活動の自由とその制約: 大阪地裁昭和49年4月16日判決」. 有斐閣 『別冊ジュリスト教育判例百選』1 18号, 26-27.
河北新報(2022). 『参議選「啓発ポスター」が政治的活動? 仙台の高校生, 問題提起』.
勝山吉章(2015). 「18歳選挙権と高校生の政治活動—政治活動を理由に生徒を退学処分にした福岡県修猷館高校事件から—」. 『福岡大学人文学論叢』, 第47巻第4号, 1-22.
庄司良信ほか(2017). 『課題研究Ⅰ「教育の政治的中立性」と政治教育・主権者教育—18歳選挙権を踏まえて—』. 日本教育学『教育学研究』, 第84巻第1号, 49-54.
城野一憲(2017). 『高校生の「政治活動の自由」とその制限の許容性—政治活動の「届出制」についての実態調査も踏まえて—』. 『鹿児島大学教育学部紀要人文・社会科学編』, 第68巻, 19-51.
永井憲一(1992). 「私立大学における学生の思想・表現の自由—昭和女子大学事件」. 有斐閣『別冊ジュリスト教育判例百選』, 118号, 24-25.
西岡斎(2017). 「高校生の政治活動の自由についての一考察」. 東京未来大学保育・教職センター紀要『未来の保育と教育』, 第4号, 11-19.
堀口悟郎(2017). 「義務としての政治教育の自由」. 『法学セミナー』, 744号, 37-41.
広田照幸ほか(2017). 「[座談会]18歳選挙権と政治教育, 主権者教育—2016年の夏の選挙までを振り返って」. 『法学セミナー』, 744号, 42-55.
森田明(1992). 「内申書における不利益記載と生徒の人権—内申書裁判」. 有斐閣『別冊ジュリスト教育判例百選』, 118号, 28-29.
文部省(1969). 「高等学校における政治的教養と政治的活動について(昭和44年10月31日文部省初等中等教育局長通知)」.
文部科学省(2015). 「高等学校等における政治的教養の教育と高等学校等の生徒による政治的活動等について(平成27年10月29日初等中等教育局長通知)」.
文部科学省(2016). 『「高等学校等における政治的教養の教育と高等学校等の生徒による政治的活動等について(通知)」に関するQ&A(生徒指導関連)』.
吉岡直子(2017). 「高校生の政治活動の自由と制約・禁止—判例及び通知・通達を切り口に—」. 西南学院大学『人間科学論集』, 第13巻第1号, 87-99.

제7장

교사의 정치적 기본권: 국제 비교

김민조

I. 시작하며

대부분의 서구 민주주의 국가에서는 근대학교 교육제도가 성립되면서 교육에 대한 정치적·파당적 개입과 지배를 배제해 교육의 자주성과 자율성을 보장하기 위한 기본 원칙으로 교육의 정치적 중립성을 선언하고 법제화했다노기호, 2004: 4. 한국에서도 헌법 제31조 제4항("교육의 자주성·전문성·정치적 중립성 및 대학의 자율성은 법률이 정하는 바에 의해 보장된다")과 교육기본법 제6조 1항("교육은 교육 본래의 목적에 따라 그 기능을 다하도록 운영되어야 하며, 어떤 정치적·파당적 또는 개인적 편견의 전파를 위한 방편으로 이용되어서는 아니된다")에서 교육의 정치적 중립을 규정하고 있다.

한국에서 교육의 정치적 중립 규정은 그 해석을 둘러싸고 교육에 대한 정치의 불간섭이라는 견해와 정치에 대한 교육의 불개입이라는 견해가 대립된다. 현행 헌법에 규정된 교육의 정치적 중립성은 후자의 입장을 견지하면서 그 하위법을 통해 공무원과 교사의 정치적 기본권을 제한하는 근거가 되고 있다. 이런 해석의 부당성을 제기하면서 교육의 정치적 중립 규정은 1963년 처음 헌법에 편입될 당시 과거의 역사적 경험에서 정치인이나 행정관료의 교육에 대한 부당한 간섭을 배제하려는 의도가 있었 다는 점을 들어 교육에 대한 정치의 부당한 개입을 배제한다는 의미, 즉 전자의 입장에서 해석되어야 한다고 주장되기도 한다박대권, 김용, 최상훈, 2020: 368. 이런 맥락은 교육의 정치적 중립성 규정을 어떻게 해석해야 하는지, 더 나아가 한국에서 교육의 정치적 중립에 근거해 교사의 정치적 기본권을 제한하는 것이 정당한지에 대한 많은 논쟁을 불러오고 있다.

교육의 정치적 중립성에 대한 해석과 더 나아가 교사의 정치적 기본권 보장 또는 제한의 범위는 국가별로 차별성을 보인다. 여러 국가의 사례는 그동안 한국에서 교사의 정치적 기본권 제한의 정당성을 따지기 위한 주요 근거 자료로 활용되어 왔다. 즉, 교사 역시 교사이기 이전에 시민으로서 정치적 기본권을 보장해야 한다는 견해를 지닌 사람들은 독일과 프랑스를 참조 국가로 언급하면서 교사의 정치적 기본권 확대의 정당성을 확보하려고 했다예를 들어, 김정수, 2021; 오동석, 2010; 신옥주, 2015; 황준성, 2015. 또한 이들 논의들이 대체로 개별 국가별로 이루어지거나 교사의 정치적 기본권의 일부 영역에 대해 단편적으로 이루어지는 경향이 많았다.

이런 문제의식에 따라 이 글에서는 비교법제적 관점에서 교사[1]의 정치적 기본권 보장 또는 제한의 범위와 주요 특징을 정리했다. 우선, 정치적 기본권의 의미와 범위에 대해 살펴보고 교사의 정치적 기본권 제한의 논리와 비판적 입장을 살펴보았다. 앞서 살펴본 정치적 기본권의 범위를 분석 틀로 활용해 국가별 교사의 정치적 기본권의 보장 또는 제한의 범위를 비교 분석하고 주요 특징을 정리하되, 개별 국가의 맥락성 차원에서 해당 국가별로 교사의 법적 지위를 논의의 출발로 삼으려고 했다.

---

1. 이 글은 초중등학교 교원의 정치적 기본권에 관한 논의로, 대학의 교원인 대학교수와 구분하기 위해 교원이 아닌 '교사'의 정치적 기본권이라는 용어를 사용했다. 맥락에 따라 교원 또는 교사를 함께 사용했다.

II. 정치적 기본권과 교사의 정치적 기본권 제한

1. 정치적 기본권의 의미와 보장 범위

가. 정치적 기본권의 의미

교사의 정치적 기본권에서 기본권[2]은 '헌법상 보장된 개인의 권리'를 의미하는 것으로김대환, 2023; 정종섭, 2003, 실정법상 법적·제도적으로 보장된 권리이기 때문에 사법심사 또는 구제의 대상일 뿐만 아니라 권력에 의해 일정한 제약이 가해질 수도 있다이동희, 2018: 83. 이처럼 기본권에는 자연법적 성격의 인권[3]뿐만 아니라 국가에 의해 비로소 창설되고 그 내용이 결정되는 권리들도 존재한다김대환, 2023: 36. 대한민국헌법 제2장은 여러 개별 기본권을 규정하고, 제37조 제1항을 통해 "열거되지 아니한" 기본권들도 보

---

2. 한국에서 '기본권'이라는 용어는 학계와 헌법 실무적 측면에서 사용되는 용어이고, 헌법상으로는 '기본권적 인권'이라는 용어가 사용된다(김대환, 2023; 정순원, 2021; 정종섭, 2003; 이동희, 2018; 허완중, 2008). 이런 용어 사용은 국가별로 차이를 보인다(정순원, 2021; 이동희, 2018). 독일 기본법에서는 기본권 또는 인권이라는 용어가 사용되고, 일본 헌법에서는 기본적 인권이라는 용어가 사용된다. 한국에서 사용한 기본권이라는 용어는 독일 바이마르헌법이나 독일 기본법에서 규정하는 표현을 그대로 준용해 학계에서 사용되는 것이라는 견해(예를 들어, 정순원, 2021)가 있다. 이런 용어 사용과 관련해 기본권이라는 용어보다는 현행 헌법에서 규정하는 기본적 인권이라는 용어로 사용하는 것이 타당하다는 주장(예를 들어, 정순원, 2021; 허완중, 2008)도 있다. 그럼에도 한국 헌법학계 논의를 보면, 일반적으로 현행 헌법상 기본적 인권을 기본권이라는 용어로 사용하는 경향을 보인다(정종섭, 2002; 이동희, 2018). 또한 헌법재판소법 제68조 제1항 법문에 "기본권"이라는 용어가 사용되고 있는 상황이다. 또한 교육학계에서는 주로 기본권이라는 용어가 사용되고 있다(예를 들어, 남미자, 2024; 이태화, 이재덕, 2021; 황준성, 2015). 이런 점을 고려해 이 글에서는 기본권이라는 용어로 통일해 사용했다.
3. 헌법학계에서는 자유와 권리, 인권, 기본권, 기본적 인권이라는 용어들의 관계를 둘러싸고 많은 논쟁이 일고 있다. 기본권과 기본적 인권을 동일한 의미로 수용하고 있는 것이 일반적이지만, 학자들에 따라서 이들 개념의 엄밀한 구분과 관계 설정이 필요하다는 입장도 있다. 다만, 이들 용어의 관계를 둘러싼 논쟁을 심도 있게 탐색하기를 원한다면 정종섭(2003). 기본권의 개념에 관한 연구. 법학, 44(2), 1-80; 정순원(2021). 법교육에서 인권, 기본권, 기본적 인권의 개념과 관계 분석. 법과인권교육연구, 14(2), 129-154; 이동희(2018). 인권과 기본권의 개념적 고찰. 법학논총, 42(4), 57-93. 논문을 참고하기 바란다.

장될 수 있음을 밝히고 있다. 경우에 따라서는 제2장 외의 헌법 규정이나 헌법상 기본제도를 통해 기본권이 도출되기도 한다[김해원, 2010: 295].

헌법상 기본권 조항을 포함하는 정도는 국가마다 차이를 보인다[한상운, 2007: 501-502]. 독일, 일본과 한국은 헌법에 국민의 권리와 의무 또는 기본권을 규정하는 별도의 장을 두고 기본권 조항을 비교적 세분화해 충실하게 제시하고 있다. 이에 반해 미국은 기본권에 관한 상세한 입법을 두지 않고 있다. 프랑스는 헌법에서 기본권을 열거하고 있지는 않지만 인권선언 등을 준수할 것을 전문에서 밝히고 있다[김학성, 박용숙, 2017: 35].

헌법에서 열거되는 기본권을 중심으로 기본권의 유형을 살펴보면, 일반적으로 인간으로서의 존엄과 가치, 포괄적인 기본권인 행복추구권, 평등권, 자유권적 기본권, 경제적 기본권, 정치적 기본권, 청구권적 기본권, 사회적 기본권 등으로 유형화[4]할 수 있다[박규하, 2007: 68]. 이때 정치적 기본권은 학자들에 따라 협의와 광의의 의미로 구분해 설명한다. 정치적 기본권은 정치적 자유권에서 참정권으로, 참정권에서 정치적 활동권으로 그 의미가 확대·발전되어 왔다[박규하, 2007: 69]. 이런 점에서 정치적 기본권은 협의의 관점에서 국민이 직·간접적으로 국가기관의 구성과 정치적 의사형성

---

4. 대한민국헌법에서 보장하는 기본권은 두 가지 차원으로 설명된다(한상운, 2007). 우선 헌법 제2장 국민의 권리와 의무에 열거된 기본권을 들 수 있다. 즉, 인간의 존엄과 가치·행복추구권(제10조), 평등권(제11조), 신체의 자유(제12조), 죄형법정주의(제13조), 거주·이전의 자유(제14조), 직업(선택)의 자유(제15조), 주거의 자유(제16조), 사생활의 비밀과 자유(제17조), 통신의 자유(제18조), 양심의 자유(제19조), 종교의 자유(제20조), 언론·출판·집회·결사의 자유(제21조), 학문과 예술의 자유(제22조), 재산권 보장 및 손실 보상(제23조), 선거권(제24조), 공무담임권(제25조), 청원권(제26조), 재판청구권(제27조), 형사보상 청구권(제28조), 국가배상청구권(제29조), 범죄피해자구조청구권(제30조), 교육을 받을 권리(제31조), 근로의 권리(제32조), 근로자의 단결권·단체교섭권·단체행동권(제33조), 인간다운 생활을 할 권리 및 사회보장(제34조), 환경권(제35조), 혼인과 가족생활 및 보건(제36조) 등이다. 그 다음으로 헌법상 열거되지 아니한 기본권으로, 이에 관해서는 학자들에 따라 입장이 다르다. 이와 관련하여 학계에서는 주로 인간의 존엄과 행복 추구권의 내용에 한정해 제시하고 있는데, 공통적으로 제시하는 것은 생명권, 자기결정권(인격적 자율권), 일반적 인격권(성명권·명예권·초상권), 일반적 행동 자유권, 평화적 생존권을 들 수 있다(성낙인, 1995: 29, 한상운, 2007: 526에서 재인용).

과정에 참여할 수 있는 권리를 의미하는 참정권으로 이해되어 왔다^{박규하,} 2007. 즉, 참정권은 주로 헌법 제24조(선거권), 제25조(공무담임권), 제72조(국민투표권) 등에 해당하는 조항을 중심으로 설명된다.

그러나 오늘날 정치적 기본권의 의미는 보다 폭넓게 인식되고 있는데, 참정권에 국한되지 않고 정치적 표현의 자유, 정당설립 및 가입의 자유 등과 결합해 인식되는 경향을 보인다.[5] 김학성[2019: 98]은 선거권, 피선거권, 국민투표권을 넘어 정치적 표현의 자유를 포함한다. 헌법재판소는 "국민이 정치적 의사를 자유롭게 표현하고, 국가의 정치적 의사 형성에 참여하는 정치적 활동을 총칭"하는 것"(헌재 2004.03.25. 선고 2001헌마710 결정)이라고 규정한다. 이렇게 볼 때, 정치적 기본권은 협의로는 전통적인 참정권을 의미하지만, 국민이 자신의 정치적 의견을 개인적 차원뿐만 아니라 집단적 차원에서 자유롭게 표현하고, 정당이나 선거운동을 통해 국정에 참여하는 일련의 정치적 활동권을 모두 포괄하는 의미로 설명될 수 있다.

나. 정치적 기본권 보장의 범위

정치적 기본권은 협의로는 참정권과 동일하게 이해되지만 광의로는 정치적 표현·집회·시위·결사의 자유, 정당 가입 및 설립의 자유, 선거운동의 자유 등 헌법상의 자유권을 포괄한다. 정치적 기본권의 분류와 범위는 학자들에 따라 다양하게 논의된다. 권영성[2003: 541]은 정치적 기본권을 정치적 자유권 및 참정권과 별도로 정치적 활동권으로 구분한다^{황준성, 2014:61에서 재인용}. 정영화[2012: 418]는 정치적 기본권과 정치적 자유를 동일 선상에서 규정하고 정치적 자유에 정치적 의사표현의 자유(정신적 자유와 개인적 측면), 정당 가입과 활동, 공직 선거에서 입후보나 후보자 지지

---

5. 정당 가입 및 정당활동의 자유, 선거운동의 자유는 헌법에 기본권으로 명문화된 것은 아니지만, 헌법재판소 결정(헌재 20040325. 2001헌마710 결정, 헌재20010830. 99헌바92)에 비추어 하나의 기본권으로 인정되고 있음을 확인할 수 있다.

를 할 수 있는 적극적 참정권 행사(선거 참여의 공적 측면)까지 포괄한다. 배소연[2019: 41] 역시 정치적 기본권을 정치적 자유권으로 해석하고, 정치적 표현권, 참정권, 정치적 활동권 등으로 분류한다. 김정수[2021: 135]는 정치적 표현의 자유, 정당 가입 및 정당 활동의 자유, 투표와 선거운동의 자유, 공무담임권으로 범주화한다. 황준성[2015: 61]은 헌법재판소의 입장에 따라 정치적 기본권을 정치적 자유권과 참정권으로 크게 구분한다. 남미자[2024: 374]는 참정권(선거권, 공무담임권, 국민투표권)뿐만 아니라 정당 설립과 활동의 자유, 언론·출판·집회·결사의 자유를 포괄하는 것으로 규정했다. 특히 정당과 관련한 자유에서 정당지도자(피선거권/선거권), 정당 내 대의기관(피선거권/선거권), 정당 소속 대의기관 후보자(피선거권/선거권), 정당 조직가(직원), 정당 내 활동의 자유(발언 등), 정당 가입의 자유, 정당 발기인이 될 자유 등으로 상세화한다. 이 글에서는 학자들의 논의를 종합해 〈표 4〉와 같이 정치적 기본권을 정치적 자유권, 참정권, 정치적 활동권으로 구분하고 이들 각각의 의미를 살펴보았다.

〈표 4〉 정치적 기본권의 분류

구분	정치적 자유권	참정권	정치적 활동권
세부 영역	• 정치적 표현의 자유(정치적 언론·출판의 자유) • 정치적 집회/시위의 자유 • 정치적 결사의 자유	• 선거권 • 공무담임권 • 국민투표권	• 정당 설립, 가입 및 활동권 • 선거운동권

첫째, 정치적 자유권은 "국가권력의 간섭이나 통제를 받지 아니하고 자유롭게 정치적 의사를 형성·발표할 수 있는 자유"(헌재 2004.03.25. 선고 2001헌마710 결정)이다. 정치적 자유권은 민주주의 국가의 근간을 이루는 기본권이다. 이것은 국민이 정치적 의견을 자유로이 표명하고 정치적 사상이나 의견을 수록한 도서를 자유롭게 출판할 수 있는 자유(정치적 표현의 자유), 정치적 목적을 위한 집회나 시위를 자유로이 개최 또는 진행할

수 있는 자유(정치적 집회·시위의 자유), 정치 목적을 위한 단체를 자유로이 결성할 수 있는 자유(정치적 결사의 자유)를 포괄한다권영성, 2005: 578; 박규하, 2007: 70에서 재인용. 정치적 표현의 자유는 표현 수단을 불문하고 사상과 의견, 정보를 전달하는 자유를 포괄하여 의미한다국가인권위원회, 2019: 4. 정치적 표현의 자유는 각국 헌법에서 규정하고 있다. 우선, 미국 버지니아 권리선언 제12조에 출판의 자유가 규정되었으나 미국연방헌법 수정 제1조(1791)에서 언론·출판의 자유로 확장되어 선언되고 있다. 독일연방공화국 기본법(1958. 10. 4. 제정) 제5조 제1항에서는 "모든 사람은 각자 말이나 글, 그림으로 자유롭게 자신의 의견을 표현하고 전파할 권리 및 일반적으로 접근할 수 있는 정보원으로부터 방해받지 않고 정보를 얻을 권리를 가진다. 출판의 자유와 방송 및 영상을 통한 보도의 자유가 보장된다. 검열은 금지된다"라고 규정되고 있다. 한국에서는 헌법 제21조에 언론·출판의 자유를 규정하고 있다. 언론·출판의 자유의 매개체는 담화·연설·토론·연극·방송·음악·영화 등과 문서·소설 등 모든 현상의 의사표현 또는 의사 전파의 매개체를 포함해 어떤 형태든 가능하며 그 제한이 없다김대환, 2023: 425.

둘째, 참정권은 선거권, 국민투표권, 공무담임권을 포괄하는 정치적 기본권으로, 국민이 국가의사 형성이나 정책 결정에 직접 참여하거나 선거인단·투표인단의 일원으로서 선거 또는 투표에 참여하거나, 자신이 공무원으로서 선임될 수 있는 국민의 주관적 공권을 말한다박규하, 2007: 70. 한국에서 선거권은 대통령, 국회의원 및 지방자치단체의 장 및 지방의회 의원 선거권을 들 수 있다김대환, 2023: 590.

셋째, 정치적 활동권은 고전적 의미의 정치적 자유와 참정권 외에 현대 상황에서 요구되는 더 적극적이고 포괄적인 정치적 활동에 관한 권리로, 정당 결성 및 가입, 정당 활동, 선거 운동권 등을 의미한다박규하, 2007: 72. 이런 정당 활동의 자유, 공직선거 입후보 및 선거운동의 자유 등 정치적 활동권은 참정권과 밀접한 관련이 있다[김대환, 2023:588]. 헌법재판소는 정치적 자유권에 정치적 활동권까지 포함해 논의한다(헌재 2004.03.25. 선고 2001헌마 710. 422.).

2. 교사의 정치적 기본권 제한의 논리와 비판

정치적 기본권은 민주주의 국가에서 국민(시민)으로서 보장된 기본권이다. 그러나 국가에 따라 공무원이자 교사라는 신분을 들어 교사의 시민으로서의 정치적 기본권을 제한하고 있어, 이를 둘러싸고 많은 논쟁이 발생하고 있다. 교사의 정치적 기본권 제한은 대체로 세 가지 논리에 근거를 두는데, 특별권력관계론, 국민 전체에 대한 봉사자로서의 공무원, 미성숙한 학생을 대상으로 하는 교사라는 직업적 특성을 든다. 이 글에서는 세 가지 논리를 좀더 구체적으로 살펴보고 각 논리에 대한 비판적 입장도 정리했다.

첫째, 특별권력관계론이다.[6] 특별권력관계론은 19세기 후반 독일의 권위주의적인 비스마르크 헌법 체제 공법이론의 하나다[오동석, 2010: 202]. 이때 특별권력관계는 특정 행정목적을 위해 만들어진 특별한 법률상의 원인에 근거한 법적 관계로서 권력주체와 개인간에 성립되는 포괄적인 지배 복종의 관계를 의미한다[정영화, 2012: 405]. 따라서 특별권력관계가 인정되는 범위에서는 법률적 근거가 없어도 기본권 제한이 가능하며 사법심사 청구조차 허용되지 않는다[황준성, 2015: 63]. 특별권력관계론의 입장에서 공무원은 그 지위로 인해 권력자의 명령을 따르지 않을 경우 법적 보장 없이 그 신분을 박탈당할 수도 있다[김정수, 2021: 139]. 이로써 특별권력관계에서 공무원은 시민이기보다는 신민(臣民)에 가깝고 국가의 편이었다[오동석, 2010: 202-203].

---

6. 미국에서는 특별권력관계론 대신 특권이론이 공무원의 기본권을 제한하는 근거로 활용되었다. 공무원의 지위를 일반 국민이 가질 수 있는 권리가 아니라 특권이라고 보면서 공무원의 기본권 제한의 근거로 활용되었지만, 1960년대 들어 서서히 배제되고 있다(황준성, 2015: 64).

전통적인 특별권력관계론은 독일에서 의회중심주의, 법치주의 및 기본권 존중주의가 확립되면서 존립 기반이 흔들리게 되었다정현승, 2003: 238. 또한 직업공무원제가 성립되고 민주주의 국가의 공무원은 권위주의 정부에 충성하는 것이 아니라 전체 국민에 봉사해야 한다는 주장이 강해지면서 그 힘을 잃어가고 있다. 또한 공무원에 대한 기본권 제한은 헌법상 일반적인 기본권 제한 법리인 국가안전보장, 질서유지, 공공복리를 위해 필요한 경우 과잉금지원칙에 반하지 않는 범위에서 법률로 이루어져야 한다는 주장이 인정되고 있다오동석, 2010: 204. 오늘날에는 특수지위이론이 공무원의 기본권 제한의 근거로 보다 힘을 얻고 있는데, 공직의 특수성 즉, 특수지위 또는 특수신분에 근거해 국회에서 제정된 법률에 기반해 공무원의 기본권 제한이 이루어져야 한다는 견해다황준성, 2015: 64.

둘째, 공무원론이다. 교원은 국가에서 특정 정당이나 일부 국민을 대변하거나 이들을 위해 봉사하는 것이 아니라 국민 전체에 대한 봉사자로서 공무원이라는 신분을 가진다. 공무원으로서 교원은 특정 집단의 의견이나 입장에 좌우되지 않고 교육활동의 공정성과 객관성을 기하고, 이런 교육활동이 공익으로 정당하게 실현될 수 있어야 한다고 본다. 국가별로 교사의 정치적 기본권이 일반 공무원의 정치적 기본권보다 허용 범위가 넓게 규정되는 경우도 있지만황준성, 2015: 65, 대체로 교사의 정치적 기본권 제한은 공무원이라는 신분에 근거를 둔다. 즉, 공무원은 국민 전체의 이익을 위한 봉사를 해야 한다는 점에서 일부 국민이나 특정 정파 혹은 정당의 이익을 대변하거나 봉사해서는 안 된다는 것이다김정수, 2021: 136.

한국에서 국·공립학교 교사는 공무원이고 사립학교 교사 역시 국·공립학교 교사에 준하는 공교육 담당자로서 국민 전체에 대한 봉사자로 역할이 규정된다(헌재 1991. 7. 22. 선고 89헌가106 결정). 헌법 제7조 제1항에서 "공무원은 국민 전체에 대한 봉사자이며, 국민에 대해 책임을 진다"고 규정하고 있다. 제2항에서는 "공무원의 신분과 정치적 중립성은 법률이 정하는 바에 의해 보장된다"고 규정하고 있다. 공무원의 정치적 중립성 규정은 공무원의 정치적 중립 의무로 활용된다. 그러나 공무원의 중립성 규정이 국가가 공무원의 신분과 함께 외부의 정치적 압력으로부터 공무원의 정치적 중립을 보장하기 위한 것이 입법 취지였다는 점에서 이 규정을 공무원의 정치적 중립 의무로 이해하는 것이 정당한가라는 질문이 제기되고 있다. 또한 2004년 노무현 대통령 탄핵소추 결정문에서 헌법재판소는 "사인으로서의 지위와 국민 모두에 대한 봉사자로서의 공익실현의 의무가 있는 국가기관으로서의 지위는 구별되어야 하고, 정치적 중립성은 국가기관으로서의 지위에 근거한 것"(헌재20040514, 2004헌나1 결정)이라고 밝힌 바 있다. 이런 점에서 사인으로서 갖는 기본권을 공무원이라는 신분으로 인해 지나치게 제한하는 것이 정당하지 않다는 비판도 제기되고 있다황준성, 2015: 66. 민주주의 국가의 공무원은 군주 지배하의 공무원과 달리 국민에 대립하는 실체적 국가가 존재하지 않기 때문에 시민 및 공무원으로서의 자격을 그대로 유지할 수 있어야 한다고 본다오동석, 2010: 206.

셋째, 교사론이다. 교사는 미성숙한 학생을 대상으로 교육활동을 하는 사람으로서 교원의 정치적 활동이 학생들에게 부정적인 영향을 미칠 수 있다는 점을 들어 교원의 정치적 중립성, 즉 교사의 정치적 기본권 제한의 정당성을 주장한다. 한국에서는 헌법 제31조 제6항에 규정된 교육의 정치적 중립 보장을 교사의 정치적 기본권 제한의 근거로 삼는다. 이와 관련해 교육기본법 제6조는 "교육은 교육 본래의 목적에 따라 그 기능을 다하도록 운영되어야 하며, 정치적·파당적 또는 개인적 편견을 전파하기 위한 방편으로 이용되어서는 아니된다"라고 규정하고 있다.

헌법재판소는 "교원이 감수성과 모방성, 수용성이 왕성한 초·중등학생에게 미치는 영향이 매우 크고, 교원의 활동은 근무시간 내외를 불문하고 학생들의 인격 및 기본생활습관 형성 등에 중요한 영향을 끼치는 잠재적 교육과정의 일부분인 점을 고려하고 교원의 정치활동은 교육수혜자인 학생 입장에서 수업권 침해로 받아들여질 수 있다는 점"을 들어 초·중등학교 교사의 정당 가입 및 선거운동의 자유를 제한하는 것이 정당화될 수 있다는 결정을 내렸다(2004.03.25. 선고 2001헌마710 결정). 그러나 이에 앞서 내려진 헌법재판소의 결정(헌재 1991.07.22. 선고 89헌가106 결정)에 따르면, "교원은 미래지향적, 가치창조적 입장에서 홍수같이 밀려드는 정보를 학생들이 정리할 수 있도록 도와주고, 학생들에게 사고의 방식을 길러주며, 학생들로 하여금 이해력과 통찰력을 개발하도록 하여 지적인 흥미를 유발시킬 수 있는 능력을 배양하도록 하고, 학생들이 사물에 대한 자기 나름의 견해를 가질 수 있도록 가치적인 문제에 대해 학생을 지도하는 사람"이라고 보았다. 이런 교육과 교원에게 요구되는 사회적 기능에 비추어, "아동의 인격적 능력에 대한 고려 없이 일방적으로 수동적이고 미성숙한 존재로 보는 것은 아동의 인간으로서의 존재가치를 인정하지 않는 지극히 보수적이고 낡은 시각"오동석, 2010: 208이라는 비판이 제기된다. 또한 교육의 주요 목적은 민주시민 양성으로, 교육과 정치가 무관할 수 없다는 점에서 교육의 정치적 중립에 대한 재해석이 필요하다는 비판도 제기되고 있다정필운, 2015: 330. 이런 점에서 교사의 정치적 활동을 전면적으로 제한하기보다는 합리적인 수준에서 허용하고 이를 통해 오히려 교사의 정치적 예속화를 막는 수단으로 교사의 정치적 기본권이 활용되어야 한다는 주장도 제기된다황준성, 2015: 68.

III. 교사의 정치적 기본권에 관한 국제 비교

1. 한국

한국에서 교원에 관한 사항은 헌법 제31조 제6항에서 "교원의 지위에 관한 기본적인 사항은 법률로 정한다"라고 규정하고 있다. 또한 법률에서 교원에 대한 정의를 명확하게 규정하고 있는 것은 아니지만 교육기본법, 초·중등교육법 등에서 교원에 관한 사항이 규정되고 있다. 교육기본법 제14조에 따르면, "① 학교교육에서 교원敎員의 전문성은 존중되며, 교원의 경제적·사회적 지위는 우대되고 그 신분은 보장된다. ② 교원은 교육자로서 갖추어야 할 품성과 자질을 향상시키기 위해 노력해야 한다. ③ 교원은 교육자로서의 윤리의식을 확립하고 이를 바탕으로 학생에게 학습윤리를 지도하고 지식을 습득하게 하며, 학생 개개인의 적성을 계발할 수 있도록 노력해야 한다. ④ 교원은 특정한 정당이나 정파를 지지하거나 반대하기 위해 학생을 지도하거나 선동해서는 아니 된다. ⑤ 교원은 법률로 정하는 바에 따라 다른 공직에 취임할 수 있다. ⑥ 교원의 임용·복무·보수 및 연금 등에 관해 필요한 사항은 따로 법률로 정한다." 초·중등교육법 제21조에 따르면, "교원은 교육부장관이 검정·수여한 자격증을 교부받은 자로서 초등학교·중학교·고등학교·공민학교·고등공민학교·고등기술학교 및 특수학교에서의 교장·교감·수석교사 및 교사를 말한다."[7]

한국의 국·공립 초·중등학교 교원은 국가공무원 신분으로 국가공무원법, 교육공무원법, 국가공무원복무규정의 적용을 받으며, 학교교원에 대한 인사권을 교육감이 위임받아 행사한다. 사립학교 교원은 국·공립학교 교원에 준해 관련 법률의 적용을 받는다. 한국의 초·중등학교 교원은 사회적으로 전문직으로 규정되고 있음에도 역사적으로 관료적 학교체제의 위계 하에 상급자의 통제를 받는 국가에 고용된 관료이자 하급자로 자리해 왔다진동섭 외, 2017: 57.

한국의 초·중등학교 교원은 헌법에서 보장하는 국민의 기본권인 선거권과 국민투표권을 제외하고 금지되고 있다. 이런 교원의 기본권 제한은 포괄적으로 헌법 제7조 제2항 공무원의 정치적 중립성, 제31조 교육

---

7. 고등교육법 제14조(교직원의 구분)에 따르면, 대학 총장, 학장, 교수, 부교수 모두 교원으로 칭한다. 이 글에서는 교원을 초·중등학교 교원에 국한해 살펴보았다.

의 정치적 중립성 규정에 근거한다. 또한 교육기본법, 국가공무원법, 지방공무원법, 사립학교법, 국가공무원복무규정, 정당법, 지방교육자치에 관한 법률, 공직선거법, 교원노조법에 관련 금지 규정들이 상세하게 포함되어 있다.

우선, 정치적 표현의 자유는 교육기본법, 사립학교법, 국가공무원복무규정, 교원의 노동조합 설립 및 운영 등에 관한 법률 등을 통해 제한되고 있다. 교육기본법 제14조 제3항은 "교원은 특정한 정당이나 정파를 지지하거나 반대하기 위해 학생을 지도하거나 선동해서는 아니 된다"라고 명시하고 있다. 사립학교법 제58조 제4호는 "정치운동을 하거나 집단적으로 수업을 거부하거나 어느 정당을 지지 또는 반대하기 위해 학생을 지도·선동했을 때" 교원을 면직시킬 수 있다고 규정하고 있다. 국가공무원복무규정 제3조 제2항은 "특수경력직공무원에 해당하는 공무원을 제외한 그 밖의 공무원의 경우 '집단·연명으로 또는 단체의 명의'를 사용해 국가의 정책을 반대하거나 국가 정책의 수립·집행을 방해하는 것을 금지하고 있다" 제8조의2 제2항에서는 "공무원은 직무를 수행할 때 제3조에 따른 근무기강을 해치는 정치적 주장을 표시하거나 상징하는 복장 또는 관련 물품을 착용해서는 아니 된다"라고 명시한다. 이처럼 교원의 개인적 차원의 정치적 표현의 자유는 대통령령 수준에서 '직무와의 관련성을 고려하지 않고 전인격적으로' 제한되고 있다. 황준성, 2015: 69. 교원노조 및 교원단체 등 집단적 정치적 표현의 자유도 "교원의 노동조합 설립 및 운영 등에 관한 법률 제3조는 교원노조의 정치활동을 일체 금지한다"라는 규정에 따라 제한된다. 노동조합은 본질적으로 노동자들이 자신의 권익을 보장하고 개선하기 위해 설립한 단체지만 최소한의 정치적 활동도 제한되고 있다.

한국 교원은 정치적 결사의 자유, 정치적 집회·시위의 자유 역시 금지되고 있다. 이런 정치적 기본권의 제한은 타 분야 공무원과 마찬가지로 국가공무원법, 국가공무원복무규정에 근거한다. 국가공무원법 제65조는 공무원의 정치운동을 금지하는데, 제1항에서는 "공무원은 정당 기타 정치단체의 결성에 관여하거나 이에 가입할 수 없다"라고 규정하고 있다. 제66조는 "노무에 종사하는 공무원을 제외하고 노동운동 기타 공무 이외의 일을 위한 집단적 행위를 해서는 아니된다"라고 규정한다. 교원의 노동조합 설립 및 운영 등에 관한 법률 제3조에 따르면, "교원의 노동조합이 일체의 정치활동을 해서는 아니 된다."

둘째, 참정권과 관련해 현행 법령 하에서 교원은 시민으로서 선거권과 국민투표권은 있지만 그 직을 유지하면서 공직선거에 입후보하는 것이 금지되어 있다. 공직선거법 제53조 제1항에 따르면, 국회의원, 지방자치단체의 의회 의원이나 장은 그 직을 가지고 입후보할 수 있다. 이에 반해 국가공무원과 지방공무원, 그리고 국·공립 및 사립학교 교원은 후보자가 되려면 선거일 전 90일까지 그 직을 그만두어야 한다. 이로써 교원은 그 직을 유지하고 공직선거에 입후보하는 것이 불가능한 상황이다.

셋째, 정치적 활동권 차원에서 정당 설립, 가입 및 활동의 자유, 선거운동이 금지되고 있다. 정당법 제22조 제1항에서 "원칙적으로 국회의원 선거권이 있는 자는 공무원 그 밖에 그 신분을 이유로 정당 가입이나 정치활동을 금지하는 다른 법령의 규정에도 불구하고 누구든지 정당의 발기인 및 당원이 될 수 있다"라고 규정하고 있다. 그러나, 단서에서 고등교육법 제14조 제1항·제2항에 따른 교원을 제외한 공립학교 및 사립학교 교원에 대해서는 예외를 두어, 이들이 정당 가입 및 발기인이 되는 것을 금지하고 있다. 정치자금법은 교원의 정당 후원회 회원 금지를 규정하고 있다. 제8조 제1항에서는 원칙적으로 누구든지 자유의사로 하나 또는 둘 이상의 후원회의 회원이 될 수 있다고 규정하고 있다. 하지만 단서를 통해 제31조 제1항의 규정에 의해 기부할 수 없는 자와 정당법 제22조의 규정에 의해 정당의 당원이 될 수 없는 자에 대해서는 후원회 회원 금지를 명시하고 있다.

공직선거법 제9조 제1항에서는 "기관·단체를 포함해 공무원 기타 정치적 중립을 지켜야 하는 자는 선거에 대한 부당한 영향력의 행사 기타 선거 결과에 영향을 미치는 행위를 해서는 아니 된다"라고 함으로써 공무원의 선거 중립 의무를 규정하고 있다. 공직선거법 제60조 제1항에서는 선거운동을 할 수 없는 자를 규정하는데, 교원은 국가공무원법 제2조 제2항 "공무원은 선거에 있어서 특정 정당 또는 특정인의 지지나 반대를 하기 위한 행위를 해서는 안 된다"라는 규정을 따라야 한다.

대한민국헌법은 국민의 기본권을 상세하게 열거하고 국가가 이를 보장해야 한다고 규정하고 있다. 그러나 한국 교원은 국가공무원이자 교원이라는 신분 하에 공무원의 정치적 중립과 교육의 정치적 중립 규정을 근거로 참정권의 일부를 제외하고 시민으로서의 정치적 기본권이 전면 제한되고 있다.

2. 일본

일본의 공립학교 교사는 신분상 지방공무원이며, 지방공무원법, 도도부현 조례와 교육공무원특례법의 적용을 받는다[김이경, 한유경, 2007: 56]. 1949년 교육공무원특례법 제정에 따라 공립학교 교직원은 모두 지방공무원의 신분을 갖게 되었다[박덕규, 1989:93]. 일본 교육기본법 제9조는 교원에 관해 규정하고 있는데, "① 법에서 정하는 학교의 교원은 자신의 숭고한 사명을 깊이 자각하고 끊임없이 연구와 수양에 힘써 그 직무의 수행에 노력해야 한다. ② 제1항의 교원에 대해서는 그 사명과 직책의 중요성에 비추어 그 신분을 존중하고 적절한 처우를 보장하는 동시에 교원 양성과 연수의 충실화를 도모해야 한다." 특히 교육공무원특례법 일부 개정을 통해 일본 교원은 1954년부터 신분상 지방공무원이지만 정치적 활동에서 국가공무원과 같이 규제를 받게 되었다.

일본 교원은 정당 가입 외에 특정 정당을 지지하거나 이에 반하는 정치교육, 기타 정치활동이 금지된다. 일본 교육 기본법 제14조 제2항은 "법률에서 규정하는 학교는 특정 정당을 지지하거나 이에 반대하는 정치교육 기타 정치활동을 해서는 아니 된다"라고 규정하면서 교육의 정치적 중립 원칙을 명확히 하고 있다. 그 외에 국가공무원법 제102조, 지방공무원법 제36조, 교육공무원특례법 제18조, 인사원규칙 제14조에서 교원의 정치적 행위의 제한에 관한 사항을 규정한다중앙선거관리위원회, 2022; 손형섭, 2013. 특히 교육공무원특례법 제18조를 통해 공립학교 교육공무원은 국가공무원의 예에 따라 그 정치적 행위가 제한된다고 명시하고 있다. 교원의 정치적 활동 금지의 구체적인 예는 국가공무원에 관한 인사원 규칙에서 확인할 수 있는데, '정치적 목적'이라는 점이 중요하게 다루어진다손형섭, 2013: 245. 인사원 규칙14-7 제5조에서 규정하는 "정치적 목적은 ① 규칙 14-5에 정한 공선에 의한 공직선거에서 특정 후보를 지지 또는 이와 반대하는 것, ② 최고재판소 판사 임명에 관한 국민심사에 즈음해 특정 판사를 지지 또는 반대하는 것, ③ 특정 정당 기타 정치단체를 지지 또는 반대하는 것, ④ 특정 내각을 지지 또는 반대하는 것, ⑤ 정치의 방향에 영향을 미칠 의도로 특정 정책을 주장 또는 반대하는 것, ⑥ 국가기관 또는 공공기관에서 결정한 정책(법령, 규칙 또는 조례에 포함된 것을 포함한다)의 이행을 방해하는 것, ⑦ 지방자치법에 따른 지방자치단체의 조례 제정 또는 개폐 또는 사무감사 청구에 대한 서명을 성립시키거나 성립하지 않게 하는 것, ⑧ 지방자치법에 근거한 지방공공단체의 의회 해산 또는 법률에 따르는 공무원의 해직 청구에 대한 서명을 성립시키거나 성립하지 않게 하거나, 또는 이들 청구에 근거 해산 또는 해직에 찬성 또는 반대하는 행위"를 의미한다중앙선거관리위원회, 2022: 119.

우선, 정치적 자유권과 관련해 정치적 표현의 자유, 정치적 집회/시위의 자유, 정치적 결사의 자유가 제한되는데, 이때 "정치적 목적을 가지고"

라는 단서가 명시되어 있다. 인사원 규칙14-7(정치적 행위)에서 관련 내용을 살펴보면, 정당 기타 정치단체의 기관지인 신문 기타 간행물을 발행하고 편집, 배포 또는 이들의 활동을 지원하는 것, 정치적 목적을 가지고 다수의 행진, 다른 시위운동을 기획, 조직, 지도하는 행위를 하거나 이런 행위를 지원하는 것, 집회, 기타 다수인이 접할 수 있는 장소에서 확성기, 라디오, 기타 수단을 이용해 공공연히 정치적 목적을 가지고 의견을 제시하는 것. 정치적 목적을 가지고 서명 또는 서명 문서, 그림, 음반 또는 형상을 발행하고 회람에 제공, 게시 또는 배포 또는 많은 사람에게 낭독 또는 청취하게 하거나 이에 제공하기 위해 저작하거나 편집하는 것, 정치적 목적을 가지고 연극을 연출하거나 주재 또는 이들의 활동을 지원하는 것, 정치적 목적을 가지고 정치적 주의, 주장 또는 정당 기타 정치단체의 표시에 사용되는 기, 완장, 휘장, 복식 및 이와 유사한 것을 제작하거나 배포하는 것, 정치적 목적을 가지고 근무시간 중에 전 호에 게재한 것을 착용하거나 표시하는 것이 제한된다中央選擧管理委員會, 2022: 119-120.

둘째, 참정권과 관련해 선거권 외에 국가공무원법 제102조 제2항은 "공직선거의 공직 후보자가 될 수 없다"고 규정하고 있다. 이에 따라 일본 교원은 그 직을 유지한 채 후보자로 출마하는 것이 불가능하다.

셋째, 정치적 활동권과 관련해 교사는 정당 가입은 가능하지만 그 외에 정당활동과 선거운동은 제한된다. 국가공무원법 제102조에 따르면, "직원은 정당 또는 정치적 목적을 위해 기부금 기타 이익을 요구, 혹은 영수증 또는 어떤 방법에 의하는지를 불문하고 이런 행위에 관여하거나 선거권 행사를 제외하고는 인사원 규칙으로 정하는 정치적 행위를 해서는 아니 된다. 직원은 정당 기타 정치단체의 임원, 정치적 지도자, 기타 이들과 유사한 역할을 가진 구성원이 될 수 없다". 인사원 규칙14-7조에 명시된 관련 내용을 살펴보면, 정당, 기타 정치단체의 결성을 기획하고 결성에 참여 또는 이런 행위를 원조 또는 그 단체의 임원, 정치적 고문 기타 이들과 유사한 역할을 가진 구성원이 될 수 있는 것, 특정 정당 기타 정치 단체의 구성원이 되도록 또는 되지 않도록 권유 운동을 하는 것 등이 금지된다중앙선거관리위원회, 2022: 119.

일본에서 교사의 정치적 기본권은 선거권, 정당 가입의 자유가 허용될 뿐, 한국 교사와 마찬가지로 정치적 자유권, 피선거권과 관련한 입후보, 정치적 활동권 등 상당 부분이 제한되고 있다. 또한 교사의 정치적 기본권 제한이 한국에서처럼 직무와의 관련성을 묻지 않고 공무원이라는 신분 하에 전인격적으로 이루어지는 특징을 보인다.

3. 미국

미국에서는 연방정부가 아닌 주정부가 교육에 관한 실질적인 책임을 지고 있다. 연방정부는 여러 규정을 통해 교육격차 등을 해소하고 사회통합을 기하기 위한 연방정부 차원의 정책을 추진하면서 교육에 대한 역할을 강화해 왔지만 공립학교에 대한 실질적인 역할은 주정부가 담당하고 있다. 이에 주마다 독특한 교육제도를 형성하고 운영하고 있어 일괄적으로 교사의 정치적 기본권에 대해 논의하기는 한계가 있지만, 대체적인 경향을 중심으로 정리했다.

미국에서 공립학교 교원은 지방공무원으로, 학교구의 통제를 받는다김이경, 한유경, 2007: 56. 교원 관련 규정은 주별 또는 지역구별로 차이가 있는데, 교사 채용은 학교에 결원이 생기면 학교 또는 학교구 차원에서 공모를 내고 학교의 심사를 거쳐 선발하며 최종 교육위원회 심사를 거쳐 임용되는 방식이다. 신규 임용 후 일정 기간(2~5년)을 수습교사로 근무하고, 평가를 받고, 25년 또는 30년으로 계약하는 형태의 정년보장제tenure, permanent가 시행된다박덕규, 1997: 296.

미국 교원의 경우 정치적 기본권이 일반 시민만큼 자유로운 것은 아니며 정치적 표현, 결사의 자유, 정당활동, 선거운동에서 제한된 범위에서 일부 허용되고 있다. 예를 들어 학교에서, 업무시간 중 정당 활동이나 선거운동은 전면 제한되고 학생들을 대상으로 선동하는 경우 헌법상 기본권은 보장되지 않는다. 또한 공직후보로 입후보할 수 있는데, 주마다 출마 조건에 차이가 있다.

미국에서는 선거부패방지개혁법Hatch Act Reform Amendments of 1993과 연방선거운동법Federal Election Campaign Act, 1974이 공무원의 정치활동 허용 및 제한의 근거 규정이 되고 있다중앙선거관리위원회, 2022. 1993년 클린턴 행정부가 해치법을 개정해 직무상 정치활동 금지는 강화하되 직무 외 활동에 관한 금지 조항을 완화하면서 공무원의 정치적 기본권이 점진적 허용으로 바뀌게 되었다김정수, 2021: 147. 해치법 개정법[8]에서는 공무원이 시민으로서 갖는 정치적 권리를 원칙적으로 보장하지만, 공무원에게 정치운동 또는 정치헌금을 강제하는 행위, 공무원이 업무 관련 사업체에 정치적 권유나 압박을 하는 것 등은 금지행위로 처벌된다는 점을 명확히 하고 있다신옥주, 2015: 11. 한편 교원은 1945년 미국교육협회NEA 등 교원단체 활동의 영향으로 정치적 규제 대상에서 국·공립학교 교원이 제외되면서 더 높은 수준의 정치적 자유를 누리게 되었다김정수, 2021: 147. 1970년대 후반에 들어서면서 미국교육협회의 적극적인 권리선언과 연방

---

8. 해치법에서 규정하는 금지행위는 ① 정당 관련 선거 입후보, ② 지위를 이용해 선거를 방해하거나 영향을 미치려는 행위(직원 정치행사 초대, 권유 행사 포함), ③ 특정 정당의 자금 유치, ④ 특정 정당에서의 직위 보유, ⑤ 후보 등록일이나 선거일에 선거권자를 운송하거나 유도하는 일, ⑥ 선거운동 관련 책자 또는 자료 배포, ⑦ 정치활동을 위해 정부 소유 자가용 이용, ⑧ 공무에서 정당 배지 착용, ⑨ 업무 관련자에게 고의로 정당 행사 지지나 반대 강요, ⑩ 근무 중 유니폼·휘장 착용이나 정치활동 등이다(중앙선거관리위원회, 2022: 115). 반면 허용되는 행위는 ① 정당과 관련 없는 선거에 입후보, ② 개인의 선택에 따라 등록하거나 투표하는 행위, ③ 선거권자의 등록에 도움을 주는 행위, ④ 후보자나 이슈에 의견 표시, ⑤ 정치단체·후보자에게 기부, ⑥ 정치기금 마련 행사 참가, ⑦ 정치모임 참가 및 활동, ⑧ 정당 구성원이 되거나 활동(청원 등에 서명), ⑨ 헌법 개정, 주민투표, 지방조례 찬반에 대한 운동, ⑩ 정당 관련 선거에서 찬반 운동, ⑪ 정당 관련 선거에서 후보자에 대한 연설, ⑫ 정치문제 등에 의견 표명 등이다(중앙선거관리위원회, 2022: 115-116).

대법원의 판결에 따라 주정부는 교원의 정치적 활동 금지를 일부 완화하게 되었다 노기호, 2022: 25.

첫째, 정치적 자유와 관련해 미국 교원은 정치문제 및 후보자에 대한 의견 표시가 가능하고 결사의 자유가 있다. 미국연방헌법 제1조는 연방시민의 표현의 자유를 규정하고 있는데, 연방헌법 제14조의 적법절차조항에 따라 주정부에 대해서도 이 권리를 행사할 수 있다 김종철, 2003: 61. 그러나 특권이론에 근거해 공무원이 그 직을 유지하면서 표현의 자유를 누리는 것은 특권에 해당하는 것으로 제한될 수 있음을 분명히 하고 공립학교 교원에게도 적용되었다. 하지만 공립학교 교원에게도 적용된 이런 제한은 1968년 연방대법원의 결정에 따라 공적 사안에 대해서는 교원이 표현의 자유를 향유할 수 있도록 바뀌게 되었다 김종철, 2003: 62. 교사들은 원칙적으로 단체 결성 및 활동의 자유가 보장되는데, 학교 업무를 방해하거나 교육 활동에 혼란을 야기하지 않는 범위에서 집단적 의사표현이 허용된다 김종철, 2003: 64. 이로써 정치적 참여권은 교원의 신분에 바탕을 둔 참여권이 아니라 일반시민과 같이 시민으로서 당연히 갖는 정치적 참여권으로 이해된다 신옥주, 2015: 13. 주정부가 교원의 결사의 자유를 금지하기 위해서는 이것이 정부의 이익과 실질적으로 관련되어 있음을 증명해야 하고, 증명하지 못하는 경우 헌법상 보장되는 정치적 권리를 금지하는 어떤 조치도 합헌성을 인정받지 못하게 된다 노기호, 2004: 73.

둘째, 참정권과 관련해 미국의 교원은 공직 후보자로 나갈 수 있지만 일부 제한된다 황선훈, 2018: 68. 예를 들어, 비정파적 선거에 입후보하는 것은 허용되지만 정파적 선거에 입후보하는 것은 금지된다 양태건, 2017: 605. 공직에 입후보하기 전에 휴직하든가 사직하게 함으로써 일정 범위에서 교원의 정치활동을 규제하고 있다 신옥주, 2015: 13.

셋째, 정치적 활동권과 관련해 미국 교원은 특정 정당 자금의 유치와 제공 유도(자발적 납부 가능), 특정 정당 후보자를 위한 선거운동, 특정 정당의 직위 보유 등은 금지된다(중앙선거관리위원회, 2022). 공립학교 교원의 정치단체 가입의 경우 전면적으로 금지된 것은 아니지만 그렇다고 일반인처럼 자유로운 것은 아니다.[김종철, 2003: 80] 교원의 정치활동의 자유는 원칙적으로 헌법적 보호를 받지만 학교 내에서 이루어지는 정치적 활동, 즉 수업 시간에 학생에게 자신의 정치적 의견을 강요하거나 선동하는 경우, 학교라는 교육의 장에서의 정치적 활동, 교직원 사이의 분열을 초래하는 정치적 활동의 경우는 제한된다[노기호, 2004: 72]. 이때 학교 관리자는 불필요한 규제를 행해서는 안 되고, 제한을 가하는 경우에도 이에 대해 정당화할 수 있어야 한다. 그러나 정규 업무시간 외에 교외에서 이루어지는 교원의 정치적 활동에 대해서는 규제를 인정하지 않는 경향을 보인다.

미국에서 시민으로서의 교사의 정치적 기본권에 대한 금지 규정이 과거에 비해 완화된 특징을 보인다. 특히 주목할 점은 일반 공무원에 비해 교원이 정치적 기본권 제한에서 상대적으로 자유롭다는 점이다. 미국 교사의 정치적 기본권 제한은 한국과 일본처럼 전인격적 제한이기보다는 학교 내, 수업시간 또는 근무시간 중 정파적·선동적 정치적 활동에 대한 제한이라는 점에 주목할 필요가 있다.

4. 독일

독일의 공립학교 교사는 공무원 신분이다. 현행 독일연방공화국기본법(이하 독일기본법 또는 기본법)은 교육권 및 교원에 관한 규정을 명시적으로 규정하고 있지 않으며, 각 주州에서 독립적으로 교원 및 학교에 관한 법률을 제정해 운영한다[배건이, 2015: 73-75]. 교원에 관한 사항은 독일기본법 제33조, 연방공무원법과 교육권에 관한 연방과 지방의 개별 입법에 근거한다.

독일 교원은 기본법, 연방공무원법, 공무원기본법의 적용을 받으며, 원칙적으로 시민으로서의 정치적 기본권을 보장받고 있다[배건이, 2015: 노기호,

2022. 독일의 입법례는 공무원은 공공복리를 고려하여 직무를 수행하여야 한다는 원칙을 가지고 기본법상에서 제시된 자유롭고 민주적인 기본질서를 신봉하고 옹호하는 것이 공무원의 기본 의무라는 점을 규정하고 있다 문병효, 2015: 13. 독일에서 공무원의 기본권 제한과 관련해 작동한 특별권력관계론은 시대 변화에 따라 그 효력이 상실되었다. 연방 차원에서 공무원이나 교사의 정치활동을 제한하는 일반법뿐만 아니라 교사의 정치적 중립성에 관한 규정도 찾아볼 수 없다 신옥주, 2015: 15.

첫째, 정치적 자유권과 관련해 독일 교원은 정치적 의사표현의 자유, 집회의 자유, 결사의 자유 등을 자유롭게 누린다 배건이, 2015: 70. 독일기본법 제5조 제1항은 "모든 사람은 각자 말이나 글, 그림으로 자유롭게 자신의 의견을 표현하고 전파할 권리 및 일반적으로 접근할 수 있는 정보원으로부터 방해받지 않고 정보를 얻을 권리를 가진다. 출판의 자유와 방송 및 영상을 통한 보도의 자유가 보장된다. 검열은 금지된다"라고 규정하고 있다. 독일 교원은 공무원기본법 제33조 제5항 "공무원의 정치적 표현과 활동의 자유가 보장된다"라는 규정과 35조 제2항 "업무 중에는 정치활동이 제약받지만, 근무시간이 아닌 경우에는 정치활동이 허용된다"라는 규정에 의해 정치적 자유권을 원칙적으로 보장받지만 일부 제한되기도 한다 정영화, 2012: 411. 예를 들어, 교사는 수업을 비롯한 교육활동에서 개인의 정치적 입장을 강요하거나 특정 의견만을 제시하는 것이 아닌 한 교육 활동에서 자신의 정치적 입장을 공개하는 것이 허용된다 강구섭, 주현정, 2023: 39. 또한 학교 외적 장소에서 일반 사안에 대해 정치적 견해를 표명하는 경우 교사의 정치적 의사 표현의 자유는 보장된다. 그러나 정치적 목적을 추구하기 위해 학내에서 피켓시위를 하거나 전단 배포 및 벽보를 붙이는 행위는 정치적 의사표현의 자유로 보호받을 수 없다 배건이, 2015: 81.

독일의 교사는 독일기본법 제8조 제1항, 제9조 제1항에 따라 집회의 자유와 결사의 자유를 가진다. 독일기본법 제8조 제1항은 "모든 독일인은 신고나 허가 없이 평온하게, 그리고 무기를 휴대하지 않고 집회할 권리를 가진다"라고 규정한다. 교내 집회의 경우 정치적 집회의 규모와 형식에 상관없이 교원의 집회조직 및 참가는 제한되는데, 학교라는 공간은 정치 투쟁의 장소가 아닌 학문 및 지식 전달이라는 목적을 실현하는 중립적 공간으로 보호받아야 한다고 보기 때문이다.[배건이, 2015: 82] 독일기본법 제9조 제1항은 "모든 독일인은 단체와 조합을 결성할 권리를 가진다"라고 규정하고 있다. 또한 기본법 제9조 제3항에 따라 근로 조건과 경제 조건의 유지 및 개선을 위한 단결의 자유를 가진다. 공무원의 단결권에 대해 연방공무원 기본법 제116조 제1항에 따르면, "공무원은 노동조합 또는 직능단체를 결성할 권리를 갖는다. 공무원은 법률에서 별도로 정함이 없는 한 소속된 노동조합 또는 직능단체에 대표권을 위임할 수 있다". 제2항은 "공무원은 누구든지 자신이 가입한 노동조합 또는 직능단체를 위한 활동을 이유로 직무상 처분을 받거나 불이익한 대우를 받지 않는다"라고 규정하고 있다. 교육공무원으로서 교사는 교원노동조합 및 교원단체를 결성할 단결권이 있다.[배건이, 2015: 70] 그러나 정치적 자유권의 행사가 민주적 국가의 기본질서를 침해하거나 교육의 정치적 중립 및 학생의 학습권을 침해하게 되면 그 자유권은 제한된다.

둘째, 참정권과 관련해 연방공무원법 제90조 제2항은 공무원이 유럽의회선거, 연방의회 선거 또는 법률에 규정된 직에 입후보하기 위해서는 선거일 최소 2개월 전에 본인의 원에 따라 휴가를 내야 한다. 연방공무원법 제40조에 따르면, 연방의회 의원 또는 유럽연합의회 의원직에 당선되어 위원직을 수행하려면 공무원직에서 물러나야 한다. 동법 제90조 제3항에 따라 하원의원으로 출마하는 경우 낙선된 경우에는 공무원 신분을 유지할 수 있지만, 당선되면 사직하되 하원의원을 그만두면 복직할 수 있다.

셋째, 정치적 활동권과 관련해 독일 교원은 정당 설립 및 활동의 자유, 선거운동의 자유가 있다. 독일기본법 제21조 제1항은 "시민으로서 정당에 가입해 정당원으로서 활동할 수 있다"라고 규정하고 있다. 제2항에 따르면, "그 목적이나 지지자의 활동이 자유민주적 기본질서를 제한 또는 제거하거나 독일연방공화국의 존립을 위태롭게 하는 정당은 위헌이다". 독일기본법 및 학교법에 따라 교원은 정당 활동의 자유가 보장되는데, 자유민주적 기본질서를 지키며 헌법 및 공무원법상 제 의무를 위반하지 않는 한 학교의 중립성을 침해하지 않는 범위에서 교원은 자유롭게 개인의 정당활동을 향유할 수 있다배건이, 2015: 83. 그러나 정당과 결사의 자유는 각각 자유민주적 기본질서와 헌법 질서에 위배되어서는 안 되며(기본법 제21조 제2항, 제9조 제2항), 직업공무원제도의 "전통적인 제 원칙"(기본법 제33조 제5항)에는 직무 의무를 포함하여 일반 국민의 정당 활동보다는 엄격한 제한을 받는다노기호, 2022: 23.

독일에서 교원은 연방공무원법의 적용을 받으며 일반 공무원과 마찬가지로 정치적 중립의 의무를 준수해야 한다. 이때 교원은 일반 국민으로서 정치활동은 원칙적으로 보장되지만, 교육이라는 직무와 관련되는 경우 정치적 중립의 의무에 따라 기본권이 제한될 수 있다. 이처럼 독일 교원은 특수한 이중적 지위 속에 자유민주적 기본질서 및 헌법 충성 의무를 따르면서 기본법과 연방공무원법상의 한계 내에서 정치적 기본권을 보장받고 있다황선훈, 2018: 55.

5. 프랑스

프랑스는 국가공무원, 지역공무원, 의료공무원 등 세 유형의 공무원이 있는데, 초·중등교원은 교육부가 고용하는 국가공무원으로 신분을 가진다김이경, 한유경, 2007: 56. 이런 교원의 지위에 관해서는 교육법전 제4부에서 규정하고, 공무원의 권리와 의무에 관한 법률에서는 공무원이 되는 조건(제5조), 의사의 자유(6조), 양성평등(6-2조), 단결권(8조), 참여권(제9조), 파업권(제10조), 공무원의 보호(제11조) 등을 규정한다전학선, 2013 67.

프랑스 교원은 대체로 개인으로서 행하는 정치 활동의 자유 즉, 정당 가입과 정치기금 기부, 선거운동 등이 허용되는데, 직무와 무관하고 근무시간 또는 근무지를 제외한 시민으로서의 정치 활동에 한해 보장된다. 프랑스는 1959년 헌법부터 헌법 전문에 "프랑스 국민은 1789년의 인간과 시민의 권리선언에서 규정되고 1946년 헌법 전문에서 확인·보완된 인권과 국민주권의 원리, 그리고 2004년 환경헌장에 규정된 권리와 의무를 준수할 것을 선언한다"라고 규정하면서 국민의 기본권, 즉 인권을 국가가 보장한다는 점을 명시적으로 밝히고 있다. 그 외 제3조 주권 행사와 선거, 제4조 정당과 정치단체에 관한 사항을 규정한다. 국가공무원으로 교원에 대한 정치적 참여의 법적 제한은 없다고 볼 수 있다장귀덕, 2019: 61.

우선, 정치적 자유권과 관련해 1983년 7월 13일 법률인 공무원의 권리와 의무에 관한 법률 제6조와 제18조에서 표현의 자유를 공무원에게 허용하고 있다전학선, 2013: 76. 프랑스에서 교원은 공무 외 영역에서는 공무원의 중립 의무를 준수할 필요 없이 자신의 정치적 의견을 자유롭게 표현할 수 있고, 신문 등에 기고도 할 수 있으며, 정치적 활동도 가능하다. 이와 관련해 공무원의 정치적 중립 의무에 의한 제한은 없지만, 공무원으로서 품위유지 의무는 준수해야 한다문병효, 2015: 13.

둘째, 참정권과 관련해 프랑스 교원들은 한국과 달리 선거권뿐만 아니라 피선거권을 행사하는 데 어떤 제약도 받지 않는다. 선거운동과 관련해 선거법전 제L50조는 "공공기관 또는 시군구 소속 공무원은 후보자의 투표용지, 정견발표문, 경력소개문을 배포할 수 없다"라고만 규정하고 있다전학선, 2013: 78. 교사가 선출직으로 입후보하는 경우 선출직 임명 기간 휴직을 할 수 있고 임기가 만료되면 복직할 수 있다. 이처럼 프랑스에서 제도적으로 교원 개인의 정치적 참여는 당연한 권리로 허용된다. 실제 선출직으로 진출한 교원 비율은 의회에 진출한 직종 가운데 단일 직종으로 압도적 우위를 차지한다문병효, 2015: 14.

셋째, 정치적 활동권과 관련해 프랑스 교원은 한국 교원과 달리 정당 가입과 정당 활동에서 제약이 없다. 이들은 자유롭게 정당 가입 및 활동을 할 수 있고, 정당에 기부금도 제한 없이 낼 수 있다. 이렇게 교원의 정치적 참여가 보장되는 이유로 교사에 대한 학부모의 신뢰감을 들고 있다
전학선, 2013: 79

프랑스에서 교원은 다른 국가와 동일하게 공무원 신분이지만 시민으로서의 정치적 기본권을 가장 광범위하게 보장받고 있다. 즉, 다른 국가들은 교육의 정치적 중립을 근거로 교원에 대한 정치적 자유를 제한하는 데 반해, 프랑스 교원은 민주사회에서 모든 시민에게 보장되는 정치적 기본권이 교원 또는 공무원이라는 이유로 제한되는 것이 아니라 자유롭게 보장받고 있다. 다만, 공무원으로서의 품위유지 의무가 기본권 제한의 주요 근거가 되고 있다.

IV. 마무리하며

지금까지 한국, 일본, 미국, 독일, 프랑스 교사의 정치적 기본권의 보장 또는 제한 범위를 비교 분석했다. 구체적으로 교사의 정치적 자유권, 참정권, 정치적 활동권이 국가별로 어느 정도 보장 또는 제한되는지를 비교 분석한 내용을 정리해 제시하면 다음 〈표 5〉와 같다.

국가별 비교분석을 통해 확인한 주요 특징을 정리하면 다음과 같다.

첫째, 한국과 일본의 경우 현행 헌법에서 국민의 기본권을 상세하게 열거하고 있는 특징이 있다. 이에 반해, 프랑스는 기본적으로 헌법 전문에 인권을 보장한다는 원칙을 담고 있을 뿐, 헌법에서 기본권을 상세하게 열거하지 않고 있다. 이런 특징은 교원의 기본권 제한과 관련한 규정에서도 드러난다. 한국과 일본은 공무원의 정치적 중립 의무라는 규정 하에 포

〈표 5〉 한국, 일본, 미국, 독일, 프랑스 교사의 정치적 기본권에 관한 국제 비교

구분	정치적 자유권	참정권	정치적 활동권	근거 규정
한국	• 정치적 표현, 집회·결사의 자유 금지	• 공직선거후보자 출마 불가(사퇴)	• 정당 가입 불가 • 정치자금기부 불가 • 정당활동 금지 • 선거운동 금지	• 국가공무원법 • 교육공무원법 • 국가공무복무규정 • 정당법
일본	• 정치적 표현, 집회·결사의 자유 금지	• 공직선거 후보자로 출마 불가	• 정당 가입 가능 • 정치자금 기부 불가 • 정당활동 금지 • 정치기부금 모집 금지	• 국가공무원법 • 인사원 규칙
미국	• 교내/공무수행 중 제한	• 주에 따라 차이가 있음 • 정파적 선거 입후보 금지 • 휴직 또는 사직	• 정당 가입 가능 • 정치자금 기부 가능 • 특정 정당 자금의 유치와 제공유도금지 • 특정 정당의 후보자를 위한 선거운동 금지 • 특정 정당의 직위 보유 금지	• 팬들턴법 • 제1차, 2차 해치법(규제범위 확대) • 1993년 해치법 개정 (완화)
독일	• 교내/공무수행 중 제한	• 하원의원 출마 시 낙선되면 공무원 신분 유지, 당선되면 사임하되 연금 보장	• 정당 가입 가능 • 정치자금 기부 가능 • 정당설립 및 활동 허용 - 자유민주적 기본질서, 학교의 중립성 침해하지 않는 범위	• 연방공무원법 • 공무원기본법
프랑스	• 공무수행 중 제한	• 공무원의 의원 출마 가능 • 당선되어도 공무원 신분 보장	• 정당 가입 가능 • 정치자금 기부 가능 • 제약없음	• 일반공무원법

*출처: 중앙선거관리위원회(2019). p.124을 재구성한 이경아(2024). p.4를 바탕으로 정치적 자유권에 관한 사항을 보완하여 재구성한 것임.

괄적으로 교원의 정치적 기본권을 제한하고 있는 국가들로, 교사의 정치적 기본권에 대한 제한 사항들을 상세하게 규정하고 있다. 이에 반해 프랑스는 기본적으로 교원 역시 시민으로서 정치적 기본권을 가진다는 원칙을 명확히 하고 공무수행 영역에서만 필요한 경우 교원의 정치적 기본권을 제한하고 있다. 이로써 비교 국가들은 국민의 정치적 기본권을 상세하게 규정하는 한편 교사의 정치적 기본권 제한에 대해서도 상세하게 규

정하면서 전면적으로 금지하는 국가에서부터 시민으로서의 정치적 기본권을 (교원에게) 광범위하게 보장하는 국가까지 다양하게 분포되어 있다. 향후 이런 특성이 각국의 법체제, 인권 또는 기본권에 관한 관점, 교사가 그 사회에서 차지하는 지위와 어떻게 연계되는지 분석함으로써 비교법제적 연구로서 보다 유의미한 연구성과를 도출해 가는 것이 필요하다.

둘째, 정치적 자유권과 관련해 한국과 일본의 교원은 교내 또는 근무시간 여부, 공무 여부와 상관없이 공무원이라는 신분만으로 전인격적으로 정치적 활동이 전면적으로 금지된다. 이에 반해 미국, 독일, 프랑스의 경우 학교 밖, 근무시간 외에 사인으로서 행하는 정치적 활동에 대해서는 시민으로서 갖는 교사의 정치적 기본권을 원칙적으로 보장하고 있다. 다만, 학교 내, 근무시간 중 이루어지는 정치적 활동에 대해서는 다른 국가들과 동일하게 제한하고 있다. 이때 교내, 근무시간 중, 수업 중에 금지되는 정치적 의사표현은 특정 정치적 의견을 강요하는 방식의 정파적 정치적 의사 표현이다. 즉, 교외에서, 근무 외 시간에 이루어지는 정치적 의사표현은 자유롭게 이루어지고, 수업 중이라도 강요가 아니라면 정치적 의사 표현이 허용되기도 한다. 이때 주목하게 되는 점은 어떤 상황이 강요인지, 아닌지, 어떤 방식의 정치적 의사표현이 편향되지 않은 균형된 정치적 의사표현인지 등은 해석의 여지가 많다는 점이다. 이에 대한 연구와 논의가 더 심층적이고 체계적으로 이루어질 필요가 있다.

셋째, 참정권과 관련해 한국과 일본의 교원은 그 직을 유지한 채 공직에 출마 또는 입후보할 수 없는 반면, 미국은 주에 따라 입후보 자격에 차이가 있다. 즉, 정파적 선거에 입후보하는 것은 금지되어 있어 이때 휴직 또는 사직해야 한다. 독일 교원은 공직에 입후보해 선거운동을 하는 경우 휴직을 하도록 하고 있다. 이후 낙선되면 공무원 신분을 유지하지만 당선되면 사임해야 한다. 물론 공직을 그만두더라도 복직할 수 있다. 프랑스 교원의 경우는 공무원 신분을 유지한 채 출마가 가능하고, 당선되어도 공무원 신분을 보장한다. 이처럼 국가마다 공무원이 공직에 입후보하는 경우 그 직을 유지하기도 하고, 사직하기도 하고, 휴직하기도 하는 등 차이를 보인다. 이런 차이가 왜 발생하는지, 각 국가에서 근거로 삼는 주요 논리는 무엇인지에 대해 심도 있는 연구와 논의가 필요하다. 또한 선거의 성격을 중심으로 정파적 선거인지, 비정파적 선거인지에 따라서도 교사의 정치적 기본권 보장이 달라진다는 점 역시 그 논리가 무엇인지, 어떤 논리적 근거가 보다 정당한지 등 좀더 깊이 있는 연구가 필요하다.

넷째, 정치적 활동과 관련해 한국의 교원은 정당가입 및 정치자금 기부가 모두 불가하고 정당활동도 금지된다. 그러나 일본의 교원은 정당가입은 가능하지만 정치자금 기부, 정당활동은 불가하다. 한편 미국 교원은 정당 가입이나 정치자금 기부는 가능하지만, 특정 정당자금 유치와 제공 유도, 특정 정당 후보자를 위한 선거운동, 특정 정당의 직위를 보유하는 것은 금지된다. 독일과 프랑스의 교원은 정당 가입과 정치자금 기부, 정당활동 모두 허용된다. 정당 가입 및 활동은 시민의 기본권 중에서 가장 기본적 권리로 한국 교원의 정치적 기본권 논의에서 핵심적인 쟁점이 되고 있다. 이는 앞서 언급한 정파적 선거 또는 비정파적 선거를 둘러싼 논의와 긴밀하게 연결되어 있다는 점에서 함께 논의되고 탐구되는 것이 필요하다.

마지막으로 비교 국가 대부분 교육의 정치적 중립과 공무원의 정치적 중립 의무를 규정하지만, 이들 규정을 적용하고 활용하는 데에서는 차이를 보인다. 일부 국가는 시민으로서 교원의 기본권보다 정치적 중립 의무에 우선순위를 두고 교사의 정치적 기본권을 전면적으로 제한하거나 일부 범위에서 허용하고 있다. 반면, 다른 일부 국가는 시민으로서 교사의 정치적 기본권을 일반 국민과 동일선상에서 인정하되, 교육 또는 공무원의 정치적 중립 의무를 제한된 범위에서 적용하면서 교사의 정치적 기본권을 상대적으로 폭넓게 보장하고 있다. 이렇게 볼 때, '교육의 정치적 중립 규정을 어떻게 해석할 것인가'라는 문제는 교사의 정치적 기본권 논의에서 중핵을 차지함을 확인할 수 있다.

한국에서 교육의 정치적 중립성은 1963년 헌법에 편입될 때 대체로 교육에 대한 정치의 개입을 막고 교원의 정치적 중립성을 보장한다는 의미가 컸다. 그러나 1963년 이후 교육의 정치적 중립성은 오히려 교사의 정치적 기본권을 '제한'하는 아주 중요한 근거로 작동하고 있다. 최근 교사의 정치적 기본권 허용에 대한 요구가 높아지면서 교육의 정치적 중립성을 교사의 정치적 기본권 제한의 근거로 삼는 것이 타당한가에 대한 논쟁은 더욱 커질 것으로, 이에 대한 심층적인 논의가 필요하다.

교육의 정치적 중립 규정에서 의미하는 '정치'는 어떤 의미를 담는지 또는 담아야 하는지, 과연 교육은 정치적으로 중립적일 수 있는지, 정치적 중립이라고 할 때 그 의미가 정확히 무엇인지, 교육적 가치 차원에서 정치적 중립은 성립 가능한지 등에 대한 더 근본적인 탐구가 이루어질 때 교사의 정치적 기본권을 둘러싼 논의는 한층 실질적인 가치를 가지게 될 것이다.

참고문헌

강구섭, 주현정(2023). 독일 교사의 정치적 중립성 논의 고찰: 독일 대안당의 교사 정치적 중립성 요구에 대한 논쟁. 교육문화연구, 29(4), 29-48.
국가인권위원회(2019). 공무원교원의 정치적 자유보장에 관한 권고.
김대환(2023). 기본권론. 서울: 박영사.
김이경, 한유경(2007). 주요국의 교원 정원관리 시스템 비교 분석 연구-관리 주체와 배치를 중심으로. 한국교육, 34(1), 45-66.
김정수(2021). 교사의 정치적 기본권의 정당성에 관한 헌법적 고찰. 미국헌법연구, 32(1), 131-165.
김학성, 박용숙(2017). 세계 각국의 헌법전. 서울: 북스힐.
김학성(2019). 정치적 기본권과 정치제도의 구체적인 법 해석·적용과 실제의 역사. 저스티스, 170(2), 97-129.
김해원(2010). 기본권 체계. 법학논고, 32, 293-328.
남미자(2024). 청소년의 정치 활동의 현실과 과제: 정치적 기본권 보장을 중심으로. 청소년학연구, 31(6), 371-399.
노기호(2004). 교육의 정치적 중립성과 초·중등교원의 정치적 권리의 제한. 인권과 정의, 340, 62-80.
노기호(2022). 헌법재판소 결정에 나타난 초·중등교원의 정치활동 규제와 그 한계. 한양법학, 33(1), 3-31.
문병효(2015). 교원의 정치활동 등의 제한에 관한 소고(小考). 국가법연구, 11(1), 21-37.
박규하(2007). 정치적 기본권과 실질적 국민주권이론. 외법논집, 28, 67-115.
박대권, 김용, 최상훈(2020). 헌법 31조 4항 '교육의 정치적 중립성'의 헌법 편입 과정. 교육정치학연구, 27(4), 343-375.
박덕규(1997). 교원인사제도 국제비교 연구. 수탁연구 RR97-08. 한국교육개발원.
배건이(2015). 독일교원의 정치활동 자유 및 제한에 관한 고찰. 유럽헌법연구, 18, 69-94.
배소연(2019). 헌법상 교육의 정치적 중립성에 관한 연구. 연세대학교 대학원 박사학위청구논문.
손형섭(2013). 일본에서 교원의 정치적 활동에 관한 연구. 공법학연구, 14(3), 239-266.
신옥주(2015). 교원의 정치적 기본권 보장 연구. 국가법연구, 11(1), 39-73.
오동석(2010). 전선: 교사의 정치적 기본권. 민주법학, 44, 199-224.
이경아(2024). 제22대 국회 교육정책 과제 제안: 공무원·교사의 정치적기본권 확대. 정책브리핑(2024-18호). 민주연구원.
이동희(2018). 인권과 기본권의 개념적 고찰. 법학논총, 42(4), 57-94.

이태화, 이재덕(2021). 교원의 정치적 기본권 제한에 관한 쟁점 분석. 지방교육경영, 24(2), 27-52.
장귀덕(2019). 초·중등교원 정당 활동 제한의 헌법적 정당성 검토. 교육법학연구, 31(1), 57-80.
전학선(2013). 프랑스 교육제도와 교원의 정치활동의 자유. 세계헌법연구, 19(3), 53-85.
정순원(2021). 법교육에서 인권, 기본권, 기본적 인권의 개념과 관계 분석-2015 개정 사회과 교육과정 및 사회 교과서 분석을 중심으로. 법과인권교육연구, 14(2), 129-154.
정영화(2012). 헌법상 공무원의 정치적 자유의 제한과 그 한계. 헌법학연구, 18(1), 393-427.
정종섭(2003). 기본권의 개념에 관한 연구. 법학, 44(2), 1-80.
정필운(2015). 교원단체 규율에 대한 헌법이론적 검토. 헌법학연구, 21(2).
정현승(2003). 국·공립학교에서 재학관계의 법적 고찰-특별권력관계에서 재학계약관계로의 전환. 사회과교육연구, 10(1), 233-256.
중앙선거관리위원회(2022). 2022년도 각국의 선거제도 비교 연구. 중앙선거관리위원회선거연수원.
한상운(2007). 현행 헌법상 기본권 체계 및 범위에 관한 일고찰. 헌법학연구, 13(3-2), 501-537.
허완중(2008). 자유와 권리 그리고 기본적 인권. 성균관법학, 20(3), 531-558.
황선훈(2018). 교원의 정치적 기본권에 관한 소고. 서울법학, 25(4), 37-76.
황준성(2015). 교원의 정치적 기본권 관련 법령 실태 및 개선방향. 교육정치학연구, 22(4), 59-86.
Lorti 저, 진동섭, 정수현, 박상완, 김병찬 역·저(2017). 미국과 한국의 교직사회: 교직과 교사의 삶(3판). 양서원.

세계법제정보센터
https://world.moleg.go.kr/web/wli/lgslInfoReadPage.do?CTS_SEQ=42432&AST_SEQ=157

제8장

교육의 정치적 중립은 어떻게 이해되는가?
: 비판적 담론 분석을 통해 본 교육의 정치적 중립성의 의미

권순정

I. 들어가며

교육의 정치적 중립은 민주주의 사회, 공교육에 대한 기대와 역할, 각 사회의 맥락과 정치적 입장, 무엇보다 법리적 해석에 따라 다르게 이해된다. Hansan과 그의 동료들[2015]은 정치적 중립의 시대the era of neutrality에 교사에게 요구되는 중립의 의미에 대해 다음과 같이 설명한다. 우선, 민주주의 사회에서 교사에게 공적으로 요구되는 정치적 중립은 국가에 대한 애국심과 더불어 대의민주주의에 의해 선출된 국가 대표(예: 대통령과 국회의원)들이 결정한 사안을 잘 숙지하고 따를 수 있도록 교육하는 것이다. 즉, 공무원으로서 정책과 법에 순응하는 것을 중립으로 이해한다.

또 다른 의미에서 교사에게 요구되는 중립은 민주주의 사회 시민으로서의 정치적 기본권, 교육과정, 교수법, 교육정책에서의 자율성과 연결되며, 위의 의미와 달리 해석된다. 이때 교사에게 요구되는 중립은 민주주의 사회에서 모순적으로 나타난다. 왜냐하면 그들은 교사라는 직업을 가진 직업인이자 이 사회의 시민이기 때문이며, 또한 교육에서 교사의 자율성과 주체성을 고려할 때, 교사가 정치적으로 기계적 중립을 지켜야 한다는 것은 논리적으로 타당하지 않기 때문이다. 더불어, 마이클 애플1994은 자본주의 사회에서 교육은 이미 지배 집단의 이데올로기가 반영되어 실천되고 있다는 점에서 중립적이지 않다고 보는데, 이는 민주주의와 자본주의가 동전의 양면이라는 점에서 타당하게 설명되며, 그렇기에 교육이 중립적이어야 한다는 것은 이미 모순이라고 주장할 수 있다.

이렇듯, 교육의 정치적 중립에 대한 개념적·법적 정의를 논외로 할 때, 교육의 정치적 중립이라 함은 사회가 교육에 기대하는 바, 사회에서 교사에게 기대하는 바, 교사 스스로가 자기의 직무라고 생각하는 것과 얽혀진 인식의 차이에 따라 달리 정의된다. 그렇기 때문에 교사의 정치적 중립은 정치 행위에 국한해서만 볼 수 없고, 교육정책, 교육과정을 결정하거나 이를 실천하는 것에만 한정지어 설명할 수도 없다. 이에 더해, 교육을 학교교육에 한정해 설명할 때와 그 외 다른 교육기관에서의 교육까지 포함하는 경우 정치적 중립의 내용에도 차이가 있을 수 있다. 이렇듯, 교육에서 정치적 중립은 그 자체로 논쟁적일 수밖에 없고, 내용과 주장에 따라 갈등이 발생하기도 한다.

이런 상황에서 국내 선행연구들을 보면, 대체로 헌법, 교육기본법에 따른 논의, 인권으로서 중립성을 어떻게 이해해야 하는지, 마지막으로 교사들의 경험(논쟁수업이나 정당 가입, 정치적 표현의 자유와 관련)과 중립성에 대한 인식에 대한 것들이 대부분이다강구섭·주현정, 2023; 송민석, 2022; 전제철, 2021; 김갑석, 2020; 이동성, 2017. 또한 민주시민교육과 정치교육과 관련해 독일 사례가 주로 소개되는데, 보히텔스바흐 합의에 대한 연구가 대체로 많다김상무, 2021; 2019; 설규주·정원주, 2020; 심성보, 2018; 안성경, 2017. 선행연구들은 민주주의 사회에서 정치적 기본권으로서 보장되어야 하는 교사들의 참정권으로 이해해야 하기 때문에 정치적 중립은 모순이라는 점을 강조하며, 사회과 교육 등 사회 현안을 주제로 다루는 교육 내용에서 교사의 자율성이 보장되어야 한다는 점에서도 정치적 중립은 모순됨을 말한다. 또, 보이텔스바흐 합의 등 민주시민교육의 필요성을 강조하는 선행연구들은 교사들의 정치적 중립성은 한국 같은 분단국가와 여러 역사관이 공존하는 사회에서 극복되어야 할 과제임을 시사하기도 한다.

원론적으로 보면 민주주의 사회에서 정치적 중립을 지켜야 한다는 것에는 많은 의문이 제기될 수밖에 없다. 교사는 교사이기 전에 시민이라는 점과 학교 교육 기관을 우리 사회의 공적 기관으로서 어떤 역할을 하게 할 것이냐, 교육은 무엇이냐라는 여러 철학적 논의들을 고려할 때도 교육의 정치적 중립은 여러 차원에서 대립된다. 그렇기 때문에 교육의 정치성, 정치적 중립에 대한 당위적인 주장들 간의 논쟁과 교사들의 경험과 인식에 대한 조사를 넘어서 교육의 정치적 중립이 우리 사회에서 어떻게 제기되고, 어떤 사안들을 마주할 때 이슈가 되는지에 대해 전체적으로 살펴보아야 한다. 다시 말해, 법적 논쟁과 교육의 주체로서의 의미 등 제기되는 다양한 입장과 맥락에 따라 교육의 정치적 중립성은 대립될 수밖에 없고, 정치와 교육을 구분한 맥락에서는 당위적인 논쟁만 제시하게 되는 한계가 있다. 따라서 정치와 교육을 구분하지 않고 교육의 정치적 중립이 사회의 현상으로서 어떻게 형성되는지 살펴보고, 교육의 정치적 중립의 실재를 파악하는 것이 필요하다.

이런 문제의식과 연구 필요에 따라, 본 장에서는 미디어 담론에 내재된 사회적 이데올로기와 사회적 의미들에 주목하고, 교육의 정치적 중립에 대한 비판적 담론을 분석했다. 구체적으로는 교육의 정치적 중립과 관련해 어떤 사회적 사건들이 나타나고 이를 중심으로 어떤 담론들이 구성되는지 파악하여, 정치적 중립이라는 언어에 내포된 사회적 의미와 그 언어를 중심으로 구성되는 담론들 사이에 어떤 논쟁의 지점들이 나타나는지 탐색한다. 본 연구의 주요 질문은 다음과 같다.

첫째, 교육의 정치적 중립이 이슈가 된 사건event은 무엇인가?

둘째, 사건에 따라 교육의 정치적 중립이라는 언어는 어떻게 표상되었는가?

셋째, 표상된 언어를 중심으로 어떤 담론의 흐름이 구성되는가?

넷째, 현재 교육에서 교육의 중립성 논의는 어떤 방향으로 가야 하는가?

II. 연구 방법: 비판적 담론 분석
Critical Discourse Analysis: CDA

본 연구에서는 Fairclough의 비판적 담론 분석을 수행하고자 한다. Fairclough는 언어, 이데올로기, 그리고 힘power의 상호연관성에 주목하며, 언어에 반영된 사회의 이데올로기와 그것에 내재된 상징적인 힘을 파악해야 한다고 본다. 즉, 언어로 표상되는 사회의 지배적 인식과 규범으로서 이데올로기를 아울러 담론discourse이라 하며, 담론 간(혹은 담론의 맥락에서 나타나는 주체들 사이) 힘의 균형은 어떻게 나타나는지 비판적으로 탐색함으로써 사회에서 제기되는 현상의 전체적인 맥락과 일반적인 이해들, 그 사이에서 나타나는 힘의 비대칭을 파악할 수 있고, 이에 따라 발생하는 논쟁의 쟁점들을 세밀하게 검토할 수 있다고 보았다.

따라서 어떤 언어가 어떻게 사용되고, 사회의 가치와 규범, 이데올로기가 어떤 형태의 언어적 표상으로 나타나는지는 특정 신념, 가치 그리고 이데올로기가 어떻게 무의식적 혹은 무비판적으로 받아들여지며, 또 그것이 어떻게 실천되는지, 마지막으로 그 사회에서 얼마만큼의 영향력을 행사하는지 반증한다고 볼 수 있다(유성상, 권순정, 2016: 75). 그렇기 때문에 Fairclough의 비판적 담론 분석을 사용한 연구의 목적은 텍스트로 구성된 언어들을 분석하여 어떤 정치적 풍토 혹은 사회문화적 맥락이 재현되는지 파악하는 것과 관련이 있다. 이에 담론으로 대표되는 텍스트들을 구성하는 언어적 요소들을 분석하는 내적 관계를 분석하는 것과 텍스트들이 생산되고 분배되는 과정에서 파악되는 사회적 사건, 사회적 관계 그리고 사회구조와의 관계 등을 분석하는 외적 관계를 분석하는 것으로 나뉜다. 텍스트의 내적·외적 관계를 분석하는 과정은 다섯 단계로 나누어 설명할 수 있는데, 이 단계들은 순차적으로 진행될 필요는 없으며, 연구 목적에 따라 특정 영역을 선별적으로 선택해 분석할 수 있다 Fairclough, 2010.

본 연구에서는 교육의 정치적 중립이 이슈가 된 사회적 사건과 그에 따라 그 언어가 어떻게 표상되는지 탐색하려 하므로, 2단계(사회문제 분석), 3단계(텍스트와 관련된 사회적 이해와 목적에 대한 이해 탐색), 마지막으로 5단계(연구자의 비판적 성찰)를 선별 분석했다.

본 연구에서는 여러 형태의 담론 중에서 미디어 언론에 재현되는 교육의 정치적 중립 관련 텍스트를 선택했다. 미디어의 여러 형태 중에서도 언론 보도 기사와 뉴스 내용을 수집했다. 미디어는 대중의 관심과 즉각적인 반응을 살펴볼 수 있는 매체 형태의 담론으로 이해되며, 그중에서도 언론 보도 기사와 뉴스는 대표적인 공적 담론 public discourse이다. 그래서 미디어에 나타나는 언론에 주목하는 것은 교육의 정치적 중립에 대한 공적인 인식과 대중의 인식을 전체적으로 살펴보고, 텍스트에 나타나는 사회적 사건과 그에 따른 담론 형성 과정을 파악하는 데 적절하다. 추가적으로 주요 분석 텍스트는 아니지만 미디어 언론에 대한 대중의 댓글도 살펴보았다. 댓글은 해당 텍스트를 선택해 보는 이들의 기본적인 인식을 파악할 수 있고, 텍스트에 동의와 반대의 양상이 어떻게 드러나는지 확인할 수 있기 때문이다.

구체적으로 본 연구에서는 교육에서 교사의 정치적 중립 이슈가 다시 중요한 쟁점이 되는 사건 중에서 가장 직접적이며 민주주의 시스템과 직결되는 선거 연령 하향에 주목하고, 그 논의가 쟁점화되기 시작한 시점인

2019년 1월부터 2024년 7월 31일까지의 언론 보도 기사, 뉴스, 관련 댓글 등 미디어 텍스트를 수집해 분석했다. 단, 언론미디어의 형태(예: 일간지, 지역신문 등)는 구분하지 않았다. 정치적 중립 이슈는 특정 언론 매체에만 한정되거나 특정 지역에서만 달리 해석된다고 보기 어려운 측면이 있기 때문이다. 또한, 매체의 정치 성향에 따라 정치적 중립에 관한 보도의 차이가 있겠지만, 본 장에서는 그러한 차이를 보려는 것이 아니라, 전체적으로 정치적 중립을 키워드로 한 담론이 어떻게 형성되고 표상되는지를 살펴보려 했기 때문이다. 이에 본 연구에서는 빅카인즈BigKinds 플랫폼을 활용해 기간만 설정한 후, 검색 키워드로 '교육, 정치적 중립'을 제시하여 제목 및 내용에 해당 언어들이 어떻게 제시되어 있는지를 기준으로 자료를 수집했다.

2,800개 정도의 뉴스와 기사가 검색되었는데, 해당 내용에는 학교와 교사 외에도 군대 내 장병교육 내용이나 일반 행정 공무원들의 정치적 중립 등 개별 단어가 포함된 기사들까지 모두 포함되어 있다. 관련 텍스트들은 교육의 정치적 중립을 이해하는 사회적 사건과 배경들로 참조했다. 이후, 2차로 키워드에 교사를 포함하여 재검색했고, 총 텍스트 수는 693개로 수정되었다. 해당 텍스트들의 연도별 텍스트 수와 키워드의 연관성, 텍스트들과 관계되는 대표 단어들이 분석되었는데, 그 특징은 〈표 6〉에 제시했다.

표에서 살펴볼 수 있듯이, 2019년부터 2023년까지 1~3위에 이르는 연관 키워드와 단어의 관계도는 큰 변화가 없다. 하지만 워드클라우드에 제시된 형태를 보면 그 중심이 이동하며 다른 이슈들과의 관계에 따라 쟁점들이 달라짐을 확인할 수 있다. 그러다 2024년 처음으로 교육부가 관계있는 단어로 등장하게 되고, 정치활동도 연관 키워드로 등장했다. 그 외 패턴은 다르지만 교육과 정치적 중립과 관련해 등장하는 연관 키워드로는 고등학교, 공무원, 정치활동, 선거권, 민주주의, 전교조, 교원들, 정치

〈표 6〉 연도별 텍스트 수, 키워드, 관계도 분석 결과

연도	텍스트 수	연관 키워드 (빈도수+가중치)	관계도 분석 결과 (키워드 + 가중치)
2019	214	인헌고, 민주시민, 기자회견	학부모, 공무원, 서울시교육청
2020	83	인헌고, 민주시민, 기자회견	학부모, 공무원, 서울시교육청
2021	72	인헌고, 민주시민, 기자회견	학부모, 공무원, 서울시교육청
2022	150	인헌고, 민주시민, 기자회견	학부모, 공무원, 서울시교육청
2023	131	인헌고, 민주시민, 기자회견	학부모, 공무원, 서울시교육청
2024[1]	43	민주시민, 기자회견, 정치활동	서울시교육청, 교육부, 학부모

기본권 보장으로 나타났다. 적은 비율로 교원단체, 조례안, 학부모, 아이들, 러닝메이트제도 제시되었다.[1]

위와 같은 결과를 확인한 후, 본 연구에서는 교육의 정치적 중립과 관련 텍스트를 구성하는 내적인 관계를 보는 단어, 문법, 문장 간 결합 및 음성학 요소를 탐색하기보다, 텍스트의 외적인 관계 및 담론 수준을 분석해 주요 사건을 중심으로 한 쟁점들과 그에 대한 보도, 사설에 등장하는 장르와 텍스트의 뉘앙스를 파악하는 것이 적절하다고 보았다.[2] 왜냐하면, 언어들 사이의 관계는 불규칙하게 나타나지만, 2024년을 제외하고는 키워드들이 동일한 결과로 등장하기 때문이다. 이는 텍스트를 구성하는 주요 키워드와 쟁점(인헌고, 민주시민, 서울특별시교육청)은 크게 변화하지

---

1. 2024년은 7월 31일까지의 텍스트들이다.
2. 비판적 담론 분석에서 외적 관계를 분석하는 것은 텍스트의 생산·분배 과정에서 파악되는 사회적 사건, 사회적 관계 그리고 사회구조의 관계 등을 분석하는 것이다. 담론 수준의 분석은 해석과 관련된 것으로, 사회문화적 지식에 기반해 장르, 담론 그리고 스타일을 텍스트 및 사회적 요소로 이해하며 분석하는 것이다(Fairclough, 2003: 2013). 이때 장르는 담론의 변화과정을 파악하는 것과 관련되며, 담론은 동일한 영역 혹은 주제가 서로 다른 시각이나 입장에 따라 다르게 나타나는 담론의 표상 방식을 분석할 때의 단위다. 마지막으로 스타일은 담론 주체의 존재와 주체성을 드러내는 방식으로, 사회조직이나 개인이 자신의 정체성을 드러내기 위해 사용하는 특별한 언어 유형을 파악하는 단위다.

않으면서 해마다 정치적 중립이라는 이슈를 다시금 촉발하는 다른 사회·정치적 사건들로 인해 '다른 듯 유사한 논조'로 교육의 정치적 중립 담론이 형성되고 있기 때문으로 해석되었다.

이런 일련의 맥락을 고려해 다음 장에서는 비판적 담론 분석의 2단계 (사회문제 분석), 3단계(텍스트와 관련된 사회적 이해와 목적에 대한 이해 탐색), 마지막으로 5단계(연구자의 비판적 성찰)에 따라, 교육의 정치적 중립과 관련된 주요 사회문제들이 무엇인지, 그에 따라 어떤 텍스트들이 구성되고 제시되었는지, 마지막으로 이에 대한 연구자의 교육의 정치적 중립에 대한 성찰 내용을 중심으로 분석했다.

Ⅲ. 연구 결과

1. 교육의 정치적 중립을 둘러싼 사회적 사건들의 흐름

한국 교육에서 정치적 중립은 그 자체로 논쟁적인 사안이다. 교육에 대한 기대와 학교라는 기관의 특성, 교사의 사회적 위치와 준수해야 하는 법이 정해진 바에 따라 다르기 때문일 것이다. 학교의 민주화를 위한 여러 교육 운동과 개혁들이 있어 왔고, 나름대로 민주적인 운영 원칙과 절차들이 마련되는 등 교육의 변화는 있어 왔지만, 미디어 담론에서 교사의 정치적 중립은 그와는 또 다른 논쟁거리로 나타났다. 이는 학교가 국가교육기관으로서 '국민'을 길러내는 교육을 하는 곳이라는 오래된 사고가 머물러 있기 때문일 것으로 볼 수 있다.[3]

즉, 교사는 소속된 국가교육기관에서 요구하는 직무를 수행해야 하는데, 크게는 주어진 교육과정에 맞추어 수업을 전달하는 것과 필요한 행정업무 및 학생 관리를 하는 것으로 볼 수 있다. 이것이 교사의 직무라고 한다면 교사에게는 특별히 자율성이 요구될 필요도 없을 것이고, 정치적으로 어떤 의견을 갖는다거나 스스로 판단해 새로운 교육과정을 만들고 아이들에게 교육할 수 없다고 보는 것이 타당할 것이다. 한편으로 학생들도 교사와 마찬가지로 국가 교육기관에서 향후 성인이 될 준비를 하는 교육의 대상이다. 그래서 학생도 스스로 생각하고 판단하기보다 교사의 가르침에 따르고 교사의 지시에 순응하는 것이 학생다움으로 나타난다[권순정 외, 2022; 권순정, 2023].

이런 이해를 기본으로 두고 보면, 교사에게 정치적 중립을 요구하는 것이 타당할 것이다. 또한 학생에게 국가가 정해진 것에 반대하거나, 주어진 규칙을 따르지 않고 스스로 의견을 내는 정치가 교실에서 다루어지는 것이 부적절하다고 보는 것도 타당할 것이다. 이런 맥락이 반영되기 때문에, 교육의 정치적 중립이 이슈가 되는 사회적 사건들은 대체로 위와 같은 이해에 반할 때 강화된다.

대표적인 것이 2019년 선거연령을 만 18세로 하향하는 선거법 개정이다. 고등학교 3학년에 해당하는 학생들이 투표에 참여한다는 것이 적절치 않다고 생각하더라도 이미 법이 개정되었다는 점에서 대부분 기사들은 '현장에서의 혼란, 우려됨'을 중심으로 교육 또는 교사의 정치적 중립이 지켜지지 않을 때의 상황을 보여준다.

고등학교 1학년도 정당 가입 허용? **교육계 '시끌시끌'**

(202105_기사 제목 code3)

---

3. 시민이라는 개념이 아닌 국민으로 접근하는 것을 강조하는 이유는, 민주주의 사회에서 시민을 논의할 때 그 개념은 국가에 종속된 개인을 길러낸다는 의미보다는 민주주의 사회 공동체의 일원으로서 어떤 자질과 덕성, 규범 등을 공유하는 시민을 의미한다고 이해하고 있기 때문이다. 그러나 국민을 길러낸다고 할 때는 국가 테두리에서 국가에 순응하고 국가의 안위 등을 우선순위에 더 두고, 이런 역할을 할 수 있는 개인을 길러내는 교육을 하는 것이 학교의 역할이라고 보는 것이기에 본 장에서 논의하려는 정치성과 괴리가 있을 수밖에 없다.

선관위, 정당 가입 18세 → 16세로 하향 추진 ··· '**교실의 정치화**', '정치참여확대' (202105_기사 제목 code2)

학생 참정권 보장―교사는 정치적 중립: **현장 엇박자**
(202305_기사 제목 code5)

"청소년 참정권 확대, 교사는 여전히 '투명인권' 취급. 정치기본권 보장해야" (202404_기사 제목 code4)

선거법 개정과 관련해 교사들은 정치적 중립을 지켜야 하는 상황이 모순된다는 주장을 담은 칼럼, 사설, 기사들이 이어진다. 그들은 학생에게는 투표라는 직접적인 변화가 일어난 상황에서 교사들에게는 중립의 의무가 있어 선거교육을 할 수도 없고, 정치 이야기를 하기 어렵기 때문이다.

··· 그러나 학생 참정권을 놓고 실제로 학생을 지도해야 할 현장은 고민에 빠졌다. 현행법상 교원은 정당 발기인 또는 당원이 될 수 없고, 교원의 정치적 행위는 전면 금지돼 있다. [중략] 배성제 강원교총 회장도 '교사들은 현장에서 정치적 중립을 지켜야 하는 상황에서 (교육이) 부담스러운 것이 사실'이라고 밝혔고, 조영국 전교조 강원지부 정책실장도 '학생은 정당 가입도 가능하고 투표권도 있으나 **교사는 정치적 기본권이 없는 상태에서 실질적 교육이 가능할지 의문**'이라 했다. (202306_텍스트 code3)

이렇듯, 교육의 정치적 중립이 요구되는 현 상황에서 학생에게 주어진 참정권은 교사에게 제한되는 교육의 정치적 중립에 문제를 제기하게 했고, 구체적으로 현재 교사는 어떤 상황인가에 대한 논쟁으로 이어졌다. 이런 흐름은 이어 인헌고등학교 사태라는 사건으로 더 첨예하게 나타났다. 이 사건은 인헌고등학교에서 한 교사의 정치적 판단이 수업 시간에 다루어졌다는 점이 주요 문제로, 학생들과 대화에서 언급된 몇몇 단어들과 학교 행사에서 공유한 내용과 활동들이 편향적이었고, 의견이 다른 학생들에게는 모욕감을 느끼게 했다는 내용을 골자로 학교와 해당 교사가 학생들에 의해 고발당한 사건이다.

"인헌고 교실에 그어진 두 개의 전선"(201911_기사 제목 code6)
초·중·고등학교 교사는 학생에게 정치적 발언을 할 수 있는가? 서울 관악구에 있는 인헌고등학교 일부 학생들은 '그럴 수 없다'고 주장한다. 인헌고등학교 학생수호연합(학수연)이라는 단체를 결성한 이들은 10월 23일 기자회견을 열어 "이제는 끔찍한 사상 주입을 끝내야 한다. [중략] **교사의 정치적 중립은 의무다. 인헌고 교사분들의 정치적 발언과 사상 독재는 법에 위반되는 행위다.** 학생들의 사상의 자유를 보장해달라"라고 말했다. [중략] 기자회견에서 학수연은 인헌고 교사들의 '사상 주입' 예시를 몇 가지 들었다. '교내 마라톤 대회에 참여한 학생들에게 반일 구호가 적힌 띠를 두르고 달리도록 했다', '조국 전 법무부 장관의 사퇴에 대해 교사와 다른 의견을 제시하자, 가짜 뉴스 믿는 사람은 개돼지'라고 했다. 학생에게 '너 일베니?'라고 모욕했다 등이다. (201911_텍스트 코드1)

〈표 6〉에서도 확인할 수 있듯이, 인헌고 사태는 2019년부터 2024년 7월까지 교육의 정치적 중립과 관련해 가장 크게 영향을 미친 사건이다. 인헌고 사태는 교사가 정치적 판단을 나누는 것이 강요인지, 어떤 내용일 때 편향적이라고 이해되는지, 교사가 정치적 사안에 대해 다루는 것이 학

생인권 침해인지 등 다양한 논쟁거리를 가져왔다. 정치편향 무혐의 결론이 나기까지 과정에서 인헌고 사태는 수업 시간에 사회 현안을 다루는 문제, 역사적 의견을 제시하는 문제로 이어졌다.

서울시교육청 '인헌고 사상 강요 아냐' vs 교총 '편향교육 면죄부'
(201911_기사 제목code 4)

서울시교육청, **전교조 '사회현안 교육 필요', 교총 '인헌고부터 해결해야'**(201912_기사제목 code 5)

논쟁적 현안 교육 싸고 "정치 편향 우려" vs "중립 교육 가능"
(201912_기사 제목 code 2)

민 교육감 '세월호 참사 시국선언 유죄 유감'
(202104_기사 제목 code1)

교육부, 독선적으로 자유민주주의 넣어… 성소수자 삭제도 합의 없었다 (202211_기사 제목 code5)

유관순, 윤동주 가르쳤다고 '반일 가스라이팅' 민원 넣은 학부모
(202305_기사 제목 code2)

위 제목에서 제시된 바와 같이 인헌고 사태를 시작으로 교사의 정치적 중립에 대한 상반된 의견이 더 강화되었고, 교사가 사회적 현안에 의견을 표명하거나 행동을 취했을 때, 이에 유감을 표하고 수사가 시작되었다는 단어들이 등장하기 시작했다. 또한 현재 정치에 대한 반대의 목소리

를 수업 시간에 다룬 교사가 징계를 받았다는 사건들이 보도되면서 교사의 정치적 중립과 교사의 직무가 연결되는 담론들이 주로 구성되기 시작했다.

이런 담론은 교권의 의미와 연결되어 더욱 복잡한 논쟁 사안들로 등장했다. 이를 촉발한 구체적인 사건은 바로 서이초 교사 자살 사건이다. 이 사건은 교권 회복으로 쟁점화되었는데, 추모와 교권 확립을 위한 교사들의 목소리가 모이고, 이는 '공교육 멈춤의 날'로 이어졌다. 이와 관련하여 언론에서는 교사들이 모여 자신의 목소리를 내는 큰 사건으로 제시하는 담론이 이어졌다.

올여름 교사들의 추모 집회는 민주시민교육 현장
(202309_기사 제목 code1)

"실제로 그렇게 많은 교사가 모인 것은 처음이에요. 남의 일이 아니라 바로 자신의 일이 될 수도 있고, 여러 법률 개정 등 대책을 내야 한다는 데 공감하고 있기에 주말마다 교사들이 자발적으로 모였다고 봐요."(202309_텍스트 code1)

서이초 1년, 교원 정치기본권 빗장 이번엔 풀릴까?
(202407_기사 제목 code6)

다음으로 선거다. 보궐선거와 총선 시기에 교사의 정치적 중립이 이슈화되었다. 교육감의 정치성을 중심으로 된 논의와 현직 교사의 교육감 출마 문제 등이 주요 이슈로 등장하는 것이다. 교사들의 정당 가입 문제가 정치적 중립에 위배된다고 보는 담론과, 교수들과 형평성 있게 가야 한다는 담론을 중심으로 등장한다. 더불어 선거제 개편으로서 러닝메이트제에 대한 기사와 서울시교육청 조희연 교육감을 둘러싼 사건들이 관련어로 등장하며 교육의 정치적 중립이 쟁점화된다.

> 현직 교사도 교수처럼 교육감 출마 가능해지나
> (202103_기사 제목 code1)

> 총선 앞두고 '교사 정치기본권'… 교육계 어젠다 부상
> (202404_기사 제목 code5)

서이초 교사 사건과 선거를 중심으로 쟁점화된 사안들은 교사들이 스스로 연대하고 목소리를 내는 정치 행위와 제도 정치에 참여하는 행위에 대한 담론을 형성했다. 담론들은 한편으로 정치적 중립에서 주목해야 하는 정치는 무엇이며 기본권으로서의 정치에 대한 논의들이 적극적으로 개진되어야 한다는 흐름으로 이어졌으며, 또 다른 한편으로는 이것이 교육적으로 옳지 않고 교사들의 직무에 위반된다는 반대 흐름으로 이어지는 양상으로도 나타났다.

2. 충돌되는 정치적 중립 담론: 지켜져야 한다 vs 모순이다

정치적 중립과 관련된 미디어 담론들을 읽다 보면, 담론들 사이에 언어들의 충돌이 나타남을 알 수 있다. 가장 대표적인 것이 정치적 중립은 지켜져야 하지만 '제한적으로 또는 교육의 자율성이 지켜지면서'라는 전제를 제시한다.

> 사기가 많이 떨어지긴 했지만, 아직 우리나라 학교는 교사에 대한 절대적인 신뢰 속에서 경쟁력을 유지하고 있다. 스펀지 같은 아이들의 교육을 정치적으로 편향된 혼란 속으로 몰아넣는 일을 해

서는 안 된다. **분명히 공무원도 자율적 시민이며 성숙한 정치 문화를 수용한다는 차원에서 기본권을 최대한 보장해야 한다. 하지만 직무와 관련해서는 성실하고 정교한 정치 중립성이 확보돼야 함을 다시 한번 강조해 둔다.** (202407_텍스트 code1)

또, '교사의 정치적 중립은 모순'이라는 발언들은 교사에게도 정치적 권리가 있음을 강하게 피력한다. 이 경우에도 담론의 흐름이 갈라진다. 한 방향은 정치적 목소리를 내고, 정치적 행동을 할 수 있고, 나아가 정치의 장으로 출발할 수 있다는 흐름이며, 또 다른 한 방향은 수업에서 학생들과 민주시민교육을 하기 위해서는 교사의 정치적 중립은 모순이라고 주장하는 목소리의 방향이다.

이와 같은 담론의 여러 갈래의 흐름을 따라가다 보면 결국 우리 사회에서 바라보는 '정치'는 무엇인가에 의문을 갖게 되며, 정치라는 행위를 하는 사람에 대한 인식, 교육 현장에 있는 사람에 대한 인식으로 표상되는 단어들—선동과 편향에 주목하게 된다.

울산시 교육청 "정치 **편향** 수업 엄중 예방 대책 강화" "**교사 정치편향적 발언 예방**" 위해 전방위 노력 중"(202304 기사 제목 code3)

정부 비판 행사에 학생 **동원**해 논란 … 결국 고개 숙인 교장

(202305_기사 제목 code3)

이렇듯, 역사를 보면 극단 세력이 정치적 목적을 이루기 위해 청소년을 포섭하는 일은 필수였다. 청소년은 선동에 취약하고, 그렇기에 추진력은 오히려 성인보다 강한데, 대중에 미치는 영향력은 크다. [중략] 역사적 사건에 대해 각 정당이 주장하는 것들을 건조

하게 사실만 알려줘 학생 스스로 판단할 수 있게 한다면 학생들이 증오와 피해의식 대신 화합과 번영을 꿈꿀 수 있을 것이다.

(202211_텍스트 code6)

선동을 사전 그대로 풀이하면 "남을 부추겨 어떤 일이나 행동에 나서도록 함"이다. 즉, 교사들이 학생을 선동한다는 것은 학생들은 가만히 있는데 교사들이 부추겨서 관련 이슈[기후위기, 세월호, 정치인(대통령 등)에 반대]에 대해 문제가 있다고 생각하게 만들고 필요한 경우 행동하게 한다는 뜻이다. 선동이라는 단어를 통해 정치적 중립을 해석하게 되면, 정치적 중립은 마땅히 필요하다. 이는 국가에 반하는 행동이 될 수 있기 때문이며, 사회의 안정과 안녕을 해할 수 있다고 해석할 수 있기 때문이다.

그런데 흥미로운 것은, 선동이라는 단어로 대표되는 텍스트들과 학생은 선동되지 않고 올바른 교육을 위해 오히려 교사의 정치성이 드러나야 한다는 반론이 함께 구성되고 있다는 점이다. 구체적으로 학생들이 선동의 대상이 될 수 있다고 보는가와 없다고 보는가에 따라 정치적 중립이 필요하다는 인식과 그렇지 않다는 인식으로 나뉘는데, 이는 사회적으로 학생을 가르쳐주는 것을 답습하기만 하는 배움의 대상으로 볼 것인지, 배움의 주체가 되게 할 것인지에 대한 차이에서 비롯된다고 볼 수 있다. 학생들을 어떻게 인식하느냐에 따라 그에 대한 교사의 역할이 달라질 것이기 때문이다.

이념 편향에 찌든 일부 교육자들의 엇나간 교육 행태가 잇따라 불거져 우리 교육현장이 위태롭다. 이들이 펼쳐놓은 천박한 이념의 놀이터에서 아이들은 '보고 싶은 것만 보고, 듣고 싶은 것만 듣고, 믿고 싶은 것만 믿는' 지성의 장애인으로 성장하고 있다. [중략] 얼마 전 서울 인헌고등학교에서 일어난 학생들의 기자회견

사태는 교단의 치명적인 병폐를 적나라하게 보여준다. [중략] '교육의 탈정치'와 '교육의 정치적 중립 책무'는 언급하기조차 민망하다.

(201910_텍스트 code2)

내가 역사 선생님께 언론사의 친일 문제를, 사회 선생님께는 기후위기 문제에 대해 자세히 가르쳐달라고 한 적이 있다. 역사 선생님께선 일부는 가르쳐주셨고, 나머지는 정치적 중립을 이유로 거부하셨다. 사회 선생님께서는 객관적으로 가르쳐야 한다는 이유로 거절하셨다. [중략] 중립적 수업은 교사의 입을 가로막아 학생들의 여러 의견을 융합할 수 없는 문제도 있다. 선생님들이 교과서에 나와 있는 그대로 말씀하시는 이유 또한 중립 때문일 것으로 생각한다. **어떤 사람들은 교원이 중립을 지키지 않으면 학생들이 그 의견을 비판 없이 수용하지 않을까 걱정한다. 그건 학생들을 잘 모르고 하시는 말이라 생각한다. 학생들은 나름대로 의식이 있는 존재다. 그렇게 쉽게 선생님의 의견을 곧이곧대로 듣지 않는다.**

(202110_텍스트 code1)

위 텍스트에서 보이는 학생에 대한 관점의 차이에도 불구하고, 학생 선동에 강하게 비판하는 담론은 교사의 정치적 중립을 교사들이 직무를 지켜야 한다는 단어로 다시금 설명하며 '직무위반'이라는 언어로 중립의 의미를 가져간다. 즉, 교사가 선동하면 학생들은 문제의식을 느끼지 못하고 따라갈 수밖에 없고, 교사들이 정치적 중립을 지키지 않으면 학생들을 편향된 방향으로 이끌어 갈 것이기에, 그들이 그들의 직무를 위반하는 것이라고 설명하는 것이다. 중요한 것은 교사의 직무와 선동이 연결된 후, 교사가 어떤 형태로든 감봉 등 징계를 받거나 법을 위반하는 행위를 했다는 담론이 등장한다는 점이다.

윤 대통령 '대북 선제타격' 발언 비판 교사 '**감봉**'

(202208_기사 제목 code1)

경찰, 전교조 '일 오염수 반대 서명 독려' **본격 수사**

(202307_기사 제목 code3)

"이승만 생양아치" 발언으로 감봉당한 교사 … 법원 '**징계 정당**' 판결(202401_code1)

위와 같은 담론들은 교사의 특정 성향이 교육에 드러나는 것은 법 위반이라고 보면서, 정치적 중립을 위반하는 교사에 대해 '편향'이라는 단어를 통해 정도를 가는 교사가 아닌 어느 한쪽에 치우친 사람으로 인식되게 하며, 마치 교육에서 그릇된 행동을 하는 것이라는 뉘앙스를 보이는 담론이 형성되는 것이다. 그런데 여기서 '편향되었다'라는 것의 표상은 우리 사회의 문제에 대해 추모하거나 집회에 참석하는 것(예: 세월호, 기후위기, 후쿠시마 오염수 방출)과 집권 세력에 반대하는 목소리를 내는 집회에 나간 경우다. 다시 말해, 논쟁적인 사안에 직접 목소리를 내는 것과 관련이 있었다. 나아가 2024년 서이초 교사 추모 집회에서 이는 더 강한 논조로 직무와 연결되었고, 교육부가 관련 연관어로 등장하는 계기가 되었다.

'전국의 모든 선생님은 학교 현장을 지켜달라' 9월 4일 '공교육 멈춤의 날'을 위한 교사들의 집단 연가와 여러 학교의 임시 휴업에 이주호 교육부 장관이 당부한 말입니다. **교육부는 '공무원은 노동운동이나 그 밖에 공무 외 일을 위한 집단 행위를 해서는 안 된다'는 국가공무원법을 내세웠습니다.** [중략] 사회에서 노동자 또는 정치적 시민으로서 권리를 제대로 누리지 못하는 교사들은 학교 현장에서 교권이 무너진 현실을 마주하고 있습니다. 교육기본법은 '민주시민으로서 필요한 자질을 갖추게 함으로써 인간다운 삶을 영위'하는 것 또한 목적인데, 정작 교사는 민주시민의 권리를 보장받지 못하는 모순된 상황입니다.(202209_텍스트 code3)

이와 같은 선동, 편향 그리고 직무 위반을 중심으로 표상되는 단어들은 결국 정치적 중립을 마땅히 지켜야 한다는 것을 전제로 둔다. 또 편향된 방향에 대한 합의된 지점은 없지만 대체로 현재 권력, 사회 시스템에 반대하는 목소리를 내는 것은 편향된 관점이라고 보는 것으로 해석되었다. 그렇다면, 교사의 직무를 지킨다는 것은 사회에 여러 현안에 어떤 의견도 내지 않는 것으로 이해해야 하는가?

결국 현재 담론의 구성들은 시민으로서 자율성은 있지만 교사로서는 중립을 지키는 것이 그들의 직무이기에 주의해야 할 사안이라는 점, 법 위반에 대해 처벌받는다는 점이 강조되는 담론 속에서 여전히 정치 행위는 선동이라는 부정적인 인식, 학생은 선동당할 수 있는 대상으로만 보는 인식의 형태가 유지되는 현상을 확인해 주었다. 이는 과연 우리 교육이 무엇을 바라보는가에 의문을 제기하게 하며, 위와 같이 시민으로서 교육자가 내는 목소리가 편향된 정치성이라고 할 때, 교사의 정치적 행위는 어떻게 정의되어야 하는가에 대한 담론에 주목하게 한다.

3. 교사의 정치 행위:
교사의 기본권을 침해하는 교육의 정치적 중립이라는 족쇄

교사들의 정치 행위는 어떻게 규정되는가? 앞서 사회 현안에 대한 목소리는 이미 편향된 것이라는 인식이 반영된 담론으로 형성되었음을 확인했다. 목소리를 내기 위한 행동은 편향적이라는 점에서 교사는 직무위반이라는 틀을 벗어나기 위한 정치 행위를 구체화해야 하는 것일까? 교육의 정치적 중립과 관련해 형성된 담론들의 흐름을 보면 결국 교사의 시민으로서의 기본권과 그것을 지켜내기 위한 구체적인 정치 행위로서 집회를 넘어서 교사라는 직을 유지하며 정당에 가입하고 정치인으로서 출마할 수 있어야 한다는 담론이 구성되고 있음을 확인할 수 있다.

이 담론들은 크게 시민으로서의 기본권, 인권, 교사 개인의 참정권이라는 단어, 이것에 모순되는 정치적 중립은 교사들에게 '족쇄'가 되고 있다는 논리로 접근한다.202309_텍스트 code2. 교사가 자신의 시민권을 행사하기 위해서는 교사라는 직을 포기해야 하는 현행법 때문이다.

'중립은 어디에'… 이배용 국가교육위원장 **교육단체 겸직** 논란

(202307_기사 제목 code1)

정당을 후원했다는 이유로 해임됐다가 10년 전 복직했던 유치원 교사가 최근 퇴직했다. [중략] 교사의 '정치적 자유'를 간절히 바랐던 그는 퇴직 다음 날인 9월 1일 정당에 당원으로 가입했다. [중략] '교사들이 정치적으로 휩쓸리고 싶지 않다고 하는데, 교권을 확립하는 법을 제정하려면 어떻게 정치적으로 무관하게 할 수 있겠어요. 말이 안 되잖아요. 정치는 누구나 할 수 있어야 하고, 말도 자유롭게 하는 것인데 … 힘 있는 사람들이 교사나 공무원을 이용하면서 정치적 중립을 지키지 못하게 할 수도 있으니 그걸 막고 정치적 자유를 보장하려고 헌법이 만들어졌는데, 오히려 지금은 거꾸로 된 상황이죠. 안 씨는 최근 **교사들이 대규모 집회를 하면서도 '소속'을 이야기할 수 없는 현실**에 답답해했다. "내가 어디 소속이라고 말도 못 하는 상황이 현 정부가 이야기하는 자유민주주의 국가에서 있을 수 있는 것인지 되묻고 싶은 거예요. 나는 어디 소속

교사이고, 난 이렇게 생각한다고 말할 수 있어야 하죠.

(202309_텍스트 code 5)

결국 교사들에게 정치적 중립이라는 '족쇄'가 있고 이것이 풀어져야만 민주시민교육이 가능하다는 논조가 한 축에서 구성되며, 교육의 주체인 교사들이 교육정책에 참여하는 행위도 포함시킨다. 그런데 이런 담론들에는 전교조, 서울특별시교육청, 조희연 교육감 등 진보로 대표되는 단어들이 연관되어 등장하며, 선거권 하향, 선거교육, 민주시민교육, 정치적인 교실이라는 단어들이 대표되어 담론을 구성한다. 무엇보다 진보적 성향의 단체와 교육감이 들어서면서 학교에 정치성이 강화되었다는 것을 강조하며 그들의 정치적 영향력으로 인해 선거 연령까지 낮아졌다는 전제하에 학교는 더욱 혼란스러워지고 '정치판'이 될 것이라는 우려를 주요 담론으로 내세운다.

하지만 **교육계에서는 피선거권 하향이 교육현장에 혼란을 부를 수 있다**고 우려한다. 교육공무원법 등 학교의 정치적 중립을 강조하는 현행 체계와 충돌할 수 있다는 지적이다. 교육계에서는 공직선거법 개정이 통과되면 초중등교육법 시행령도 함께 손봐야 한다고 말한다. 서울의 한 고교 관계자는 '고3 학생이 선거에 나간다고 하면 공결 처리해줘야 하냐'며 '당선되면 자퇴해야 하는지, 출석 인정해줘야 할지도 뚜렷하지도 않다'고 말했다.(202112_텍스트 code1)

이렇듯, 교사의 정치 행위는 선거권 하향과 함께 교사들의 직접적인 정치 행동을 하는 것을 언급하며 교사가 직을 유지하면서 정치 행동을 하는 것이 옳으냐 그르냐에 대한 공방으로 이어진다.

그 가운데 교육의 정치적 중립에 대해 교육부를 중심으로 한 교원연수와 러닝메이트제 같은 선거제도 개편에 대한 담론이 이어진다.

> **'정치적 중립 관련 교원 연수를 한다고요? 교사들이 더 바짝 얼어붙겠네요'** … [중략] 구체적으로 '교육공무원의 정치적 중립 의무 준수 등 국가공무원 복무 관리 철저'라는 주문까지 붙어 있다. [중략] 서울 한 중학교의 한 교사는 **'지금도 수업 시간에 정치적인 것에 대해 말하기 조심스러운데 연수를 진행하겠다는 공문이 내려오면서 교사 스스로 발언, 행동을 사전 검열하는 일이 더 심해질 것**이라고 내다봤다.(202205_텍스트 code 3)

> 지사·교육감 러닝메이트제 **정치 중립 훼손**
> (202403_기사 제목 code2)

교사에게 정치적 중립이 족쇄이며 기본권으로서 지켜져야 한다고 주장하는 담론과 그것이 혼란을 야기한다는 공방 담론 사이에서 교원 연수로 직무를 규정하고 선거는 개편하는 방향으로 가고자 한다는 담론의 제시는, 교육의 정치적 중립은 직무이기에 교사들이 정치적 중립을 지킴으로써 법을 준수하고 직무를 행하는 것이 옳다는 담론에 힘을 더 주려는 흐름은 아닐까? 선거제도를 개편함으로써 한편으로는 정치성을 더 명확하게 하고, 정치와 교육을 구분해 교사가 교육자로서의 직무와 정치 행위를 구분하는 담론을 구성하고 족쇄를 더 강화하는 것인가에 대한 의문이 제기되는 지점이다.

Ⅳ. 논의: 교육 중립성 논의 방향은 어떤 방향으로 나아가야 하는가?

본고에서 살펴본 교육의 정치적 중립 담론은 한국 교육의 현주소를 다시금 생각해 보게 한다. 교육 민주화 운동, 혁신교육을 통한 교육 내용, 형식, 정책의 변화를 이어온 지난 10여 년의 노력이 있었음에도 여전히 국민교육기관으로서의 학교라는 큰 틀을 변화시키는 데는 한계가 있지 않을까 돌아보게 되는 것이다. 실제 담론에서 교육부가 등장하고 국가 단위에서 교원의 직무를 강조하고 교원 연수 등이 제시되는 것이 이를 방증한다.

우선, 학교의 역할과 그에 따른 교육 주체에 대한 인식이 여전히 변화하지 못하는 현실이다. 교육의 변화, 사회의 변화, 미래교육에서 요구하는 역량으로 교육 주체들의 행위주체성agency이 강조되는 현 시점에서도 교육의 정치적 중립 담론은 교사의 행위주체성이 중심이 되는 교육은 법을 위반하는 행위라는 메시지를 준다. 즉, 교사는 주체적으로 교육의 방향을 구성해서도 안 되며, 자신의 목소리나 생각이 공유되면 이는 편향된 교사로 낙인찍힐 수 있는 상황이 강조되는 것이다. 교육의 정치적 중립을 지키는 것이 직무인데 직무를 지키는 것이 기본권을 침해하는 것이라고 주장하는 것은 교육자로서 자질 문제까지 이어질 수 있다고 보기 때문이다.

이는 학생을 바라보는 관점으로도 이어진다. 교사가 중립을 지켜야 하는 이유는 학생들을 스스로 판단할 수 있는 주체로 보는 것이 아닌 선동될 수 있는 대상으로 볼 때 가능하다. 학생들을 보호하고 학생으로서 체제에 순응할 수 있도록 가르치는 것이 교육이기 때문에 교사는 학생이 비판적인 생각을 키워가고 자신의 목소리 내는 법을 가르치는 교육이 아니라 주어진 상황에 맞추어 성장할 수 있도록 가르쳐야 할 책무가 있다고 보는 것이 타당하기 때문이다. 결국 교육의 정치적 중립 담론에서 확인할 수 있는 것은, 교육 주체들의 주체성이 아닌 직무를 수행하는 직장인으로서의 교사, 그리고 그들로부터 주어진 것을 답습하는 것이 학생의 역할이라고 한정하는 기존 관점을 벗어나지 못했다는 것이다.

위와 같은 현실에서 민주적인 시민을 함양한다는 교육의 목적이 과연 국민을 길러내는 것인가 아니면 시민을 길러내고자 하는 것인가에 대한 본질적인 합의가 여전히 이루어지지 못한 한국 사회의 현실을 목도하게 된다. 이는 나아가 법으로서 상황을 재단裁斷하고 정치와 교육을 더 분리해 교육을 하는 자는 정치적 중립을 마땅히 지키는 것이 옳다는 이해가 확산하고 있음을 확인시켜 준다. 교사의 기본권이 침해당하고 있다는 토로, 논쟁에 대한 담론이 있었지만, 이는 또다시 진보 성향의 편향된 관점이라는 담론으로 이어졌고 선거 연령 하향화도 학교를 혼란에 빠트릴 뿐이라는 담론으로 강화될 뿐이었다. 결국 교사들이 정치성을 보였을 때의 결과가 직무위반이라는 이유로 징계를 받게 되었다는 제목들을 통해 '정치적 중립을 지키지 않는 것은 그르다'라는 메시지를 던지고 있기에 정치적 중립이라는 족쇄는 더 강화되고 있는 것은 아닐까?

동시에 담론의 또 다른 한편에서 교육감 선거 개편을 제기하고 있다. 구체적으로 러닝메이트제와 같이 일반행정과 교육의 영역을 묶어 보자는 선거개편안 담론이 등장한다. 그런데 여전히 교사직을 유지하고 정치 활동을 할 수 없는 현 상황에서 볼 때, 교사의 직무로서 교육의 정치적 중립을 강조하는 담론과 선거 개편의 필요성이 제기되는 담론이 동시에 등장하는 것은 오히려 정치와 교육을 분리해 보려는 의도가 내포되어 있다고 해석될 수 있지 않을까? 즉, 정치하는 일반 행정직으로 교육감을 규정함으로써 교육의 직을 수행하는 교사들과 정치하는 교육감을 구분하는 것이다. 이는 현재 교육에서 갈등을 형성하는 교사의 정치적 중립의 과제를 해결하기 위한 방안으로 정치적 기본권을 보장하는 방향이 아닌 정치적 중립 의무를 잘 이행할 수 있는, 직무 수행 방향으로 접근하게 한다.

그러나 우리 사회의 민주주의와 학교 교육의 발전이라는 과제를 생각할 때, 교육의 정치적 중립이 교사의 주요 직무라고 상정하는 것이 우리 사회가 나아가야 할 방향인지, 학교 교육의 역할에 부합하는지 다시 생각해 볼 필요가 있다. 현재의 담론은 교사가 정치적 중립을 지키지 않는 것은 편향된 것이라는 데 대해, 그리고 교사가 직무를 위반하는 것이라는 데 대해 교사의 기본권을 침해하는 것이다, 민주시민을 길러내는 교육을 위해 교사의 정치성을 드러내는 것이 옳다는 반론으로 대응하고 있다. 물론, 민주주의와 인권의 관점에서 이는 타당한 설명이지만, 한편으로 그 반론은 법을 지켜야 하는가에 대한 논쟁으로만 귀결된다. 이는 이미 지금까지 이어지는 담론을 통해 확인했다. 그리고 이 논쟁은 결국 수많은 운동, 개혁을 통해 노력했음에도 본질적으로 한국 교육의 변화를 가져오지 못했다고 평가할 수밖에 없다는 사실도 확인했다.

그렇기 때문에 이제 교육의 정치적 중립에 대한 논의는 한국 교육이 교육과정 개정과 미래교육 담론으로 흘러가는 과정에 비추어 보고, 민주주의 사회에서 어떤 교육을 하고자 하며, 이에 따라 학교는 어떤 역할을 하는 곳이어야 하는지에서 다시 출발할 필요가 있다. 그리고 이에 맞추어 교사에게 기대하는 바와 학생에 대한 사회적 인식에 대한 담론으로 확장됨으로써 향후 교육의 정치적 중립 이슈가 법적으로 옳고 그르냐의 문제, 교사로서 직무를 수행했느냐 아니냐의 이분법적인 대응이 아닌 진정한 민주주의를 배우고 실천할 수 있는 역량을 갖춘 시민을 길러내는 교육을 위한 교육 주체들의 역할과 이를 위한 기본적인 조건들에 대해 논의해 볼 수 있지 않을까 기대한다.

참고문헌

강구섭, 주현정(2023). 독일 교사의 정치적 중립성 논의 고찰: 독일 대안당의 교사 정치적 중립성 요구에 대한 논쟁. 교육문화연구, 29(4), 29-48.
권순정, 윤노아, 임혜정, 조현서, 정지수(2022). 학생들의 정치 참여 경험을 통한 학교시민교육 실천 방안 모색. 서울특별시교육청교육연구정보원 교육정책연구소.
권순정(2023). 학습권 보장과 학교폭력 해결 굴레에 갇힌 학생인권 논쟁에 대한 고찰: 교권과의 관계를 중심으로. 교육정치학연구, 30(4), 333-363.
김갑석(2020). 학내에서 교사의 선거운동과 정치적 표현의 자유에 대한 연구. 교육법학연구, 32(3), 1-18.
김상무(2019). 독일의 정치, 사회적 쟁점교육 원칙으로서의 '보이텔스바흐 합의'와 한국 학교교육에 적용가능성 탐색. 교육문화연구, 25(6), 177-197.
김상무(2021). 일반계 고등학교 정치사회적 쟁점교육의 현황과 '보이텔스바흐 합의' 수용가능성에 대한 연구: 교사 FGI를 중심으로. 교육문화연구, 27(2), 259-287.
설규주, 정원규(2020). 학교 민주시민교육을 위한 교육원칙 연구—한국형 보이텔스바흐 합의를 위한 시론적 제안과 적용. 시민교육연구, 52(2), 229-260.
송민석(2022). 사회과 교사의 정치적 중립성 관련 인식 분석. 법교육연구, 17(3), 63-97.
심성보(2018). 사람다움과 시민다움의 조화를 통한 '민주적'시민교육의 모색-보이텔스바흐 합의와 크릭보고서를 중심으로. 윤리교육연구, 47. 253-282.
안성경(2017). 교육에서 정치적 중립성이란 무엇인가?—독일 보이텔스바흐 합의의 함의. 법과인권교육연구, 10(1), 25-38.
유성상, 권순정(2016). 비판적 담론 분석을 통한 혁신학교 언론보도 비교연구: 조선일보와 한겨레 신문을 중심으로. 교육과학연구, 47(3), 67-97.
이동성(2017). 교원의 정치적 중립성 재개념화에 대한 생애사 연구. 교육혁신연구, 27(2), 119-144.
전제철(2021). 교원의 표현의 자유와 품위 유지 의무-부산 S초등 교사의 징계 사건을 중심으로. 법교육연구, 16(3), 157-183.
Fairclough, N.(2003). Analysing discourse: Textual analysis for social research. London: Routledge.
Fairclough, N.(2010). *Critical discourse analysis: The critical study of language (2nd edition)*. London: Routledge.
Hansen, D R, Phelan, A M & Qvortrup A(2015). Teacher education in Canada and Demark in an era of 'Neutrality'. *Transnational Curriculum Inquiry*, 12(1) http://nitinat.library.ubc.ca/ojs/index.php/tci

제9장

학생 정당 가입, 선거연령 하향 이후 학교의 정치교육

이인수

I. 만 18세 학생 유권자의 등장

본 절에서는 만 18세 학생 유권자의 등장 배경과 이들의 참정권에 대해 주로 다룬다. 2019년 12월 5일 공직선거법 개정으로 만18세 이상 대한민국 국민이면 누구나 선거에 참여할 수 있게 되었다.[김경주, 2024] 또한 이때 정당 가입 연령도 만18세로 하향되어[1], 정당 활동 및 정치교육 대상이 일차적으로 만18세 이상인 시민들로 확대될 수 있었다. 그리고 공직선거법 개정으로(2021.12.31) 국회의원, 지방의회 의원 및 지방 자치단체장 피선거권 연령이 만25세 이상에서 만18세 이상으로 큰 폭으로 변경되었고, 이에 발맞추어 정당법이 개정되어(2022.1.22) 정당 가입 연령이 만16세로 하향되었다[이재희, 2022]. 이런 변화로 이제는 만16세 이상인 학생 유권자에 대해서도 정당 정치교육과 학교의 정치교육에 대한 요청이 복합적으로 이루어질 수 있게 되었다.

---

1. 당시 정당법 제22조 제1항에서 발기인 및 당원 자격으로 '국회의원 선거권이 있는 자'라고 규정했기 때문에 공직선거법상 선거 연령이 18세 이상 국민으로 개정되면서 정당 발기인 및 당원 자격 연령도 만18세로 함께 변경되었다고 볼 수 있다(이재희, 2022).

1. 만18세 학생 유권자의 등장 배경

가. 학생 유권자란?

최근 공직선거법 개정으로 국회의원 선거와 지방선거에서 선거권 및 피선거권 연령이 만18세로 하향되었고, 정당법도 이에 발맞추어 정당 가입 연령을 만16세로 하향했다.임유진, 김명정, 2022. 이에 따라 만18세에 해당하는 청소년 상당수는 고등학교에 재학 중인 학생으로, 이들은 제21대 국회의원 총선거(2020.4.15.)부터 선거권을 행사할 수 있게 되었다. 이른바 만18세 유권자인 고등학생들의 참정권 확대가 현실이 된 것이다. 하지만, 학생 유권자인 청소년은 선거 참여와 관련해서 선거권 연령 하향 개정 전부터 현재까지 학교에서 선거권이 있는 학생과 선거권이 없는 학생이 공존하게 되어 '학교 영역의 정치화' 문제가 지속적으로 제기되고 있다김효연, 2021. 이는 민주시민교육을 강조하는 현 시점에서 학생이 유권자로서 선거권을 보장받고 행사하는 것과 그들이 속한 공동체에서 스스로의 정치적 견해를 형성하고 자유롭게 표출하는 것을 학내 정치화라는 우려와 연계해 학생의 정치참여에 대한 반대를 제시할 수도 있다는 점에서 모순적이라고 볼 수 있다.

선거에 참여한다는 것은 선거제도 전반에 대한 이해를 바탕으로 선거 과정에서 각 정당의 이념이나 주요가치, 공약, 정책 등을 면밀하게 분석한 뒤 직접 선택해 보는 것을 의미한다홍세영 외, 2020. 이런 의미에서 볼 때, 학생 유권자가 선거권을 갖는다는 것은 정치적 의사결정의 주체이자 대한민국의 주권자로서 공동의 의사결정에 참여하는 것을 말한다. 따라서 만18세 선거권은 청소년으로 하여금 성인과 동등한 정치적 의사결정 주체로 보는 인식을 확산하는 시발점으로 작용할 수 있다.

나. 대한민국 참정권의 변천 과정

대한민국의 참정권은 1948년 제헌국회의 총선거 당시 만21세 이상을 유권자로 규정한 것에서 시작되었다 송보희, 2017. 이후 1960년에는 민법상 성인의 기준인 '만20세'부터 선거에 참여할 수 있게 되었다. 2005년 8월 공직선거법 개정 이후부터 학생 유권자가 등장하게 된 2019년 12월 공직선거법 개정 이전까지는 만19세 이상이 선거권을 가질 수 있었다. 선거 연령 만18세 하향에 대한 논의는 2017년 1월 공직선거법 개정안이 7건 발의된 바 있으며, 중앙선거관리위원회에서도 만18세 청소년들의 독자적인 신념과 정치적 판단으로 선거권을 행사할 수 있는 소양을 갖췄다고 인정 서울신문, 2017.2.1. 하기에 이르렀다. 물론 당사자인 청소년들 스스로도 만18세 참정권 확대 캠페인 등 다양한 활동을 통해 자신의 목소리를 내기도 했다. 이상의 과정을 표로 정리하면 다음과 같다.

〈표 7〉 대한민국 참정권 변화

구분	선거권자 연령
제헌국회 총선거(1948.5.10.) ~ 제4대 국회의원 선거(1958.5.2.)	만 21세 이상
제5대 국회의원 선거(1960.7.29.) ~ 2005.8.4. 공직선거법 개정 전	만 20세 이상
2005.8.4. 공직선거법 개정 후 ~ 2019.12.5. 공직선거법 개정 전	만 19세 이상
2019.12.5. 공직선거법 개정 후 ~ 현재	만 18세 이상

*출처: 국회입법조사처(2017) 『이슈와 논점』 제1244호 내용을 바탕으로 최신 자료로 수정.

2. 학생의 참정권과 정치 참여

가. 기본권으로서의 학생의 참정권

"인간은 정치적 동물이다." 철학자 아리스토텔레스가 한 이 말은 모르는 사람이 없을 정도로 유명하다. 여기서 아리스토텔레스가 말하고자 한 것은, 인간이란 정치적 이슈에 민감하게 반응할 수밖에 없다는 이야기가 아니다. 이 말을 제대로 이해하려면 그가 살던 시대에 대한 배경 지식이 필요하다. 이와 관련하여 도움이 될 내용은 다음에 소개한다생글생글, 2013. 7. 12..

아리스토텔레스는 고대 그리스의 아테네라는 도시국가에 살았다. 당시 그리스 지역에는 크고 작은 수많은 도시국가가 있었는데, 옆 동네에는 페르시아나 마케도니아 같은 대제국도 있었지만, 그리스 사람들은 도시국가가 더 완전한 국가 형태라고 자부했다. 페르시아 같은 제국은 한 명의 왕이 다수의 신민을 통치하는 반면, 도시국가는 평등하고 자유로운 시민이 민주적으로 국가를 운영하기에 도시국가가 우월한 정치 형태라고 본 것이다. 아리스토텔레스의 생각도 마찬가지였다. 당시 사람들은 그리스 지역에 퍼져있던 도시국가를 '폴리스'라고 불렀다. 인간이 폴리스적인 동물이라는 것은, 인간이란 정치공동체를 이루며 살아갈 수밖에 없는 존재라는 말과 같은 것이다.

그렇다면 아리스토텔레스는 인간이 왜 정치공동체를 이룰 수밖에 없는 존재라고 한 것일까? 두 가지 이유가 있다.[2] 우선, 생존 때문이다. 인간은 홀로 살아갈 수 없는 나약한 존재다. 인간이 안정적으로 살기 위해서는 공동체가 꼭 필요하다. 다음으로는 국가를 통해 비로소 개인이 완전한 인간이 될 수 있다고 생각했기 때문이다. 국가라는 정치공동체에 소속되지 않으면, 개인은 자급자족하지 못할 뿐 아니라 완전한 인간이 되지도 못한다.

이 같은 관점에서 볼 때 우리 헌법이 대한민국이라는 정치공동체에서 모든 국민이 자유로운 존재로서 스스로의 삶에 대한 결정의 주체성을 보장받아야 한다는 것을 헌법의 목표로 제시하는 것은 아리스토텔레스의 의견과 상통하는 바가 있다김효연, 2021. 이는 우리 헌법 제10조 전단에서 규정하는 "모든 국민은 인간으로서의 존엄과 가치를 가지며…"라는 구절에서 확인할 수 있다. 동 규정은 헌법의 목표 이념으로, 모든 인간은 개인

---

2. https://sgsg.hankyung.com/article/2013071221871(검색일: 2024. 9. 9.)

으로서 고유한 존엄과 가치를 지니며, 공동체의 구성원으로서 목적적 존재로 대우받아야 할 인격적 존재임을 나타낸다. 헌법재판소[3]도 이 조항과 관련해 헌법에 부합하는 인간상을 "자신이 스스로 선택한 인생관, 사회관을 바탕으로 사회공동체 안에서 각자의 생활을 자신의 책임 아래 스스로 결정하고 형성하는 성숙한 민주시민"으로 제시한다.

요컨대, 우리 헌법의 목표 이념과 관련해 적용 대상이 모든 국민이므로 만18세 이상 청소년, 즉 학생 유권자뿐만 아니라 만18세 미만의 학생들도 헌법에서 제시하는 인간상에 부합되기 위해서는 스스로의 판단, 결정, 책임능력 그리고 공동체 생활의 적응력을 학습하고 실현할 수 있는 환경이 사회·법·제도적으로 마련될 필요가 있다^{김효연, 2021}. 청소년들의 성숙한 민주시민으로서의 환경 조성을 위한 사회, 법, 제도 마련을 위한 정부 차원의 노력은 매우 중요한데, 특히 만18세 학생 유권자들이 기본권으로서 자신의 참정권을 보장받기 위한 법적 근거에는 무엇이 있는지에 대해 헌법과 UN아동권리협약, 개별 법률 등을 중심으로 살펴보고자 한다^{김윤희, 남화성, 2022}.

1) 헌법이 지향하는 인간상

우리 헌법은 제10조 전단의 규정을 통해 모든 국민이 대한민국 정치공동체 안에서 자유로운 존재라는 것을 밝히고, 스스로의 삶에 대한 결정의 주체성이 보장되는 것이 목표라는 것을 명시한다. 즉 헌법 제10조 전단에서는 '모든 국민은 인간으로서의 존엄과 가치를 가지며…'라고 규정하여, 모든 인간은 존엄한 존재로서 가치를 지닌 존재로, 공동체의 구성으로서 목적적 존재로 대우받아야 할 인격적 존재임을 밝힌 것이다.

이처럼 헌법 제10조 전단의 규정을 통해 헌법의 목표 이념과 우리 헌법

---

3. 헌재 1998. 5. 28. 96헌가5; 헌재 2000. 4. 27. 98헌가16 등

이 예정하는 인간상을 도출해낼 수 있는데, '스스로 선택한 인생관, 사회관을 바탕으로 하여 사회공동체 안에서 각자의 생활을 자신의 책임 아래 스스로 결정하고 형성하는 성숙한 시민'으로 제시한다. 헌법에 나타나는 자율적 인간상에 따르면, 청소년은 자기 판단을 할 수 있고, 자기 결정 능력이 있으며, 자기 책임 능력과 더불어 공동체에서 생활할 수 있는 적응 능력을 갖춘 인격체로서 발달해야 한다는 것을 나타낸다. 당연히 이를 위해 공동체는 청소년이 학습하고 실행할 수 있는 사회, 법, 그리고 제도가 환경적으로 마련해주어야 할 것이다.

요컨대, 최근 이루어진 청소년의 정치적 참여와 관련된 정치 관계법 개정을 정리해보면 다음과 같다.김윤희, 남화성, 2022.

첫째, 2019년 12월 27일 국회는 만18세 이상에게 투표권을 부여하는 공직선거법 개정안을 통과시킴으로써 543,942명의 대한민국 국민에게 실질적 주권자로서의 지위를 회복시켰다.

둘째, 이후 25세의 피선거권 연령을 규정한 공직선거법 제16조 제2항과 제3항을 개정하여 국회의원과 지방의회의원 및 지방자치단체장의 피선거권 연령을 1948년 이후 73년 만에 만18세로 하향 개선 입법을 했다.

셋째, 2022년 1월에는 정당법 제22조 제1항 규정을 개정해 16세 이상의 국민이 정당 발기인 및 당원이 될 수 있게 했다.

넷째, 공직선거법과 정당법의 개정은 청소년의 정치적 참여를 법·제도적으로 확장해 대한민국 청소년의 주권자 지위를 확인하고 구체화시켰다는 점에서 의미가 있다.

2) 헌법적 근거

가) 헌법 제1조, 제11조 제1항

우리 헌법 제1조 제1항의 민주공화국의 원리는 헌법 제1조 제2항의 국민주권의 실현과 제11조 제1항의 평등과도 불가분의 관계다. 이런 불가분성은 민주공화국의 원리가 소수 국민이 아니라 국민을 구성하는 모든 사람을 공동으로 그리고 평등하게 국가권력인 정치적 지배권의 정당성의 원천으로 인식하고 있다는 점에서 이해될 수 있다. 김선택[4]2008은 이와 관련해 공화국의 원리를 다음과 같이 해석하는데, 이를 참고해보자.

> "공화국의 실질적 이해에 따를 때, 시민의 자유는 국가로부터의 자유가 아니라 국가에로의 자유, 즉 적극적 자유, 국가에 참여하는 자유여야 하고, 나아가 어느 누구에게도 예속되지 않아도 되게끔 하는, 즉 비지배적 자유를 향유할 수 있는 조건의 보장을 요구할 권리로 이해한다. 여기서 적극적 자유는 전통적으로 능동적 권리라 불려온 정치적 자유권의 실효성 있는 보장을 요구하는 것으로 볼 수 있다."

다음으로 헌법 제11조 제1항의 평등과의 불가분성 역시 비슷한 논리로 설명될 수 있다김효연, 2021. 공동체 구성원인 모든 국민은 공동체 질서 형성에 참여할 수 자유가 있으며, 이런 자유는 모든 국민에게 평등하게 인정되어야 하기 때문이다. 헌법 제11조 제1항에 의해 보장되고 요구되는 평등은 정치적 의사결정과정에 참여할 수 있는 권리로, 정치권력 획득을 가능하게 하거나 그것을 대상으로 하는 모든 권리를 포함한다. 구체적으로는 헌법 제21조의 언론·출판·집회·결사의 자유, 헌법 제24조에 의한 선거권, 헌법 제25조의 피선거권을 비롯한 공무담임권, 헌법 제8조 제1항 정당의 설립 및 활동의 자유 등이 있다.

요컨대, 대한민국 정치공동체의 구성원인 청소년 역시 헌법 제1조 제2

---

4. 김선택, 공화국원리의 헌법해석, 월간법 제2008권 9호, 법제처, 2008, 45-47쪽.

항에 의해 국민으로서 정치적 의사결정과정 참여에 대한 기회의 평등을 보장받는다. 이는 정치적 참여를 구체화하는 모든 헌법상의 권리들 역시 청소년들이 향유할 수 있어야 함을 의미한다.

나) 헌법 제21조 표현의 자유

헌법 제21조 제1항 전단의 언론·출판의 자유는 개인의 자유로운 인격 발현의 수단임과 동시에 합리적이고 건설적인 의사 형성 및 진리 발견의 수단이며, 민주주의 국가의 존립과 발전의 전제로서 의의를 지닌 기본권이다. 특히 오늘날 선거는 정치공동체 구성원의 참여가 필수적이다. 왜냐하면, 선거는 선거 과정에서 자유롭게 스스로의 의견을 표명하고 상호교환이 가능한, 즉 정치적 의사 표명이 보장될 때 비로소 그 기능을 다할 수 있기 때문이다. 따라서, 헌법 제21조 제1항 전단에서 보장하는 언론·출판의 자유는 청소년에게 공동체의 정치 상황에 대한 정보를 습득·판단할 수 있게 하는 수단이자 자유로운 비판과 스스로의 이익에 대한 의사를 표명할 수 있는 수단으로 작용할 뿐만 아니라 공동체의 정치적 의사결정과정에 참여할 수 있게 하는 전제이기도 하다[김효연, 2021]. 한편 방승주(2003)는 국가 결정에 영향력을 행사할 수 있게 하는 국민 참여에 대해 국가기관으로 하여금 국민이 경험적 합의에 끊임없이 구속되게 함으로써 경험적 정당성을 강화시키게 되며, 결국 규범적인 정당성을 대체할 수는 없으나 이를 보완할 수 있을 것으로 보았다.

한편, 헌법 제21조 제1항 후단의 집회·결사의 자유는 언론·출판의 자유와 함께 표현의 자유로 보장된다. 집회·결사의 자유는 집회를 통해 형성된 의사를 집단적으로 표현하고 이를 통해 불특정 다수의 의사에 영향을 주는 것을 보장하는 것이다. 집회·결사의 자유는 공동체 구성원들이 자유로운 교류를 통해 정보와 의견을 교환하고 공동 목표를 달성하기 위한 집단적 의사 표명을 가능케 함으로써 구성원 개인의 개성을 신장시키고 여론 형성에 영향을 미치는 역할을 한다는 점에서 중요하다.^{헌재 2000헌가 2·2012헌가13}

표현의 자유를 제한하는 입법을 판단함에 헌법재판소의 입장은 다음과 같다. 즉 표현의 자유에 대한 범위를 확대하고자 했다.

> "오늘날 정치적 표현의 자유는 자유민주적 기본질서의 구성요소로서 다른 기본권에 비해 우월한 효력을 가진다고 볼 수 있고^{헌재 2004.3.25. 2001 헌마 710}, 정치적 표현의 자유가 억압당하는 경우에는 국민주권과 민주주의 정치원리는 공허한 메아리에 지나지 않게 될 것이므로, 이를 제한하는 입법에 대해서는 엄격한 심사기준을 적용해야 할 것이다."

요컨대, 헌법 제21조 제1항의 언론·출판의 자유와 집회·결사의 자유는 청소년들이 주도적으로 자유롭게 자신의 의견을 표현하게 하는 장치가 될 수 있다. 또한 이를 통해 청소년의 이익에 대한 의견을 형성하고 공동체의 의사결정과정에 반영할 수 있게 하는 수단이 될 수 있다는 점에서 실질적인 의의가 있다.[김효연, 2021; 김윤희, 남화성, 2022]

다) 헌법 제8조 제1항의 정당의 설립 및 활동의 자유

헌법 제8조 제1항에서는 '정당 설립은 자유이며, 복수정당제는 보장된다.'고 규정한다. 즉 헌법상 자유권 관련 조항에 따르면, 누구나 국가의 간섭을 받지 않고 정당에 가입하거나 탈퇴하는 등의 활동에 참여할 수 있는 자유가 보장되어 있다. 이런 정당 설립 및 활동의 자유는 현대 민주주의에서 국민의 정치 의사 형성을 실현시켜 주는 역할을 하기 때문에 정당이 없는 민주주의는 제대로 기능하기 어려우며, 민주주의 실현에 필수적인 요소라고 볼 수 있다.

한편, 헌법재판소는 정당의 기능과 관련해 "정당은 국민과 국가의 중개자로서 정치적 파이프의 기능을 수행해 주체적·능동적으로 국민의 다원적 정치의사를 유도 통합함으로써 국가정책 결정에 직접 영향을 미칠 수 있는 규모의 정치적 의사를 형성하고 있다. 구체적으로는 각종 선거에서의 입후보자 추천과 선거활동, 의회에서의 입법활동, 정부의 정치적 중요 결정에의 영향력 행사, 대중운동의 지도 등의 과정에 실질적 주도권을 행사한다."라고 제시했다.헌재 2003. 10. 30. 2002헌라1, 판례집 15-2하, 17.

정당의 역할 중 하나는 국민의 의사를 국가의사의 형성에 반영될 수 있게 해주는 통로가 되는 것이다. 이처럼 정당은 정치권력을 담당하는 국가기관들과 국민 사이를 중개함에 따라 의사 형성 과정에서 상호 피드백이 이루어지게 한다. 이런 기능은 청소년에게도 마찬가지로 적용될 수 있으며, 그들이 선거 외의 방법으로 자유로운 정당 가입 및 활동을 하게 하여 청소년들의 의사를 국가의사의 형성에 반영하는 매개체로서 역할도 할 수 있을 것이다.

특히 청소년들은 특정 시기에만 권리를 행사할 수 있는 선거 외의 정당 가입 및 활동 방법으로 일상적으로 그들의 의사를 공동체의 의사로 반영할 수 있도록 영향력을 행사할 수 있는 수단이자 정치적 활동을 체험할 기회가 된다는 점에서 청소년의 정치적 참여 실현에 중요한 방법이 될 수 있다.김윤희, 남화성, 2022.

라) 헌법 제24조, 제25조 선거권과 피선거권

헌법 제24조에서는 "모든 국민은 법률이 정하는 바에 의해 선거권을 가진다."라고 규정하며, 헌법 제25조에서는 "모든 국민은 법률이 정하는 바에 의해 공무담임권을 가진다."라고 규정하여 선거권과 피선거권의 주체가 모든 국민임을 명시한다. 이 규정에 따라 대한민국 국적을 보유한 청소년들도 선거권과 피선거권의 주체가 됨을 알 수 있다. 그럼에도 현행 공직선거법상 규정된 '만18세'라는 선거권 연령과 25세의 피선거권 연령에 의해 헌법상 보장된 헌법상 선거권과 피선거권을 제한받는다^{김효연, 2021}.

그러나 현대 사회의 다원적 민주주의하에서는 자율적으로 구성된 다수 집단의 의사들이 공동체에서 합의된 근본이념에 반하지 않는 범위에서 각 집단 의사를 형성하여 이를 반영하기 위해 자유롭게 국가의사결정 과정에 참여할 수 있어야 한다. 하지만 이 부분에서 '만18세 미만 청소년'들의 정치적 기본권 제한이 문제로 제기될 수 있다. 즉 민주적 정당성을 부여할 수 있는 선거의 참여가 제한되어 있고, 대의기관의 구성원으로서 자신의 권리를 행사할 수 없다는 것이다.

3) UN아동권리협약 상의 근거

UN아동권리협약은 청소년의 정치적 참여와 관련하여 대표적인 규정들이 있는데, 그중 몇 가지만 살펴보면 다음과 같다^{김윤희, 남화성, 2022}. 제12조[5]에서 의견 및 참여의 권리를 규정해 일반원칙으로 제시한다. 또한 제13조[6]에서는 표현의 자유를, 제15조[7]에서는 결사 및 평화적 집회의 자유를 규정한다. 이상의 규정은 UN아동권리협약 상의 청소년의 참여의 권리

---

5. 제12조(의견 및 참여의 원칙)
  1. 당사국은 자신의 의견을 형성할 능력을 갖춘 아동에게는 본인에게 영향을 미치는 모든 문제에 대해 자유롭게 의견을 표현할 권리를 보장하고, 아동의 나이와 성숙도에 따라 그 의견에 적절한 비중을 부여해야 한다.
  2. 이 목적을 위해 당사국은 아동에게 영향을 미치는 사법적, 행정적 절차를 시행함에 아동이 직접 또는 대리인이나 적절한 기관을 통해 의견을 진술할 기회를 국내법 준수의 범위에서 갖도록 해야 한다.
6. 제13조(표현의 자유의 권리)
  1. 아동은 표현할 권리를 가진다. 이 권리는 말이나 글, 예술형태 또는 아동이 선택하는 다양한 매체를 통해 국경과 관계없이 모든 정보와 사상을 요청하며 주고받을 수 있는 자유를 포함한다.
7. 제15조 (결사 및 평화적 집회의 자유)
  1. 당사국은 결사의 자유와 평화적 집회의 자유에 대한 아동의 권리를 인정한다.
  2. 민주사회의 법체계 안에서 국가안보나 공공의 안전, 공공질서, 공중보건과 도덕의 보호 또는 타인의 권리와 자유의 보호를 위해 필요한 경우 외에는 이 권리의 행사에 어떤 제한도 가해서는 안 된다.

를 국제적으로 확인시켜 준 것이다. UN아동권리협약은 우리나라 청소년 인권의 향상과 관련된 법, 제도, 정책의 근거가 된다. 우리 정부가 UN아동권리협약 가입 후 제출한 국가보고서와 UN아동권리위원회의 권고안을 살펴보면, 정부가 UN아동권리협약 상의 규정을 반영하기 위해 법, 제도, 정책적 개선의 노력을 했다는 것을 확인할 수 있다.

하지만, UN아동권리위원회로부터 개선 권고를 받아오는 부분이 바로 청소년의 의견표명권을 보장하기 위한 절차적·정책적 미비인 것은 재고할 필요가 있다. 즉 청소년의 견해 존중과 관련하여 위원회는 "청소년의 참여는 여전히 선택적이고 특정 주제에 한정되어 있으며, 학업성적을 조건으로 한다는 점, 그리고 청소년의 견해가 고려되는 경우는 거의 없다는 사실을 유감스럽게 생각한다. 청소년의 의견을 진술할 권리에 관한 위원회의 일반논평 제12호^{2009}를 고려하여, 위원회는 청소년의 견해가 그들과 관련된 가정, 학교, 법원 및 관련 행정 절차와 기타 절차에서 정당하게 고려될 수 있도록 보장할 것을 당사국에 촉구하며, 이는 학교 내 모든 아동에게 자신의 견해를 표현할 기회를 보장할 것"이라고 의견을 제시했다.

4) 청소년기본법에 따른 청소년 참여 보장

청소년기본법 제2조 제1항과 제2항에서는 청소년기본법의 기본이념과 추진 방향을 제시한다. 이는 청소년들의 자유로운 활동 보장, 민주 시민으로 성장할 기회 보장을 위해 청소년의 참여 보장을 중요한 방향으로 규정하는 것이다. 제1항에서는 "이 법은 청소년이 사회구성원으로서 정당한 대우와 권익을 보장받음과 아울러 스스로 생각하고 자유롭게 활동할 수 있게 하며 보다 나은 삶을 누리고 유해한 환경으로부터 보호될 수 있도록 함으로써 국가와 사회가 필요로 하는 건전한 민주시민으로 자랄 수 있도록 하는 것을 기본이념으로 한다."라고 규정하여, 청소년의 자유로운 활동 보장과 유해환경으로부터의 보호를 통해 건전한 민주시민으로 성장할 기회를 보장해야 함을 명시한다.김윤희, 남화성, 2022.

또한, 청소년기본법 제5조의2 청소년의 자치권 확대 조항에서는 청소년이 사회 구성원으로서 본인과 관련된 청소년 의사결정에 참여할 권리를 보장한다. 그리고 국가 및 지방자치단체 차원의 청소년 참여를 보장하기 위한 기구로서 '청소년참여위원회' 설치 운영 근거를 제시하는 등, 청소년의 사회참여 활성화를 위한 적극적인 조치들을 제도화해 보장한다. 그러나 해당 법령의 조문 내용이 '참여할 권리'와 관련된 조항임에도 '자치권'으로 개념화하면서 청소년의 참여 보장 영역 또는 범위를 정부 및 지방자치단체 단위로 제한한다는 지적도 제기될 수 있다.

한편, 청소년기본법 제10조(청소년정책위원회), 제12조(청소년특별회의의 개최) 등을 통해 청소년정책과 관련한 청소년의 참여 기회를 보장하기 위한 제도적 근거들을 마련해놓고 있다. 우선 청소년정책위원회는 청소년정책에 관한 주요 사항을 심의·조정하기 위해 30명 이내의 위원으로 구성되는 여성가족부에의 위원회로, 여성가족부 장관이 당연직 위원장이 되고 주요 관계부처 차관과 청소년전문가, 청소년정책 관련 활동 실적이 풍부한 청소년 중 여성가족부 장관이 위촉한 청소년을 위원으로 두도록 정하고 있다. 이 조항에서는 청소년의 비율은 전체 위원 중 5분의 1 이상으로 구성되어야 한다고 정함으로써 청소년의 참정권을 보장한다. 다음으로 청소년특별회의는 '범정부적 차원의 청소년 정책과제 설정 추진 및 점검'을 위해 청소년 분야 전문가와 청소년이 참여하는 회의로 매년 개최된다. 전국 17개 시·도 청소년 지역회의를 통해 지역별 의제를 발굴하고, 범정부 청소년 정책과제로 제안하기 위한 예비회의, 본회의를 개최하는 등의 과정으로 운영된다.

요컨대, 이상의 조항들은 청소년정책에 대한 청소년의 참여 기회가 제도적으로 보장되어 있다는 점에서 긍정적이라고 할 수 있으나, 청소년의 실질적인 발언권과 결정권 보장 수준이나 참여 청소년의 대표성 문제, 여성가족부 정책사업 중심의 참여에 따라 교육부나 고용노동부, 보건복지부 등의 다양한 청소년 관련 부처의 실효성 있는 정책변화에 영향을 끼치기 어렵다는 한계 등이 지적될 수 있다.

나. 학생의 정치참여에 대한 인식 개선

최근 SNS의 발달로 청소년의 온라인 정치참여가 활발해지고 있다. 청소년 정치참여란 청소년이 자신의 삶에 영향을 미치는 의사결정과정에 능동적으로 관여하는 과정이다^{하정화, 2018}. 이런 청소년 참여의 의의는 다음과 같다^{이지향, UN, 2019}.

첫째, 보다 나은 의사결정 결과를 유도한다.
둘째, 청소년 복지와 청소년 개발을 증진한다.
셋째, 인권과 민주주의에 대한 관심과 이해를 촉진한다.
넷째, 청소년 보호를 실현한다.
다섯째, 청소년 권리의 향상을 가져온다.

청소년들의 경우, 그동안 투표권이 없었기 때문에 선거를 통한 정치활동 영역이 제한되었다. 오히려 집회나 서명운동 같은 비통상적 참여활동이 정치참여의 주된 활동이었다^{이창호, 2020b}. 특히 청소년들은 오프라인보다 온라인에서 정치활동이 두드러졌다. 예컨대, 그들은 SNS를 통해 정치적 의견을 표명하고 정치적 항의를 표시하며 공직자에 대한 압력도 행사했다^{김효연, 2018}. 하지만 이제 만18세 유권자인 청소년의 투표권이 보장됨에 따라 이들의 온라인, 오프라인 정치참여가 활성화될 것으로 보인다.

앞으로 청소년, 즉 학생 유권자 혹은 유권자가 아닌 학생들의 정치참여에 대한 인식 개선을 위해서는 어떤 노력이 필요한지 살펴보자. 여기서는 두 가지 차원으로 접근해 보고자 한다.

첫째, 제도화된 청소년 참여기구를 통한 정책 참여가 있을 수 있다. 이를 구체적으로 살펴보면 다음과 같다.[하정화, 2018] 청소년 참여기구는 정부 및 지방자치단체가 청소년정책 수립과 추진과정에 청소년의 시각과 입장을 적극적으로 개진할 수 있도록 마련된 제도적 기구다. 제도화된 청소년 정책참여기구는 청소년참여위원회, 청소년운영위원회, 청소년특별위원회가 있다. 이들 기구의 기능은 〈표 8〉과 같다.

〈표 8〉 청소년참여기구 구성 및 기능

구분	청소년특별회의	청소년참여위원회	청소년운영위원회
구성	1개 300여 명 (17개 지역회의)	189개 4,000여 명	305개 5,000여 명
운영기관	여성가족부	여성가족부/지자체	청소년수련시설
법적 근거	청소년기본법 제12조	청소년기본법 제5조의2	청소년활동진흥법 제4조
설치 목적	청소년과 전문가가 참여, 범정부차원의 청소년 정책 설정 및 추진 점검	정부 및 지자체 정책 및 사업과정에 참여, 청소년시책의 실효성 제고 및 권익 증진	청소년수련시설 운영·프로그램 관련 청소년의 자문·평가 통해 청소년의 수요·의견 반영한 시설 운영
기능	청소년들이 발굴한 정책과제를 정부에 제안	청소년들이 국가 및 지자체 정책형성·집행과정에 주체적으로 참여	청소년수련시설 사업 및 프로그램 운영 관련 의사결정 참여

*자료: 하정화(2018). p.400.

다음으로는 청소년들의 참여를 위한 인식을 개선하고 여건을 마련[8]하기 위해서는 어떻게 해야 할지에 대한 구체적 논의 결과다.[이혜숙, 이영주, 2019]

첫째, 청소년, 학부모, 교사 모두 청소년 참여에 관한 사회적 인식 개선이 필요하다. 입시교육체계 아래 청소년은 시간 여유가 없고, 부모와 교사도 청소년 참여에 곱지 않은 시선을 갖고 있는 게 현실이다. 또한 참여하지 않는 학생조차 청소년 참여기구 활동을 일종의 스펙 쌓기나 특

---

8. 2017년 기준 청소년참여기구, 청소년민간단체 참여 청소년과 청소년수련시설 담당자 대상 FGI 조사 결과 재인용.

정 학생의 전유물로 인식하고 있다. 참여 학생도 성적 하락 우려와 미래 부담으로 참여를 주저하는 등, 청소년 참여에 관한 사회적 인식이 저조하다.

둘째, 참여를 지속하기 어려워 기존 정책(활동) 개선이 필요하다. 유관 기관은 청소년의 의견을 듣는 것 자체를 참여로 보아 제한적인 참여만 가능하다고 생각하는 경향이 있다. 따라서 이에 회의적인 청소년도 많고 청소년 참여 수준도 천차만별이다. 따라서 청소년 참여 시 실질적 권한이나 피드백을 강화하고, 학사일정을 배려하며, 예산 반영 시기 조정 등 현행 제도적 모순을 개선할 필요가 있다. 또한 의회 형식이 아니라도 지역사회 내 다양한 참여프로그램 마련 등, 실질적인 청소년 참여를 강화하는 것이 바람직하다.

셋째, 참여 청소년이 한정적이어서 보편적 참여가 확산될 필요가 있다. 청소년 참여에 무관심하거나 아예 모르는 학생이 다수인 가운데 일부 청소년이 중복 참여하고 있으며, 참여 청소년 간 교류도 부족한 형편이다. 청소년 참여기구에 대한 인지도 낮고, 일반 청소년에게 주는 영향도 미미하다고 인식하고 있다. 따라서 청소년 참여를 동기화하고, 다양한 참여 통로와 논의의 장을 마련해 참여 관련 정보를 공유 및 홍보를 확산하며 청소년 참정권의 단계적 확대를 강조할 필요가 있다.

Ⅱ. 선거연령 하향의 의미와 쟁점

본 절에서는 만18세 학생의 참정권과 관련하여 선거연령 하향의 의미와 쟁점을 주로 다룬다. 선거연령 하향은 18세 고등학생에게 기존 성인으로 제한되었던 참정권을 부여하는 것으로, 해당 학생들이 자신의 목소리를 투표로 증명할 수 있다는 것을 뜻한다손윤호, 2022. 18세 선거권은 선거권 행사를 통한 현실 정치 참여 경험이 곧 시민교육이라는 의미도 있다. 이때 제도적 민주주의로서 선거권 부여만으로는 충분하지 않으며, 일상적 민주주의 경험이 필요하다. 그런데 18세 학생 유권자의 경우 그들 대부분의 일상이 학교에서 이루어지기 때문에 민주주의 경험이 중요하다고 할 수 있다홍세영 외, 2020. 이번 공직선거법 개정으로 선거권 연령이 하향되었으나 이것으로 선거연령 하향 논쟁이 끝난 것은 아니다이수범, 송민호, 2020. 여전히 보완 또는 정리되어야 할 쟁점 사항이 남아 있다.

1. 선거연령 하향의 의미

가. 선거연령 하향이란?

제21대 국회의원 총선거(2020.4.15.)부터 우리나라에서도 만18세 청소년, 즉 학생 유권자가 선거권을 행사할 수 있게 되었다. 선거권 연령 제한은 1948년 만21세로 설정된 이후 1960년에 만20세로 처음 하향 조정되었으며, 이후 2005년에는 만19세로 두 번째 조정되었다김효연, 2017. 이 같은 선거권 연령 규정은 현행 헌법에서 직접적인 언급이 없기 때문에 보완 방법으로 법률을 규정하고 있으며, 입법자의 입법형성권 재량의 범위에 있는 것으로 보고 합헌으로 결정해왔다이재희, 2020; 이인수, 2020.

본 장에서는 만18세 청소년, 즉 학생 유권자가 선거권을 행사할 수 있게 된 것을 가리켜 '선거연령 하향'이라고 부르기로 한다. 이는 2005년 이후 약 15년 만에 선거권 연령이 하향한 것이다남미자, 장아름, 2020.

나. 선거연령 하향의 의미

최근 공직선거법 개정으로 만18세 이상 청소년이면 선거권을 갖고, 국회의원, 지방자치단체의 장 및 지방의회의원으로 출마할 수 있는 피선거권을 갖게 되었다. 정당법도 개정되어 정당 가입 연령이 만16세 이상으로 하향 조정되었다. 이로 인해 청소년들은 투표에 참여하고 선거에 출마할 수 있게 되었다. 자신이 원하는 정당에도 가입해 활동할 수 있게 되었다 박은아 외, 2022.

선거에 참여한다는 것은 선거제도 전반에 대한 이해를 바탕으로 선거 과정에서 각 정당의 이념이나 주요 가치, 공약, 정책 등을 면밀히 분석한 뒤 선택하는 것을 의미한다. 이는 정치적 의사결정의 주체로서, 대한민국의 주권자로서 자신의 권리를 실행하는 것이다. 선거연령 하향으로 청소년은 민주주의 사회의 미래 시민으로서 정치적 참여와 시민의식을 발전시킬 필요가 있다. 학생 유권자의 선거권 행사는 자신의 정치적 의사를 표현함으로써 스스로의 이익이나 권리를 추구하는 동시에 인간의 정치적 본성을 충족시키는 과정이 될 수 있다 김효연, 2016: 10. 그러므로, 만18세 선거권은 청소년을 성인과 동등한 정치적 의사결정의 주체로 보는 인식을 확산하는 시작점이 될 수 있다 홍세영 외, 2020.

또한 공직선거법 개정으로 정당 가입이 가능한 만16세 청소년은 학교 교육을 받고 성장하는 시기이며, 종합적이고 추상적인 사고가 가능하고, 이성적 판단이 가능하며 이를 점점 발전시켜 가는 중요한 시기다. 이 시기에 시민의식 발전과 시민참여에 관심을 갖고 자기 생각을 관철하고 피력하는 과정은 청소년의 발달에도 도움이 되며, 결과적으로 시민참여를 촉진할 수 있다. 선거연령 하향을 통해 청소년은 사회적 문제와 이슈에 대해 자신의 의견을 형성하고 표현할 기회를 얻을 수 있고, 더 많은 젊은 세대의 선거 참여는 정치 참여 문화를 형성할 수 있다 김경주, 2024.

이런 청소년의 정치참여는 다양한 연령대의 의견과 관점이 반영되어 풍부하고 다양한 정책 발전에 영향을 미칠 수 있다. 한마디로 청소년의 정치참여는 기성세대의 의견과는 다른 새로운 시각으로 접근할 수 있어 기존 틀에서 벗어난 정책들이 많이 발굴될 수 있다. 또한 청소년의 직접적인 참여로 청소년 스스로 사회 및 정치 문제에 관심을 가지면서 이해도가 높아져 교육 수준 향상도 기대해 볼 수 있다. 이는 그들의 우려와 욕구가 정책 결정에 반영될 가능성이 높아지며, 또래들의 지지를 받을 수 있고, 이런 정책이 궁극적인 결과를 이끌어 내면 또래 집단의 정치 참여도 확대되는 선순환의 민주주의 생태계가 형성될 것이다.

2. 선거연령 하향 관련 쟁점

가. 공직선거법상 선거권 연령 규정과 다른 법률의 연령 규정상 형평성

「민법」 제801조에 따르면, '18세가 된 사람은 부모나 미성년후견인의 동의를 받아 약혼할수 있다. 이 경우 제808조를 준용한다'고 규정하며, 제807조는 '만18세가 된 사람은 혼인할 수 있다'라고 규정한다. 「병역법」 제8조에서는 '대한민국 남성은 18세부터 병역준비역에 편입된다'라고 규정한다. 「공무원임용시험령」 제16조는 8급 이하 공무원 시험에 18세 이상부터 응시할 수 있다고 규정한다. 「형법」 제9조는 형사 미성년자는 만 14세 미만으로 규정한다.

이들 나이 관련 규정은 선거연령 하향에 대한 찬성측 논리로 만18세라는 기준이 이미 성년으로서의 인지판단과 법적 의무를 부여할 수 있는 나이에 해당할 수 있어 선거권 하향도 문제가 없다는 것을 보여준다[이수범, 송민호, 2020]. 또한, 헌법재판소도 2014년 판시(헌재 2014.04.24. 2012헌마287결정)에서 주지한 바와 같이 19세 미만 청소년의 '정치적 의사표현이 민주시민으로서의 독자적인 판단에 의한 것인지 의문'을 제기할 만한 논리적 근거는 없으며, 오히려 19세 이상 유권자 중 정치적 판단이 없는 사람은 선거권을 박탈할 수 있어야 한다고 본다[조원용, 2019].

한편, 선거연령 하향의 반대 측 논리는 성년을 구분하는 기준을 민법상 만19세로 규정하고, 법률행위를 할 때 법적대리인의 동의를 얻어야 한다는 점(「민법」 제5조 제1항, 제2항), 미성년 혼인에도 후견인의 동의를 구해야 한다는 점(「민법」 제808조 제1항, 제2항), 18세에 병역준비역에 편입된다고 해도 곧장 군역 의무를 부과하지 않는다는 점 등을 들어 반대한다.

나. 청소년의 정치적 활동 및 판단 능력에 대한 문제

미성년자의 보호론적 시각에서 미성년인 청소년의 정치적 판단 능력과 활동의 독자성 여부다.박인현, 2020; 송보희, 2017; 이재희, 2020; 조상식 2020. 이와 관련해서는 헌법재판소의 2014년 판시(헌재 2014.04.24. 2012헌마287결정)가 많이 인용된다. 헌법재판소는 선거권 연령을 규정함에 민법상 행위능력이 있는 성년 연령과의 일치 여부를 떠나 정치적인 판단 여부를 중요한 기준으로 제시했다. 구체적으로 "19세 미만으로서 아직 고등학교를 졸업하지 못한 학생들은 개인적인 차이를 감안하더라도 정치적·사회적 시각을 형성하는 과정에 있거나 일상생활에서도 현실적으로 부모나 교사 등 보호자에게 어느 정도 의존할 수밖에 없는 상황이므로, 이들의 정치적 의사표현이 민주시민으로서 독자적인 판단에 의한 것인지 의문이 있을 수 있고, 그러한 의존성으로 말미암아 정치적 판단이나 의사표현이 왜곡될 우려가 있다"라고 보았다. 같은 맥락에서 정치적으로 성숙하지 못한 미성년자의 정치적 활동은 가치관 형성에 좋지 않은 영향을 미칠 수 있으며, 선거의 공정성 확보를 위해서라도 정치적 판단 능력이 부족한 사람의 선거운동은 제한해야 한다고 본다(헌재 2014.04.24. 2012헌마287결정).

이 문제는 청소년들에게 선거권 부여를 넘어 다양한 정치활동을 허용하느냐 하는 보다 큰 이슈와 관련이 있다.조상식, 2020. 현재 우리의 경우, 선거연령 하향을 둘러싸고 논란이 되고 있지만, 영국, 독일, 프랑스, 스위스, 캐나다 등의 나라들에서는 정당 가입 및 활동 가능 연령이 선거연령보다 낮은 경우도 있다. 결국 선진국의 경우 청소년의 정치적 기본권이 우리보다 훨씬 광범위하게 보장되고 있음을 확인할 수 있다. 따라서 이 문제는 선거

연령 하향 논쟁을 계기로 향후 논의 주제를 확장시킬 수 있는 사안이다.

다. 선거연령과 정당 가입 연령 제한 규정이 추구하는 목적이 무엇인가의 문제

선거연령과 정당 가입 연령을 제한하는 조항이 청소년을 보호하는 것인가, 혹은 헌법상 기본권인 참정권을 제한함으로써 미성숙한 존재로 간주하는 것인가 하는 쟁점이다.[조상식, 2020] 여기서 청소년의 정치적 학습을 위한 통로가 필요하다는 주장과 청소년 시기는 '탈脫 정치적 모라토리움 moratorium' 시기로 남겨두어야 한다는 주장이 대립한다. 이른바 청소년 보호론이 나라마다 그리고 시대적으로 존재하는 관습적·사회적 차이에 기인하는 측면이 있지만, 일반적으로 교육학의 기본 가정에 뿌리를 두고 있기도 하다.

이런 대립과 쟁점을 이해하려면 헌법재판연구원 연구보고서[2018]를 참고해 볼 만하다. 이 보고서는 선거연령 하향 조정 문제를 청소년의 정당 활동 참여를 제한하는 문제와 동일한 법적 사안으로 보고, 이를 청소년의 기본권 제한 및 보호 근거와 정치적 기본권에 대한 자기결정의 논거에서 각각 검토하고 있다.

우선 청소년의 기본권 제한을 보호한다는 담론의 근거에 속하는 것으로 청소년의 정치적 식별 능력의 미성숙함에 대한 논거, 청소년 발달에 관한 사회과학적·심리학적 논거, 민주주의 논거로서 '생래적生來的 권리'와 '국가 내적인 권리론'의 강조 차이에 관한 논거, 서양 사회의 관점에서 중요할 수 있는 종교 선택의 논거, 역사적 논거로서 전통사회의 성인식 등이 해당한다.

한편, 정치적 기본권에 대한 자기결정의 논거에 해당하는 것으로는 사실적 논거와 국제 비교법의 근거와 함께 교육법적 논거를 들 수 있다. 먼저 사실적 논거는 사회 관습적, 발달심리학적 근거가 있을 수 있고, 국제 비교법의 근거와 함께 교육법적 논거에는 의무교육 및 학령 기준과 같은 교육법, 교육과정의 정치적 중립성 원칙, 민법상 행위능력, 사적私的 결사의 자율성 등이 검토된다.

Ⅲ. 학생의 정당 가입과 학교의 정치교육

본 절에서는 만16세 학생의 정당 가입과 이로 인한 학교에서 정치교육의 방향 및 과제를 다루고자 한다. 2022년 개정된 정당법으로 이제는 고등학생인 만16세 학생이 정당에 가입할 수 있는 길을 터주었다. 이처럼 최근 우리나라에서는 학교 정치교육 관련 중요한 변화의 시기를 맞이하고 있다. 학생의 정치참여 연령이 하향했음에도 학생의 정치 참여에 대한 관점이 부정적인 경우가 많아, 이런 관점에 대한 인식 개선이 선행되어야 할 필요가 있다 김윤희, 남화성, 2022. 또한 우리는 지금까지 경험하지 못한 학생의 정당 활동과 당파성을 경계하는 학교 정치교육을 조화롭게 양립시켜야 하는 새로운 과제에 직면해 있다 임유진, 김명정, 2022. 이런 과제를 해결하기 위해 본 절에서는 학생의 정당 가입에 대한 검토로 만16세 이상 학생의 문화 특성과 미디어 리터러시와 만16세 이상 학생의 정당 가입 실태와 정치 활동 참여에 대해 살펴본 후 해외 선진국 중 독일, 영국의 정치교육 현황을 분석하고, 이런 사례를 토대로 선거연령 하향 이후 학교의 정치교육의 방향 및 과제를 모색하고자 한다.

1. 학생의 정당 가입에 대한 검토

가. 만16세 이상 학생의 문화 특성 및 미디어 리터러시

디지털 기기의 보급은 만16세 학생들이 이를 다방면에 활용할 수 있도록 새로운 기회를 제공했다. 그러나 기술로 인해 열린 가능성들—가령 적극적이고 자발적인 배움이나 상상을 현실로 실현하는 등—을 다양하게 실현하기보다는 억압된 상황에서 피상적으로 사용하고 있었다. 디지털 세대로 일컬어지는 중1부터 고3까지의 중·고등학생들은 정보 습득시 다량의 정보를 SNS를 통해 스크롤링하는 방식으로 여과 없이 수용하는 경향이 있었으며, 자신의 필요와 재미에 따라 인터넷 검색을 활용했다. 정보와 관련해 이들은 많은 정보를 아는 듯하지만 쏟아지는 정보에 혼란스러워했다[이성회 외, 2016: 160].

한편, 최근 이루어진 안영은 외[2023] 연구에 따르면, 서울 중·고등학생들의 사회문제 관련 정보 원천은 '인터넷 신문, 포털뉴스'를 통해서인 경우 '1주에 1번 이상'이 41.42%(2,078명)로 가장 높은 비율을 차지했으며, 다음으로 21.35%(1,071명)의 '1달에 1~2번'과 15.23%(764명)의 '전혀 안 함'으로 나타났다. '소셜미디어'를 통한 정보 습득 경험에서는 '1주에 1번 이상'이 56.33%(2,826명)로 가장 많으며, '전혀 안 함'과 '1달에 1~2번'이 각각 17.58%(882명)와 11.28%(566명)였다. '유튜브Youtube 등 온라인 영상매체'를 통해 정보를 습득한 경험을 질문했을 때는 '1주에 1번 이상'이라는 응답이 61.27%(3,074명)로 과반수였다. 다음으로 '1달에 1~2번'과 '전혀 안 함'에 대한 응답이 각각 13.65%(685명)와 10.11%(507명)로 높게 나타났다. 특히 고등학생들은 사회문제에 대한 정보를 습득하기 위해 유튜브 등 온라인 영상매체를 가장 자주 활용하고(4점 만점 중 3.09점), 청소년 잡지 등을 가장 드물게 활용하고 있었다(0.98점).

또한, 디지털 세대의 학생문화 연구 결과[이성회 외, 2016]에 따르면, 중·고등학생들은 어른들과 달리 포털을 사용하지 않고, 자신이 관심 있는 특정 앱에만 접근하는 경향이 있다고 밝혔다. 이 같은 경향은 학생들이 확증편향을 갖게 될 가능성을 높여주고, 사회문제에 관심을 갖거나 노출될 가능성이 알고리즘에 의해 원천 차단될 가능성도 있음을 지적했다. 이에 대해 교육전문가(서)는 사회 수준에서 교육적으로 학생들이 디지털 리터러시와 사회문제에 관심을 가질 수 있게 해야 한다고 언급했다.안영은 외, 2023.

학생들은 디지털 리터러시를 키워야 합니다. 중·고등학생 연구 이성회 외, 2016에 따르면, 학생들은 어른들과 달리 포털(네이버 등)을 사용하지 않고, 자신이 관심 있는 특정 앱(네이버 웹툰)에만 접근합니다. 따라서 관심사만 더욱 관심을 갖게 되는 확증편향 가능성이 높고, 사회문제에 관심을 갖거나 노출될 가능성이 알고리즘에 의해 원천 차단될 가능성이 있습니다. 따라서 정규교육 과정과 창체활동에서 학생들에게 디지털 리터러시와 사회문제에 관심을 가질 기회를 확대해 제공해야 합니다.[교육전문가(서)]

그동안 학교는 디지털 기기와 자연스레 융합되지 못하는 공간이었다. 수업은 진도를 따라 시험을 위해 쉼 없이 진행되며, 디지털 기기 활용은 이 흐름을 깨거나 교실 통제를 어렵게 하는 요인이 될 수 있어 장려되지 못했다. 특히 두 사례 학교의 경우, 학생 개인 소유 휴대폰은 학교에서 사용이 금지되었는데, 이는 휴대폰이 학습 방해 도구라는 인식에서 비롯되었다이성회 외, 2016. 하지만, 코로나 19 이후 학교 상황은 많이 달라졌다. 2024년 현재 학교는 대체로 수업 시간 외에 휴대폰의 자율적 소지를 허용하는 실정이다. 다만, 학교에 따라 사용이 제한되는 경우도 있을 것이다. 한편, 이창호 외2022의 연구에 따르면, 후기 청소년(만19~24세)의 경우 미디어 이용 실태에서 10대 청소년들이 대학 진학을 위한 정보 습득을 위해 미디어를 주로 활용했다면 후기 청소년들은 취업과 진로 문제로 유튜브 등을 많이 이용한다고 밝혔다. 특히 후기 청소년이 투표권을 갖다 보니 이들의 투표 행위 등 정치참여에 어떤 요인이 영향을 미쳤을지 탐구한 연구 결과들이 많은데, 이들도 참고해 볼 만하다. 이들 결과가 10대학생 유권자들의 행동을 추론하는 데도 어느 정도 도움이 될 것이기 때문이다. 예컨대, 김무곤과 김관규[2004] 연구에 따르면, 17대 국회의원 선거 관련 신문기사와 인터넷은 정치효능감에 영향을 미치고, 정치효능감은 투표 참여에 영향을 미치는 것으로 나타났다. 18대 총선과 관련해서는 대학생의 신문기사 이용이 정치 지식, 정치효능감에 영향을 미쳤고, 정치 지식, 정치효능감은 투표 참여에 영향을 미쳤으며, 또한 미디어 중 선거 정보 습득을 위해 가장 많이 이용한 매체는 인터넷, 신문기사, TV 프로그램 순으로 나타났다.

최근에는 유튜브의 확산에 따라 정치 유튜브에 대한 의존도가 커짐에 따라 유튜브가 정치 참여에 중요한 영향을 미친다[이창호 외, 2022]. 장석준[2020]은 19세 이상 성인 남녀를 대상으로 한 연구에서 정치 유튜브 이용은 직접적으로 정치참여(투표나 서명운동 등)에 유의한 영향을 미쳤을뿐더러 정치효능감을 활성화함으로써 간접적인 영향을 미치기도 했다. 정금희[2021]는 유튜브 저널리즘 현상에 주목해 정치 유튜브 개인 방송에서 정파성의 발현과정을 살펴보고자 청년 유튜버 6인 대상 심층 인터뷰로 자료를 수집했는데, 분석 결과 정치 유튜브 개인 방송에서 정파성의 발현과정은 시작과 성장, 위기, 동일 정파성을 띤 이용자들과 집단 정파성을 지닌 공동체를 유지하는 과정을 거치고 있었다.

한편, 청소년의 미디어 리터러시 관련 시민 미디어 리터러시가 정파적 가짜뉴스에 대한 판단 행동에 미치는 영향을 확인하기 위한 송미리[2024]의 연구를 살펴보면, 서울 및 경기 지역 중학교 1학년부터 고등학교 3학년 학생들을 대상으로 설문 조사를 했는데, 연구 결과는 다음과 같다.

첫째, 시민 미디어 리터러시의 하위 역량 중 유해 미디어 배척 역량이 정파적 가짜뉴스 판단 행동에 긍정적인 영향을 미쳤으며, 공적 참여는 오히려 부정적인 영향을 미친 것으로 나타났다.

둘째, 청소년의 시민 미디어 리터러시 유형은 6개 집단으로 나타났는

데, 집단 1은 '평균형', 집단 2는 '능동적 참여형', 집단 3은 '위험 대처형', 집단 4는 '위험 취약형', 집단 5는 '비판적 참여 배제형', 집단 6은 '자기중심적 참여형'으로 나타났다.

셋째, 청소년의 시민 미디어 리터러시 유형별 정파적 가짜뉴스 판단 행동 차이 검증 결과 비판적 참여 배제형(집단 5)은 평균형(집단 1), 능동적 참여형(집단 2), 위험 취약형(집단 4), 자기중심적 참여형(집단 6)보다 정파적 가짜뉴스 판단 행동이 높게 나타났다.

참고로 비판적 참여 배제형(집단 5)의 특징은 가장 적은 청소년들이 분류된 집단(4.4%)으로, 이 집단에 속한 청소년들의 공적 참여는 모든 집단 중 가장 낮게 나타났으며, 그 차이가 크게 벌어졌다. 그러나 이를 제외한 시민 미디어 리터러시 하위 역량의 수준은 높게 나타난 점에서 다른 집단들과 뚜렷하게 구분된다. 특히 비판적 참여 배제형(집단 5)은 자료 및 정보 분석 역량에서 가장 높게 나타났으며, 의미 숙고와 자기 성찰 역량도 두 번째로 높게 나타났다. 요컨대, 이들은 시민적 의도성을 갖고 미디어를 비판적으로 이용하기는 하나, 공적 참여만 낮게 나타나는 유형이라고 할 수 있다.

이상에서 살펴본 송미리의 연구[2024]에서는 청소년의 미디어 리터러시 역량과 관련해 첫째, 유해 미디어 배척 역량을 중심으로 정파적 가짜뉴스 문제를 다루는 구체적인 교육적 논의가 필요하다는 것과 둘째, 미디어를 이용한 '공적 참여'에 대해서는 숙고가 필요하며, 셋째, 청소년의 시민 미디어 리터러시 특성을 고려한 맞춤형 교육이 이루어져야 한다는 시사점을 얻을 수 있다.

나. 만 16세 이상 학생의 정당 가입 실태와 정치활동 참여

1963년 정당법 제정부터 정당의 당원 가입 자격이 '국회의원 선거권이 있는 자'로 규정되어 왔다. 그러나 2020년 공직선거법 개정으로 국회의원 선거와 지방선거의 선거권 연령이 18세 이상으로 낮아지면서 '국회의원 선거권이 있는 자'로 정당 가입 연령을 규정하는 경우 주권자이며 공동체의 구성원인 18세 미만 아동 및 청소년의 정치적 참여권을 제한한다는 비판이 제기되었다. 이는 정당 가입 연령이 18세 이상인 경우, 17세 후보는 정당의 공천 절차를 고려할 때 사실상 정당 후보로 입후보할 수 없어서 무소속 후보로만 출마할 수밖에 없기 때문이다.^{임유진, 김명정, 2022.} 이런 이유로 최근 정당법이 개정(2022.1.22.)되어 정당 가입 연령이 만16세로 하향되었다. 다만 18세 미만 청소년의 경우 법정 대리인의 동의를 받아야 정당에 가입할 수 있게 했다.

이제 만16세 이상 시민의 정당활동 참여 및 정당에서의 정치교육 가능성과 필요성이 본격적으로 제기된 것이다.[9] 이런 변화로 종래에는 만19세 미만인 시민들에 대해 학교에서의 민주시민교육 논의가 주로 이루어졌다면, 이제 만16세 이상인 시민에 대해 학교 민주시민교육과 정당 정치교육에 대한 요청이 중첩될 수 있게 되었다.^{이재희, 2022.} 정치관계법 개정으로 만16세 이상 청소년의 정치참여 가능성이 대폭 확대된 현재, 이들이 실질적으로 정치관계 속에서 참정권을 행사할 수 있게 되었기 때문에, 더 이상 정치교육을 미룰 수 없게 되었다. 학교에서 민주시민교육이 요청되는 것이면서, 이들이 가입, 활동하게 되는 정당에서의 정치교육도 현실적인 문제가 된 것이다.

청소년들의 목소리가 왜곡되지 않고 올바르게 반영되려면 국가적 정책을 이해하고 결정함에 청소년들 당사자의 정치적 판단, 정책적 이해력이 중요해질 것이다. 이를 위해 정치시민 교육의 구체적 구상과 실행이 시급하다. 대한민국 상황에 적합한 시민의 개념과 시민정신 수업을 통해 학생

---

9. 종래에는 정당법상 당원 자격을 국회의원 선거권자로 규정함으로써 (선거권연령 하향 전의 경우) 청소년의 정당활동을 인정하지 않아서, 정당이 미래의 시민, 정치지도자 양성에 무관심했음이 문제로 지적되기도 했다(송석윤, 2014: 6).

스스로가 문제의식을 갖고 해결 방안을 도출해보는 토론과 참여 중심 활동을 교육 내용에 포함시키고 학창시절부터 시민단체에 참여하거나 정치에 참여하는 다양한 활동을 할 수 있도록 지원하고 실질적인 기회를 제공해야 한다 송보희, 2017.

최근 언론에 소개된 고등학교 정당 가입 1호 학생은 경상북도 영양고 1학년에 재학 중인 김재희 학생이다. 이 학생은 2022년 당시 만 16세로, 법정 대리인인 아버지의 동의서와 함께 더불어민주당 청소년 당원 1호가 되었다. 이는 개정된 정당법 시행 이후 우리나라 정치사의 여야를 통틀어 처음이다 뉴스핌, 2022.1.15.. 신문 인터뷰 기사에 따르면, 김재희 학생은 정당 가입 소감을 다음과 같이 밝혔다.

> "우리나라 정치인을 통틀어 최연소 국회의원이 되기 위해 더불어 민주당에 가입했다."

참고로 김재희 학생은 고교 입학 후 줄곧 최상위 학업성적을 유지하고, 축구와 농구 등 스포츠 동아리에 활발하게 참여하며, 학우들과 쾌활한 소통 메신저 역할을 하고 있다고 한다.

하지만 고교생 정당 당원, 국회의원에 대한 학교 현장의 반응은 긍정적인 반응과 시기상조라는 반응, 우려의 목소리 등이 다양하게 나타났다. 다음은 이와 관련해 언론에 소개된 학교 현장의 반응들이다 연합뉴스, 2022.1.13.. 학부모, 학생, 교사 순으로 학교 현장의 반응을 살펴본 후 교육부와 교원단체의 반응에 대해서도 같이 살펴보면 다음과 같다.

> 학부모(예비 고3): 청소년에게 필요한 것들이나 그들의 이야기를 직접 듣는 기회를 얻는 것이기 때문에…

학생(예비 고2): 정치에 별로 관심이 없던 친구들도 관심을 갖게 될 것 같고, 정치가 어른들만의 일이 아니라 모든 사람의 일이라는 생각이 들 것 같아서…

교사(고등학교): 학생들이 일방적인 정치적인 발언을 하고 정치적인 활동을 할 때 교사들이 지도할 방안이 없습니다. 수업 시간에 지루한 논쟁이 이뤄졌을 때 학생이 공부해야 할 시간을 뺏기게 되는 거거든요.

교육부 관계자: 지원 필요 사항에 대해 현장의 의견을 수렴 중이고요. 선거관리위원회나 교육청 등 유관 기관과 협력해 지원 방안을 마련할 수 있도록…

교원 단체: 청소년 참정권 확대에 발맞춰 교사의 정치적 기본권도 확보해 가야…

이상에서 살펴본 내용 외에도 일부 지역 교육 현장에서는 아직 학생들이 법 개정 내용을 제대로 모르기도 하고 교육 당국의 이와 관련한 활동 역시 적극적이진 않아서 미지근한 상태라고 진단한다. 이런 내용은 특정 교과를 통해 수용하지 않고서는 구체적으로 접근하기가 쉽지 않아서 기존 민주시민교육과 연계해서 내실 있는 유권자 교육과 프로그램 진행이 시급해 보인다. 또한 정당에 가입한 학생들의 활동은 교외 활동으로 기재돼 학교에서는 학생의 정치활동을 파악하기 어렵다는 문제점도 있다(G1뉴스, 2022. 4. 2.).

또한, 학생들의 학습권 보장을 위해 고등학생 등교일에 학교에서 당원 모집을 금지하는 취지의 정당법 개정안(김미애 외, 2024. 7. 22.)이 발의된 것과 관련해 2022년부터 정당 가입 연령이 만16세(고등학교 1학년)로 하향 조정된 것이 청소년의 정치기본권을 보장한다는 취지에서는 긍정적이지만, 학생들의 학습권 침해 및 교육환경 훼손 우려도 크다는 점도 고려될 필요가 있다.이데일리, 2024. 7. 22.

2. 해외 선진국들의 정치교육 사례 분석

가. 독일

독일의 정당법Gesetz über die politischen Parteien, PartG 은 독립적인 법률로서 정당 설립과 조직, 활동을 규정한다. 그러나 정당 가입 자격이나 연령에 관해 독일의 정당법은 당의 권한이 있는 기관이 당헌의 세부 규정에 따라 당원의 입당을 독자적으로 결정(제10조 제1항)하게 한다. 따라서 독일의 주요 6개 정당은 정당법에 근거해 각 정당의 당헌 및 당규를 통해 당원의 자격을 규정한다.임유진, 김명정, 2022.

2021년 9월 연방의원 선거에서 독일 연방하원 의석을 차지한 주요 6개 정당은 정당법에 근거해 각 정당의 당헌 및 당규에 당원의 자격을 규정한다. 보수 성향 정당은 주 선거와 지방선거 투표권 연령인 16세 이상, 진보 성향의 정당은 투표권 연령보다 낮은 14세 이상에게 당원 가입 자격을 부여한다.[10] 〈표 9〉는 독일 주요 정당의 정당 가입 연령과 청년 조직을 나타낸다.

독일에서 정당에 가입한 청소년들은 소속 정당의 청소년 조직에서 다양한 정치활동을 통해 스스로 학습하며 정치인으로 성장해간다. 2002년 제15대 총선에서 19세 최연소 연방의원(비례대표)으로 당선된 녹색당

---

10. 독일은 16개 주로 이루어진 연방제 국가로, 연방 선거의 경우 투표권과 피선거권 연령이 모두 18세로 규정되어 있다. 그러나 주 선거와 지방선거의 경우 주별 선거법에 따라 투표권과 피선거권 연령 규정이 다르며, 주의회 선거에서 4개 주, 지방의회 선거에서 11개 주에서 16세부터 투표권을 부여한다.

〈표 9〉 독일 주요 정당의 정당 가입 연령과 청년 조직

정당	정당 이념	가입 연령	청년 조직
SDP	진보성향 중도	14세 이상	Jungsozialisten(JUSOS)
CDU/CSU	보수성향 중도	16세 이상	Junge Junion(JU)
B90/DIE GRUNEN	진보	규정 없음	Grune Jugend(GJ)
FDP	보수	16세 이상	Junge Liberale(JuLis)
AfD	강한 보수	16세 이상	Junge Alternative(JA)
Die Linke	강한 진보	14세 이상	Linksjugend(LJ)

*SPD: 사회민주당, CDU/CSU 기민/기사연합, GRUNE 녹색당, FDP 자유민주당, AfD 독일을 위한 대안, Die Linke 좌파당.

안나 뤼어만도 1998년(만14세) 녹색당에 가입해 청소년 조직인 GJGrüne Jugend에서 정치 활동을 시작했다.한겨레, 2005.12.4.

독일 정당의 청년 조직과 청년 조직의 하부 조직인 중·고등학생 조직은 법적으로 독립조합으로, 소속 정당에서 자금 및 프로그램을 지원받으나 소속 정당과는 독립적으로 운영된다. 독일 정당의 청(소)년 조직에 대한 국가 보조금은 독일 사회법 제8장 제83조에 근거하며, 국고 보조금 지원방식이 소속 정당이 배분하는 방식이 아니라 연방, 가족, 노인, 여성, 청년부에서 청(소)년 조직으로 직접 지원되게 함으로써 청소년 조직이 소속 정당에 대해 재정적으로 독립성을 유지할 수 있게 했다.장승진 외, 2021: 79.

이에 따라 청(소)년 조직은 독자적으로 시민사회단체들과 연대하며, 때로는 소속 정당의 공식적인 입장과 상반된 주장을 자유롭게 표출하기도 한다. 예컨대, 사민당의 청(소)년 조직은 JUSOS의 전임 연방 의장 케빈 퀴네트Kevin Kühnert가 메르켈과의 연정을 시도하는 등 좌파성을 잃어가는 사민당에 대한 비판의 목소리를 공개적으로 표명했으며Financial Times, 2018.1.19., 녹색당 청(소)년 조직인 GJ는 모정당인 녹생당이 CDU/CSU와의 연정을 구성하려는 시도에 적극적으로 반대하는 성명을 발표하기도 했다.MDR, 2021.10.9.

한편, 독일의 학교 정치교육은 종교수업과 함께 헌법에 명시된 의무교육이다. 따라서 독일 중·고등학교 및 직업학교에서 정치교육 과목을 필수적으로 이수하게 되어 있으며, 제도권 교육을 통해 정당과 정치 및 법제도 등을 수업 시간에 교육한다. 초등학교 과정에서 정치 수업은 향토-사회 수업을 통해 간접적으로 진행된다. 중등 과정 I(5~10학년)에서 8~10학년은 일주일에 1~2차례 의무적인 정치 수업이 이루어지며, 중등 과정 II(11~13학년)에서는 다른 사회과학 교과목들과 함께 선택과목으로 운영된다. 하지만, 독일에서 교육 정책의 주체는 16개 주 정부로, 교육정책과 교육과정에서 주 정부의 권한이 절대적이기 때문에 수업 교과목명과 수업시간 등 시민교육은 주별로 상당한 차이가 있다.Kenner, 2020. 예컨대, 헤센주(정치경제), 노르트라인 베스트팔렌 주(정치), 슐레스비히 홀슈타인 주(경제/정치)의 경우 일주일에 평균 3.5~5시간으로 가장 많은 시간의 정치교육이 이루어진다. 반면 바이에른 주는 10~12학년 수업에서 정치교육이 '사회연구'로 일주일에 1시간 배정되어 있으며, 역사과와 통합되어 대학입학 자격시험인 아비투어에 '사회연구'가 포함되지 않는다.Gokbudak and Hedtke, 2019: 4-5.

나. 영국

영국은 정당 가입 연령을 규제하는 법적 규정이 없으며, 각 정당이 당헌과 당규로 당원자격을 규정하기 때문에 정당별 당원 가입 연령과 자격이 다르다. 영국 주요 정당들의 가입 연령은 차이가 있으나 모두 선거권 연령(18세)보다 낮은 청소년 시기부터 정당에 참여할 수 있는 제도적 여건[11]이 마련되어 있다. 예컨대, 영국 주요 정당 중 하나인 노동당은 14세 이상, 스코틀랜드 국민당은 16세 이상이 정당 가입 연령이라고 당헌에 규정하고 있다. 반면 보수당은 정당 가입 연령에 대한 규정이 없으며, 자유민주당은 '연령, 민족, 종교 또는 신념, 장애, 성 정체성 또는 성적 취향'에 대한 차별 없이 정당의 기본 가치와 목표에 동의하는 모든 사람이 정당에 가입할 수 있음을 규정하는 점에서 정당 가입 연령에 대한 제한이 없다고 할 수 있다.임유진, 김명정, 2022. 구체적인 내용은 〈표 10〉과 같다.

〈표 10〉 영국 주요 정당의 정당 가입 연령과 청년 조직

구분	정당		청년 조직	
	정당 이념	가입 연령	이름	가입 연령
보수당	보수성향 중도	규정 없음	Young Conservatives	25세 이하
노동당	진보성향 중도	14세 이상	Young Labour	14~26세
SNP	진보성향 중도	16세 이상	Young Scots for Independence	30세 이하[12]
자유민주당	진보성향 중도	제한 없음	Young Liberals	30세 이하/학생(연령 무관)

다만, 선진 민주주의 국가들에서 정당들의 청년 당원 수가 감소하는 상황임을 고려하더라도 영국 정당에서 청년 당원의 비율은 6% 미만으로, 그다지 높지 않다.

영국의 교육과정은 학교에 대한 구속력이 강하지 않기 때문에 학교는 교과목 수와 교과별 수업시수 등 교육과정 편성에서 자율성을 존중받는다. 그뿐만 아니라 국가에서 개발하는 국정교과서나 국가 인증을 받은 검정교과서 없이 지역사회와 개별 학교의 특성을 파악해 자유롭게 교육과정을 개발 운영한다.송현정 외, 2020: 132. 그러나 1988년 교육개혁법이 통과되면서 학교와 교육청에 분산되어 있던 권한이 중앙정부로 집중되어 국가교육과정이 만들어지기 시작했다. 특히 정치교육은 1990년대 이후 사회적 갈등이 심화하면서 사회통합의 방안으로 강조되기 시작했다. 1997년

---

11. 영국의 경우 투표권 및 피선거권 연령은 18세 이상이나 스코틀랜드 의회와 지방선거, 웨일즈 의회 선거에서 투표권과 피선거권 연령이 16세다.
12. 스코틀랜드 국민당의 정당 가입 연령은 16세 이상이나, 당헌에 의하면 16세 미만의 경우 준당원(associate membership)으로 가입 가능하다. 준당원은 당내 투표를 제외하고 당원과 동일한 권리와 의무가 있으며, 당내 보직을 담당할 수도 있다.

정규 교육과정에서 시민교육이 편성 및 운영되기 시작한 후 초등학교에서는 선택과목으로, 중등학교에서는 필수과목을 채택되어 정치참여, 선거제도, 정당정치, 의회정치, 사법제도 등의 내용을 학습하고 있다.^{이정진, 2020}

2002년 중등교육 과정인 3단계(만11~14세) 및 4단계(만14~16세)에 해당하는 기간 동안 '시민교육'을 필수 교과목으로 정하고, 모든 학교에서 독립된 교과서와 시수를 확보해서 의무적으로 가르치게 함으로써 민주시민교육이 중점적으로 이루어지고 있다.^{선거연수원, 2017} 또한 2008년 이후 중등교육 자격시험GCSE, General Certificate of Secondary Education에 선택과목으로 도입되었다.^{송현정 외, 2020: 127-128}

Ⅳ. 선거연령 하향 이후 학교의 정치교육 방향 및 과제

1. 선거연령 하향 이후 학교의 정치교육 방향

가. 교과교육을 통한 참정권 인식

사회과교육은 학생이 경험하는 정치적·사회적 맥락에서의 변화와 유리될 수 없다. 정치관계법 개정과 청소년의 참정권 보장 확대는 사회과 교육과정에 많은 영향을 미쳤으며, 2022 개정 사회과 교육과정에서는 그러한 변화가 구체적인 내용 요소의 변화에서 관점의 확대까지 다양한 양상으로 반영되었다. 예컨대, 2015 개정 사회과 교육과정과 비교하여 2022 개정 사회과 교육과정의 변화를 살펴보면 다음과 같다.^{배화순, 성경희, 박은아, 2023}

첫째, 초등학교급 외에 '학교생활과 정치 참여', '청소년과 정치 참여', '미디어와 정치 참여'로 구성된 일상생활과 정치 참여 내용 범주와 관련한 성취 기준 제시가 미흡한 것으로 나타났다. 그러나 성취기준에서 명시적으로 기존 교육과정 대비 관점의 변화가 포착되기 어려운 경우에도 성취기준 해설과 성취기준 적용 시 고려사항까지 살펴보면, 2022 개정 사회과 교육과정에서는 학생의 일상생활에서 정치 참여가 유의미할 수 있음을 보다 적극적으로 제시하고자 노력했다.

둘째, 현실 정치 맥락을 고려한 학습을 강조하여 정치과정에서 선거와 정당의 역할, 유권자로서 시민의 역할, 시민 참여의 당위성에 주목하고 학생들의 참정권을 강조하는 관점의 변화가 포착되었다. 더욱이 교수, 학습 상황에서도 우리나라의 현실 정치 상황 및 소재를 활용하게 하여 실질적인 정치 역량 함양에 역점을 두게 하는 변화는 참정권 교육의 실효성 측면에서 매우 고무적이다. 특히 유권자로 거듭난 고등학생들에게 참정권 확대와 관련한 다양한 부분을 직접 교육하는 것은 무엇보다도 시급한 문제임에도, 사회과의 정치교육 혹은 법 교육에서 이를 보다 직접적, 적극적으로 다룰 근거를 명시하는 데 소홀했다는 점은 개선이 필요한 부분이다.

끝으로 고등학교 '통합사회'에서는 2015 개정 교육과정과 2022 개정 교육과정 모두 '시민 참여'를 직접 언급한 성취기준이 1개인 것으로 나타났으나, 2022 개정 교육과정에서는 시민의 권익을 명시함으로써 정치적·사회적 측면에서 시민 참여의 필요성과 정당성이 강조되었으며, 불평등과 정의 측면에서 시민 실천 방안을 강조한 성취기준을 통해서도 이런 변화가 감지되었다. 하지만 정치관계법 개정으로 고등학생들도 참정권을 행사할 수 있게 된 점을 고려할 때, 고등학교 1학년의 공통 과목에서 참정권 교육이 충분히 이루어지지 않는 부분은 개선이 필요하다. 청소년들이 정치적 견해를 선거에 대한 참여로 표출할 수 있도록, 즉 선거권 및 피선거권을 적극적으로 행사할 수 있도록, 관련 정치 역량 함양을 지원하기 위해 고등학교 사회과에서 참정권 교육이 강화될 필요가 있기 때문이다.

한편, 2016년 수행된 시민교육에 관한 국제 비교 연구ICCS에 따르면,

모든 국가에서 학생들이 인식하는 학교의 정규 수업에서 정치적·사회적 쟁점들에 관한 토론의 개방성은 이들의 이런 쟁점들에 대한 관심과 높은 수준의 시민적 지식과 통계적으로 유의미한 정적인 관련성이 있었다. 여기서 토론의 개방성이란 교사가 학생들 스스로 결정을 내리도록 격려하거나 어느 학생들이 대부분의 학생들과 견해가 다른 경우에도 이들의 견해 표명을 허용하는 것을 말한다.Schulz et al., 2018: 150, 153. 이처럼 정치적·사회적 쟁점들에 관한 토론은 학생들의 이런 쟁점들에 대한 관심과 높은 수준의 시민적 지식과 긍정적으로 관련되어 있다.배영민, 2018.

또한, 2016년 수행된 시민교육에 관한 국제 비교 연구ICCS에 참여한 모든 국가에서 정치적·사회적 쟁점들에 상당히 또는 매우 관심이 있는 학생들은 이 같은 쟁점들에 관심이 적은 학생들보다 예상되는 선거 참여에 관한 설문 조사의 검사 점수가 통계적으로 유의미하게 높았다. 다시 말해서, 전자의 집단은 후자의 집단보다 지방선거와 전국 선거에서도 아마도 또는 확실히 투표할 거라고 응답한 비율이 높았고, 선거에서 투표하기 전에 후보자들에 대한 정보를 아마도 또는 확실히 찾아볼 거라고 응답한 비율도 높았다.Schulz et. al., 2018: 98, 100. 이런 연구 결과는 중학생들의 정치적·사회적 쟁점들에 대한 높은 관심이 장래에 선거 참여 의사와 일관되게 관련되어 있음을 나타낸다.Schulz et al., 2018: 192.

요컨대, 교과교육을 통해 중등학교에서 청소년들이 후보자와 정책을 선택하기 위해 지녀야 할 정치적 판단 능력을 길러 줄 필요가 있다. 이는 최근 정치관계법 개정으로 청소년 참정권의 변화를 마주한 학교 현장에서 시민교육의 변화가 있어야 함을 말한다. 세계의 많은 국가에서 중등학교 저학년에서부터 선거권 행사에 요구되는 비판적이고 독자적인 사고력을 함양을 시민교육의 가장 중요한 목표의 하나로 삼고 있다는 것과 최근 일본이 선거 연령을 만18세로 낮춘 이후 고등학교 수업에서 사회적으로 논란이 많은 정치적 쟁점들을 토론함으로써 학생들의 독자적인 정치적인 판단력을 함양하기 위해 노력하고 있다는 점은 우리 교육에 주는 시사점이 크다.

나. 정당에 대한 교육

정당 활동은 대표적인 정치 활동으로, 자유로운 정당 가입은 헌법이 보장하는 기본권이다. 그러므로 청소년이 정당정치에 참여해 스스로 정치적 목소리를 낼 수 있도록 제도적 기반을 마련해야 한다 홍세영 외, 2020: 165. 청소년 역시 시민이며, 시민으로서 정당 활동에 참여하는 것은 일상적으로 참여할 수 있는 대표적인 정치 활동이다.

우리나라의 경우 청소년의 정당 활동 관련 제도적 정비가 갖추어지는 데 시간이 더 걸릴 수 있다. 여기서는 우리보다 앞서 청소년 정당활동을 활성화하는 독일의 사례를 통해 구체적으로 살펴보자.

독일은 정당 가입 및 활동 연령 등 가입 조건에 대해 정당이 자율적으로 결정하게 하고 있다. 이에 따라 정당별 당원 자격으로 연령에 대해 개별적으로 규율하여, 청소년도 정당에 가입해 당원으로서 활동할 수 있게 하고 있다(이재희, 2022). 독일 정당에서는 별도의 청년조직을 설립·운영하는데, 각 정당의 청년조직은 14~35세의 청년을 회원으로 구성하고 있다(김종갑, 이정진, 2021: 2). 정당에 따라서는 청년조직의 연령 하한을 두지 않는 경우도 있다. 독일 정당의 청년조직은 독립적 단체로서의 법적 지위가 있다. 정당 당원이 아니어도 정당의 청년 조직에 가입할 수 있게 하는 경우들이 있다. 예컨대, 좌파당 청년조직 링스유겐트LJ는 회원에게 자동적으로 모정당 당원 자격을 부여하는 반면, 기민기사당 연합의 청년조직인 청년연합JU과 사민당 청년조직인 유소스Jusos는 당원 회원과 별도로 비당원 회원제도를 운영하기도 한다 김종갑, 이정진, 2021: 2. 이처럼 독일에서는 정당활동 및 정당의 청년 조직 활동을 통해 청소년의 정치참여 기회가 보장되고, 이를 통해 정치교육이 이루어진다.

우리나라의 경우, 2022년 1월 「공직선거법」과 「정당법」 개정에 따라 피선거권 연령이 18세로, 정당 가입 연령이 16세로 하향되어 2020년에 발표한 운용기준에 부가한 피선거권 및 정당 가입 연령 하향에 따른 정치관계법 운용기준을 제시했다. 이 기준에서는 청소년의 정치 참여 범위를 소개하는데, 그 예로는 (예비) 후보자 등록이나 정당 가입, 정치자금 기부, 통상적인 정당활동 등 법령 개정에 따라 가능한 것들이다. 또한 2022년 교육부에서는 정치관계법 개정에 따른 현장지원 주요 사항 안내를 발표했는데, 이중 학생의 정치활동 참여에 따른 출결 처리(매 학년 수업일수의 10% 내에서 출석인정결석) 및 학교생활기록부 기재에 관한 기준(선거운동 및 정당·의정 활동 내용 미기재)을 마련하고, 학생의 정당 및 정치활동을 제한하는 학칙 또는 생활 규정의 정비를 위한 추진 계획을 밝히고 있다.

2. 학생의 정당 가입과 학교의 정치교육 과제

만16세 이상 학생, 즉 청소년의 정치적 참여의 일환으로 정당 활동에 대한 보장은 자신이 속한 정치공동체의 사안에 관심을 갖고 다양한 정치적 쟁점이나 현안에 대한 이해도를 높일 수 있다김효연, 2021: 185. 또한 정당 활동을 통해 민주시민교육이 이루어질 수도 있다. 영국, 독일, 핀란드, 스웨덴 등 민주시민교육이 발전한 국가의 경우 민주시민 교육에 각 정당이 적극적으로 참여하는 것을 볼 수 있으며, 젊은 세대를 대표할 수 있는 정치가를 배출하여, 국정운영에 주요한 역할을 하고 있음을 확인할 수 있다. 외국의 경우 청소년의 정당 가입 및 단체의 가입 등 정치활동에 대한 적극적 지원을 통해 정치교육, 민주시민교육을 해오고 있다. 반면, 우리나라는 여전히 학교 영역에서 지식전달 위주의 전통적인 교육방법을 고수하고 있어, 학교 교육에서도 청소년들에게 지식은 전달하되 그 지식을 실행할 수 있는 충분한 환경을 제공하는 데 더욱 노력해야 한다. 즉 학교는 지식과 경험이 공존하고 사회와 연계를 통해 보다 활발한 정치교육의 장으로 변화되어야 한다. 청소년들의 자유로운 정치적 의견 표명과 정당활동 및 선거운동이 교육에 저해되는 요인이 아닌 민주시민의 자질 형성에 주요 요인이 될 수 있다는 인식의 전환이 필요한 시점이다.

한편, 여러 선진국에서 이루어지는 다양한 정치교육의 형태를 주목해 보는 것도 우리 학교의 정치교육이 안고 있는 과제를 해결하는 데 도움이 될 것이다. 우선, 일본의 경우 주권자 교육을 통해 선거 교육을 하는데, 눈에 띄는 것은 선관위 협조하에 이뤄지는 모의선거다[이창호, 2020a]. 학생과 교원이 실제 후보를 놓고 투표를 하며, 이 과정에서 학생들은 정당이나 후보자들의 정책을 비교하는 정책 토론을 한다. 이때 흥미로운 점은, 실제 투표가 끝난 뒤 모의투표함을 개봉해 모의선거 결과와 실제 선거결과를 비교하는 워크숍이다. 이런 선거 수업은 주로 현대 사회와 같은 교과목 수업을 통해 이뤄지는데, 꽤 많은 시간을 정치 교육에 할당한다.

다음으로, 핀란드는 오래전인 1972년부터 선거연령이 18세로 하향되었는데, 흥미로운 점은, 15세 이상부터 정당의 청년 조직에 가입할 수 있으며, 주민발의와 주민투표에도 참여할 수 있다는 것이다[이창호, 2020a]. 청소년 모의선거 또한 실제 후보들을 대상으로 이뤄지며, 그 결과는 언론의 많은 주목을 받는다고 한다. 우리와 가장 차이가 나는 점은 18세 이상에게 대통령, 국회의원 등의 선거에 출마할 권리가 부여되는 것이다.

끝으로, 독일의 경우 학생은 정당활동 참여를 통해 정치교육이 이루어지는 외에 정당 관련 정치재단들에서 적극적으로 정치교육 활동을 해오는데, 흥미롭게도 독일 정당은 청소년 참여를 장려하여, 이들이 정치교육을 통해 정치인으로서의 자질을 함양하게 한다. 이들은 청소년기부터 정당의 청소년 조직에 가입하여 다양한 활동을 하고 청소년 정당조직의 각종 업무를 담당해보면서 정치 능력을 키운 다음, 정치인으로서 본격적으로 활동하는 경우 주의회에서 출발해 연방의회로 진출하는 경로를 거친다[신옥주, 2017: 336 이하; 364].

일본과 핀란드, 독일 등 각국의 정치교육 사례를 통해 보건대, 우리나라 학교의 민주시민교육 혹은 정치교육은 갈 길이 멀어 보인다. 예컨대, 2020년 중앙선거관리위원회는 교육청 주관 아래 학생들을 대상으로 실제 정당이나 입후보자를 놓고 실시하는 모의투표가 공직선거법에 위반될 수 있다며 청소년 대상 모의투표에 불가 입장을 밝히기도 했다[이창호, 2020a]. 하지만 청소년의 정당 활동 참여와 정당의 정치교육 등에서 일찍부터 자리 잡은 독일 등 정치 선진국 사례에서 도입 가능한 시사점들을 참고하고, 우리의 정치적, 사회적, 문화적 특수한 맥락을 고려하여 정당의 정치교육에 대한 정치적 편향성을 극복하기 위해 노력하면 그리 요원한 길만은 아닐 것이다. 최근 우리 사회에서 청소년 참정권 확대의 기회를 맞이해 청소년의 정당 가입 및 활동 가능성 확대가 요청되는 만큼, 학교는 새로운 정치교육 과정을 마련하고 청소년이 민주시민으로서의 자질을 형성할 수 있게 하고, 관련 공공기관과 각 정당에서도 청소년을 위한 다양한 정치참여 프로그램을 마련하며 정치교육의 기회를 제공해야 할 것이다.

참고문헌

강태수, 길성용(2019). 교육을 받을 권리의 중층적 성격과 심사기준에 관한 연구. 경희법학, 54(4), 185-224.
김경주(2024). 청소년 참정권 확대에 관한 연구. 시민청소년학연구, 10(1), 36-50.
김명정, 송성민(2022). 정치관계법 개정에 따른 학교 참정권 교육의 개선 방안. 법과인권교육연구, 15(2), 63-87.
김선택(2008). 공화국원리의 헌법해석. 월간법제, 2008권 9호, 45-47. 세종: 법제처.
김선택, 홍석노, 오정록, 윤정인(2020). 시민교육의 기초로서의 헌법적 합의, in: 시민교육의 기초로서의 헌법, 서울: 푸블리우스.
김윤희, 남화성(2022). 학생의 참정권 및 사회 참여 활성화 지원 방안 연구. 연구보고 22-수시04, 세종: 한국청소년정책연구원.
김종갑, 김선화(2017). 선거연령 인하의 쟁점과 고려사항. 이슈와 논점, 제1244호, 서울: 국회입법조사처.
김종갑, 이정진(2021). 독일 주요 정당의 청년조직과 시사점, 이슈와 논점, 제1859호, 서울: 국회입법조사처.
김효연(2021). 아동·청소년의 민주적 대표성 강화를 위한 정치참여 개선: 학교영역에서의 정치참여 제한 및 개선을 중심으로. 공법학연구, 22(2), 159-192.
남미자, 장아름(2020). 청소년 정치참여의 의미와 학교교육의 방향. 교육정치학연구, 27(1), 31-60.
박은아, 배화순, 성경희, 설규주(2022). 학교 참정권 교육의 내용 요소 설정 및 사회과에서의 참정권 교육 내용 분석: 2015 개정 교육과정을 중심으로. 법교육연구, 17(3), 39-62.
방승주(2003). 참여와 민주적 정당성. 공법연구, 32(2), 1-41.
박인현(2020). 공직선거법 개정 쟁점과 정치적 기본권: 쟁점의 법인권교육적 분석 포함. 법과인권교육연구, 13(1), 51-74.
배소연(2020). 헌법상 교육의 정치적 중립성에 관한 연구. 연세대학교 박사학위논문.
배영민(2018). 중등학교 사회과에서 선거 연령의 하향에 대비한 시민교육의 개혁: 지식 위주에서 쟁점 중심으로 선거교육의 전환을 기대하며. 사회과교육, 57(3), 69-88.
배화순, 성경희, 박은아(2023). 참정권 교육 관점에서 바라본 사회과 교육과정 2015 개정 교육과정과 2022 개정 교육과정 비교 분석. 사회과교육, 62(2), 25-45.
손윤호(2022). 피선거권 연령 하향과 민주주의에 관한 연구. 인문사회21, 13(4), 201-215.
송미리(2024). 청소년의 시민 미디어 리터러시가 정파적 가짜뉴스에 대한 판단 행동에 미치는 영향. 시민교육연구, 56(1), 343-377.
송보희(2017). 만 18세 참정권 변화에 따른 사회제도·정책의 변화 양상. 미래연구,

2(1), 149-163.

송현정, 강대현, 박주현(2020). 영국 학교 시민교육의 제도화와 현황에 대한 분석. 시민교육연구, 52(3), 119-154.

신옥주(2017). 신진정치인의 정계진입 수월성의 기반이 되는 독일의 정치·교육시스템에 관한 고찰. 유럽헌법연구, 25, 327-366.

심지연(2003). 현대 정당정치의 이해. 서울: 백산서당.

안영은, 이인수, 김승정, 박세진, 윤상철, 임상묵, 류승연, 이미선(2023). 서울 중·고등학생의 참여자치역량 실태 분석 및 역량 강화 방안 연구. 서교연 2023-93. 서울: 서울특별시교육청교육연구정보원.

이대성, 이병희, 이진희, 최종철, 홍석노(2020). 민주학교란 무엇인가. 서울: 교육과 실천.

이쌍철, 허은정, 강구섭, 김정현, 백선희, 황지원(2018). 민주시민교육을 위한 학교 운영 방안연구: 학생 참여를 중심으로. 현안보고 OR 2018-04, 충북: 한국교육개발원.

이성회, 양희준, 황지원, 김수철, 서희주(2016). 디지털 세대의 학생 문화 연구. 연구보고 RR 2016-06, 충북: 한국교육개발원.

이수범, 송민호(2020). 공직선거법 개정에 따른 선거권 연령 하향의 현안 분석: 신문기사의 의미연결망 분석을 중심으로. 선거연구, 13, 5-35.

이인수(2020). 선거연령 하향이 교육현장의 정치교육에 미친 영향. 교육정치학연구, 27(4), 145-173.

이정진(2020). 정치교육의 현황과 개선방안 연구. 입법과 정책, 12(1), 5-29.

이재희(2022). 정당에서의 정치교육과 청소년 정치활동 참여: 청소년의 참정권 확대를 위한 관점에서의 검토. 법과인권교육연구, 15(2), 89-111.

이지향, UN(2019). 청소년과 2030 지속가능 발전 의제: 세계청소년보고서. 서울: 유네스코한국위원회.

이혜숙, 이영주(2019). 서울시 청소년참여 실태와 청소년참여 활성화 추진전략. 정책리포트 제270호(2019.02.25.), 서울: 서울연구원.

이창호(2020a). 만 18세 선거권 시대, 그 의미와 정책과제. 월간 공공정책, 2020년 3월호, 173권, 17-19.

이창호(2020b). 선거법개정에 따른 청소년정책 및 활동지원방안 연구. 연구보고 20-R21, 세종: 한국청소년정책연구원.

이창호, 이경상, 김남두(2022). 청소년 미디어 이용실태 및 대상별 정책대응방안 연구Ⅲ: 후기 청소년. 연구보고 22-일반05, 경제·인문사회연구회 협동연구총서 22-77-01. 세종: 한국청소년연구원.

임유진, 김명정(2022). 독일과 영국 청소년의 정당 활동과 정치교육: 우리나라 참정권 교육에의 함의. 법교육연구, 17(3), 159-181.

장승진, 길정아, 김한나(2021). 정당의 청년 정치인 교육 및 충원 시스템 연구: 해외사례를 중심으로. NARS 정책연구용역보고서, 서울: 국회입법조사처.

전광석(2018). 한국헌법론. 서울: 집현재.

정상우, 강은영(2019). 학교 민주시민교육의 현황 및 활성화 방안. 교육법학연구, 31(3), 95-123.

정은지(2022). 헌법적 관점에서 본 정당교육의 목표와 내용. 한국교원대학교 석사학위논문.

조상식(2020). 선거연령 하향 조정과 정치교육의 과제. 교육의 이론과 실천, 25(1), 63-76.

조원용(2019). '전국민선거권' 논의의 2가지 기준: 획일적 '연령'과 개별적 '의사능력'. 법과 정책연구, 19(4), 201-232.

하정화(2018). 청소년참여기구 활성화방안: 부산지역 사례를 중심으로. (사)한국지방정부학회 동계학술대회 발표논문집, 397-420.

홍석노(2014). 교육을 받을 권리의 헌법적 보장. 고려대학교 박사학위논문.

홍세영, 강민진, 남미자(2020). 18세 선거권이 남긴 교육의 과제. 융합사회와 공공정책, 14(3), 140-173.

Ignazi, Piero (2014). Power and the (Il)Legitimacy of Political Parties: An Unvoidable Paradox of Contemporary Democracy?, 『Party Politics』 Vol. 20 (2).

Gokbudak, Mahir and Reinhold Hedtke (2019). Ranking Politische Bildung 2018: Politische Bildung an allgemeinbildenden Schulen der Sekundarstufe I im Bundeslandervergleich. Social Science Education Working Paper No. 9. Bielefeld. (https://pub.uni-bielefeld.de/download/2934293/2934488.pdf).

Kelsen, Hans (2013). (translated by Brian Graf), The People, in: Nadia Urbinati & Carlo Invernizzi Accetti (eds.), 『The Essence and Value of Democracy』, Rowman & Littlefield Publishers.

Kenner, Steve (2020). Politiche Bildung: Citizenship Education in Germany from Marginalization to New Challenges. Journal of Social Science Education, 19(1),

Morlok, M. (2012). Parteienrecht als Organisationsrecht, in: M. Bäuerle u.a., 『Demokratie-Perspektiven』, Festschrift Bryde.

Schulz, W., Ainley, J., Fraillon, J., Losito, B., Agrusti, G. & Friedman, T. (2018). Becoming citizens in a changing world: IEA International Civic and Citizenship Education Study 2016 International Report. Amsterdam, the Netherlands: International Association for the Evaluation of Educational Achievement(IEA)

뉴스핌(2022.01.15.). 고교생 당원 1호 경북서 탄생…영양고 1학년 학생 민주당 입당 (검색일 2024.10.09.) https://m.newspim.com/news/view/20220115000100

서울신문(2017.02.01.). [대선이슈 집중분석] 주요 주자들 "선거권 18세로 낮춰야"… 각 당 입장은 엇갈려.(검색일 2024.09.18.) https://www.seoul.co.kr/news/politics/preselec2017/2017/02/02/20170202005010

생글생글(2013.07.12.). [한 문장의 교양] (13) 아리스토텔레스 "인간은 정치적 동물이다."(검색일 2024.09.02.) https://sgsg.hankyung.com/article/2013071221871

연합뉴스(2022.01.13.). '고교생 당원·국회의원' … 학교 현장 반응은?(검색일 2024.10.09.) https://www.yna.co.kr/view/MYH20220113003700641

이데일리(2024.07.22.). 與김미애 '등교일 고교생 당원모집 금지' 정당법 개정안 발의[e법안프리즘](검색일 2024.10.09.) https://www.edaily.co.kr/News/Read?newsId=02594486638957144

한겨레신문(2005.12.04.). 재인용. https://www.hani.co.kr/arti/international/europe/84775.html.

G1뉴스(2022.04.02.). 법개정 후 도내 고교 정당 가입자 '1명'(검색일 2024.10.09.) http://www.g1tv.co.kr/news/?newsid=263944&mid=1_207_6

MDR(2021.10.9.). 재인용. https://www.mdr.de/nachrichten/deutschland/politik/gruene-jugend-gegen-jamaika-100.html.

Financial Times (2018.1.19.) 재인용. https://www.ft.com/content/1c2c5af4-fc46-11e7-9b32-d7d59aace167.

제10장

교육의 정치적 중립성에 관한 초·중등교원의 인식 및 실천 연구

정설미·모영민

I. 들어가며

한국은 OECD 회원국 중 교원의 정치적 기본권을 비교적 엄격하게 규제하는 국가 중 하나다. 우리나라는 헌법과 국가공무원법 등에 따라 교원의 정치적 표현, 정당 가입, 선거운동의 자유 등을 금지하고 있다. 이에 2001년 한국교원단체총연합회의 '교원 정치활동 보장 촉구 선언'부터 2022년 '교사 정치시민권 회복 입법 촉구 100인 선언'까지, 교원의 정치적 기본권 확대 요구는 지속적으로 제기되어 왔다. 또한, 국가인권위원회, UN 표현의 자유 특별보고관, 국제노동기구ILO의 기준적용위원회CEACR 등도 정부에 교원의 정치활동에 대한 자유 확대를 권고했다(국가인권위원회, 2019.2.25.). 그러나 헌법재판소는 초·중등교원의 정당 가입을 비롯한 일부 정치적 기본권 제한이 여전히 합헌인 것으로 보고 있어[1], 교원의 정치적 기본권에 실질적인 변화는 크지 않다.

교원의 정치적 기본권 논쟁의 근간에는 헌법 제31조 제4항에 명시된 '교육의 정치적 중립성'에 대한 서로 다른 해석과 이해가 자리한다. 교육

---

1. 헌법재판소 2020.4.23. 2018헌마551.

의 정치적 중립성은 교육에 대한 특정 사회계층이나 조직의 정치적·파당적 개입을 배제해 교육의 자주성과 자율성을 보장하기 위한 원칙이다.노기호, 2000. 공교육은 한 국가의 정치철학과 기조에 부합하는 국민의 자질을 함양하기 위한 제도이므로 결코 정치와 무관할 수 없다. 따라서 이는 교육에 잠재적으로 혹은 실제로 영향을 미칠 수 있는 편향적 정치를 배제하거나 최소화하기 위한 핵심 원칙이다. 그러나 교육이 일방적으로 정치의 영향을 받는다고만 보기는 어렵다. 교육은 국민의 자질과 능력을 형성함으로써 정치적 실천의 토대를 구축한다는 점에서 역시 정치에 영향을 미칠 수 있다. 이에 교육의 정치적 중립성은 교육이 정치에 가담하지 않는 소극적 중립성을 넘어, 조정·통합·절충하는 적극적 중립성을 요구하기도 한다.이돈희, 2021, p.13. 결국 교육과 정치가 서로를 배제할 수 없는 관계임을 감안할 때, 실제 교육의 정치적 중립성을 구현하는 과정에서 적용 범위와 방식 등에 관한 논란은 불가피하다.

 가장 대표적인 논쟁은 교원이 근무시간 외에 집회나 시위에 참여하거나 특정 정당 또는 정치인을 지지하는 활동이 교육의 정치적 중립성을 해치지 않는가 하는 문제다. 헌법재판소는 교원이 학생에게 미칠 수 있는 직접적·간접적 영향력을 고려할 때, 근무시간과 관계없이 교원의 정치활동을 제한하는 것이 타당하다는 입장이다.[2] 반면 학계에서는 교원이 직무 전념 의무를 충실히 이행한다면 근무시간 외 정치활동은 문제가 되지 않는다는 견해도 있다.노기호, 2000; 박종보, 2005. 또한 2020년 만18세 선거권 도입 이후, 정치교육 및 민주시민교육의 필요성이 커짐에 따라 이를 교육 현장에 구현하는 방안에 대해서도 의견이 다양하다. 실질적인 정치교육을 위한 교사의 정치적 기본권 보장 요구(이동욱, 2024.4.4.)와 정치편향 교육으로 인한 교육의 정치적 중립성 침해 우려(서재철, 2022.7.7.)가 공존

---

2. 헌법재판소 2014.3.27. 2011헌바42.

한다. 더 나아가, 교육의 정치적 중립성은 교육행정 제도와도 밀접하게 연관된다. 예컨대 정치적 중립성에 대한 해석에 따라 교육감 선출 방식(직선제, 임명제 등)에 대해서도 다양한 입장이 존재한다.^{조석훈, 2021}.

특히 우리나라 교원은 일반 국민으로서의 지위, 교육공무원으로서의 지위, 그리고 자격제도를 통해 인정받은 수업권을 가진 교육전문가로서의 지위를 지닌다. 이런 복합적인 지위로 인해 교원에게 요구되는 정치적 중립성의 범위와 수준을 명확히 규정하는 데에는 여러 어려움이 따른다. 예를 들어 헌법 제31조 제6항의 교원지위 법정주의는 교원의 권익을 보장하고 교원의 지위를 행정권력에 의한 부당한 침해로부터 보호하는 것뿐만 아니라 국민의 교육받을 기본권을 보장하기 위한 것이기도 하다.[3] 따라서 국민의 교육 기본권 보장을 위해 교원은 국민으로서 정치적 기본권과 교육공무원으로서 정치적 중립성을 조정해야 하며, 이 과정에서 논란이 발생할 수 있다.

이런 논란의 중심에 있는 교원들이 정치적 중립성을 어떻게 이해하고 실천하고 있는지를 분석하는 것은 향후 교원의 정치적 권리와 의무를 규정하는 법제도 개선에 중요한 기초자료가 될 것이다. 그러나 이에 관한 실질적인 연구는 충분하지 않은 실정이다.^{박현미, 2023; 송성민, 2022; 한석준 외, 2017}. 이에 본 장에서는 교육의 정치적 중립성에 관한 초·중등교원의 인식 및 실천 실태를 조사·분석해 객관적으로 파악하고, 이를 통해 향후 관련 법제도 개선을 위한 기초자료를 마련하고자 한다. 이를 위해 먼저 교육의 정치적 중립성에 관한 주요 쟁점을 교원의 정치적 중립성과 교육과정의 정치적 중립성으로 나누고, 각 주제에 대한 다양한 학술적·법적 해석을 검토한다. 이러한 이론적 토대를 바탕으로, 전국 국공립학교의 초·중등교원 521명을 대상으로 수집한 설문 자료를 심층 분석해 교원들이 인식하

---

3. 헌법재판소 1998.7.16. 선고 96헌바33·66·68,97헌바2·34·80,98헌바39(병합).

고 실천하는 정치적 중립성의 의미와 시사점을 도출하고자 한다.

Ⅱ. 교육의 정치적 중립성 해석과 쟁점

'중립中立'의 사전적 정의는 어느 쪽에도 치우치지 않는 공정함fairness과 어느 쪽에도 편들지 않음impartiality을 의미한다송준석, 1995. 그렇다면 정치적 중립성이란, 정치적으로 공정하고 편향되지 않은 교육을 뜻한다고 볼 수 있다. 그러나 교육과 정치가 불가분의 관계임을 고려할 때, 교육의 정치적 중립성 실현에 중요한 것은 교육에서 모든 정치를 배제하는 것이 아니라 불공정하고 편향적인 정치를 구별하여 배제하는 것이다. 교육과 정치의 관계에 대한 이원론적 입장은 교육이 정치로부터 완전히 분리되어야 한다고 주장하지만, 여기서의 정치는 주로 편향적·당파적 정치를 의미한다는 점에서 결국 교육과 정치의 연관성을 인정하되 편향되지 않아야 한다는 일원론의 입장과 본질적으로 크게 다르지 않다길성용, 강태수, 2022. 교육기본법 제6조 제1항은 "교육은 교육 본래의 목적에 기해 운영되어야 하며, 정치적·파당적 또는 개인적 편견을 배제하고 중립성을 지켜야 한다."라고 명시하는데, 문맥상 여기서 '정치적·파당적'이라는 표현 역시 앞서 언급한 불공정하고 편향적인 정치의 배제를 의미한다고 볼 수 있다. 결국 정치적으로 공정하고 편향되지 않는 교육을 실현하는 원칙은 교육제도 전반에 걸쳐 일관되게 적용될 필요가 있다.

이에 국내에서는 주로 사회과 교육과정을 중심으로 정치적 중립성의 해석과 적용을 다룬 연구e.g. 송성민, 2022; 안성경, 2017; 오연주, 2009; 장호범, 2018와 교원의 정치적 권리 제한의 쟁점과 개선 방안을 논의한 연구e.g. 노기호, 2004; 박현미, 김성천, 황유진, 2023; 손희권, 2004; 장철준, 2011 등 다양한 선행연구가 축적되어 왔다. 국외에서는 교육이 정치적으로 완전히 중립적일 수 없다는 전제를 바탕으로 Crittenden, 1980; Snook, 1972. 시민교육의 방향과 정치적 이슈를 다루는 구체적인 교수·학습방법의 개선에 초점을 둔 연구가 이어지고 있다 Cotton, 2006; Donnelly, McAuley, Blaylock, & Hughes, 2021; Gardner, 2018; Harwood, 2001.

그러나 교원의 정치참여에 대한 논의는 상대적으로 드문데, 이는 서구의 제도적 맥락에서는 교원의 정치적 기본권이 폭넓게 보장되고 있기 때문으로 해석할 수 있다.

국가별 상황에 따라 차이는 있지만, 교원과 교육과정은 교육 현장에서 정치적 중립성을 실천하는 핵심 영역으로 논의의 중심이 되어 왔다. 여기서는 교원과 교육과정의 정치적 중립성에 초점을 두고 살펴보고자 한다.

1. 교원의 정치적 중립성

전술한 바와 같이 교원의 복합적 지위로 인해 정치적 기본권과 정치적 중립성 사이에는 긴장 관계가 존재한다. 예를 들어, 교원은 국민으로서 헌법 제10조부터 제39조까지에 따른 기본권과 의무가 있으며, 이에 따라 언론·출판·결사·집회의 자유, 선거권, 공무담임권 등 정치적 기본권이 부여된다. 그러나 교육공무원으로서 교원은 헌법 제7조 제1항·제2항, 제31조 제4항, 제36조 제6항에 의해 국가기관의 부당한 침해로부터 지위와 권익을 보호받는 동시에 국민의 교육 기본권을 보장하기 위해 정치적 기본권이 일부 제한될 수 있다. 구체적으로 헌법 제33조 제2항 및 제37조 제2항, 그리고 공직선거법 제9조 등에 따라 단결권·단체교섭권 및 단체행동권을 포함한 정치적 활동이 제한될 수 있다. 즉 국민으로서 정치적 기본권과 교육공무원으로서 정치적 중립성이 항상 충돌하는 것은 아니지만, 상호 간에 일부 제한과 조정이 필요하다.

이에 대한 판단은 교원을 교육기관 및 교육행정기관과 동일시하는지, 별개의 존재로 보는지에 따라 달라진다 조석훈, 2021. 교원을 교육기관 및 교육행정기관과 동일시하는 경우, 국가로부터 학교교육의 과제를 위임받아

이행하는 교원의 활동은 "근무시간 내외를 불문하고 학생들의 인격 및 기본생활습관 형성에 중요한 영향을 끼치는 잠재적 교육과정의 일부분인 점을 고려하고, 교원의 정치활동은 교육수혜자인 학생의 입장에서는 수업권 침해로 받아들여질 수 있다는 점을 고려해야 한다. 따라서 공익을 우선시해야 한다는 점을 고려해, 초·중등학교 교육공무원의 정당 가입 및 선거운동의 자유를 제한하는 것이 헌법적으로 정당화될 수 있다."[4] 따라서 동일시의 관점에서 이해되는 정치적 중립성은 교원의 정치활동을 제한하고, 그 의미를 소극적 의무의 차원으로 한정한다.

반면 교원을 교육기관 및 교육행정기관과 별개로 보는 경우, 근무시간 외 또는 학교 밖에서 공무와 무관하게 이루어지는 교원의 활동은 정치적 중립성을 침해하지 않는다. 이런 관점에서 헌법재판소는 "공무원의 편향된 영향력 행사를 배제하여 선거의 공정성을 확보한다는 공익은, 그 지위를 이용한 선거운동 내지 영향력 행사만을 금지하면 대부분 확보될 수 있으므로 공무원이 그 지위를 이용했는지 여부에 관계없이 선거운동의 기획행위를 일체 금지하는 것은 정치적 의사표현의 자유라는 개인의 기본권을 중대하게 제한한다."라는 결정을 내린 바 있다.[5] 물론 교원의 모든 공무 외 활동을 인정하는 것은 아니며, 교육에 영향을 미치지 않고 직무에 소홀함이 없다면 교원의 정치적 기본권을 인정해야 한다는 입장이다 노기호, 2000; 박종보, 2005; 표시열, 1995. 이에 따라 별개의 관점에서 정치적 중립성은 교원의 정치활동을 일부 허용하며, 정부의 교육정책에 대한 합리적 비판이나 공직선거에서 후보자 지지 활동 등을 허용할 수 있다고 본다.

한편, 교원이 교육기관 및 교육행정기관, 즉 국가와 동일하기 때문에 오히려 교육의 정치적 중립성에 따라 교원의 정치적 기본권을 발휘할 수 있다는 견해도 있다. 길성용과 강태수[2022]는 공교육기관으로서 국공립학교

---

4. 헌법재판소 2004.3.25. 2001헌마710.
5. 헌법재판소 2008.5.29. 2006헌마1096.

의 교육 주체 역시 국가라 할 수 있으며, 따라서 헌법 제31조 제4항이 규정하는 교육의 정치적 중립성은 국가와 교원의 관계를 주체와 객체가 아니라, 국가 내부 주체 간 '권한배분 규범'으로 해석해야 한다고 주장한다. 만약 교육 주체의 권한에 대한 객관규범이 아닌 기본권에 대한 주관규범으로 본다면[6], 국가가 이에 관여하는 것은 기본권 침해이며 학생과 교사의 기본권 상충 문제로 해석될 위험이 있다. 따라서 정치적 중립성을 교원의 권한에 관한 객관규범으로만 보지 않고 기본권에 관한 주관규범으로까지 확대하는 것은 옳지 않다는 입장이다. 또한, 한석준 외^{2017}는 교원이 편향된 교육을 조성할 경우 정치적 기본권이 제한될 수 있으나, 외부 정치세력이 국가의사에 반하는 경우에는 국가의 교육주체로서 교원이 이에 개입해 합리적으로 정치적 기본권을 행사할 여지가 있다고 본다.

2. 교육과정의 정치적 중립성

교원은 자연법적으로는 부모의 신탁을 받으며, 실정법상으로는 국가의 자격증 제도와 채용을 통해 학생을 교육·지도하는 교육 전문가로서 지위를 부여받는다. 이에 따라 정치교육 및 민주시민교육을 포함한 교육과정 전반의 결정 및 편성권, 교재 결정권 등 교육권을 보장받을 수 있다. 동시에 교육공무원으로서 교원은 교육과정 편성·운영 과정에서 교육의 정치적 중립성을 준수할 필요가 있다. 하지만 우리나라의 정치교육과 민주시민교육의 이면에는 '정치적 지리학politics geographie'이라는 첨예한 진영 논리가 깊이 자리 잡고 있어$^{조상식, 2021}$, 교원이 교육 전문가로서의 교육권과 교육공무원으로서의 정치적 중립성을 함께 추구하기란 쉽지 않은 문제다. 예를 들어 2015년 역사 국정교과서 논란은 역사 해석의 다양성 문

---

6. 주관헌법규범이란 국민의 기본권과 의무와 같이 자연인에게 어떤 주관적 지위를 부여하거나 제한하는 헌법규범을, 객관헌법규범이란 기본권의 객관적인 내용을 실현하기 위해 국가나 지방자치단체 등에게 일정한 권한이나 의무를 부여하는 헌법규범을 의미한다(김해원, 2010).

제를 넘어서, 한국 사회의 이념적 갈등 및 교육과 정치 관계의 복잡성을 단적으로 보여준다.

교육과정의 정치적 중립성에 대한 관점은 크게 배제 중립exclusive neutrality과 포함 중립inclusive neutrality으로 나눌 수 있다조석훈, 2021. 배제 중립은 논쟁이 될 수 있는 주제를 공공영역에서 다루지 않음으로써 정치적 중립성을 유지하려는 소극적 방식이다. 구체적으로 정치세력이나 정치·사회적 이슈를 교육영역에서 배제함으로써 공간적으로 분리하거나, 교육정책이나 법령의 입안·시행 과정에서 특정 집단이나 신념에 편중된 혜택을 주지 않도록 행위근거에서 배제하는 방식이 있다. 정치·사회적 이슈에 비관여적 태도를 취하는 방식도 포함된다. 배제 중립은 표면적으로는 명료한 접근처럼 보인다. 그러나 교육과 정치의 불가분 관계를 고려할 때 교육에서 정치를 배제하는 것은 현실적으로 어렵다. 또한 학생들의 민주시민역량 함양을 위한 교육이 제한되어 교사와 학생 모두가 정치적으로 소외되는 결과를 초래할 수 있다. 아울러 정치에 무입장을 취하는 교육은 한 국가의 정치철학이 목표로 하는 이상적인 국민을 양성하려는 공교육의 목표를 포기하는 것이며, 암묵적으로 지배 세력에 동조하는 결과를 낳아 정치적 중립성에 모순될 수 있다송준석, 1995.

포함 중립은 교육과 정치의 불가분 관계를 인정하며, 실질적인 정치적 중립성을 확보하기 위해 논쟁이 될 수 있는 주제를 배제하지 않고 다양한 주장을 균형 있게 다루는 적극적인 방식이다. 구체적으로 합의된 범위에서 다양한 가치를 수용하거나, 사회적 이해관계 비중이나 현상의 경중을 그대로 반영하는 방식[7] 등을 취할 수 있다. 소수집단에 대한 보상적 접근으로 이들의 가치를 더 적극적으로 반영하는 교육을 시도할 수도 있다. 정치교육 및 민주시민교육의 강화 필요성이 제기되는 가운데 포함 중립

---

7. 이돈희(2021, pp. 134-138)가 언급한 '균형적 중립성' 또는 '계량적 중립성'과 같은 방식으로, 경쟁하는 세력을 모두 수용하되 비례나 합의에 따라 균형적으로 수용한다.

은 현실적인 접근으로, 가장 중요한 점은 '공정한 원칙 하에서 자유로운 정치적 논의가 가능하게 하는 것'이다^{이재희, 2020}. 즉 수업에 정치·사회적 이슈를 통합하는 구체적인 교수·학습방법이 교육의 성패를 좌우할 수 있다. 예를 들어 교사가 '관용'의 이름 아래 모든 가치를 용인하고 지나치게 소극적인 자세를 취할 경우, 양비론이나 가치 상대주의에 빠질 위험이 있다. 또한, 수업에서 개인적 판단이나 이익을 지나치게 강조하면 사회 전체의 공공선을 간과해 학생들의 민주시민으로의 성장을 저해할 우려가 있다^{조상식, 2021}.

일반적으로 정치·사회 이슈를 다루는 정치교육 또는 민주시민교육에서 정치적 중립성을 논할 때, 독일의 '보이텔스바흐Beutelsbach 협약'이 대표적인 사례로 언급된다. 보이텔스바흐 협약은 1972년 독일 사민당과 기민련 두 정당이 정치교육의 기본 원칙을 명확히 하기 위해 체결한 합의로, 교육 현장에서 정치적 중립성을 유지하는 방법과 교사 및 학생의 역할을 재정의한 중요한 지침이 되었다. 협약의 핵심 원칙은 ① 학생에게 특정 정치적 견해를 강요하지 않고 독립적 판단을 하도록 해야 한다는 '강제성 금지' ② 학문과 정치에서의 논쟁이 교육과정에도 반영될 수 있게 해야 한다는 '논쟁성 유지' ③ 학생 스스로 정치적 문제를 분석하고 비판적으로 사고하여 의사표명을 할 수 있게 해야 한다는 '학생의 정치적 행위능력 강화'다^{조상식, 2021}.

이 협약은 독일뿐만 아니라 전 세계 정치교육의 중요한 지침으로 자주 언급되나, 한국의 고유한 맥락을 고려할 때 이를 그대로 적용하는 것은 그리 간단하지 않다. 보이텔스바흐 협약은 독일이 나치 정권의 전체주의와 극단주의 경험을 반면교사 삼아, 정치적 세뇌를 방지하고 민주적·합리적인 시민을 양성하기 위한 노력의 일환이다. 이는 칼 포퍼Karl Popper의 '열린 사회open society' 가치를 바탕으로 하며, 과거 역사에 대한 깊은 반성을 통해 정치교육을 강조해온 독일에서 폭넓게 수용되었다^{조상식, 2019}.

그러나 정치교육이 충분히 자리 잡지 못한 한국에서 보이텔스바흐 협약을 적용하는 데에는 현실적인 어려움이 따른다. 대다수 교사에게 정치교육은 아직 부담스러우며, 해당 협약 내용이 생소할 수 있다. 이론적으로 협약 내용을 이해하더라도, 이를 교수·학습 과정에서 구현하기 위해서는 많은 실천적 연구와 경험이 수반될 필요가 있다.

Ⅲ. 교육의 정치적 중립성에 관한 초·중등교원의 인식 및 실천 분석

교육의 정치적 중립성에 대한 이론적 검토를 토대로 본 연구는 관련한 주요 쟁점을 〈표 11〉과 같이 '교원의 정치적 중립성'과 '교육과정의 정치적 중립성'의 영역으로 구분하고, 이에 관한 초·중등교원의 인식 및 실천을 탐색하고자 한다. 이를 위해 먼저 연구진이 관련 선행연구와 판례 등의 이론적 검토를 토대로 두 가지 핵심 영역에 대한 교원의 인식과 실천 등을 조사하는 문항을 개발했다. 이후 교육학 박사 1인의 자문을 받아 문항의 내용적 타당도를 검토했다. 또한, 현직 교사 또는 교직 경험이 있

〈표 11〉 조사 영역 및 내용 개요

조사 영역	조사 내용
교원의 정치적 중립성 인식 및 실천	교원의 정치적 중립성 개념 인식
	교원의 정치적 중립성 필요성 인식
	교원의 정치적 기본권에 대한 인식 및 실천
	교원의 정치활동 목적별 중요도 및 실행도
교육과정의 정치적 중립성 인식 및 실천	교육과정의 정치적 중립성 개념 인식
	교육과정 내 정치·사회 이슈 통합 인식 및 실천 수준
	교육과정의 정치적 중립성 유지 방안

는 교육전문가 5인에게 설문 문항의 현장 적합성 및 응답 피로도 등을 검토받아 설문 문항의 타당성을 보완하고 현실적합성을 높이고자 했다.

본 연구의 설문조사는 2024년 8월 5일부터 30일까지 Google Form을 이용한 온라인 방식으로 진행되었으며, 교사 온·오프라인 커뮤니티 및 다양한 채널을 통해 설문 링크를 배포했다. 총 536명의 초·중등교원이 설문에 응답했으며, 불성실한 응답과 통합학교 및 대안학교 교원의 응답을 제외한 후 최종적으로 521명의 응답을 분석에 포함했다.

설문에 참여한 521명 교원의 인구통계학적 특성을 요약하면 〈표 12〉와 같다. 응답자의 연령대와 총 교직 경력은 대체로 정규분포를 보이며, 학교급별로는 초등학교 교원이 362명(69.5%)으로 중·고등학교 교원보다 많다. 근무 학교 소재지는 수도권이 313명(60.1%)으로 가장 많고, 그다음으로 영남권 96명(18.4%), 충청권 61명(11.7%), 호남권 45명(8.6%) 등의 순이다. 교원단체 가입 여부에 관해서는 308명(59.1%)이 가입했다고 응답했으며, 미가입자는 183명(35.1%), 무응답자는 30명(5.8%)이다.

이하 본문에서는 각 문항 개발의 목적과 이론적 근거를 설명한 후, 수집된 응답에 대한 기술통계 결과를 제시한다. 이후 교원의 총 교직 경력과 재직 학교급에 초점을 두고 집단을 구분해 집단 간 차이를 분석했다.

〈표 12〉 응답자의 인구통계학적 특성

구분		빈도(명)	비율(%)
성별	여성	367	70.4
	남성	154	29.6
연령대	20대	53	10.2
	30대	198	38.0
	40대	208	39.9
	50대 이상	62	11.9
직위	교장(감)	11	2.1
	수석교사	7	1.3
	일반 교사	503	96.6

총 교직 경력		6년 미만	57	10.9
		6년 이상~15년 미만	225	43.2
		15년 이상~25년 미만	182	34.9
		25년 이상	57	10.9
학교급		초등학교	362	69.5
		중학교	73	14.0
		고등학교	86	16.5
지도 교과		해당 없음(초등)	345	66.2
		국어과	34	6.5
		도덕과	11	2.1
		사회과(사회, 국사)	22	4.2
		수학과	34	6.5
		과학과	18	3.5
		실과(기술·가정)	6	1.2
		체육과	5	1.0
		예술과(음악·미술)	4	0.8
		영어과	23	4.4
		그 외 교과	19	3.6
학교 소재지		수도권	313	60.1
		충청권	61	11.7
		강원권	4	0.8
		영남권	96	18.4
		호남권	45	8.6
		제주권	2	0.4
교원단체 가입 여부		가입	308	59.1
	참여 활동 유형 (중복응답*)	회비 납부 및 간단한 설문조사 참여 외 별도 활동 없음	238	77.3
		전문성 개발 연수·연구 활동	73	23.7
		단체교섭 및 정치활동	70	22.7
		교육·교원 정책과정 참여 및 정책 연구·개발 활동	35	11.4
		단체 신문·교육도서 발행 등 출판 및 홍보 활동	17	5.5
		기타	2	0.6
		미가입	183	35.1
		응답 거부	30	5.8

*중복응답 문항의 경우, 각 항목이 선택된 빈도를 전체 응답 수로 나눈 값을 비율(%) 열에 제시했으며, 비율의 합이 100을 초과할 수 있다. 이하 동일.

경력에 따른 구분은 총 교직 경력 15년 미만인 교원과 15년 이상인 교원으로 나누었으며, 재직 학교급은 초등학교와 중등학교(중·고등학교)로 구분했다.

1. 교원의 정치적 중립성 인식 및 실천

교원의 정치적 중립성 인식 및 실천 영역은 크게 ① 교원의 정치적 중립성 개념 인식, ② 교원의 정치적 중립성 필요성 인식, ③ 교원의 정치적 기본권에 대한 인식 및 실천, ④ 교원의 정치활동 목적별 중요도 및 실행도 네 가지로 구분하여 조사했다.

가. 교원의 정치적 중립성 개념 인식

교원의 정치적 중립성 개념에 대한 초·중등교원의 인식을 파악하기 위해, 교원의 정치적 중립성의 다양한 의미를 다섯 가지 항목을 통해 제시하고, 이중 교원의 정치적 중립성의 의미와 가장 부합한다고 인식하는 것 두 개를 선택하게 했다. 먼저 "(1) 교원은 특정 정당의 이념 또는 성향에 치우치지 않고 자기 직무를 성실히 수행해야 한다"는, 교원이 직무수행 중 정당의 정치적 목적에 이용되거나 정치적으로 편향되는 것을 지양하는 정치적 중립성을 강조한 보기이다. 다음으로 "(2) 교원은 독립적·객관적·전문직업적 판단에 기반하여 정책 및 행정 문제에 접근해야 한다"는, 교원이 수행하는 직무를 전문성 있는 직무로 보는 전문직업주의적 관점을 강조한 것이며, "(3) 교원은 정당과 관련된 사안들에 직접 개입하지 않아야 한다"는, 교육공무원으로서 교원이 정당과 관련된 정치행위를 하지 말아야 한다는 파당적 정치활동 배제의 의미를 나타낸다^{박천오, 2011}. "(4) 교원은 정권 혹은 집권 정부의 정책이나 행정에 대해 공개적으로 비판할 수 없다"와 "(5) 교원은 자신의 정치적 철학 및 의견과 무관하게 집권 정부의 정책 실현에 충실해야 한다"는, 각각 교육공무원으로서 집권 정부

〈표 13〉 교원의 정치적 중립성 개념 인식

구분	종합	1순위	2순위
(1) 교원은 특정 정당의 이념 또는 성향에 치우치지 않고 자기 직무를 성실히 수행해야 한다.	1.15	210 (40.31)	178 (34.17)
(2) 교원은 독립적·객관적·전문직업적 판단에 기반하여 정책 및 행정 문제에 접근해야 한다.	1.12	218 (41.84)	148 (28.41)
(3) 교원은 정당과 관련된 사안들에 직접 개입하지 않아야 한다.	0.40	40 (7.68)	127 (24.38)
(4) 교원은 정권 혹은 집권 정부의 정책이나 행정에 대해 공개적으로 비판할 수 없다.	0.23	36 (6.91)	50 (9.60)
(5) 교원은 자신의 정치적 철학 및 의견과 무관하게 집권 정부의 정책 실현에 충실해야 한다.	0.10	17 (3.26)	18 (3.45)

*종합={(1순위 빈도×2)+2순위 빈도}/전체 응답 수(이하 표에서 동일).

에 대한 충성도와 일관된 정책 실현을 위한 헌신에 초점을 둔 항목이다 Levitan, 2007.

분석 결과는 〈표 13〉과 같다. 교원들이 교육의 정치적 중립성 개념에 대해 가장 많이 선택한 항목은 "교원은 독립적·객관적·전문직업적 판단에 기반해 정책 및 행정 문제에 접근해야 한다."로, 총 218명(41.84%)이 1순위 응답으로 선택했다. 2순위 응답에서도 148명(28.41%)이 이를 선택하여, 교원의 정치적 중립성 개념을 전문직업적 판단의 관점에서 인식하는 교원이 가장 많은 것으로 나타났다.

두 번째로 높은 선택을 받은 항목은 "교원은 특정 정당의 이념 또는 성향에 치우치지 않고 자기 직무를 성실히 수행해야 한다"로, 1순위에서 210명(40.31%), 2순위에서 178명(34.17%)이 선택했다. 이는 교원이 직무 수행 중 정당의 정치적 목적에 이용되거나 정치적으로 편향되지 않고 독립적으로 직무를 수행해야 한다는 원칙에 대한 높은 동의를 보여준다. 반면, "교원은 정권 혹은 집권 정부의 정책이나 행정에 대해 공개적으로 비판할 수 없다"와 "교원은 자신의 정치적 철학 및 의견과 무관하게 집권 정부의 정책 실현에 충실해야 한다"는 항목은 각각 1순위 36명(6.91%)과 17

명(3.26%), 2순위 50명(9.60%)과 18명(3.45%)으로 매우 낮은 선택을 받았다. 이는 교원들이 자신의 정치적 중립성을 집권 정부의 공권적 작용과는 결부시키지 않는 것으로 이해된다.

종합적으로 볼 때, 우리나라 교원들이 인식하는 교원의 정치적 중립성은 집권 정부에 의한 공권력적 정책집행과 그에 대한 충성심보다는, 정치체제의 영향력을 배제하고 교직이라는 직무의 전문성에 기반한 개념에 더욱 근접한 것으로 확인되었다.

교원의 경력 집단별(15년 미만 282명, 15년 이상 239명) 응답 분석 결과, 전반적으로 전체 집단의 결과와 유사한 경향이 나타났으나 일부 문항에서 집단 간에 통계적으로 유의미한 종합 지수 차이가 발견되었다. 15년 미만 집단에서는 "(1) 교원은 특정 정당의 이념 또는 성향에 치우치지 않고 자기의 직무를 성실히 수행해야 한다"는 항목의 종합 지수가 가장 높지만, 15년 이상 집단에서는 "(2) 교원은 독립적·객관적·전문직업적 판단에 기반해 정책 및 행정 문제에 접근해야 한다"는 항목이 가장 높은 종합

⟨표 14⟩ 교원의 정치적 중립성 개념 인식(경력별)

구분	15년 미만			15년 이상			t value
	종합	1순위	2순위	종합	1순위	2순위	
(1)	1.14	126 (44.68)	70 (24.82)	1.15	84 (35.15)	108 (45.19)	-0.19
(2)	1.02	98 (34.75)	92 (32.62)	1.24	120 (50.21)	56 (23.43)	-2.97**
(3)	0.41	23 (8.16)	70 (24.82)	0.38	17 (7.11)	57 (23.85)	0.55
(4)	0.30	23 (8.16)	38 (13.48)	0.16	13 (5.44)	12 (5.02)	2.87**
(5)	0.31	12 (4.26)	12 (4.26)	0.07	5 (2.09)	6 (2.51)	1.76

*단위: 명(%).
*집단별 응답 수와 항목별 종합 지수에 대한 집단 간 차이 검정(t-test)을 수행했다.
통계적 유의성은 *$p<0.05$, **$p<0.01$, ***$p<0.001$ 기준이며, 이하 동일.

지수를 기록했다. 또한, "(4) 교원은 정권 혹은 집권 정부의 정책이나 행정에 대해 공개적으로 비판할 수 없다"의 종합 지수는 15년 미만 집단에서 상대적으로 높았다.

학교급별(초등학교 362명, 중등학교 159명) 응답 분석 결과, 전체 집단의 경향과 유사한 패턴이 나타났으나, 일부 문항에서 초등학교와 중등학교 간에 통계적으로 유의미한 차이가 있었다. 초등학교 교원 집단에서는 "(2) 교원은 독립적·객관적·전문직업적 판단에 기반하여 정책 및 행정 문제에 접근해야 한다"라는 항목의 종합 지수가 가장 높았으나, 중등학교 교원 집단에서는 "(1) 교원은 특정 정당의 이념 또는 성향에 치우치지 않고 자기의 직무를 성실히 수행해야 한다"라는 항목의 종합 지수가 가장 높았다.

〈표 15〉 교원의 정치적 중립성 개념 인식(학교급별)

구분	15년 미만			15년 이상			t value
	종합	1순위	2순위	종합	1순위	2순위	
(1)	1.06	129 (35.64)	127 (35.08)	1.34	81 (50.94)	51 (32.08)	-3.67***
(2)	1.19	162 (44.75)	107 (29.56)	0.96	56 (35.22)	41 (25.79)	2.88**
(3)	0.36	27 (7.46)	78 (21.55)	0.47	13 (8.18)	49 (30.82)	-1.80
(4)	0.26	29 (8.01)	36 (9.94)	0.18	7 (4.4)	14 (8.81)	1.56
(5)	0.12	15 (4.14)	14 (3.87)	0.05	2 (1.26)	4 (2.52)	1.90

*단위: 명(%).

나. 교원의 정치적 중립성 필요성 인식

다음으로 교원의 정치적 중립성의 필요성에 대한 인식을 파악하기 위해, "공무원으로서 교사의 정치적 중립성은 ~을 위해 필요하다"라는 문장에 동의하는 정도를 리커트 5점 척도를 활용해 조사했다. 설문 응답자에게 제시된 보기는 (1) 국민에 대한 봉사자로서 중립적 위치에서 공익을 추구하기 위해(국민 전체의 봉사자설), (2) 교육에 대한 정치 개입을 방지해 교육의 전문성·민주성, 교육정책의 계속성·안정성을 유지하기 위해(정치와 교육(행정)의 분리설), (3) 정권 변동과 관계없이 교사의 교육공무원으로서 신분 안정 보장을 위해(공무원의 이익보호설), (4) 교육공무원으로서 교사의 교육활동이 정권에 편승해 발생하는 부패·비능률 등의 문제를 방지하기 위해(공무원의 부패방지설) 등 네 가지다. 이런 보기는 헌법재판소가 공무원의 정치적 자유를 제한하는 주요 법리적 근거로 사용하는 논리적 기반을 반영한다.성중탁, 2020.

분석 결과, 교원들이 교원의 정치적 중립성 필요성에 가장 동의한 항목은 "공무원의 부패방지설"이다. 이 항목에서 동의(그렇다 또는 매우 그렇다) 응답 비율은 50.29%로 가장 높으며, 비동의(그렇지 않다 또는 전혀 그렇지 않다) 응답 비율은 25.72%로 가장 낮다. 이는 교원들이 공무원의 부패와 비능률을 방지하기 위한 원칙으로서 교원의 정치적 중립성을

〈표 16〉 교원의 정치적 중립성 필요성 인식

구분	전혀 그렇지 않다	그렇지 않다	비동의	보통이다	동의	그렇다	매우 그렇다
(1) 국민 전체의 봉사자설	64 (12.28)	114 (21.88)	178 (34.16)	153 (29.37)	190 (36.47)	150 (28.79)	40 (7.68)
(2) 정치와 교육(행정)의 분리설	64 (12.28)	88 (16.89)	152 (29.17)	130 (24.95)	239 (45.88)	194 (37.24)	45 (8.64)
(3) 공무원의 이익보호설	66 (12.67)	95 (18.23)	161 (30.9)	147 (28.21)	213 (40.88)	165 (31.67)	48 (9.21)
(4) 공무원의 부패방지설	51 (9.79)	83 (15.93)	134 (25.72)	125 (23.99)	262 (50.29)	191 (36.66)	71 (13.63)

*단위: 명(%).

매우 중요하다고 인식하고 있음을 나타낸다. 반면, "국민 전체의 봉사자설"에 대한 동의 응답 비율은 36.47%로 가장 낮고, 비동의 응답 비율은 34.16%로 가장 높다.

교원의 경력 집단별 및 학교급별 응답 분석 결과, 전체 집단 분석과 유사하게 각 집단별로도 "(4) 공무원의 부패방지설"의 응답값이 가장 높고, "(1) 국민 전체의 봉사자설"의 응답값이 가장 낮은 경향이 확인된다. 한편, 집단 간 차이를 살펴본 결과, "(1) 국민 전체의 봉사자설"과 "(2) 정치와 교육(행정)의 분리설"은 15년 미만 교원 집단의 응답값이 15년 이상 집단에 비해 상대적으로 높다. 그리고 각 항목에 대해 중등학교 교원들이 초등학교 교원보다 전반적으로 높은 동의 수준을 보인다.

〈표 17〉 교원의 정치적 중립성 필요성 인식(경력, 학교급별)

구분	경력					학교급				
	15년 미만		15년 이상		t value	초등학교		중학교		t value
	평균	표준편차	평균	표준편차		평균	표준편차	평균	표준편차	
(1)	3.09	1.14	2.85	1.13	2.43*	2.88	1.13	3.21	1.14	3.08**
(2)	3.27	1.13	2.96	1.19	3.05**	3.00	1.17	3.42	1.12	3.82***
(3)	3.15	1.11	2.97	1.23	1.70	2.97	1.17	3.28	1.15	2.83**
(4)	3.35	1.17	3.21	1.18	1.34	3.16	1.19	3.56	1.09	3.72***

*단위: 명(%).

다. 교원의 정치적 기본권에 대한 인식 및 실천

교원의 정치적 기본권과 이를 제한하는 법률 규정에 대한 인식을 파악하기 위해, 먼저 조사 항목에 포함될 주요 쟁점들을 선정했다. 그 결과, 조사 항목에는 (1) 교원 노조의 정치활동 금지, (2) 정당 또는 정치인 선거 지원 및 후원회 가입 제한, (3) 노동운동 및 공무 외 집단 행위 금지, (4) 정당 및 정치단체 결성 관여 및 가입 금지, (5) 교육감 후보자 자격 제한 등 총 5가지의 첨예한 사안이 포함되었다. 또한, 교원들이 특정 사안에서 정치적 기본권이 제한되어서는 안 된다고 인식하는 정도를 더욱 명확하게 분석하기 위해 1순위와 2순위를 선택하도록 문항을 설계했다.

교원의 정치적 기본권 제한에 대한 인식을 분석한 결과, 다른 순위형 문항과 달리 다양한 항목에 응답이 고르게 분포하는 특징이 나타났다. 교원들이 가장 제한되어서는 안 된다고 응답한 정치적 기본권 항목은 "교원 노조의 정치활동 금지"였다. 해당 항목의 종합 지수는 0.75점으로 가장 높으며, 1순위 응답에서 132명(25.34%), 2순위 응답에서 128명(24.57%)이 이를 선택했다. 이는 교원들이 정치적 기본권을 실현하는 과정에서 노조의 정치활동 제한을 중요한 문제로 인식하고 있음을 보여준다. 다음은 "교원의 정당 또는 정치인 선거 지원, 후원회 가입 제한" 항목의 종합 지수가 0.62점으로, 비교적 높은 점수를 기록했다. 1순위에서 107명(20.54%), 2순위에서 110명(21.11%)이 이를 선택해, 교원들은 정치적 활동과 관련된 규제도 중요한 제한 요소로 인식하고 있음을 확인할 수 있다. 반면, "교육감 후보자 자격 제한(과거 1년 내 정당 당원 금지, 선거일 90일 전 퇴직)"은 종합 지수 0.48점으로 가장 낮게 나타났다.

〈표 18〉 교원의 정치적 기본권 제한에 대한 인식

구분	종합	1순위	2순위
(1) 교원 노조의 정치활동 금지	0.75	132 (25.34)	128 (24.57)
(2) 교원의 정당 또는 정치인 선거 지원, 후원회 가입 제한	0.62	107 (20.54)	110 (21.11)
(3) 노동운동 및 공무 외 집단 행위 금지	0.59	116 (22.26)	75 (14.4)
(4) 정당 및 정치단체 결성 관여, 가입 금지	0.55	79 (15.16)	130 (24.95)
(5) 교육감 후보자 자격 제한(과거 1년 내 정당 당원 금지, 선거일 90일 전 퇴직)	0.48	87 (16.7)	78 (14.97)

*단위: 명(%).

경력 집단별 교원의 정치적 기본권 제한에 대한 인식을 분석한 결과, "(1) 교원 노조의 정치활동 금지" 항목이 두 집단 모두에서 가장 높은 종합 지수를 기록했다. 다만 경력 15년 미만 집단에서 해당 문항에 대한 종합 지수가 특히 높아, 경력이 적은 교원 집단이 다른 사안들보다 노조의 정치활동 금지에 더 민감하게 반응함을 보여준다. 반면, 경력 15년 이상 집단에서는 동일 항목의 종합 지수가 여전히 가장 높지만 다른 항목들과의 차이가 상대적으로 적다. 또한, 경력 15년 미만 집단에서는 "(3) 노동운동 및 공무 외 집단 행위 금지"가 두 번째로 높은 점수(종합 지수 0.65점)를 기록하여, 저경력 교원들이 노동운동과 관련된 정치적 제약을 중요하게 인식하는 경향을 확인할 수 있었다. 그러나 경력 15년 이상 집단에서는 "(2) 교원의 정당 또는 정치인 선거 지원, 후원회 가입 제한"이 두 번째로 높은 종합 지수(0.69점)를 기록해, 고경력 교원들은 정치적 활동과 관련된 제한을 더 중요한 문제로 보고 있음을 알 수 있다. 종합하면 저경력 교원들은 노동운동 및 집단 행위에 대한 제한을, 고경력 교원들은 정당과 정치활동에 대한 제한을 각각 더 중요한 문제로 인식하는 것으로

〈표 19〉 교원의 정치적 기본권 제한에 대한 인식(경력별)

구분	15년 미만			15년 이상			t value
	종합	1순위	2순위	종합	1순위	2순위	
(1)	0.77	75 (26.6)	68 (24.11)	0.73	57 (23.85)	60 (25.1)	0.61
(2)	0.57	50 (17.73)	60 (21.28)	0.69	57 (23.85)	50 (20.92)	-1.68
(3)	0.65	71 (25.18)	42 (14.89)	0.51	45 (18.83)	33 (13.81)	1.89
(4)	0.55	43 (15.25)	68 (24.11)	0.56	36 (15.06)	62 (25.94)	-0.22
(5)	0.46	43 (15.25)	44 (15.6)	0.51	44 (18.41)	34 (14.23)	-0.73

*단위: 명(%).

나타났다.

학교급별 교원의 정치적 기본권 제한에 대한 인식을 분석한 결과, 초등학교 교원은 "(1) 교원 노조의 정치활동 금지", "(3) 노동운동 및 공무 외 집단 행위 금지", "(2) 교원의 정당 또는 정치인 선거 지원, 후원회 가입 제한" 등의 순으로 정치적 기본권이 제한되어서는 안 된다고 응답했다. 이는 초등학교 교원들이 노조와 노동운동에 대한 제약을 중요한 문제로 인식하고 있음을 보여준다. 한편 중등학교 교원 역시 "(1) 교원 노조의 정치활동 금지"의 종합 지수가 가장 높지만, 그다음 "(4) 정당 및 정치단체 결성 관여, 가입 금지"와 "(2) 교원의 정당 또는 정치인 선거 지원, 후원회 가입 제한"(0.62점) 등의 순으로 나타나 초등학교 교원의 응답과 차이를 보인다. 또한, 초등학교 교원과 달리 중등학교 교원들은 "(3) 노동운동 및 공무 외 집단 행위 금지"에 대한 종합 지수가 가장 낮다. 이런 차이는 최근 서이초 사건을 비롯한 교권 침해 사건들이 초등학교에서 다수 발생하면서, 초등학교 교원들이 노동운동의 필요성을 더욱 높게 인식하는 경향을 반영한 것으로 해석할 수 있다.

〈표 20〉 교원의 정치적 기본권 제한에 대한 인식(학교급별)

구분	초등학교			중등학교			t value
	종합	1순위	2순위	종합	1순위	2순위	
(1)	0.77	91 (25.14)	95 (26.24)	0.72	41 (25.79)	33 (20.75)	0.53
(2)	0.62	76 (20.99)	74 (20.44)	0.62	31 (19.5)	36 (22.64)	0.10
(3)	0.65	92 (25.41)	51 (14.09)	0.45	24 (15.09)	24 (15.09)	2.64**
(4)	0.52	50 (13.81)	88 (24.31)	0.63	29 (18.24)	42 (26.42)	-1.55
(5)	0.44	53 (14.64)	54 (14.92)	0.58	34 (21.38)	24 (15.09)	-1.88

*단위: 명(%).

다음으로 지난 1년 동안 오프라인상에서 정치적 자유권 및 활동권을 실천한 적이 있는지를 조사한 결과, 295명(56.62%)의 교원이 오프라인에서 정치적 자유권 및 활동권을 실천한 적이 있다고 응답했다.

〈표 21〉 교원의 정치적 자유권 및 활동권 실천 여부(오프라인)

구분	빈도(명)	비율(%)
예	295	56.62
아니오	226	43.38
전체	521	100.00

지난 1년 동안 오프라인에서 정치적 자유권 및 활동권을 실천한 적이 있다고 응답한 교원을 대상으로 기본권 실천 유형을 조사한 결과, "서명운동"에 참여한 교원이 219명(36.20%)으로 가장 많다. 그 뒤로 "집회 참여" 207명(34.21%), "연가·병가 등을 통한 수업 중단 참여" 129명 (21.32%), "시국선언 참여" 43명(7.11%) 순으로 나타났다. 이런 결과는 교원들이 개별적인 정치적 행위보다 서명운동과 집회 참여 같은 집단적 방식으로 정치적 기본권을 실천하는 경향이 있음을 보여준다.

〈표 22〉 교원의 정치적 자유권 및 활동권 실천 유형(오프라인)

구분	빈도(명)	비율(%)
서명운동	219	74.24
집회 참여	207	70.17
연가·병가 등을 통한 수업 중단 참여	129	43.73
시국선언 참여	43	14.58
기타	7	2.37
전체	605	205.08

*지난 1년 동안 오프라인상 참여한 적이 있는 295명의 중복응답 결과임.

다음으로 지난 1년 동안 오프라인에서 정치적 자유권 및 활동권을 실천한 적이 있다고 응답한 교원을 대상으로 참여 경로를 조사했다. 분석 결과, "소속 단체나 권유 없이 개인 의향에 따라 자발적으로 참여"한 경우의 종합 지수가 1.52점으로 가장 많다. 다음으로 "동료 교원의 권유로 참여"한 경우의 종합 지수가 0.79점으로 두 번째로 높아, 동료 교원의 권유 역시 정치적 기본권 실천에 영향을 미치는 중요한 요인으로 나타났다. "교원단체 또는 노동조합 소속으로 참여"한 경우의 종합 지수는 0.66점으로 뒤를 이었으며, "관리자의 권유로 참여"한 경우는 거의 없는 것으로 나타났다. 이는 교원들이 상급자 혹은 교원단체의 권유보다 주로 개인적 의향이나 동료 교원의 권유를 통해 정치적 자유권 및 활동권을 실천하고 있음을 보여준다.

〈표 23〉 교원의 정치적 자유권 및 활동권 실천의 참여 경로(오프라인)

구분	종합	1순위	2순위
(1) 소속 단체나 권유 없이 개인 의향에 따라 자발적으로 참여	1.52	197 (66.78)	55 (18.64)
(2) 동료 교원의 권유로 참여	0.79	42 (14.24)	150 (50.85)
(3) 교원단체 또는 노동조합 소속으로 참여	0.66	55 (18.64)	86 (29.15)
(4) 관리자의 권유로 참여	0.02	1 (0.34)	4 (1.36)

*지난 1년 동안 오프라인상 참여한 적이 있는 295명의 응답 결과임.

한편 지난 1년 동안 오프라인에서 정치적 자유권 및 활동권을 실천한 적이 없다고 응답한 교원을 대상으로 그 이유를 조사한 결과, "교원으로서 징계 또는 문책을 받을 수 있어 조심스러움"이 종합 지수 0.93점으로 가장 많다. 그리고 (연가·병가 등을 사용하는 경우) "수업 지원이 없어서 학교 교육활동 지장과 학생 학습권 침해 우려"가 종합 지수 0.67점으로 두 번째로 많다. 그 외에도 "나의 정치적 견해와 달라서", "관심이 없어서", "관리자가 참여를 저지해서" 등의 순으로 나타났다. 이런 결과는 교원들이 정치적 활동에 참여하지 않는 주요 이유로 직무상 불이익과 교육활동에 대한 우려를 크게 인식하고 있음을 보여주며, 정치적 참여에서 직업적 안전과 교육적 책임이 중요한 요인으로 작용하고 있음을 시사한다.

〈표 23〉 교원의 정치적 자유권 및 활동권 실천의 미참여 이유(오프라인)

구분	종합	1순위	2순위
(1) 교원으로서 징계 또는 문책을 받을 수 있어 조심스러움	0.93	73 (32.3)	65 (28.76)
(2) 수업 지원이 없어서 학교 교육활동 지장과 학생 학습권 침해 우려	0.67	50 (22.12)	51 (22.57)
(3) 나의 정치적 견해와 달라서	0.60	43 (19.03)	49 (21.68)
(4) 관심이 없어서	0.57	48 (21.24)	33 (14.60)
(5) 관리자가 참여를 저지해서	0.23	12 (5.31)	28 (12.39)

*지난 1년 동안 오프라인상 참여한 적이 없는 226명의 응답 결과임.

다음으로 지난 1년 동안 온라인상에서 정치·사회 이슈에 대한 견해를 표현한 적이 있는지 조사한 결과, 279명(53.55%)의 교원이 온라인상에서 자신의 견해를 표현한 적이 있다고 응답했다.

〈표 25〉 온라인상 정치·사회 이슈에 대한 견해 표현 여부

구분	빈도(명)	비율(%)
예	279	53.55
아니오	242	46.45
전체	521	100.00

지난 1년 동안 온라인상에서 정치·사회 이슈에 대한 견해를 표현한 적이 있다고 응답한 교원을 대상으로 주요 활동 유형을 조사한 결과, "온라인 투표 또는 서명운동 참여"가 221명(79.21%)으로 가장 많다. 그다

음으로 "게시물에 대한 댓글 또는 반응(찬성/반대 표현)" 205명(73.48%), "개인 SNS(유튜브, 인스타그램, 페이스북, 블로그 등)에 게시 및 활동" 32명 (11.47%), "인터넷 커뮤니티에 직접 글 게시 및 활동" 28명(10.04%)의 순이다. 이런 결과는 교원들이 온라인상에서 정치·사회적 이슈에 대해 의견을 표현할 때, 개인 SNS나 커뮤니티를 통한 직접적인 의견 표현보다 상대적으로 간접적이고 덜 공개적인 방식(투표, 서명, 댓글)을 선호함을 보여준다.

〈표 26〉 온라인상 정치/사회 이슈에 대한 견해 표현 유형

구분	빈도(명)	비율(%)
온라인 투표 또는 서명운동 참여	221	79.21
게시물에 대한 댓글 또는 반응(찬성/반대 표현)	205	73.48
개인 SNS(유튜브, 인스타그램, 페이스북, 블로그 등)에 게시 및 활동	32	11.47
인터넷 커뮤니티에 직접 글 게시 및 활동	28	10.04
전체	486	174.19

*지난 1년 동안 온라인상 견해를 표현한 적이 있는 279명의 중복응답 결과임.

2. 교육과정의 정치적 중립성 인식 및 실천

교육과정의 정치적 중립성 인식 및 실천 영역은 ① 교육과정의 정치적 중립성 개념 인식, ② 교육과정 내 정치/사회 이슈 통합 인식 및 실천 수준, ③ 교육과정의 정치적 중립성 유지 방안 세 가지로 구분해 조사했다.

가. 교육과정의 정치적 중립성 개념 인식

교육과정의 정치적 중립성은 교원의 정치적 중립성과 마찬가지로 복합적이고 다면적으로 이해될 수 있는 개념이다. 교육과정의 정치적 중립성을 유지해야 한다는 원칙은 교육의 본질적 목적을 달성하고, 학생들에게 공정하고 균형 잡힌 교육을 제공하기 위한 필수 요소로 여겨진다. 이 절에서는 교육과정의 정치적 중립성에 대한 초·중등교원의 인식을 파악하

기 위해, 헌법재판소의 판결[8]을 참고해 교육과정의 정치적 중립성의 다양한 의미를 (1) 교육에 대한 정치적 압력 배제, (2) 교육행정기관의 부당한 개입 방지, (3) 교육과정 및 교과서에서의 특정 이념 배제, (4) 교원의 편향된 정치교육 금지의 네 항목으로 제시했다. 그리고 이중 교육과정의 정치적 중립성의 의미와 가장 부합한다고 인식하는 것 두 개 순위를 선택하게 했다.

분석 결과, 네 항목의 종합 지수는 비교적 균등한 수준을 보였다. 교원들이 인식하는 교육의 정치적 중립성 개념 중에서 "교육에 대한 정치적 압력, 간섭의 배제" 항목의 종합 지수가 0.89점으로 가장 높으며, 이어서 "교육행정기관의 교육내용에 대한 부당한 권력 개입 배제" 항목이 0.75점으로 두 번째로 높은 비중을 차지했다. 그다음으로 "교육과정 및 교과서상 특정 이념, 당파 지향 내용 배제"와 "교육하는 교원의 편향적 정치교육 금지" 항목이 뒤를 이었다. 이런 결과는 교원들이 교육의 정치적 중립성을 거시적 차원에서 외부 정치적 압력과 간섭을 배제하는 것뿐만 아니라, 미시적 차원에서 교육과정과 교육내용의 중립성 또한 중요하게 인식하고 있음을 시사한다.

〈표 27〉 교육과정의 정치적 중립성 개념 인식

구분	종합	1순위	2순위
(1) 교육에 대한 정치적 압력, 간섭의 배제	0.89	186 (35.70)	92 (17.66)
(2) 교육행정기관의 교육내용에 대한 부당한 권력 개입 배제	0.75	100 (19.19)	192 (36.85)
(3) 교육과정 및 교과서상 특정 이념, 당파 지향 내용 배제	0.73	109 (20.92)	163 (31.29)
(4) 교육하는 교원의 편향적 정치교육 금지	0.63	126 (24.18)	74 (14.20)

*단위: 명(%).

8. 헌법재판소 2019.11.28. 선고 2018헌마222.

교원의 경력 집단별 응답 분석 결과, 집단 간에 뚜렷한 차이가 나타났다. 총 교직 경력이 15년 미만인 교원 집단에서는 "(1) 교육에 대한 정치적 압력, 간섭의 배제", "(3) 교육과정 및 교과서상 특정 이념, 당파 지향 내용 배제", "(4) 교육하는 교원의 편향적 정치교육 금지" 항목의 종합 지수가 유사한 수준을 보였다. 반면, 총 교직 경력 15년 이상의 교원 집단에서는 "(1) 교육에 대한 정치적 압력, 간섭의 배제"의 종합 지수가 1.03으로 가장 높게 나타나 두드러진 차이를 보였다. 또한, 총 교직 경력 15년 미만 집단에서는 "(2) 교육행정기관의 교육내용에 대한 부당한 권력 개입 배제" 항목의 종합 지수가 가장 낮은 반면, 15년 이상 집단에서는 이 항목의 종합 지수가 0.85점으로 두 번째로 높은 수준을 기록했다. 반대로, "(4) 교육하는 교원의 편향적 정치교육 금지" 항목의 종합 지수는 총 교직 경력 15년 이상 집단에서 상대적으로 낮게 나타났다.

〈표 28〉 교육과정의 정치적 중립성 개념 인식(경력별)

구분	15년 미만			15년 이상			t value
	종합	1순위	2순위	종합	1순위	2순위	
(1)	0.78	89 (31.56)	41 (14.54)	1.03	97 (40.59)	51 (21.34)	-3.16**
(2)	0.67	52 (18.44)	86 (30.50)	0.85	48 (20.08)	106 (44.35)	-2.60**
(3)	0.77	53 (18.79)	110 (39.01)	0.69	56 (23.43)	53 (22.18)	1.10
(4)	0.78	88 (31.21)	45 (15.96)	0.44	38 (15.90)	29 (12.13)	4.78***

*단위: 명(%).

학교급별 응답 분석 결과, "(1) 교육에 대한 정치적 압력, 간섭의 배제" 항목이 모든 집단에서 가장 높은 종합 지수를 보였다. 그러나 초등학교 교원 집단에서는 "(3) 교육과정 및 교과서상 특정 이념, 당파 지향 내용 배제" 항목이 두 번째로 높은 종합 지수를 기록한 반면, 중등학교 교원 집단에서는 해당 항목의 종합 지수가 가장 낮았다.

〈표 29〉 교육과정의 정치적 중립성 개념 인식(학교급별)

구분	초등학교			중등학교			t value
	종합	1순위	2순위	종합	1순위	2순위	
(1)	0.78	124 (34.25)	62 (17.13)	0.97	62 (38.99)	30 (18.87)	-1.31
(2)	0.76	74 (20.44)	126 (34.81)	0.74	26 (16.35)	66 (41.51)	0.21
(3)	0.78	82 (22.65)	118 (32.60)	0.62	27 (16.98)	45 (28.30)	2.10*
(4)	0.61	82 (22.65)	56 (15.47)	0.67	44 (27.67)	18 (11.32)	-0.73

*단위: 명(%).

나. 교육과정 내 정치·사회 이슈 통합 인식 및 실천 수준

교육과정의 정치적 중립성에 대한 대표적인 두 관점은 배제 중립과 포함 중립으로 구분할 수 있다조석훈, 2021. 이를 교육 현장의 수업 활동 및 교과 내용과 연계해보면, 교사가 정치·사회적 이슈에 대한 논쟁거리를 제거하지 않고 다양한 견해를 수업에서 다루는지 여부를 고려할 수 있다. 아울러 교사가 정치·사회적 이슈를 교육과정에 포함하여 다룰 경우 어떤 수준까지 다루는지, 어떤 교수·학습 방법을 활용하고 다루는지 등에 대한 논의도 필요하다.

이에 먼저 본 연구는 교원들이 정치·사회 이슈를 수업에서 통합해 다루는 것을 얼마나 중요하게 인식하는지를 조사했다. 분석 결과, 교육과정 내 정치·사회 이슈 통합을 중요하게 생각하는 교원이 과반인 것으로 나타났다. 구체적으로, 응답자 중 219명(42.03%)이 "중요함", 115명(22.07%)이 "매우 중요함"이라 응답해, 전체적으로 334명(64.10%)의 교원이 교육과정 내 정치·사회 이슈 통합을 교육에서 중요한 요소라고 인식하고 있었다. 반면, "중요하지 않음" 또는 "전혀 중요하지 않음"이라고 응답한 교원은 각각 7.10%(37명)와 3.07%(16명)로 소수에 그쳤다. 이런 결과는 대다수 교원이 정치·사회적 이슈를 배제하지 않고 수업에서 논의하는 것이 중요하다고 인식하며, 교육이 다양한 시각을 균형 있게 다루는 것이 필요하다고 보고 있음을 시사한다. 한편, 응답의 경향성을 경력별 및 학교급별로 비교 분석한 결과, 유의미한 차이는 나타나지 않았다.

〈표 30〉 교육과정 내 정치·사회 이슈 통합에 대한 중요성 인식 수준

구분	빈도(명)	비율(%)
전혀 중요하지 않음	16	3.07
중요하지 않음	37	7.10
보통임	134	25.72
중요함	219	42.03
매우 중요함	115	22.07
전체	521	100.00

다음으로 수업 중 정치·사회 이슈를 다루는 데 가장 큰 제약 요인 두 가지를 선택하게 했다. 분석 결과, 교원들은 "교사의 정치적 표현의 자유 등 정치적 기본권을 제약하는 각종 법률 규정"을 가장 큰 제약 요인으로 인식하고 있었다. 해당 항목의 종합 지수는 1.19점으로, 차순위 항목의 종합 지수(0.62점)보다 약 2배 높은 수준이다. 이어서 "일상생활에서 정치 논쟁을 터부시하는 반정치적 사회 분위기"와 "학부모의 이해 부족 및 민원 제기"는 모두 종합 점수 0.62점을 기록해, 두 항목이 유사한 수준의 제약 요인으로 인식되고 있음을 알 수 있다. 한편, "교육과정 및 교육내용의 경직성"과 "정치교육 관련 교사의 전문적 교수 능력 부족"은 각각 4위와 5위로, 비교적 낮은 수치를 기록했다.

<표 31> 정치/사회 이슈 통합의 제약 요인

구분	종합	1순위	2순위
(1) 교사의 정치적 표현의 자유 등 정치적 기본권을 제약하는 각종 법률 규정	1.19	267 (51.25)	88 (16.89)
(2) 일상생활에서 정치논쟁을 터부시하는 반정치적 사회 분위기	0.62	82 (15.74)	159 (30.52)
(3) 학부모의 이해 부족 및 민원 제기	0.62	88 (16.89)	146 (28.02)
(4) 교육과정 및 교육내용의 경직성	0.38	57 (10.94)	85 (16.31)
(5) 정치교육 관련 교사의 전문적 교수 능력 부족	0.19	27 (5.18)	43 (8.25)

*단위: 명(%).

한편, 정치·사회 이슈를 수업에서 다루는 것이 중요하다고 인식하는 것과 실제 수업에서 이를 어떻게 구현하고 실천하는가는 별개의 문제일 수 있다. 이에 본 연구는 교원들이 수업에서 정치적·사회적 문제를 구체적으로 어떻게 가르치며, 그 이유는 무엇인지 살펴보고자 했다. 이를 위해 정치적 문제를 다루는 과정에서 교사의 역할을 논의한 선행연구 송성민, 2022: Harwood, 2001를 참고하여, 수업에서 정치·사회 이슈를 다루는 방식을 (1) 거의 다루지 않음 (2) 선별된 내용 요약·소개 (3) 학생 개인별 의견 청취 (4) 학생 간 토론, 교사의 중립적 참여 (5) 학생 간 토론, 교사의 견해 표현의 다섯 가지 유형으로 구분했다. 그리고 교원들이 자신에게 해당하는 항목을 선택하게 했으며, 그러한 방식으로 실천하는 이유를 묻는 문항을 제시했다.

분석 결과, 정치·사회 이슈에 대해 학생 간 토론을 진행하고 교사도 자신의 견해를 표현하는 가장 적극적인 방식의 수업을 실천하는 교원은 17명(3.26%)으로 가장 적으며, 그 외의 응답은 비교적 고르게 분포하는 양상을 보였다. 특히 주목할 점은, 178명(34.17%)의 교원이 학생 간 토론을 진행하고 교사는 중립적 역할을 유지하는 방식으로 정치·사회 이슈를 다룬다고 응답한 점이다. 이는 교사들이 수업에서 학생들이 서로 다른 의견을 교환할 기회를 제공하면서도, 교사 자신은 '중립적 촉진자'송성민, 2022: 80로서의 역할을 유지하려는 경향을 보인다는 것을 시사한다. 한편, 이런 역할과 비교할 때 교사의 개입을 더욱 줄이고 정치·사회 이슈에 대한 학생 개개인의 의견을 청취하는 방식으로 수업을 운영하는 교원은 81명(15.55%)으로 나타났다.

그러나 이와 대조적으로 245명(47.03%)의 교원들은 정치·사회적 문제를 거의 다루지 않거나(123명), 선별된 내용을 요약·소개(122명)하는 역할을 하고 있었다. 이는 조사에 참여한 교원의 절반가량이 정치·사회적으로 논쟁적인 주제를 수업에서 다루는 데 소극적인 접근을 취하며, 정치적 중립성을 유지하려는 과정에서 신중함을 보이는 경향이 있음을 시사한다.

〈표 32〉 정치·사회 이슈 통합에 대한 실천 수준

구분	빈도(명)	비율(%)
(1) 거의 다루지 않음	123	23.61
(2) 선별된 내용 요약·소개	122	23.42
(3) 학생 개인별 의견 청취	81	15.55
(4) 학생 간 토론, 교사의 중립적 참여	178	34.17
(5) 학생 간 토론, 교사의 견해 표현	17	3.26
전체	521	100.00

그렇다면 집단에 따라 정치·사회 이슈를 수업에서 다루는 방식에 차이가 있는지 분석한 결과는 다음과 같다. 먼저, 경력 집단에 따라서는 큰 차이가 나타나지 않으나, 학교급에 따라서는 중등학교 교원이 초등학교 교원보다 "(1) 거의 다루지 않음"을 택한 비율이 더 높다. 반대로 초등학교 교원은 "(4) 학생 간 토론, 교사의 중립적 참여"를 선택한 비율이 상대적으로 더 높다.

한편 수업에서 정치·사회 이슈를 통합하는 실천 수준은 교원의 일상에서의 정치·사회 토론 빈도와 연관이 있는 것으로 나타났다. 즉, 일상에서 지인과 정치·사회 이슈에 대해 토론하는 빈도가 낮은 집단일수록 수업에서 배제 중립적 관점((1) 거의 다루지 않음, (2) 선별된 내용 요약·소개)의 역할을 하는 경향이 있었다. 반면 일상에서 토론을 자주 하는 집단일수록 수업에서 포함 중립적 관점((4) 학생 간 토론·교사의 중립적 참여, (5) 학생 간 토론·교사의 견해 표현)의 역할을 하는 비율이 높았다. 또

〈표 33〉 정치·사회 이슈 통합에 대한 실천 수준(집단별)

	집단	(1)	(2)	(3)	(4)	(5)	전체
경력	15년 미만	69 (24.47)	55 (19.50)	45 (15.96)	101 (35.82)	12 (4.26)	282 (100.00)
	15년 이상	54 (22.59)	67 (28.03)	36 (15.06)	77 (32.22)	5 (2.09)	239 (100.00)
	df=4, X^2=6.62, p=.16						
학교급	초등	73 (20.17)	90 (24.86)	57 (15.75)	132 (36.46)	10 (2.76)	362 (100.00)
	중등	50 (31.45)	32 (20.13)	24 (15.09)	46 (28.93)	7 (4.40)	159 (100.00)
	df=4, X^2=9.79.62, p=.04*						
정치/사회 토론	높음	40 (18.02)	44 (19.82)	33 (14.86)	91 (40.99)	14 (6.31)	222 (100.00)
	중간	50 (25.77)	49 (25.26)	31 (15.98)	61 (31.44)	3 (1.55)	194 (100.00)
	낮음	33 (31.43)	29 (27.62)	17 (16.19)	26 (24.76)	0 (0.00)	105 (100.00)
	df=8, X^2=26.11, p=.001**						
정치/사회 매체 접촉	높음	69 (20.41)	75 (22.19)	43 (12.72)	138 (40.83)	13 (3.85)	338 (100.00)
	중간	42 (30.43)	33 (23.91)	28 (20.29)	31 (22.46)	4 (2.90)	138 (100.00)
	낮음	12 (26.67)	14 (31.11)	10 (22.22)	9 (20.00)	0 (0.00)	45 (100.00)
	df=8, X^2=25.20, p=.001**						

*단위: 명(%).

한, 일상에서 정치·사회 관련 매체에 얼마나 자주 접촉하는지도 수업에서의 정치·사회 이슈 통합 실천 수준과 관련이 있는 것으로 나타났다. 특히, 각종 매체를 통해 정치·사회 이슈를 자주 접한다고 응답한 집단은 그렇지 않은 집단에 비해 더 포함 중립적 관점((4) 학생 간 토론·교사의 중립적 참여, (5) 학생 간 토론·교사의 견해 표현)을 수행한다고 응답했다.

교원들이 수업에서 정치·사회 이슈를 다루는 다양한 역할이나 방식을 선택한 이유를 파악하기 위해, 주관식 문항을 통해 그 배경을 조사했다. 다음 그림은 교사 응답의 텍스트 빈도 분석을 통해 핵심 키워드를 워드 클라우드로 시각화한 결과다. 가장 많은 응답 빈도를 보인 '(1) 거의 다루지 않음(123명)' 집단의 응답을 분석한 결과, "민원", "정치", "중립성", "학부모", "조심" 등의 단어가 두드러지게 나타났다. 구체적인 응답을 분석한 결과, 가장 많이 언급된 이유는 민원 및 고소에 대한 우려였다. 즉, 상당수 교원은 외부로부터의 민원이나 법적 문제를 방지하는 차원에서 정치·사회 이슈를 수업에서 거의 다루지 않는다고 응답했다. 그 외에도 교

(1) 거의 다루지 않음

(2) 선별된 내용 요약·소개

(3) 학생 개인별 의견 청취

(4) 학생 간 토론, 교사의 중립적 참여

(5) 학생 간 토론, 교사의 견해 표현

* '학생', '교사' 키워드는 제외함.

과 특성상 정치·사회 이슈를 다루기 어렵다는 응답, 정치·사회 이슈를 다루는 것이 학생에게 선입견을 심어줄 수 있다는 우려, 그 자체가 논쟁적이고 소모적일 수 있다는 응답이 다수 제시되었다. 이런 결과를 종합하면, 정치·사회 이슈를 거의 다루지 않는 교원들의 상당수는 징계나 문책에 대한 부담과 학생들에게 미칠 부정적 영향을 우려하며, 이런 우려가 실제 수업 실천에 영향을 미치고 있음을 확인할 수 있다.

다. 교육과정의 정치적 중립성 유지 방안

교육과정의 정치적 중립성 유지 방안에 대한 교원들의 의견을 조사한 결과는 다음과 같다. 교원들이 가장 적절하다고 생각하는 방안으로는 "교사 자율 및 자기점검"이 276명(52.98%)의 응답을 받아 가장 높은 비율을 기록했다. 그다음으로 "공무수행 외 정치적 기본권을 확대하되, 공무수행 중(수업 중) 정치적 표현 금지 유지"하는 방안이 255명(48.94%)의 응답을 받았다. 이어서 "정치교육 등에 관한 전문적 연수 및 교수학습 가이드 제공"이 206명(39.54%), "동료 교사 간 정기적인 협의회 및 피드백을 통한 점검"이 107명(20.54%), "학생 및 학부모의 상시적 피드백을 통한 점

〈표 34〉 교육과정의 정치적 중립성 유지 방안

구분	빈도(명)	비율(%)
(1) 교사 자율 및 자기점검	276	52.98
(2) 공무수행 외 정치적 기본권을 확대하되, 공무수행 중(수업 중) 정치적 표현 금지 유지	255	48.94
(3) 정치교육 등에 관한 전문적 연수 및 교수학습 가이드 제공	206	39.54
(4) 동료 교사 간 정기적인 협의회 및 피드백을 통한 점검	107	20.54
(5) 학생 및 학부모의 상시적 피드백을 통한 점검	39	7.49
(6) 기타	11	2.11
전체	894	171.59

*전체 응답자(521명)의 중복응답 결과임.

검"이 39명(7.49%)의 순이다. 종합하면, 교원들은 자율성에 기반한 중립성 유지와 함께 정치적 기본권 확대와 수업 중 정치적 표현 제한을 병행하는 균형 잡힌 접근을 중시하는 경향을 보였다.

Ⅳ. 나가며

우리나라는 국제적으로 교원의 정치적 기본권을 엄격하게 규제하는 국가 중 하나다. 이에 오랜 기간 교원 집단을 중심으로 정치적 기본권 확대 요구가 제기되어 왔다. 그러나 '교육의 정치적 중립성'이라는 헌법적 원칙 아래, 우리나라 교원은 일반 국민, 교육공무원, 교육 전문가라는 복합적 지위를 가지므로 교육의 정치적 중립성의 내용, 범위, 수준에 대한 해석과 이해가 다양하게 나타나고 있다. 관련한 논쟁이 지속되고 있음에도, 우리나라 교원들이 교육의 정치적 중립성을 어떻게 인식하고 실천하는지에 대한 경험적 연구는 여전히 부족한 실정이다. 이에 본 연구는 교원의 정치적 권리와 의무를 규정하는 법제도 개선을 위한 기초자료를 마련하고자 '우리나라 교원들의 정치적 중립성에 관한 인식은 어떠하고, 어떻게 실천하고 있는가?'라는 질문을 중심으로 설문 조사를 했다. 주요 연구 결과와 그로부터의 시사점을 논의하면 다음과 같다.

1. 주요 연구 결과

연구 결과, 교원들의 교육의 정치적 중립성에 대한 인식은 교육과 정치의 경계를 조율하려는 복합적인 태도로 나타난다. 교원들은 교육의 정치적 중립성을 '정치 체제의 개입으로 인한 부정적인 영향을 최소화하고 교육 체제와 교육활동의 본질을 보호하기 위한 원칙'으로 이해한다. 동시에, 전문직업주의적 관점에서 교원이 본연의 역할을 수행하는 것이 정치적 중립성을 확보하는 길이라 인식한다. 즉, 교육의 정치적 중립성에 대한 인식과 그에 따른 기본권 실천 방식은 정치 체제의 영향력을 배제하는 표면적인 중립을 넘어, 교육 전문가로서의 정체성을 보호하고 교육의 본질을 유지하려는 전략적 수단으로 기능함을 시사한다.

교원들의 정치적 기본권 행사에 대한 태도는 간접적이고 집단적인 방식을 중심으로 형성되어 있다. 교원들은 정치적 기본권을 제한하는 법적 규제 중에서도, 직접적인 정치참여보다는 간접적·집단적으로 정치 체제에 영향을 미치는 활동의 허용을 더 많이 요구하는 것으로 나타났다. 또한 정치적 기본권을 실천한 경험이 있는 교원들 역시 개별적이고 직접적인 정치참여보다는 서명운동이나 집회 참여 등 집단적 대응 방식을 선호하는 경향을 보였다. 한편 정치적 기본권을 실천한 경험이 없는 교원들은 징계 및 문책 가능성, 교육자로서의 책무성 등을 주요한 부담 요인으로 인식하는 것으로 나타났다. 이런 분석 결과는 교원들이 법적, 현실적, 사회적 제약 속에서 정치적 중립성과 기본권의 균형을 모색하며, 허용된 범위에서도 정치적 실천에 신중한 태도를 유지하는 방식을 보여준다.

이런 경향은 교육과정에서 정치·사회 이슈를 다루는 방식에서도 유사하게 나타난다. 교원들은 정치·사회 이슈를 수업 중 논의의 일부로 포함하는 것이 중요하다고 인식하지만, 실천에서는 학생들의 토론을 허용하되 교사의 입장을 명확히 드러내지 않는 '소극적 포함 중립' 태도를 보이거나, 논쟁적 주제를 아예 다루지 않는 '배제 중립' 입장인 경우가 많다. 특히 법적 규제나 학부모 민원 같은 외부적 요인이 교원의 실천 방식에 중요한 영향을 미치며, 교원들은 학생들의 학습권, 교육의 정치적 중립성, 그리고 교사와 학생 간 위계적 영향력 등을 고려하여 균형을 유지하려는 신중한 태도를 공통적으로 보였다.

이상의 분석을 종합하면, 교원의 정치적 중립성에 대한 인식과 실천은 복합적이고 다층적인 구조를 보이는 것을 알 수 있다. 교원들은 정치 체제의 교육에 대한 부당한 개입과 간섭을 최소화하는 정치적 중립성을 강조하면서도, 집단의 권익과 교육정책 과정 참여를 위한 정치활동의 필요성을 인식하고 있다. 또한 직접적인 정치참여보다 간접적이고 집단적인 방식의 정치적 기본권을 요구하며, 이런 방식을 중심으로 제한된 범위에서 기본권을 실천하는 경향을 보였다. 아울러 교육과정에서 정치·사회 이슈를 다루는 것을 중요하게 여기면서도, 실제 수업에서는 신중하거나 제한적인 접근을 취하는 경향이 두드러졌다. 이는 교원들이 교육 전문가로서의 정체성과 법적·정치적·사회적 현실 사이에서 균형을 맞추려는 과정에서 형성된 것으로 해석할 수 있다.

2. 시사점

본 연구의 결과는 교육의 정치적 중립성에 대한 교원들의 다양한 이해와 해석을 드러낸다. 일부 교원은 교원의 정치적 중립성 개념을 '교원은 특정 정당의 이념 또는 성향에 치우치지 않고 자기 직무를 성실히 수행해야 한다'나 '교원은 독립적·객관적·전문직업적 판단에 기반해 정책 및 행정 문제에 접근해야 한다'와 같이 직무상의 준칙principle으로 이해한다. 반면 다른 일부 교원은 '교원은 정당과 관련된 사안들에 직접 개입하지 않아야 한다'나 '교원은 정권 혹은 집권 정부의 정책이나 행정에 대해 공개적으로 비판할 수 없다'와 같이 보다 강한 의무duty로 이해한다. 한편 교원의 정치적 중립성 필요성과 관련해서 일부 교원은 '정권 변동과 관계없이 교사의 교육공무원으로서 신분 안정 보장을 위해(공무원의 이익보호설) 필요하다'라고 응답하기도 해, 이를 교원의 권익을 위한 제도적 장치로서 인식하고 있음을 알 수 있다.

중요한 점은, 교원의 정치적 중립성에 대한 이런 다양한 해석이 정치참여 행위의 차이로 이어진다는 것이다. 본 연구 결과에서도 교원들은 정치적 중립성에 대한 인식뿐만 아니라 온라인·오프라인상 정치적 기본권을 실천하는 수준에서도 상당한 차이를 보였다. 다수 교원은 직무상 불이익과 교육활동에 대한 우려로 정치적 자유권 및 활동권을 실천한 적이 거의 없다고 응답했는데, 이는 교원들이 정치적 중립성에 대한 개인의 해석에 따라 자신의 정치적 기본권을 지나치게 제한하고 소극적으로 행동할 가능성을 시사한다. 반면 일부 교원은 정치적 기본권을 자의적으로 해석해 교육공무원으로서 교육의 정치적 중립성의 원칙을 위배하고, 그로 인해 징계나 문책을 받을 우려도 있다. 이처럼 교원 간 정치참여 범위에 대한 합의가 부족한 상황을 개선하기 위해 교원 정치 참여의 법적 허용 범위와 기준을 명확하게 규명하고, 이를 예비교사뿐만 아니라 현직 교원을 대상으로 체계적으로 교육할 필요가 있다.

교원들은 교육과정의 정치적 중립성에 대해서도 다양한 인식과 실천 양상을 보였다. 일부 교원은 교육과정의 정치적 중립성을 '교육에 대한 정치적 압력과 간섭의 배제' 또는 '교육행정기관의 교육내용에 대한 부당한 권력 개입 배제'로 이해하며, 이를 준수해야 할 주체를 교육 상위기관이나 정치권력으로 인식한다. 반면 다른 일부 교원은 '교육하는 교원의 편향적 정치교육 금지'로 응답하여, 이를 지켜야 할 주체를 개별 교원으로 이해한다. 교육과정의 정치적 중립성을 준수해야 할 일차적 주체를 누구로 인식하는가는 교원 자신의 역할 정립과 실천 방식에 영향을 미칠 수 있다. 이에 따라, 교육과정의 정치적 중립성에 대한 교원의 다양한 해석만큼 실제 수업에서 정치·사회 이슈를 통합하는 수준도 교사마다 차이를 보이는 것으로 나타났다.

만18세 이상에게 선거권이 부여되고 학생들의 정치참여가 점차 확대되는 현실을 고려할 때, 수업에서 정치·사회 이슈를 다루면서 다양한 의견과 관점을 접할 수 있게 하는 정치교육의 필요성이 더욱 커지고 있다. 그러나 본 연구 결과에 따르면, 개별 교사의 이해에 따라 수업에서 정치·사회 이슈를 다루는 방식이 다양하게 이루어지며, 상당수는 민원 및 법적 분쟁 등에 대한 우려로 배제중립적인 소극적 방식 택하고 있었다. 이는 학생이 어떤 교사를 만나는가에 따라 학습 경험에 차이가 발생할 가능성을 시사한다. 따라서 학생의 학습권 보장을 위해 수업에서 정치·사회 이슈를 다루는 구체적인 교수·학습 방법을 연구·개발하고, 교사들이 정치적 중립성을 유지하면서도 효과적으로 이를 수행할 수 있도록 지침을 보급할 필요가 있다.

이 장은 교육의 정치적 중립성과 관련해 권리와 의무, 원칙과 실행, 의지와 현실 사이에서 갈등하는 교원들의 어려움을 조명한다. 향후 교육의 정치적 중립성 실현을 위해서는 교원의 정치참여와 정치교육을 단순히 제한하거나 규정하는 것이 아니라, 이를 어떻게 이해하고 실천할지에 대한 열린 논의와 공동 탐색이 필요하다. 이 장은 그 여정의 출발점이며, 교원들이 정치적 중립성을 준수하면서도 교육적으로 의미 있는 실천을 할 수 있도록 길을 모색하는 데 중요한 밑거름이 될 것이다. 앞으로도 교육연구자이자 전문가로서 교원들이 함께 모여 민주적 가치와 교육적 책무 속에서 균형을 찾아가는 과정이 지속되길 기대한다.

참고문헌

국가인권위원회(2019.2.25.). 공무원·교원의 정치적 자유 보장에 대한 권고. 국가인권위원회.
길성용, 강태수(2022). 헌법상 교육의 정치적 중립성 보장에 관한 해석론. 교육법학연구, 34(1), 1-28.
김해원(2010). 헌법적 논증에서 객관헌법과 주관헌법. 헌법학연구, 16(1), 169-199.
노기호(2000). 교육의 정치적 중립성과 요원의 정치적 권리의 제한. 공법연구, 28(3), 176-198.
노기호(2004). 교육의 정치적 중립성과 초·중등교원의 정치적 권리의 제한. 인권과 정의, 340, 62-80.
박종보(2005). 교원단체의 법적 지위와 관련한 헌법적 문제. 한국교육법연구, 8(2), 107-146.
박천오(2011). 공무원의 정치적 중립: 의미와 인식. 행정논총, 49(4), 25-50.
박현미(2023). 교원의 교육정책 개입 및 정치기본권 보장과 교직사회의 과제: 교원 및 학부모 설문조사 결과를 중심으로. 국회토론회(2023.9.8.) 자료집.
박현미, 김성천, 황유진(2023). 교원의 정치기본권 보장 방안 연구. 한국노총중앙연구원.
서재철(2022). 만 18세 선거권 부여와 올바른 정치교육. 강원일보 기사. Retrieved from https://www.kwnews.co.kr/page/view/2020010900000000092
손희권(2004). 국·공립학교 초·중등교원들의 정치활동을 제한하는 것은 헌법에 위반되는가?. 교육행정학연구, 22(2), 397-419.
송성민(2022). 사회과 교사의 정치적 중립성 관련 인식 분석. 법교육연구, 17(3), 63-97.
송준석(1995). 교육의 정치적 중립성에 대한 철학적 함의. 한남교육연구, 12(3), 175-195.
성중탁(2020). 공무원 신분에 따른 기본권 제한의 문제점과 개선방안. 법학논고, 69, 33-61.
오연주(2009). '교원의 정치적 중립성'에 대한 사회과 교사의 인식 특성: 청주시를 중심으로. 사회과교육연구, 16(4), 33-53.
이돈희(2021). 교육과 정치: 정치적 중립의 내포와 외연. 에듀팩토리.
이동욱(2024.4.4.). 고교생은 선거권 있는데…총선에 침묵해야 하는 교사들. 경남도민일보 기사. Retrieved from https://www.idomin.com/news/articleView.html?idxno=908519
이재희(2020). 학교 민주시민교육의 가능성과 헌법적 쟁점에 대한 검토. 헌법재판소 헌법재판연구원.
장철준(2011). 교원 및 교원단체의 표현의 자유: 교육의 정치적 중립성과 공익의 관

계를 중심으로: 교육의 정치적 중립성과 공익의 관계를 중심으로. 언론과법, 10(1), 281-306.
정호범(2018). 사회과 교육에 있어서 '중립성'문제. 사회과교육연구, 25(3), 21-35.
조상식(2019). '보이텔스바흐(Beutelsbach) 협약'과 그 쟁점에 대한 교육 이론적 검토. 교육철학연구, 41(3), 149-174.
조상식(2021). '보이텔스바흐(Beutelsbach)협약'과 그 쟁점에 대한 교육 이론적 검토. In 김상섭 외 (편), 교육과 정치: 그 오래고 익숙한 관계 (pp. 215-258). 교육과학사.
조석훈(2021). '교육의 정치적 중립성'의 법적 해석과 적용. In 김상섭 외 (편), 교육과 정치: 그 오래고 익숙한 관계 (pp. 259-303). 교육과학사.
최선호(2003). 교원의 정치 참여에 대한 인식 분석. 공주대학교 교육대학원 석사학위 논문.
표시열(1995). 교육의 정치적 종교적 중립성에 관한 주요 쟁점. 안암법학, 3, 89-114.
한석준, 황선훈, 이성일, 김광희(2017). 교원의 정치적 기본권의 규범과 실제에 관한 연구. 전라북도교육연구정보원 전북교육정책연구소.
Cotton, D. R.(2006). Teaching controversial environmental issues: Neutrality and balance in the reality of the classroom. *Educational research, 48*(2), 223-241.
Crittenden, P. J.(1980). Neutrality in education. *Educational Philosophy and Theory, 12*(1), 1-18.
Donnelly, C., McAuley, C., Blaylock, D., & Hughes, J. (2021). Teaching about the past in Northern Ireland: avoidance, neutrality, and criticality. *Irish Educational Studies, 40*(1), 3-18.
Gardner, P.(2018). Neutrality in education. In P. Gardner, *Liberal neutrality* (pp. 114-137). Routledge.
Harwood, D.(2001). The teacher's role in democratic pedagogies in UK primary and secondary schools: a review of ideas and research. *Research Papers in Education, 16*(3), 293-319.
Levitan, D. M.(2007). The neutrality of the public service. In N. Riccucci (Ed.), Public personnel administration and labor relations (pp. 13-20). Routledge.
Snook, I. A.(1972). Neutrality and the Schools. *Educational Theory, 22*(3), 278-285.

필자 소개

| 김 용
　한국교원대학교 교수
　현) 한국교육정치학회 기획위원장
　전) 국가교육위원회 중장기 국가교육발전 전문위원회 위원
　저서 『다시 대학개혁을 생각한다』(2025) 외
　논문 「교육기본권과 능력주의의 접합: 헌법상 '능력에 따라'의 해석 전환과 교육기본권의 왜곡」(2023) 외

| 강구섭
　전남대학교 교수
　현) 전남대 사범대학장
　전) 한국교육개발원 연구위원, 통일부, 교육부 정책자문위원
　저서 『독일 정치교육』(2025, 공저)
　논문 「독일 정치교육의 보이텔스바흐 합의 원칙 고찰」(2023) 외

| 고지마 유키(小島優生)
　현) 독쿄(獨協)대학 교수
　저서 『現代韓国の教育を知る: 隣国から未来を学ぶ』(2024)
　논문 「生活指導の法化と外部委員の専門性: 韓国の「学校暴力対策法」に焦点を当てて」(2021)

| 권순정
　한국조지메이슨대학교 조교수
　전) 서울특별시교육청교육연구정보원 교육정책연구소 연구위원
　저서 『평화교육 과거, 현재. 미래를 그리다』(2022, 공역)
　논문 「학습권 보장과 학교폭력 해결 굴레에 갇힌 학생인권 논쟁에 대한 고찰: 교권과의 관계를 중심으로」(2023) 외

| 김민조
　청주교육대학교 교수
　저서 『초등학급경영의 이론과 실제』(2025, 공저), 『북유럽의 교직과 교사』(2023, 공역), 『비난받는 교사』(2022, 공역) 외
　논문 「초등교사의 자녀양육이 교직수행에 미치는 영향 분석」(2025, 공저), 「우간다 북부지역 공립초등학교의 교사학습공동체 운영 사례 연구」(2024, 공저) 외

| 김범주

　국회입법조사처 입법조사관
　현) 한국교육정치학회 선임직 이사, 대한교육법학회 학술이사
　전) 대한교육법학회 학술이사
　저서 『에듀테크, 교육에 좋은가?』(2025, 역) 외
　논문 「'교과용 도서'로서 도입되는 AI 디지털교과서의 법적 성격에 대한 비판적 검
　　　토」(2024), 「헌법 제31조 제1항 '균등', 그리고 '능력에 따라'에 대한 재고(再
　　　考)」(2022) 외

| 김용일

　한국해양대학교 교수
　현) 사단법인 한국교육정책연구원 이사장
　전) 대통령자문정책기획위원회 위원(교육·문화팀장)
　저서 『교육정치학의 이론과 실천』(2024) 외
　논문 「지방교육자치의 현안 진단과 향후 과제」(2024) 외

| 모영민

　한국교육개발원 부연구위원
　현) 한국교육정치학회 선임직 이사
　전) 연세대학교 교육연구소 전문연구원
　저서 『예비교사 및 현직교사를 위한 교육행정 및 교육경영』(2024)
　논문 「포스트코로나 시대 증거기반 교육정책을 위한 교육정치학적 쟁점과 과제」
　　　(2023) 외

| 이인수

　용화여자고등학교 교감
　현) 한국교원교육학회 감사
　전) 고려대학교 겸임교수
　저서 『교육 대전환 시대, 우리 잘 적응할 수 있겠죠?』(2025) 외
　논문 「중·고등학생의 참여자치역량 실태 분석: 개인 및 학교 요인의 차이를 중심으
　　　로」(2024) 외

| 정설미
　광주교육대학교 조교수
　전) 한국교육개발원 부연구위원
　저서 『교육 공정성』(2025) 외
　논문 「균등한 교육기회 의미 재탐색과 정책적 함의 연구」(2023) 외

| 최상훈
　고려대학교 강사
　현) 한국교육정치학회 사무국장
　저서 『교육 공정성』(2025) 외
　논문 「혁신학교의 담론적 기원과 전개: 전교조 교육민주화 담론을 중심으로」(2025)
　　　외

| 하동엽
　다원학교 교사, 광운대학교 강사
　현) 한국교원교육학회 교원양성위원
　전) 단국대학교, 서울교육대학교, 강남대학교 강사
　논문 「Y시 초등교원의 역량 및 교사행위자성 실태 분석」(2025), 「신규교사 직무환경
　　　과 직무만족도와의 영향관계 분석(2024)」 외

삶의 행복을 꿈꾸는 교육은 어디에서 오는가?

● **교육혁명을 앞당기는 배움책 이야기** 혁신교육의 철학과 잉걸진 미래를 만나다!

한국교육연구네트워크 총서

- 01 핀란드 교육혁명   한국교육연구네트워크 엮음 | 320쪽 | 값 18,000원
- 02 일제고사를 넘어서   한국교육연구네트워크 엮음 | 284쪽 | 값 13,000원
- 03 새로운 사회를 여는 교육혁명   한국교육연구네트워크 엮음 | 380쪽 | 값 17,000원
- 04 교장제도 혁명   한국교육연구네트워크 엮음 | 268쪽 | 값 14,000원
- 05 새로운 사회를 여는 교육자치 혁명   한국교육연구네트워크 엮음 | 312쪽 | 값 15,000원
- 06 혁신학교에 대한 교육학적 성찰   한국교육연구네트워크 엮음 | 308쪽 | 값 15,000원
- 07 진보주의 교육의 세계적 동향   한국교육연구네트워크 엮음 | 324쪽 | 값 17,000원
- 08 더 나은 세상을 위한 학교혁명   한국교육연구네트워크 엮음 | 404쪽 | 값 21,000원
- 09 비판적 실천을 위한 교육학   이윤미 외 지음 | 448쪽 | 값 23,000원
- 10 마을교육공동체운동: 세계적 동향과 전망   심성보 외 지음 | 376쪽 | 값 18,000원
- 11 학교 민주시민교육의 세계적 동향과 과제   심성보 외 지음 | 308쪽 | 값 16,000원
- 12 학교를 민주주의의 정원으로 가꿀 수 있을까?   성열관 외 지음 | 272쪽 | 값 16,000원
- 13 교육사상가의 삶과 사상 –서양 편 1   심성보 외 지음 | 420쪽 | 값 23,000원
- 14 교육사상가의 삶과 사상 –서양 편 2   김누리 외 지음 | 432쪽 | 값 25,000원
- 15 사교육 해방 국민투표   이형빈·송경원 지음 | 260쪽 | 값 17,000원
- 16 유토피아 교육학   심성보 지음 | 460쪽 | 값 27,000원

한국교육연구네트워크 번역 총서

- 01 프레이리와 교육   존 엘리아스 지음 | 한국교육연구네트워크 옮김 | 276쪽 | 값 14,000원
- 02 교육은 사회를 바꿀 수 있을까?   마이클 애플 지음 | 강희룡·김선우·박원순·이형빈 옮김 | 356쪽 | 값 16,000원
- 03 비판적 페다고지는 세상을 변화시킬 수 있는가?   Seewha Cho 지음 | 심성보·조시화 옮김 | 280쪽 | 값 14,000원
- 04 마이클 애플의 민주학교   마이클 애플·제임스 빈 엮음 | 강희룡 옮김 | 276쪽 | 값 14,000원
- 05 21세기 교육과 민주주의   넬 나딩스 지음 | 심성보 옮김 | 392쪽 | 값 18,000원
- 06 세계교육개혁 민영화 우선인가 공적 투자 강화인가?   린다 달링-해먼드 외 지음 | 심성보 외 옮김 | 408쪽 | 값 25,000원
- 07 콩도르세, 공교육에 관한 다섯 논문   니콜라 드 콩도르세 지음 | 이주환 옮김 | 300쪽 | 값 16,000원
- 08 학교를 변론하다   얀 마스켈라인·마틴 시몬스 지음 | 윤선인 옮김 | 252쪽 | 값 15,000원
- 09 존 듀이와 교육   짐 개리슨 외 지음 | 심성보 외 옮김 | 376쪽 | 값 19,000원
- 10 진보주의 교육운동사   윌리엄 헤이스 지음 | 심성보 외 옮김 | 324쪽 | 값 18,000원
- 11 사랑의 교육학   안토니아 다더 지음 | 심성보 외 옮김 | 412쪽 | 값 22,000원
- 12 다시 읽는 민주주의와 교육   존 듀이 지음 | 심성보 옮김 | 620쪽 | 값 32,000원
- 13 세계의 대안교육   넬 나딩스·헬렌 리즈 엮음 | 심성보 외 11인 옮김 | 652쪽 | 값 38,000원

미래 100년을 향한 새로운 교육

혁신교육을 실천하는 교사들의 **필독서**

● **비고츠키 선집** 발달과 협력의 교육학 어떻게 읽을 것인가?

01 생각과 말	L.S. 비고츠키 지음	배희철·김용호·D. 켈로그 옮김	690쪽	값 33,000원
02 도구와 기호	비고츠키·루리야 지음	비고츠키 연구회 옮김	336쪽	값 16,000원
03 어린이 자기행동숙달의 역사와 발달 I	L.S. 비고츠키 지음	비고츠키 연구회 옮김	564쪽	값 28,000원
04 어린이 자기행동숙달의 역사와 발달 II	L.S. 비고츠키 지음	비고츠키 연구회 옮김	552쪽	값 28,000원
05 어린이의 상상과 창조	L.S. 비고츠키 지음	비고츠키 연구회 옮김	280쪽	값 15,000원
06 성장과 분화	L.S. 비고츠키 지음	비고츠키 연구회 옮김	308쪽	값 15,000원
07 연령과 위기	L.S. 비고츠키 지음	비고츠키 연구회 옮김	336쪽	값 17,000원
08 의식과 숙달	L.S 비고츠키	비고츠키 연구회 옮김	348쪽	값 17,000원
09 분열과 사랑	L.S. 비고츠키 지음	비고츠키 연구회 옮김	260쪽	값 16,000원
10 성애와 갈등	L.S. 비고츠키 지음	비고츠키 연구회 옮김	268쪽	값 17,000원
11 흥미와 개념	L.S. 비고츠키 지음	비고츠키 연구회 옮김	408쪽	값 21,000원
12 인격과 세계관	L.S. 비고츠키 지음	비고츠키 연구회 옮김	372쪽	값 22,000원
13 정서 학설 I	L.S. 비고츠키 지음	비고츠키 연구회 옮김	584쪽	값 35,000원
14 정서 학설 II	L.S. 비고츠키 지음	비고츠키 연구회 옮김	480쪽	값 35,000원
15 심리학 위기의 역사적 의미	L.S. 비고츠키 지음	비고츠키 연구회 옮김	556쪽	값 38,000원
비고츠키와 인지 발달의 비밀	A.R. 루리야 지음	배희철 옮김	280쪽	값 15,000원
비고츠키의 발달교육이란 무엇인가?	비고츠키교육학실천연구모임 지음	412쪽	값 21,000원
비고츠키 철학으로 본 핀란드 교육과정	배희철 지음	456쪽	값 23,000원
비고츠키와 마르크스	앤디 블런던 외 지음	이성우 옮김	388쪽	값 19,000원
수업과 수업 사이	비고츠키 연구회 지음	196쪽	값 12,000원
관계의 교육학, 비고츠키	진보교육연구소 비고츠키교육학실천연구모임 지음	300쪽	값 15,000원
교사와 부모를 위한 발달교육이란 무엇인가?	현광일 지음	380쪽	값 18,000원
비고츠키 생각과 말 쉽게 읽기	진보교육연구소 비고츠키교육학실천연구모임 지음	316쪽	값 15,000원
교사와 부모를 위한 비고츠키 교육학	카르포프 지음	실천교사번역팀 옮김	308쪽	값 15,000원
레프 비고츠키	르네 반 데 비어 지음	배희철 옮김	296쪽	값 21,000원

혁신학교	성열관·이순철 지음	224쪽	값 12,000원
행복한 혁신학교 만들기	초등교육과정연구모임 지음	264쪽	값 13,000원
서울형 혁신학교 이야기	이부영 지음	320쪽	값 15,000원
혁신교육, 철학을 만나다	브렌트 데이비스·데니스 수마라 지음	현인철·서용선 옮김	304쪽	값 15,000
대한민국 교사, 어떻게 가르칠 것인가?	윤성관 지음	320쪽	값 15,000원
아이들을 어떻게 가르칠 것인가	사토 마나부 지음	박찬영 옮김	232쪽	값 13,000원
모두를 위한 국제이해교육	한국국제이해교육학회 지음	364쪽	값 16,000원
경쟁을 넘어 발달 교육으로	현광일 지음	288쪽	값 14,000원
혁신교육 존 듀이에게 묻다	서용선 지음	292쪽	값 16,000원
다시 읽는 조선교육사	이만규 지음	750쪽	값 37,000원
교실 속으로 간 이해중심 교육과정(개정판)	온정덕 외 지음	216쪽	값 15,000원
대한민국 교육혁명	교육혁명공동행동 연구위원회 지음	224쪽	값 12,000원
포스트 코로나 시대의 교육	성열관 외 지음	224쪽	값 15,000원
내일 수업 어떻게 하지?	아이함께 지음	300쪽	값 15,000원
핀란드 교육의 기적	한넬레 니에미 외 엮음	장수명 외 옮김	456쪽	값 23,000원
한국 교육의 현실과 전망	심성보 지음	724쪽	값 35,000원
독일의 학교교육	정기섭 지음	536쪽	값 29,000원
교실 속으로 간 이해중심 통합교육과정	온정덕 외 지음	224쪽	값 15,000원
초등 백워드 교육과정 설계와 실천 이야기	김병일 외 지음	352쪽	값 19,000원
학습격차 해소를 위한 새로운 도전 보편적 학습설계 수업	조윤정 외 지음	240쪽	값 15,000원

● **경쟁과 차별을 넘어 평등과 협력으로 미래를 열어가는 교육 대전환!** 혁신교육 현장 필독서

학교의 미래, 전문적 학습공동체로 열다	새로운학교네트워크·오윤주 외 지음	276쪽	값 16,000원
마을교육공동체 생태적 의미와 실천	김용련 지음	256쪽	값 15,000원
학교폭력, 멈춰!	문재현 외 지음	348쪽	값 15,000원
학교를 살리는 회복적 생활교육	김민자·이순영·정선영 지음	256쪽	값 15,000원
삶의 시간을 잇는 문화예술교육	고영직 지음	292쪽	값 18,000원
미래교육을 디자인하는 학교교육과정	박승열 외 지음	348쪽	값 18,000원
코로나 시대, 마을교육공동체운동과 생태적 교육학	심성보 지음	280쪽	값 17,000원
혐오, 교실에 들어오다	이혜정 외 지음	232쪽	값 15,000원
수업, 슬로리딩과 함께	박경숙 외 지음	268쪽	값 15,000원
물질과의 새로운 만남	베로니카 파치니-케처바우 외 지음	이연선 외 옮김	218쪽	값 15,000원
그림책으로 만나는 인권교육	강진미 외 지음	272쪽	값 18,000원

제목	저자/정보
수업 고수들 수업·교육과정·평가를 말하다	박현숙 외 지음 | 368쪽 | 값 17,000원
아이들의 배움은 어떻게 깊어지는가	이시이 준지 지음 | 방지현·이창희 옮김 | 200쪽 | 값 11,000원
미래, 공생교육	김환희 지음 | 244쪽 | 값 15,000원
들뢰즈와 가타리를 통해 유아교육 읽기	리세롯 마리엣 올슨 지음 | 이연선 외 옮김 | 328쪽 | 값 17,000원
혁신고등학교, 무엇이 다른가?	김현자 외 지음 | 344쪽 | 값 18,000원
시민이 만드는 교육 대전환	심성보·김태정 지음 | 248쪽 | 값 15,000원
평화교육 과거, 현재 그리고 미래를 그리다	모니샤 바자즈 외 지음 | 권순정 외 옮김 | 268쪽 | 값 18,000원
마을교육공동체란 무엇인가?	서용선 외 지음 | 360쪽 | 값 17,000원
강화도의 기억을 걷다	최보길 지음 | 276쪽 | 값 14,000원
체육 교사, 수업을 말하다	전용진 지음 | 304쪽 | 값 15,000원
평화의 교육과정 섬김의 리더십	이준원·이형빈 지음 | 292쪽 | 값 16,000원
마을로 걸어간 교사들, 마을교육과정을 그리다	백윤애 외 지음 | 336쪽 | 값 16,000원
혁신교육지구와 마을교육공동체는 어떻게 만들어지는가?	김태정 지음 | 376쪽 | 값 18,000원
서울대 10개 만들기	김종영 지음 | 348쪽 | 값 18,000원
선생님, 통일이 뭐예요?	정경호 지음 | 252쪽 | 값 13,000원
10년 후 통일	정동영 지음 | 328쪽 | 값 15,000원
함께 배움 학생 주도 배움 중심 수업 이렇게 한다	니시카와 준 지음 | 백경석 옮김 | 280쪽 | 값 15,000원
다정한 교실에서 20,000시간	강정희 지음 | 296쪽 | 값 16,000원
즐거운 세계사 수업	김은석 지음 | 328쪽 | 값 13,000원
학교를 개선하는 교장	마이클 풀란 지음 | 서동연·정효준 옮김 | 216쪽 | 값 13,000원
선생님, 민주시민교육이 뭐예요?	염경미 지음 | 244쪽 | 값 15,000원
교육혁신의 시대 배움의 공간을 상상하다	함영기 외 지음 | 264쪽 | 값 17,000원
도덕 수업, 책으로 묻고 윤리로 답하다	울산도덕교사모임 지음 | 320쪽 | 값 15,000원
교육과 민주주의	필라르 오카디즈 외 지음 | 유성상 옮김 | 420쪽 | 값 25,000원
교육회복과 적극적 시민교육	강순원 지음 | 228쪽 | 값 15,000원
비판적 미디어 리터러시 가이드	더글러스 켈너·제프 셰어 지음 | 여은호·원숙경 옮김 | 252쪽 | 값 18,000원
지속가능한 마을, 교육, 공동체를 위하여	강영택 지음 | 328쪽 | 값 18,000원
대전환 시대 변혁의 교육학	진보교육연구소 교육과정연구모임 지음 | 400쪽 | 값 23,000원
교육의 미래와 학교혁신	마크 터커 지음 | 전국교원양성대학교 총장협의회 옮김 | 336쪽 | 값 18,000원
남도 임진의병의 기억을 걷다	김남철 지음 | 288쪽 | 값 18,000원
프레이리에게 변혁의 길을 묻다	심성보 지음 | 672쪽 | 값 33,000원
다시, 혁신학교!	성기신 외 지음 | 300쪽 | 값 18,000원
백워드로 설계하고 피드백으로 완성하는 성장중심평가	이형빈·김성수 지음 | 356쪽 | 값 19,000원
우리 교육, 거장에게 묻다	표혜빈 외 지음 | 272쪽 | 값 17,000원

제목	저자정보
교사에게 강요된 침묵	설진성 지음 ǀ 296쪽 ǀ 값 18,000원
왜 체 게바라인가	송필경 지음 ǀ 320쪽 ǀ 값 19,000원
풀무의 삶과 배움	김현자 지음 ǀ 352쪽 ǀ 값 20,000원
비고츠키 아동학과 글쓰기 교육	한희정 지음 ǀ 300쪽 ǀ 값 18,000원
교실을 위한 프레이리	아이러 쇼어 엮음 ǀ 사람대사람 옮김 ǀ 410쪽 ǀ 값 23,000원
마을, 그 깊은 이야기 샘	문재현 외 지음 ǀ 404쪽 ǀ 값 23,000원
비난받는 교사	다이애나 폴레비치 지음 ǀ 유성상 외 옮김 ǀ 404쪽 ǀ 값 23,000원
한국교육운동의 역사와 전망	하성환 지음 ǀ 308쪽 ǀ 값 18,000원
철학이 있는 교실살이	이성우 지음 ǀ 272쪽 ǀ 값 17,000원
왜 지속가능한 디지털 공동체인가	현광일 지음 ǀ 280쪽 ǀ 값 17,000원
선생님, 우리 영화로 세계시민 만나요!	변지윤 외 지음 ǀ 328쪽 ǀ 값 19,000원
아이를 함께 키울 온 마을은 어떻게 만들어야 할까?	차상진 지음 ǀ 288쪽 ǀ 값 17,000원
선생님, 제주 4·3이 뭐예요?	한강범 지음 ǀ 308쪽 ǀ 값 18,000원
마을배움길 학교 이야기	김명신 외 지음 ǀ 300쪽 ǀ 값 18,000원
다시, 남도의 기억을 걷다	노성태 지음 ǀ 332쪽 ǀ 값 19,000원
세계의 혁신 대학을 찾아서	안문석 지음 ǀ 284쪽 ǀ 값 17,000원
소박한 자율의 사상가, 이반 일리치	박홍규 지음 ǀ 328쪽 ǀ 값 19,000원
선생님, 평가 어떻게 하세요?	성열관 외 지음 ǀ 220쪽 ǀ 값 15,000원
남도 한말의병의 기억을 걷다	김남철 지음 ǀ 316쪽 ǀ 값 19,000원
생태전환교육, 학교에서 어떻게 할까?	심지영 지음 ǀ 236쪽 ǀ 값 15,000원
어떻게 어린이를 사랑해야 하는가	야누쉬 코르착 지음 ǀ 송순재·안미현 옮김 ǀ 408쪽 ǀ 값 23,000원
북유럽의 교사와 교직	예스터 에크하트 라르센 외 엮음 ǀ 유성상·김민조 옮김 ǀ 412쪽 ǀ 값 24,000원
산마을 너머 지금 뭐해?	최보길 외 지음 ǀ 260쪽 ǀ 값 17,000원
전문적 학습네트워크	크리스 브라운 외 엮음 ǀ 성기선·문은경 옮김 ǀ 424쪽 ǀ 값 24,000원
초등 개념기반 탐구학습 설계와 실천 이야기	김병일 외 지음 ǀ 380쪽 ǀ 값 27,000원
선생님이 왜 노조 해요?	교사노동조합연맹 기획 ǀ 324쪽 ǀ 값 18,000원
교실을 광장으로 만들기	윤철기 외 지음 ǀ 212쪽 ǀ 값 17,000원
자율성과 전문성을 지닌 교사 되기	린다 달링 해몬드 외 지음 ǀ 전국교원양성대학교총장협의회 옮김 ǀ 412쪽 ǀ 값 25,000원
선생님, 완벽하지 않아도 괜찮아요	유승재 지음 ǀ 264쪽 ǀ 값 17,000원
지속가능한 리더십	앤디 하그리브스 외 지음 ǀ 정바울 외 옮김 ǀ 352쪽 ǀ 값 21,000원
남도 명량의 기억을 걷다	이돈삼 지음 ǀ 280쪽 ǀ 값 17,000원
교사가 아프다	송원재 지음 ǀ 300쪽 ǀ 값 18,000원
존 듀이의 생명과 경험의 문화적 전환	현광일 지음 ǀ 272쪽 ǀ 값 17,000원
왜 읽고 쓰고 걸어야 하는가?	김태정 지음 ǀ 300쪽 ǀ 값 18,000원

제목	저자·정보
미래 교직 디자인	캐럴 G. 베이즐 외 지음	정바울 외 옮김	192쪽	값 17,000원
타일러 교육과정과 수업 설계의 기본 원리	랄프 타일러 지음	이형빈 옮김	176쪽	값 15,000원
시로 읽는 교육의 풍경	강영택 지음	212쪽	값 17,000원
부산 교육의 미래 2026	이상철 외 지음	384쪽	값 22,000원
11권의 그림책으로 만나는 평화통일 수업	경기평화교육센터·곽인숙 외 지음	304쪽	값 19,000원
명랑 10대 명량 챌린지	강정희 지음	320쪽	값 18,000원
교장이 바뀌면 학교가 바뀐다	홍제남 지음	260쪽	값 16,000원
모두 아픈 학교, 공동체로 회복하기	김성천 외 지음	276쪽	값 17,000원
교육정치학의 이론과 실천	김용일 지음	296쪽	값 18,000원
마오쩌둥의 국제정치사상	정세현 지음	332쪽	값 19,000원
교사, 깊이 있는 학습을 말하다	황철형 외 지음	214쪽	값 15,000원
더 나은 사고를 위한 교육	앤 마가렛 샤프 외 지음	김혜숙·박상욱 옮김	438쪽	값 26,000원
더 좋은 교육과정 더 나은 수업	이형빈 지음	292쪽	값 18,000원
한나 아렌트와 교육	모르데하이 고든 엮음	조나영 옮김	376쪽	값 23,000원
공동체의 힘, 작은학교 만들기	미셸 앤더슨 외 지음	권순형 외 옮김	264쪽	값 18,000원
토대역량과 사회정의	존 알렉산더 지음	유성상·이인영 옮김	324쪽	값 22,000원
마을교육, 다 함께 가치	김미연 외 지음	320쪽	값 19,000원
북한 교육과 평화통일 교육	이병호 지음	336쪽	값 22,000원
나는 어떤 특수교사인가	김동인 지음	268쪽	값 17,000원
능력주의 시대, 교육과 공정을 사유하다	한만중 외 지음	252쪽	값 17,000원
교사와 학부모, 어디로 가는가?	한만중 외 지음	252쪽	값 17,000원
프레네, 일하는 인간의 본성과 교육	셀레스텡 프레네 지음	송순재 엮음	김병호 외 옮김	564쪽	값 33,000원
지속가능한 마을교육공동체 운동	양병찬·한혜정 지음	268쪽	값 18,000원
평생학습으로 두 나라를 잇다	고바야시 분진 지음	양병찬·이정연 편역	220쪽	값 15,000원
초등 1학년 교실, 궁금하세요?	이경숙 지음	324쪽	값 19,000원
정의로운 한국사	김은석 지음	272쪽	값 17,000원
세계의 교사교육	린다 달링-해먼드·앤 리버맨 편저	전국교원양성대학교총장협의회 번역	332쪽	값 21,000원
남도 항일독립운동가의 기억을 걷다	김남철 지음	292쪽	값 19,000원
'좋아요'와 '싫어요'를 넘어	여은호·원숙경 지음	268쪽	값 18,000원
독일 정치교육	볼프강 잔더·케르스틴 폴 편저	김상무·김원태 편역	강구섭 외 공역	504쪽	값 32,000원
혁신교육과 마을교육의 도전과 전환	윤양수 지음	216쪽	값 17,000원
에듀테크, 교육에 좋은가?	닐 셀윈 지음	유성상 외 옮김	264쪽	값 18,000원
한국의 교사와 교원노조	박정훈 지음	344쪽	값 21,000원